マクロ実践ソーシャルワークの新パラダイム
エビデンスに基づく支援環境開発アプローチ
〜精神保健福祉への適用例から〜

大島 巌 著

有斐閣
YUHIKAKU

■ 刊行にあたって

　こんにち日本の社会福祉をめぐって，従来型のアプローチでは対応できない
さまざまな社会問題・福祉問題が広がり，しばしばその深刻な状態が未解決の
まま取り残されている現状が知られています。本書は，このような福祉を取り
巻く厳しい状況に対して，「マクロ実践ソーシャルワーク」の新機軸として
「エビデンスに基づく支援環境開発アプローチ」の理論と方法論を提示・提案
し，精神保健福祉分野への適用例・実践例の検討・分析を通じて，その意義と
有用性，発展可能性を検証することをめざしています。

　社会福祉・ソーシャルワークの実践には，個別に当事者と関わり直接的に支
援する実践（相談援助，ケースワークなど）が重要ですが，それとともに，その
ようなミクロレベルの実践に依拠しながら，当事者が住む地域や所属組織，制
度や施策，政策を含む環境に対して働きかけ，その変革と改善を促し，また有
効な支援方法を開発して問題解決を図る実践，すなわち「マクロ実践ソーシャ
ルワーク」が同時に考慮されます。

　本書はこのような「マクロ実践ソーシャルワーク」に焦点を当てます。そし
てこれまで具体的な実践の方法論，有効なアプローチ法が必ずしも明確にされ
てこなかったこの実践領域に対して，「エビデンスに基づく支援環境開発アプ
ローチ」が新しい「マクロ実践ソーシャルワーク」の方法論として「新パラダ
イム」を構築できると考えて，「マクロ実践ソーシャルワークの新パラダイム」
という題名をつけました。

　「エビデンスに基づく支援環境開発アプローチ」は，具体的な方法論として
は，実践家・当事者参画型「プログラム開発と評価」の方法を用います。

　「プログラム開発と評価」（一般的には「プログラム評価」と呼称）は，こんにち
世界の社会サービス領域において必須の取組みになっている「エビデンスに基
づく実践（EBP: Evidence-Based Practices）」等における「効果モデル」（「EBP 等効果
モデル」とも呼称します）を開発し，それをより効果的なものへと改善・形成し，
その「EBP 等効果モデル」の実施・普及を進めていくうえで不可欠な，有効
かつ確立した科学的方法論です。

　＊本書では「社会的に支援が必要な人たち」を「当事者」と呼びます。

i

また「実践家・当事者参画型評価アプローチ」は，当事者ニーズと実践現場の創意・工夫に基づきながら，「ボトムアップ型」で「EBP等効果モデル」をより効果的な支援方法へと導き，実施・普及を進める有効なエンパワーメント評価の方法論として注目されています。同時に，実践家と当事者がともに，自らに関わる問題や実践現場の問題に関わり，解決することを主体的にめざし，成果を生み出すことによって自身がエンパワーされるアプローチ法としても重視されています。

　本書で扱う「エビデンスに基づく支援環境開発アプローチ」は，このように，まずは当事者の問題解決と支援ゴール達成に焦点を当て，それを徹底的に追求する「ゴール志向型アプローチ」「問題解決志向アプローチ」です。それが「EBP等効果モデル」の開発と形成の前提となります。

　また同時にそれは，当事者のニーズに根ざした当事者中心アプローチ（consumer-centered approach）でもあります。支援者が当事者中心に十分に協働し，問題解決と支援ゴール達成に焦点を当てた支援を行う過程で，当事者・支援者はともにエンパワーされます。それによって，国民や社会に協働で働きかけて，自分たちのゴール達成にふさわしい支援環境の構築に取り組むことが可能になります（「当事者協働型アプローチ」）。

　さらに「エビデンスに基づく支援環境開発アプローチ」は，エビデンス（科学的根拠）に基づく社会的に説明力・説得力の高い方法を用いることによって，広く国民や社会の理解や協力を得て，支援ゴール達成に有効な支援環境を開発・形成し，社会の中に定着させる「アドボカシー型アプローチ」でもあります。このように，「エビデンスに基づく支援環境開発アプローチ」は，「ニーズ志向型アプローチ」を中軸に据えながら，「当事者協働型アプローチ」「アドボカシー型アプローチ」という3つの支援環境開発アプローチを総合的・有機的に行う取組みであるということができます。

　以上のとおり，「エビデンスに基づく支援環境開発アプローチ」の構成要素・枠組みを改めて整理すると，このアプローチは，実践家・当事者参画型「プログラム開発と評価」の科学的方法論を用いて，問題解決と支援ゴール達成に有効な「EBP等効果モデル」を核とする「エビデンスに基づく支援環境」を，実践家・当事者との協働で開発・形成・発展させ，3つの支援環境開発アプローチを総合的に用いることにより，社会の中にそれらを実施・普及・定着させるマクロ実践ソーシャルワークの有効な新機軸，「新パラダイム」となる

独自のアプローチ法である，と位置づけることができます。

このような特色をもつ本書は，社会福祉の現状の変革と改善を強く願い，新しい有効な取組みを生み出すことの意義と必要性を認識し，使命感を感じている多くの実践家，そして研究者，さらには志のある専門職資格取得をめざしておられる方々にぜひ関心をもっていただき，お読みいただくことを強く願っています。そしてマクロ実践ソーシャルワークの新機軸である「エビデンスに基づく支援環境開発アプローチ」が社会の中で市民権を得て，日本の社会福祉をめぐる深刻な状態に対して，少しでも多くの有効な解決の途が開かれることを心から期待したいと思います。

さて本書は，もともとは日本社会事業大学社会福祉学部授業である「精神保健福祉論Ⅲ・支援環境開発論」を，著者自身がこれまで10年間にわたり担当した講義内容・講義資料を下敷きに編集しています。とくに本書の各論各章に当たる「第Ⅱ部 精神保健福祉における適用例・実践例」は，現在日本における精神保健福祉の重要課題に対して，必要な効果的支援環境開発のアプローチ法を「EBP等効果モデル」の開発・形成，実施・普及を軸に構築した「新しい支援サービス論」でもあります。そして，各論各章のまとめに当たるそれぞれの最終節には，「ソーシャルワーカーに求められる支援環境開発アプローチ」を位置づけました。この各章最終節は，「実践家参画型の支援サービス論」のまとめとして，授業における学生の反応や授業経験をも踏まえながら，できる限り実践的に提示したつもりです。

このように，本書は精神保健福祉士など福祉専門職，実践家の皆さんにとって有益な情報提供と，関連する支援理念や方法論を提示することもめざしています。とくに精神保健福祉領域の実践課題に関心がある関係者や学生の皆さんには，本書が元来，「精神保健福祉論」の授業を反映して編まれたものでもあり，独立して実践家参画型の「(EBP等効果モデルを軸とした)新しい支援サービス論」を学ぶことができるテキストとして，ご活用いただければと願っています。

このような位置づけに基づいて本書を手に取る読者の皆さんに対しては，マクロ実践ソーシャルワーク論の総論部分（とくに第1章と第4章），および総合考察の第14章は，やや抽象度が高く理解に時間がかかるかもしれません。そ

のような場合は，まずは第2章，第3章を第Ⅱ部各章の総論としてお読みいただき，そのうえで各論のまとめとして第13章をご一読いただくと，本書全体を「新しい支援サービス論」としてご理解いただきやすいのではないかと考えます。

　他方で，いうまでもなく本書の主な読者は，マクロ実践ソーシャルワークの新しいアプローチ法に関心のある関係者，そして福祉実践領域の変革と改善に関心と使命感をもつ実践家や研究者です。これらの読者に対しては，本書を第1章から順に読み進んでいただきたいと思います。

　精神保健福祉領域への適用例・実践例に当たる第Ⅱ部各論各章については，各章ごとに設定された精神保健福祉の「重要課題」に対して，対応する「効果モデル」を提示する構成となっています。各論各章ごとに効果モデルのエビデンスレベル，評価課題を措定し，次なる課題解決のアプローチ法を提示しています。各章で用いた「エビデンスに基づく支援環境開発アプローチ」の方法論を，具体的に確認しながら読み進めていただきたいと願っています。

　以上に関連して，各論各章の扉ページには各章ごとに「プログラム開発と評価」の課題と，キーワードとして「プログラム開発と評価」の関連用語を示しました。また各章の節構成は，当該章の「プログラム開発と評価」の課題に合わせて，「支援ゴールの設定」「支援対象」「ニーズに対応する支援の現状と課題」「ゴール達成に有効な支援環境・支援プログラム」の順に，できるだけ具体的に提示しました。またこれらの課題やキーワードは，各章本文中にゴシックや太明朝体で示しています。各論各章の詳細な記述とともに，「プログラム開発と評価」の枠組みや，今後の評価課題・解決課題について，具体的な課題に沿って認識を深めていただければと思います。

　なおここで，「エビデンスに基づく支援環境開発アプローチ」の適用例・実践例として，精神保健福祉領域を取り上げた理由を明確にしておきたいと思います。もちろん，本書の成り立ちが学部授業「精神保健福祉論」を元に編集したため，さらには私の分野論的な専門領域が精神保健福祉であるために，この領域が取り上げられた経緯はありますが，それだけが理由ではありません。

　本来的な理由は，精神障害の福祉に関わる領域が，社会の中でももっとも社会的・国民的理解や共感を得にくい領域の1つであること，そのためにさまざ

まな社会福祉政策や福祉サービス，さらには公私にわたる取組みや支援環境の整備が遅れてしまうことにあります。このような状況の中では，有効で効果的な「支援環境開発」のあり方が鋭く問われてきます。このため，本書で提案する「エビデンスに基づく支援環境開発アプローチ」の成否を検討し検証するには，もっともふさわしい領域の1つになるものと考えます。

　さて本書は，多くの関係者の皆さまのご協力やご支援によってまとめられています。

　まず本書の「エビデンスに基づく支援環境開発アプローチ」において，基盤的な方法論として使用した実践家・当事者参画型「プログラム開発と評価」は，日本社会事業大学を中心に取り組んできた，いくつかの科学研究費補助金やその他研究等事業の成果を反映しています。とくに著者が研究代表となった3つの科学研究費補助金基盤研究A（「プログラム評価理論・方法論を用いた効果的な福祉実践モデル構築へのアプローチ法開発」〔課題番号19203029，2007-2010年度〕，「実践家参画型福祉プログラム評価の方法論および評価教育法の開発とその有効性の検証」〔課題番号23243068，2011-2014年度〕，「実践家参画型エンパワーメント評価を活用した有効なEBP技術支援センターモデル構築」〔課題番号15H01974，2015-2016年度〕）からさまざまな示唆を得ております。一連の研究プロジェクトにご関与・ご参加いただいた研究者，実践家，そして当事者の皆さまに対して，心より感謝を申し上げます。

　さらに前述のとおり，本書は日本社会事業大学社会福祉学部授業「精神保健福祉論Ⅲ・支援環境開発論」が下敷きになり，編集されています。この授業の一部をご担当いただき，第10章の共同執筆者もお務めいただいた吉田光爾先生（現・昭和女子大学）には，合わせて本書全体の原稿にお目通しをいただき貴重なご意見をいただきました。また本授業は私の前任者であり，日本社会事業大学社会福祉学部精神保健福祉士課程初代課程主任・寺谷隆子先生がこの科目の立ち上げにご関与されたと伺っています。寺谷先生には「支援環境開発」という魅力的な鍵概念をご提示いただきました。2006年よりこの授業を引き継いだ後は，私なりに苦心しながら授業を構成・構築してまいりましたが，寺谷先生からは日頃より貴重なご示唆やご支援をいただいており，本書には先生からいただいた薫陶を多少とも反映する努力をしたつもりでございます。ここにお二人の先生方のご協力・ご支援に対しまして，厚くお礼を申し上げます。

また日本ソーシャルワーク学会副会長の副田あけみ先生には，とても魅力的な推薦のお言葉をいただきました。日本ソーシャルワーク学会には，2013年にこのテーマの関連課題を研究集会「日本ソーシャルワーク学会セミナー」で取り上げていただいて以来，学会共同研究の1つにも位置づけていただき，さらには2015年の学会大会シンポジウムのテーマにも取り上げていただきました。この間，役員・会員の皆さんとの討議から多くの示唆を頂戴しております。皆さま方の積極的なご関与とご協力に深謝を申し上げます。

　最後に，有斐閣書籍編集第2部の松井智恵子様，そして昨年まで本書をご担当いただきました櫻井堂雄様には，心からの感謝の気持ちをお贈りしたいと思います。松井様には，編集作業の最終段階において，私のさまざまな対応が滞りがちとなる一方で，こだわりの注文が多くなっても辛抱強く丁寧にご対応いただきました。また「支援環境開発アプローチ」といういまだよく周知されていない概念を前面に出すよりも，「マクロ実践ソーシャルワーク」を主タイトルに使用するアイデアをご提案いただきました。櫻井様には，今から8年前の2008年から「精神保健福祉論」に関する私の出版に関心をおもちいただき，何度も大学に足を運んでいただきました。そして私の学部講義を独自の視点から出版するご提案をいただいた後も，筆の進まない私を励まし続けてくださいました。櫻井様の粘り強くも暖かく見守る姿勢がなければ，本書がこのようにまとめられることはなかっただろうと思います。本書は，熱心な編集者お二人との協働作業の成果物のように感じております。

　ここに改めまして，ご協力いただきました皆さまに対しまして，心よりの感謝と御礼を申し上げます。本当にありがとうございました。

　　2016年8月

　　　　　　　　　　　　　　　　　　　　　　　　　　著　　者

■著者紹介

大島　巌（おおしま　いわお）

日本社会事業大学学長・教授

1979 年　東京大学医学部保健学科卒業
1986 年　東京大学大学院医学系研究科博士課程保健学専門課程修了（保健学博士）
1986-1993 年　国立精神・神経センター精神保健研究所研究員・室長
1993-1996 年　東京都立大学人文学部社会福祉学科助教授
1996-2006 年　東京大学大学院医学系研究科精神保健学分野助教授
2001-2002 年　アメリカ合衆国ペンシルバニア大学医学部精神医学部門
　　　　　　　精神保健政策・サービス研究センター客員研究員
2006 年-現在　日本社会事業大学教授（2012 年-学長）
現在，日本ソーシャルワーク学会副会長・理事，日本社会福祉学会理事，日本評価学会
　理事，日本社会福祉教育学校連盟副会長，日本精神保健福祉士養成校協会理事，認定
　特定非営利活動法人地域精神保健福祉機構（コンボ）代表理事などを務める。

主な著書等

日本の精神障害者（共編著），ミネルヴァ書房，1988 年
新しいコミュニティづくりと精神障害者施設（編著），星和書店，1992 年
障害者福祉とソーシャルワーク（共編著），有斐閣，2001 年
ケアガイドラインに基づく精神障害者ケアマネジメントの進め方（編著），精神障害者
　社会復帰促進センター，2001 年
ACT・ケアマネジメント・ホームヘルプサービス——精神障害者地域生活支援の新デ
　ザイン（編著），精神看護出版，2004 年
心理社会的介入プログラム実施・普及ガイドラインに基づく心理教育の立ち上げ方・進
　め方ツールキット I ——本編（共編著），地域精神保健福祉機構，2011 年
ソーシャルワーク・スーパービジョン論（共編著），中央法規出版，2015 年
ピーター・H・ロッシほか（大島巌ほか監訳）プログラム評価の理論と方法——システ
　マティックな対人サービス・政策評価の実践ガイド．日本評論社，2005 年

共同執筆者（第 10 章）

吉田光爾　昭和女子大学人間社会学部福祉社会学科准教授

（第 10 章は，大島巌・吉田光爾が共同執筆した）

■ 目　　次 ■

第Ⅰ部　総　　論

第1章　マクロ実践ソーシャルワークの新機軸 ——————— 3
——エビデンスに基づく支援環境開発アプローチの可能性

1 はじめに ……………………………………………………… 4

2 マクロ実践ソーシャルワークとは——定義，意義・必要性 ····· 6

　2.1 マクロ実践ソーシャルワークの定義　6

　2.2 マクロ実践ソーシャルワークの必要性・意義　7

3 支援環境開発とは——定義，意義・必要性 ······················· 8

　3.1 これからのソーシャルワークの課題：支援環境開発アプローチ　8

　3.2 支援環境開発アプローチがめざすもの　9

　3.3 SW グローバル定義と支援環境開発アプローチ　10

4 エビデンスに基づく支援環境開発アプローチとは ·········· 11

　4.1 エビデンスに基づく支援環境開発アプローチ：ニーズ志向型アプローチを中軸に，3つの支援環境開発アプローチを総合するアプローチ　11

　4.2 EBP 構築をめざした効果モデルの開発と継続的改善・形成　12

　4.3 EBP プログラムの実施・普及　13

　4.4 実践家・当事者参画型「プログラム開発と評価」の取組み　13

　4.5 実践家・当事者参画型で進める「効果モデル」の開発，継続的改善・形成，実施・普及のアプローチ　14

5 実践例としての精神保健福祉領域における取組み ·········· 14

6 本書の全体構成 ··· 15

　6.1 本書の総論　15

　6.2 各論各章の枠組み，位置づけ　16

viii

6.3 各論共通の検討・分析の枠組み　16

6.4 エビデンスに基づく支援環境開発アプローチの可能性　18

第2章　エビデンスに基づく支援環境開発アプローチの枠組み

20

1 はじめに　……………………………………………………　21

2 支援環境開発に関わるソーシャルワークの支援目標，
支援アプローチの種類　………………………………………　22

2.1 支援環境開発に関わるソーシャルワークの支援目標　22

2.2 3つの支援環境開発アプローチ　24

3 ニーズ志向型支援環境開発で対応すべき課題と課題解決への
アプローチ（概論）……………………………………………　26

3.1 ニーズに応じた支援環境開発の課題と支援目標　26

3.2 開発すべき支援環境の「要素」（「支援環境要素」）と有効な
支援のパッケージ（効果的プログラムモデル）構築　28

3.3 ニーズ志向型支援環境開発アプローチの3側面　32

4 アドボカシー型支援環境開発アプローチ　………………………　34

5 まとめ──エビデンスに基づく支援環境開発アプローチの意義と
課題　………………………………………………………………　35

第3章　支援環境開発のニーズと支援ゴール

──精神保健福祉領域におけるニーズの特徴，支援環境開発のあり方

36

1 支援ゴール設定に必要な対象者理解──ニーズ把握の重要性
…………………………………………………………………　37

2 精神障害のある人たちの支援ニーズ──国際生活機能分類（ICF）
と「体験としての障害」による対象者理解　……………………　38

2.1 国際生活機能分類（ICF）からの理解と把握　38

2.2 精神障害のある人たちの「機能障害」は？　42

2.3 「体験としての障害」からの理解　43

3 福祉ニーズの捉え方──2層のニーズ構造：社会的合意に基づく
「支援ゴール」の設定に向けて　………………………………　44

3.1 福祉ニーズとは　44

目　次　ix

3.2 ニーズアセスメントと社会的合意に基づく「支援ゴールの設定」
　　　46

3.3 「支援ゴールの設定」でソーシャルワークがとくに重視すべき
　　　こと　48

4 支援ニーズがとくに高い2つの集団——「ターゲット集団」の設定
　　　……………………………………………………………………… 49

4.1 第Ⅰ群（精神科病院に長期入院している人たち）の現状と課題
　　　49

4.2 第Ⅱ群（社会生活に特別な困難がある在宅の重い精神障害の
　　　ある人たち）の現状と課題　50

4.3 優先順位を設定し，支援環境開発を進める方法と対象　51

5 精神障害のある人が抱えるニーズ類型の諸相と支援環境開発
　　　のゴール設定——各論各章の位置づけ ………………………… 52

第4章　ソーシャルワーカーの姿勢・知識・技術 ——— 55
——求められる職業倫理，科学的専門知識と技術

1 は じ め に ……………………………………………………… 56

2 求められる職業倫理・マクロ実践の視点，姿勢——ソーシャル
　　　ワーカーの基本姿勢 ………………………………………………… 57

2.1 もっとも深刻な状況に置かれた人たちに対して，優先的に有
　　　効な支援環境開発を行う　57

2.2 有効性が確立した支援プログラムを制度・施策化する：ニー
　　　ズあるすべての人たちがEBP等効果モデルを利用できるよう
　　　社会に働きかける　58

2.3 ニーズに根ざした当事者中心アプローチを追求　59

2.4 対人援助のミクロ実践をマクロ実践・支援環境開発へとつな
　　　げる　60

2.5 「プログラム開発と評価」実践はソーシャルワーカーの職業倫
　　　理：自らの実践を常に振り返り，より効果的になるよう努力
　　　すること　61

3 エビデンスに基づく支援環境開発アプローチの知識
　　　——ソーシャルワーカーが知っておきたいこと ……………… 62

3.1 EBPプログラム重視の国際動向　62

3.2 効果モデルの成長・発展：実践プログラムは，より効果的な
　　　ものへと発展する　64

3.3 プログラム開発と評価：効果的プログラムモデル形成に果たす役割　66

3.4 効果モデルの可視化と，形成評価（広義）の方法　69

4 エビデンスに基づく支援環境開発アプローチの方法論・実施手法——ソーシャルワーカーが身につけたい技術 ……………… 70

4.1 実践家・当事者参画型による効果的プログラムモデル構築の方法：より効果的な実践プログラムにするために，ソーシャルワーカーにできること，すべきこと　70

4.2 実践家・当事者参画型「プログラム開発と評価」の方法　76

4.3 社会的合意形成の方法：支援ゴールの設定，効果モデル構築に関する合意形成アプローチ　78

5 効果的プログラムモデルの実施を組織が支える …………… 79

6 ソーシャルワーカーに求められる支援環境開発アプローチ
……………………………………………………………… 81

第Ⅱ部　精神保健福祉における適用例・実践例

第5章　脱施設化と地域生活支援システムの構築 —————— 85
——直接対人サービスを伴うケアマネジメントの開発・導入

1 欧米の脱施設化から学ぶ支援環境開発アプローチ ………… 86

2 当事者ニーズに根ざした支援課題，支援ゴールの設定 …… 87

2.1 日本の地域精神保健福祉発展の歴史：残された課題としての「脱施設化」　88

2.2 精神科病院に長期入院している人たちに対する支援ゴールの設定　91

3 当事者ニーズに対応する支援内容とその課題 ……………… 92

3.1 脱施設化を進めるための「身近な個別対人ケアサービス」　92

3.2 「身近な個別対人ケアサービス」の現状と課題　94

4 ゴール達成に有効な支援環境・支援プログラム——欧米の脱施設化の歴史からの教訓と示唆 …………………………………… 95

4.1 「脱施設化」の定義とプロセス　95

目　次　xi

4. 2 「脱施設化の失敗」と直接対人サービスを伴うケアマネジメントの誕生・発展　96

4. 3 ケアマネジメントの定義と集中型・包括型モデルの意義・有効性　98

4. 4 州立病院閉鎖とケアマネジメントシステム構築の事例：フィラデルフィア市の場合　100

4. 5 アメリカの脱施設化の歴史からの教訓・示唆　101

5 日本に集中型・包括型ケアマネジメントを導入するための方策――ソーシャルワーカーに求められる支援環境開発アプローチ ………………………………………………………… 102

5. 1 脱施設化に向けた本格的な取組みを行う姿勢　102

5. 2 脱施設化先行事例の取組み・歴史に学ぶ　103

5. 3 効果的プログラムモデルを日本のシステムにあつらえ，より効果的に　103

5. 4 直接対人ケアサービスを伴うケアマネジメントを実施する仕組み作り　103

第6章　包括型ケアマネジメント ACT の実施・普及 ――― 105
――脱施設化を進める EBP モデルを日本にどう技術移転するか

1 はじめに ………………………………………………… 106

2 当事者ニーズに根ざした支援課題，支援ゴールの設定 …… 107

3 ゴール達成に有効な支援プログラム―― ACT の特徴 …… 107

3. 1 ACT の定義　108

3. 2 対象者　108

3. 3 ACT の特徴　109

3. 4 チームアプローチ　110

3. 5 ACT の効果的援助要素，その評価尺度：フィデリティ尺度（fidelity scale）　110

3. 6 ACT の効果　111

4 日本における ACT の可能性，有用性 ……………………… 112

4. 1 日本における可能性・有用性：日本での試行プロジェクト　112

4.2 当事者主体のサービス提供，当事者ニーズの観点からの検討
  114

4.3 日本における ACT の実施・普及の状況 120

5 日本における ACT の実施・普及 ……………………… 121

5.1 なぜ，いま日本で ACT なのか 121

5.2 日本に ACT を導入するための検討課題 122

6 ソーシャルワーカーに求められる支援環境開発アプローチ …
 123

6.1 解決を求められる課題・ニーズに応えうる取組みの分析，批
判的検討 123

6.2 問題解決に有効な効果モデル形成への貢献 123

6.3 日常実践でできること，すべきこと 124

第7章　援助付き住居の効果モデル形成 ———————— 125
——「まずは住居をプログラム」からの示唆

1 は じ め に ………………………………………… 126

2 当事者ニーズに根ざした支援課題，支援ゴールの設定——重い
精神障害のある人たちに対する住居プログラムの位置 ………… 127

3 当事者ニーズに対応する支援の現状と課題 ……………… 128

3.1 精神障害のある人たちにとくに配慮すべき支援 128

3.2 住居プログラムの諸形態（アメリカ） 130

3.3 住居プログラムの諸形態（イギリス） 133

3.4 住居プログラムの諸形態（日本） 134

4 ゴール達成に有効な支援環境・支援プログラム——新しい援助
付き住居プログラム：「まずは住居をプログラム」の意義と可能性
 …………………………………………………… 135

4.1 「まずは住居をプログラム」とは 135

4.2 「まずは住居をプログラム」の原則 136

4.3 プログラムの構成要素 137

4.4 プログラムの効果 138

4.5 「まずは住居を」アプローチからの示唆 138

5 ソーシャルワーカーに求められる支援環境開発アプローチ …
 139

目　次　xiii

5.1 解決を求められる課題・ニーズに応えうる取組みの分析，批判的検討　139

5.2 問題解決に有効な効果モデル形成への貢献　140

5.3 日常実践でできること，すべきこと　140

第8章　退院促進・地域定着支援の効果モデル形成 ———— 141
——医療機関と地域事業所が連携する効果モデルの開発，改善・形成

1　はじめに ………………………………………………… 142

2　当事者ニーズに根ざした支援ゴールの設定，支援対象 …… 143

2.1　「精神障害者退院促進支援事業」の支援対象と支援ゴール　144

2.2　その後の制度変遷における支援対象と支援ゴール　145

2.3　当事者ニーズに根ざした支援ゴールの設定，支援対象　146

3　当事者ニーズに対応する支援の現状と課題 ……………… 147

3.1　「精神障害者退院促進支援事業（2003年）」の概要　147

3.2　その後の制度変遷，事業の実施・普及　149

3.3　事業の成果　150

3.4　「退院促進・地域定着支援等事業」の効果モデル作成への課題　151

4　ゴール達成に有効な支援環境・支援プログラム——効果的な退院促進・地域定着支援プログラムの開発，改善・形成評価 …… 151

4.1　「巣立ち会モデル」の退院促進支援プログラム　152

4.2　効果の上がる退院促進・地域定着支援プログラム構築の取組み　158

4.3　退院促進・地域定着支援等プログラムが今後めざすものは？　161

5　ソーシャルワーカーに求められる支援環境開発アプローチ——日本において効果的退院促進・地域定着支援プログラムを構築するための課題 ………………………………………… 161

5.1　解決を求められる課題・ニーズに応えうる取組みの分析，批判的検討　161

5.2　問題解決に有効な効果モデル形成への貢献　162

5.3　日常実践でできること，すべきこと　162

xiv

第9章 ニーズに応じた体系的な家族支援のあり方 ———— 164
——家族心理教育を軸とした効果モデルの導入，体系的な実施・普及

1 はじめに …………………………………………………………… 165

2 当事者ニーズに根ざした課題・家族支援の意義・支援ゴールの設定 …………………………………………………………… 167

2.1 なぜ家族ケア，家族支援なのか：慢性疾患や障害をもつ人たちに対する家族支援の意義と必要性　167

2.2 家族支援のゴール　172

2.3 家族アセスメント：家族支援の可否判断，必要な家族支援のアセスメント　175

3 当事者・家族ニーズに対応する支援の現状と課題——家族支援ゴールを達成するために必要な支援環境開発を求めて ………… 177

3.1 家族支援プログラムが世界的に必要とされた背景，対応すべき課題　177

3.2 日本における家族支援の現状と課題：医療機関における位置と役割　179

3.3 家族支援の全体プロセスと家族心理教育　180

4 ゴール達成に有効な家族支援プログラム …………………… 184

4.1 家族支援の中軸「家族心理教育」の概要と支援の特徴　184

4.2 家族心理教育の実施・普及の取組み：ツールキットプロジェクトを中心に　187

4.3 地域における家族支援：効果的な家族ケアマネジメントの実施に向けて　188

5 ソーシャルワーカーに求められる支援環境開発アプローチ——日本で家族支援を体系的に進めるための課題と展望 …………… 189

5.1 解決を求められる課題・ニーズに応えうる取組みの分析，批判的検討　189

5.2 問題解決に有効な効果モデル形成への貢献　190

5.3 日常実践でできること，すべきこと　191

第10章 「ひきこもり」状態への支援と効果モデル開発 ———— 192
——ターゲット集団と支援ゴールの設定，効果モデルの模索

1 はじめに …………………………………………………………… 193

2 当事者ニーズに根ざした課題・支援ゴールの設定 ………… 194

2.1 「ひきこもり」の定義と実態　194

2.2 「ひきこもり」状態にある人たち・家族のニーズ　198

2.3 精神障害を伴う「ひきこもり」状態にある人たちの実態とニーズ　201

2.4 「ひきこもり」状態にある人たちに対する支援ゴール　202

2.5 「ひきこもり」支援のターゲット集団と優先順位の設定　205

3 当事者ニーズに対応する支援の現状と課題 ……………… 206

3.1 「ひきこもり」支援全般の現状と課題　206

3.2 「ひきこもり」状態にある人たちへの支援の方法と課題： ガイドラインに基づく「効果的援助要素」の探索　208

3.3 重い精神障害のある「ひきこもり」状態にある人たちへの支援の現状と課題　212

4 ゴール達成に有効な支援環境・支援プログラム ………… 213

4.1 「効果的援助要素」から考える効果モデルの構築　214

4.2 ひきこもり対策推進事業を活用した効果モデル　216

4.3 重い精神障害のある「ひきこもり」状態にある人たちへの支援モデル　217

5 ソーシャルワーカーに求められる支援環境開発アプローチ … 219

5.1 解決を求められる課題・ニーズに応えうる取組みの分析，批判的検討　219

5.2 問題解決に有効な効果モデル形成への貢献　220

5.3 日常実践でできること，すべきこと　221

第11章　「働きたい思い」を実現する就労支援モデル —— 222
—— IPS 援助付き雇用の日本への技術移転を中心に

1 はじめに …………………………………………………… 223

2 当事者ニーズに根ざした課題・支援ゴールの設定——精神障害のある人たちの就労ニーズと雇用の現状 ……………………… 224

2.1 精神障害のある人たちに就労支援が重要な理由，そのニーズ　224

2.2 一般就労が進まない原因　225

xvi

2.3 就労支援プログラムの支援ゴール　226

2.4 支援の対象となる人たち（ターゲット集団）　228

3 当事者ニーズに対応する支援の現状と課題 ……………… 229

3.1 従来型就労支援プログラムの特徴　229

3.2 従来型就労支援プログラムにおけるニーズ不適合性　229

3.3 新しい制度創設の動き　231

4 ゴール達成に有効な支援環境・支援プログラム ………… 232

4.1 新しい就労支援プログラム IPS 援助付き雇用の定義と特徴
　　232

4.2 IPS 援助付き雇用の効果　235

4.3 IPS 援助付き雇用の効果的援助要素と，精神障害のある人の
ニーズ・特性　236

4.4 IPS 援助付き雇用が社会に必要とされた背景　237

4.5 重い精神障害のある人たちに有効な共通の支援理念　238

4.6 どこで IPS 援助付き雇用を実施するか　238

5 ソーシャルワーカーに求められる支援環境開発アプローチ
……………………………………………………… 240

5.1 解決を求められる課題・ニーズに応えうる取組みの分析，批
判的検討　240

5.2 問題解決に有効な効果モデル形成への貢献　241

5.3 日常実践でできること，すべきこと　241

第**12**章　ピアによるサポート活動の効果モデル形成 ──── 242
──「新たなベストプラクティス」をより効果的に，より当たり前に

1 はじめに ……………………………………………… 243

2 当事者ニーズに根ざした課題・支援ゴールの設定 ……… 245

2.1 当事者中心・リカバリー志向のサービス体系転換に向けた当
事者のサービス参加の必要性　245

2.2 精神障害のある人の社会関係の乏しさとピアサポートの必要
性　246

2.3 ピアサポート活動の支援ゴール　247

3 当事者ニーズに対応する支援の現状と課題──ピアによるサポー
ト活動の意義と有効性，その活動内容 ………………… 248

3.1 ピアサポート活動の定義と類型　248

3.2 ピアサポート活動における「ケアとサポートの機能」　250

3.3 ピアサポート活動の歴史と現状　251

3.4 ピアサポート活動の有効性に関する理論的基盤　253

3.5 ピアサポート活動の具体例（日本での取組みを中心に）
　253

4 ゴール達成に有効な支援環境・支援プログラム ……………… 257

4.1 ピアサポート活動の有効性に関するエビデンス　257

4.2 可能性のある効果的ピアサポート活動　258

5 ピアサポート活動の課題，チャレンジ ………………………… 260

6 ソーシャルワーカーに求められる支援環境開発アプローチ
　　──ピアによるサポート活動と支援環境開発の進め方 ………… 261

6.1 解決を求められる課題・ニーズに応えうる取組みの分析，批
判的検討　261

6.2 問題解決に有効な効果モデル形成への貢献　262

6.3 日常実践でできること，すべきこと　262

第Ⅲ部　マクロ実践SWとエビデンスに基づく支援環境開発アプローチの可能性

第**13**章　EBPプログラムと支援環境開発アプローチ ──── 265
──実践家・当事者参画型で進める効果モデル開発と評価の可能性

1 は じ め に ……………………………………………………… 266

2 本書で取り上げた実践プログラム・EBP等効果モデル
　……………………………………………………………………… 267

2.1 EBPプログラム　269

2.2 ベストプラクティス，またはエキスパートコンセンサス・プ
ログラム　270

2.3 実践の中で有効性の裏づけが徐々に得られているプログラム
　270

3 EBPプログラムの社会的意義 ………………………………… 271

3.1 効果的な社会プログラム一般の意義　272

3.2 EBPプログラムの形態と継続的改善と形成プロセスから見た
意義　273

4 EBPの世界的な発展──社会的な注目，実施・普及への取組み

・・ 274

4.1 EBM の登場とそれを支える情報技術，方法論　274

4.2 EBP の特徴，EBP 等効果モデルの発展，対応する方法論
　275

4.3 EBP 実施・普及研究への注目，EBP ツールキットの導入
　276

4.4 対人サービス制度・施策の評価統合とデータベースによる公
開　277

5 効果モデル形成のための支援環境開発アプローチ——実践家・
当事者参画型で進める「プログラム開発と評価」の可能性 ・・・・・・・ 278

5.1 効果モデルの開発，改善・形成，実施・普及：プログラムの
評価課題　279

5.2 効果モデルの可視化と，形成評価（広義）の方法　279

5.3 実践家・当事者参画型で進める「開発評価」の可能性　281

5.4 実践家・当事者参画型で進める「継続的改善・形成評価」の
可能性　282

5.5 実践家・当事者参画型で進める「実施・普及評価」の可能性
　283

5.6 実践家・当事者参画型評価の実施体制　285

6 エビデンスに基づく支援環境開発に果たすソーシャルワーカ
ーの役割 ・・ 286

第**14**章　エビデンスに基づく支援環境開発アプローチの意義と可能性 ———————————————— 288

1 はじめに ・・・・・・・・・・・・・・・・・・・・・・・・・・・・・・・・・・・・・・・ 289

2 マクロ実践ソーシャルワークから見た，エビデンスに基づく
支援環境開発アプローチ ・・・・・・・・・・・・・・・・・・・・・・・・・・・・・ 290

2.1 エビデンスに基づく支援環境開発アプローチの特徴　290

2.2 エビデンスに基づく支援環境開発アプローチの新機軸　292

2.3 支援環境開発アプローチの成果を社会福祉政策・施策に反映
　293

3 エビデンスに基づく支援環境開発アプローチとアドボカシー ・・
　294

3.1 ニーズ志向型支援環境開発アプローチ　296

目　次　xix

3.2 当事者協働型支援環境開発アプローチ　298

3.3 福祉実践の国際的な連携と協働（表14-4）　301

4 アドボカシー型支援環境開発に果たすソーシャルワーカーの役割 …………………………………………………… 303

5 可能性と展望 ………………………………………………… 305

参 考 文 献　307

初 出 一 覧　320

索　　　引　322

本書のコピー，スキャン，デジタル化等の無断複製は著作権法上での例外を除き禁じられています。本書を代行業者等の第三者に依頼してスキャンやデジタル化することは，たとえ個人や家庭内での利用でも著作権法違反です。

総　論

第 **1** 章

マクロ実践ソーシャルワークの新機軸
エビデンスに基づく支援環境開発アプローチの可能性

▷**本章の概要**————

   1 はじめに

   2 マクロ実践ソーシャルワークとは——定義，意義・必要性

   3 支援環境開発とは——定義，意義・必要性

   4 エビデンスに基づく支援環境開発アプローチとは

   5 実践例としての精神保健福祉領域における取組み

   6 本書の全体構成

▷*Keywords*

エビデンスに基づく実践（EBP: Evidence-Based Practices），プログラム開発と評価，問題解決アプローチ（ゴール志向アプローチ），効果モデルの開発，実践家参画型アプローチ

この章では，相談援助（ミクロ実践）と社会福祉制度・施策・政策を架橋するマクロ実践ソーシャルワークの新機軸として，エビデンスに基づく支援環境開発アプローチに注目する意義と必要性，可能性について述べる。また，この新しいアプローチの前提となる主なキー概念を整理するとともに，本書の目的とアプローチの枠組み，本書の全体構成を提示する。

1 はじめに

　本書では，マクロ実践ソーシャルワーク（マクロ実践SW）の新しいアプローチとして，「エビデンスに基づく支援環境開発アプローチ」に焦点を当てる。この方法は，相談援助などのミクロ実践ソーシャルワーク（ミクロ実践SW）を，メゾ・マクロの実践，さらには社会福祉制度・社会施策（プログラム）へと架橋することを可能にする，新たなマクロ実践SWアプローチであり，マクロ実践SWの新機軸である。

　実践に基づく専門職であるソーシャルワーカー（SWr）は，相談援助などミクロレベルで積み上げた実践を，メゾ・マクロの実践（以下総称としてマクロ実践），さらには制度・施策，政策へと反映させ，発展させる重要な社会的な使命と責務がある。これに対してソーシャルワーク（SW）の方法論には，マクロ実践SWの古典的な区分として，コミュニティ・オーガニゼーション（community organization），ソーシャル・アドミニストレーション（social administration），ソーシャル・アクション（social action）などがある（McNutt JG, 2010）。しかしこれらのアプローチにおいては，実践現場のミクロレベルで積み上げた実践に基づいて，どのように有効にこれらマクロ実践SWを行ったらよいのか，必ずしも具体的な方法論は明確化されているとはいえない（Austinら，2005）。

　一方，福祉ニーズの社会的解決手段である福祉制度・施策（プログラム）については，近年，どのように効果的な福祉プログラムを構築したらよいのか，他の社会政策領域と同様に問われるようになった（Grinnell Jr.ら，2011；田辺，

4　第I部　総　論

2014)。しかしこれまでのマクロ実践 SW では，実践の積み重ねの中から，どのように有効な支援制度・施策を開発し，発展させて，社会に対して発信・提言すればよいのか，そのアプローチ法が確立していない（Grinnell Jr. ら，2011）。

これに対して，近年日本のみならず世界の社会福祉界において，エビデンスに基づくソーシャルワーク（EBSW: Evidence-Based Social Work）や，エビデンスに基づく実践（EBP: Evidence-Based Practices）に，関係者の関心が集まるようになった（Grinnell Jr. ら，2011；NASW, 2010；大島，2006a, 2015）。これらは社会的に支援が必要な人たち（以下必要に応じて「当事者」とも呼ぶ）の解決すべき問題の解決と，支援ゴールの効果的な達成に焦点を当てた**問題解決志向アプローチ**，ゴール志向アプローチである。同時にそれは，当事者ニーズに依拠して，**当事者志向の**（consumer-centered）**問題解決アプローチ**であり，当事者が望む支援ゴールの達成を効果的に実現するアプローチにもなる。そのような支援方法・支援プログラムを実践に根ざした方法で開発し，それをさらに効果的なものへと形成・発展させる「効果モデル」の開発・形成方法が「エビデンスに基づく支援環境開発アプローチ」（後述，4 節）である。

本書は，マクロ実践 SW の新機軸として，「エビデンスに基づく支援環境開発アプローチ」を取り上げ，この新しいアプローチの意義と必要性，可能性について，精神保健福祉分野を主な実践例・適用例として検討することを目的とする。

本書の総論・各論では，このアプローチの基盤となる価値や理念を示すとともに，ソーシャルワーカーが実践現場において活用するために必要な支援環境開発アプローチの知識と方法論を実践例に則して提示する。中でも主な実践的方法論として，実践家・当事者参画型の「プログラム開発と評価」が有用である。本書ではこのアプローチを中心的に取り上げ，実践例・適用例を通して詳細に提示し，検討する。同時にこのアプローチが，ミクロレベルで積み上げた実践をメゾ・マクロの実践，さらには制度・施策・政策へと反映させる可能性についても考察・検討を加える。

本章では，これから使用する主な用語・概念（マクロ実践 SW，SW における支援環境開発，エビデンスに基づく支援環境開発アプローチ）とその意義・必要性を明らかにするとともに，本書の全体構成を提示する。

2 マクロ実践ソーシャルワークとは——定義，意義・必要性

2.1 マクロ実践ソーシャルワークの定義

　マクロ実践 SW の概念は，ミクロ実践 SW（あるいは直接実践ソーシャルワーク：direct practice social work）との対比から，ジェネラリスト・アプローチ概念とともに，アメリカにおいて導入された（室田，2013）。

　ミクロ実践 SW は，ケースワークを中心として，個別の相談援助などにより利用者に直接関わりをもつ対人援助の方法である。グループワークを含めてミクロ実践 SW の概念は比較的明確である。

　これに対して，マクロ実践 SW は論者によって定義はさまざまである。

　マクロ実践 SW のテキスト第 5 版をまとめた Netting ら（2012: 5）は，「マクロ実践は，組織およびコミュニティ，政策の領域で変化をもたらすように設計された，専門的に導入された介入である」とする。また同じくマクロ実践 SW のテキスト第 3 版をまとめた Brueggemann（2006: 7）は，「マクロ SW は，個人や集団が，コミュニティ，組織，社会，世界のレベルで，社会問題を解決し，社会的変革をもたらすことを支援する実践である」としている。これに対して室田（2013: 309-310）は，マクロ実践 SW には「組織やコミュニティを対象とするソーシャルワーク実践を意味する場合や，政策分析や政策への関与など政策に関するソーシャルワークの実践を意味する場合など」があり，「その定義は固定されたものではない」とする。

　ところで，2014 年 7 月に改正されたソーシャルワークのグローバル定義では，「ソーシャルワークは，社会変革と社会開発，社会的結束，および人々のエンパワメントと解放を促進する，実践に基づいた専門職であり学問である」とした（表 1-1）（IASSW & IFSW, 2014）。また「ソーシャルワークは，生活課題に取り組みウェルビーイングを高めるよう，**人々やさまざまな構造に働きかける**（傍点筆者）」とする。

　マクロ実践 SW がミクロ実践 SW の対置概念であるとすれば，マクロ実践 SW は，このソーシャルワークの実践機能のうち，ミクロ実践 SW が直接的には対応しない（であろう）「**社会変革と社会開発，社会的結束**」を促進する主要な課題をもつ。すなわち，「**人々やさまざまな構造に働きかける**」ことは，主

6　第Ⅰ部　総　論

表 1-1　ソーシャルワークのグローバル定義

● ソーシャルワークは，社会変革と社会開発，社会的結束，および人々のエンパワメントと解放を促進する，実践に基づいた専門職であり学問である
● 社会正義，人権，集団的責任，および多様性尊重の諸原理は，ソーシャルワークの中核をなす
● ソーシャルワークの理論，社会科学，人文学，および地域・民族固有の知を基盤として，ソーシャルワークは，生活課題に取り組みウェルビーイングを高めるよう，人々やさまざまな構造に働きかける

（注）　太字は著者。
（出所）　2014 年 7 月メルボルン，IASSW & IFSW（2014）。

にマクロ実践 SW の主要な課題である。このようにマクロ実践 SW は，コミュニティや組織，政府，国際組織への働きかけを主軸とする実践機能と位置づけられる。

　以上のとおり，マクロ実践 SW は，いずれの定義においても問題解決の場は，コミュニティ，組織，政府・政策，そして世界である。これらは「メゾ・マクロレベル」の場であり，人々を取りまく環境である。その場における「変化」「介入」「問題解決」「社会変革」などを促し，マクロな環境における社会問題に，**有効な変化をもたらす取組みがマクロ実践 SW となる。さらに「有効な変化をもたらす働きかけ」は，専門的に導入された介入であり，計画された変革（planned change）**（Netting ら，2012）でもある。

2.2　マクロ実践ソーシャルワークの必要性・意義

　ところで SW のグローバル定義には，「社会正義，人権，集団的責任，および多様性尊重の諸原理は，ソーシャルワークの中核をなす」と SW の基本的な価値・原理が示されている（IASSW & IFSW, 2014）。これら SW の価値・原理を社会的に実現するためには，相談援助を中心としたミクロ実践 SW のみでは十分ではない。グローバル定義でも「人々のさまざまな構造に働きかける」ことにふれている。

　ソーシャルワークが，本来求められる価値を実現，追求するためには，マクロ実践 SW を，それぞれの実践現場に適切に位置づける必要がある。「社会正義，人権，集団的責任，および多様性尊重」の観点から，深刻な状況にある当事者の人たちが抱える社会問題に対して，相談援助のミクロ実践 SW のみならず，マクロレベルにおいても有効な介入を実施し，社会や環境に適切な変化

第 1 章　マクロ実践ソーシャルワークの新機軸　　7

をもたらすことが求められる。

　ここで，マクロ実践 SW における「有効な介入」「適切な変化をもたらす」
ための方法論，アプローチ法がどのようなものかが問題になる。ミクロ実践
SW については，これまで多くのソーシャルワーク理論に基づくさまざまな援
助方法論が構築されてきた（Turner 編，2011）。

　グローバル定義では，「ソーシャルワークの理論，社会科学，人文学，およ
び地域・民族固有の知を基盤として（中略）人々やさまざまな構造に働きかけ
る」とする（IASSW & IFSW, 2014）。そのためにはミクロレベルで積み上げた
実践を，マクロの実践，さらには制度・施策・政策へと反映させることが必要
である。しかしそのための有効な方法論・アプローチ法が確立されているとは
いえず，関係者間でも共有されていない状況にあることはすでに述べた
（Grinnell Jr. ら，2011）。

3　支援環境開発とは──定義，意義・必要性

3.1　これからのソーシャルワークの課題：支援環境開発アプローチ

　支援環境開発アプローチとは何か。耳新しく，定着していない用語・概念か
もしれない。しかしこれからのソーシャルワーク実践を考えるうえで重要な視
点を提供し，欠くことのできないアプローチ法になると考えて，本書ではこの
用語・概念を使用する。

　最初に本書における「支援環境」の定義と「支援環境開発」がめざすもの，
ソーシャルワークにおける位置と意義を明らかにしたい（表1-2）。

　まずここで「**支援環境（supportive environment）**」とは，社会的に支援が必要
な人たち（当事者）の福祉・ウェルビーングを実現するために，**①必要で有効
な公私にわたる援助資源や支援プログラム**，および**②国民・社会一般の理解や
協力**をいう。

　「公私にわたる援助資源や支援プログラム」であるから，もちろん公的な社
会福祉制度・施策・福祉プログラムが含まれる。エビデンスに基づいて効果的
な福祉プログラムを開発・形成し，それを社会の中に実施・普及することをめ
ざす本書では，中核的な位置づけをもつ。それとともに，家族や近隣住民，地

8　第 I 部　総　論

表 1-2　支援環境開発とは

● 支援環境：社会的に支援が必要な人たちの福祉・ウェルビーングを実現する
ために必要で有効な公私にわたる援助資源や支援プログラム，および社会一般
の理解や協力
● 支援環境開発がめざすもの：
・社会的に支援が必要な人たちの福祉・ウェルビーングを実現するために，そ
の人たちのニーズに応じた支援環境を調整して，提供すること
・公私にわたる援助資源や支援プログラムを調整しても，ニーズに適合的なも
のがないときには，新しい有効な資源を開発すること，そのために社会一般
の理解や協力を得ることを含む
・精神障害をもつ人たちなど，社会の理解が得にくく，支援環境の整備が遅れ
ている領域では，とくに新規の援助資源やプログラムの開発を積極的に行う
必要がある

（出所）　著者作成。

域社会といったインフォーマルな支援環境をも考慮の対象とする。さらには
「社会一般の理解や協力」というように，公的な福祉制度・施策などを生み出
す母体となる国民や納税者・有権者一般，社会の意識や価値判断といった社会
環境をも含めて考慮する。

3.2　支援環境開発アプローチがめざすもの

次に「支援環境開発（development of supportive environment）」がめざすもの
は，社会的に支援が必要な人たちの福祉・ウェルビーングを実現するために，
その人たちのニーズに応じた支援環境を調整して提供し，その問題解決を図る
ことである。

しかしながら公私にわたる援助資源や支援プログラムを調整しても，ニーズ
に適合的なものが存在しないことが少なからずある。制度外ニーズ（平野，
2008：45），満たされないニーズ（unmet needs）（Wing ら，1992：9），制度の狭
間（勝部，2016：60）などと呼ばれる問題である。そのような場合には，相談援
助などの SW 実践（ミクロ実践 SW）に基づいて，**新しい有効な支援環境・社会**
資源を開発すること，そのために**必要な社会一般の理解や協力を得る**ことがめ
ざされる。

本書で主に取り上げる精神障害のある人たちなど，社会の理解が得られにく
く，支援環境の整備が遅れている領域では，とくに新規の援助資源や支援プロ

第 1 章　マクロ実践ソーシャルワークの新機軸　　9

グラムの開発を積極的に行う必要がある。第2章で述べるように，SWアドボカシーとは実践方法論上の共通基盤をもつ（Bateman, 1995）。

　以上のとおり，福祉ニーズをもつ人とその環境とが相互に影響し合う接点に介入するソーシャルワークにとって，支援環境開発アプローチは中核的な位置づけと役割をもつ。

3.3 SWグローバル定義と支援環境開発アプローチ

　これに対して，日本のソーシャルワーカー・福祉専門職は，支援環境開発アプローチが必ずしも十分には位置づいてはいない。日本の「社会福祉士及び介護福祉士法」や「精神保健福祉士法」では，社会福祉士や精神保健福祉士などソーシャルワーカーは，「相談援助」を業とする者とされる。もちろん法律の定義には，「相談援助」の中に「福祉サービス関係者等との連絡及び調整その他の援助」と，支援環境における「連絡及び調整」などの援助が含まれている。しかしながらケースワークなどの「相談援助」では，対象となる「人」に対する支援に重きが置かれる。これに対して，「支援環境」の「開発」はこの定義では明確には位置づけられない。

　すでに述べたように2014年7月に改正されたSWのグローバル定義では，SWの目標概念に「社会変革と社会開発」を明確に位置づけた（表1-1）。「社会的結束，および人々のエンパワメントと解放」とともに，SWはそれらを「促進する，実践に基づいた専門職であり学問である」としたのである（IASSW & IFSW, 2014）。

　「社会変革と社会開発」の目標を実現するのは，主にマクロ実践SWの課題である（Midgleyら編，2010）。ソーシャルワーカーは，「社会変革と社会開発」のために有効で確かな専門的方法論を身につけることが求められている。「実践に基づいた専門職」（IASSW & IFSW, 2014）であるソーシャルワーカーは，福祉ニーズをもった人たちの問題解決に有効な効果的取組み（効果的福祉プログラム）などの支援環境を，実践の蓄積に基づいて開発し，実践の中でより効果的なものへと形成・継続的改善することが必要である。支援環境開発アプローチは，まさにソーシャルワーカーに必要とされ，求められる支援アプローチと考えられる（大島，2015）。

　日本の社会福祉領域では，マクロ領域の制度・施策・政策に対応する行財政論や組織運営の実践・研究や地域福祉計画の実践・研究などが，実践現場にお

ける当事者への直接的な支援から切り離されて議論されることが少なからずある。しかしマクロ実践SWに位置づけられる支援環境開発アプローチを用いることにより，相談援助などの**ミクロ実践から把握された満たされないニーズ**（unmet needs）（Wingら，1992）は，支援環境開発アプローチによって，**援助資源や支援プログラムの開発や導入，調整，実施・普及へと位置づけられる**。さらにはそれが，行財政論や組織運営，地域福祉計画における問題解決に結びつく可能性をもっている。

4 エビデンスに基づく支援環境開発アプローチとは

本書では，当事者ニーズの解決に有効な支援環境アプローチとして，エビデンス（科学的根拠）に基づく実践（EBP: Evidence-Based Practice）プログラムを中核に位置づけ，**効果的な福祉プログラムモデル**（以下「EBP等効果モデル」あるいは単に「効果モデル」と呼ぶ）の**開発，導入，継続的改善・形成，実施・普及，定着**を主に取り上げる。

4.1 エビデンスに基づく支援環境アプローチ：ニーズ志向型アプローチを中軸に，3つの支援環境開発アプローチを総合するアプローチ

エビデンスに基づく支援環境開発アプローチは，まず当事者の解決すべき問題の解決と支援ゴールの達成に焦点を当てた**問題解決志向アプローチ**，ゴール志向アプローチであり（ニーズ志向型支援環境アプローチ：第2章24-25頁），このアプローチを中軸に据える。実践現場の中で当事者が解決を求めている問題に対して，**明確な支援ゴールを設定し**，その達成を図ることを徹底的に追求する。支援に取り組む実践現場が一体となって，当事者のニーズに対応するために，**EBP等効果モデルの開発と導入，継続的改善と形成，実施・普及**をめざす（第4章65-66頁）（大島，2010a；2015）。

それは同時に，当事者のニーズに根ざした**当事者中心アプローチ**（consumer-centered approach）（Poertnerら，2007；Rappら，1992）でもある。支援ゴール達成の追求は，同時に**当事者本人が真に願い望むゴールの実現**と基本的には重なるからである。ソーシャルワーカーは，**当事者とよく協働して**支援ゴールに関する共通理解・共通認識を十分に図りながら，問題解決と支援ゴール達成に焦

第1章　マクロ実践ソーシャルワークの新機軸　**11**

点を当てた支援を考慮する。支援環境開発の取組みが，当事者中心アプローチになるよう最善の努力を傾けることも求められる。それとともに，この過程でエンパワーされ意識を高めた当事者たちは，**ソーシャルワーカーらと協働して**国民・社会に働きかけ，自分たちのゴール達成にふさわしい支援環境，エビデンスに基づく支援環境を作り出すアプローチに取り組む（当事者協働型支援環境開発アプローチ：第2章25頁）。この取組みはセルフアドボカシーのアプローチ（堀ら，2009）でもある。

　さらにエビデンスに基づく支援環境開発アプローチは，可能な限りエビデンス（科学的根拠）に基づく方法によって，国民・社会の理解や協力を得て，ニーズ志向，当事者主体で支援ゴールを有効に実現できる効果的な支援環境を開発し，社会の中に実施・普及，定着をさせていくアドボカシー型支援環境開発アプローチ（第2章25-26頁）でもある。プログラム開発と評価の方法としては，実施・普及評価を活用する（本章 **4.3**・13頁；第4章65-66頁；第13章283-285頁）。

　以上のように，エビデンスに基づく支援環境開発アプローチは，ニーズ志向型アプローチを中軸に据える。それと同時に，他の2つのアプローチ，すなわち**当事者協働型アプローチ，アドボカシー型アプローチという3つの支援環境開発アプローチ**（第2章24-26頁）を備えており，それらを総合的に行うアプローチである。以上については，第2章のほか第14章において詳細に論じる。

4.2 EBP 構築をめざした効果モデルの開発と継続的改善・形成

　EBP プログラムは，問題解決や支援ゴール達成のために効果のあることが科学的な方法で立証された実践プログラムである。一般的には**科学的な「プログラム開発と評価」の方法論**を用いて，ランダム化比較試験（RCT）などの方法によって効果性に関する科学的根拠（エビデンス）を蓄積して，国際的な評価を確立したプログラムをいう（第4章，13章）（大島，2007；2010a）。EBP プログラム以外の **EBP 等効果モデル**は「プログラム開発と評価」の方法（効果モデルの開発評価，継続的改善・形成評価）を用いて，より効果的なモデル，EBP プログラムをめざすことになる。

　効果性に関するエビデンスを蓄積する取組みは，もともとはエビデンスに基づく医療（EBM: Evidence-Based Medicine）を萌芽として，1991年頃から世界中に急速に広がった（正木ら，2006；大島，2007）。社会福祉領域においても1995～2000年頃から EBP プログラムがしだいに注目され，重視されるようになっ

た（大島，2007）。

　具体的な EBP プログラムの例を精神保健福祉領域で示すと，本書の第 6 章で取り上げる包括型ケアマネジメント ACT，第 9 章の家族心理教育，第 11 章の IPS 援助付き雇用などがある。

4.3　EBP プログラムの実施・普及

　EBP プログラムは本来であれば，支援ゴールを確実に達成する効果的な社会制度・施策一般と同義でなければなければならない。世界的に有効性が確立し，効果的プログラムとして承認・認証された EBP プログラムは，当然，効果の上がる実践プログラムとして，ニーズのあるすべての人たちが活用できるように制度化して，実施・普及を進める必要がある。同時に，その実施体制を整備することが求められる。社会的には容易に進展しないその取組みを，科学的な方法で前進させるのが**エビデンスに基づく支援環境開発アプローチの重要な課題**の 1 つであり，**アドボカシー型支援環境開発アプローチの課題**でもある。その方策は第 13 章，14 章で詳しく検討する。

4.4　実践家・当事者参画型「プログラム開発と評価」の取組み

　実践現場の中では，EBP プログラムやベストプラクティスと呼ばれる EBP 等効果モデル（第 4 章，13 章）が常に利用できるとは限らない。その際，支援サービスに関わるソーシャルワーカーなど実践家は，当事者が解決を求めている問題，支援ゴールを明確に見定め，ゴール達成のために有効な方法を，実践的な創意・工夫と新しいアイデアを投入して，問題解決に役立てることが期待される。日常実践レベルにおける，**実践家参画型「プログラム開発と評価」を用いたゴール志向アプローチ，問題解決アプローチ**である。

　同時に上記で述べた実践現場が EBP 等効果モデルの開発と導入，形成と継続的改善，実施・普及を進める**組織文化を形成**するには，実践家参画型「プログラム開発と評価」の手法（第 4 章 76-78 頁）（大島，2015）を活用することが有用である。これによって所属する実践現場がより効果的な実践をめざして日常的に創意・工夫を交換する**「学習する組織」**（Senge, 2006）へとエンパワーすることが期待される（大島，2015）。

4.5 実践家・当事者参画型で進める「効果モデル」の開発，継続的改善・形成，実施・普及のアプローチ

　支援環境開発アプローチに関わるソーシャルワーカーなど実践家は，当事者ニーズに対応する支援環境，支援プログラム（EBP 等効果モデル）があるのか，また自身が関わる支援環境や支援プログラムがその問題解決にどの程度有効に機能するのか，効果レベルはどの程度なのか，適切にアセスメントをすることが，まず求められる（本章 16 頁；第 4 章 81 頁）（大島，2015）。

　その結果，当事者の問題解決のために有効な支援プログラム（効果モデル）がなければ，①効果モデルの開発評価を行う（第 4 章 65-66 頁；第 13 章 281-282 頁）。

　また効果性が十分でないプログラムモデルがあれば，より効果的なプログラムを構築するよう，②効果モデルの継続的改善と形成評価を行う（第 4 章 65-66 頁；第 13 章 282-283 頁）。

　さらに，EBP 等効果モデルが存在してもそれが利用できなければ，③効果モデルの実施・普及評価を行う（第 4 章 65-66 頁；第 13 章 283-285 頁）。

　効果モデルの開発と継続的改善・形成，そして効果が立証された効果モデルの実施・普及をプログラムに関わる関係者が協働して進めることが，ソーシャルワーカー等実践家，福祉研究者，さらにはサービスの受け手である当事者にも求められている（第 4 章 70-80 頁）（大島，2015）。

5　実践例としての精神保健福祉領域における取組み

　第 1 節で述べたように，本書において，エビデンスに基づく支援環境開発アプローチを適用する実践例として，精神保健福祉領域を取り上げる。

　その理由は既述のとおりに精神障害に関わる領域が社会の理解を得にくく，さまざまな社会福祉政策・福祉サービスなど社会的・公的な取組みや，支援環境の整備が遅れているからである（大島，1996）。そのため，十分に有効な取組みを行えば，支援環境開発アプローチが活用され，社会的に多くの議論を経ながら発展することができる可能性があるものの，他方で有効な取組みがなされなければ，そのアプローチが発展できずに停滞することを示す好事例になるで

あろうと考えたからである。

　さらに，ソーシャルワークにおいて支援環境開発アプローチを進めるうえで
は，当事者本人たちのニーズに合わせて，必要な援助資源や支援プログラムを
協働で構築することが重要な課題となる。当事者主体のサービス提供は，精神
保健福祉領域でとくに重視される課題であり，顕著な特徴でもある（President's
New Freedom Commission on Mental Health, 2003）。精神保健福祉領域における支
援環境開発アプローチの経験は，福祉サービス全体の「支援環境開発アプロー
チ」にとっても大きな示唆を与える実践例・適用例になると考える。

6 　本書の全体構成

6.1 　本書の総論

　本書の第1章から4章は，本書全体の総論である。

　まず本章（第1章）では，ミクロ実践SWと社会福祉制度・施策・政策を架
橋するマクロ実践SWの新機軸であるエビデンスに基づく支援環境開発アプ
ローチの意義と必要性，可能性について述べた。また主なキー概念を整理し，
アプローチの枠組み，本書の全体構成を提示した。

　また，第2章「エビデンスに基づく支援環境開発アプローチの枠組み」では，
ソーシャルワーク実践において，エビデンスに基づく支援環境開発アプローチ
をどのように位置づけ，取り組むことができるのか。このアプローチの位置づ
けと枠組みを提示する。

　そのうえで第3章「支援環境開発のニーズと支援ゴール」では，対象者のニ
ーズ解決に有効な支援環境開発（ニーズ志向型アプローチ）を進める前提として，
対象となる人のニーズのとらえ方，それを踏まえた支援ゴールの設定，主要な
支援対象層（ターゲット集団）の検討方法を提示する。

　第4章「ソーシャルワーカーの姿勢・知識・技術」では，エビデンスに基づ
く支援環境開発アプローチの価値と基本理念，「プログラム開発と評価」の基
盤的知識，実践家・当事者参画型で進めるその方法論を概説し，第5章以降各
論各章の「プログラム開発と評価」における枠組みを提示する。

第1章　マクロ実践ソーシャルワークの新機軸　15

6.2 各論各章の枠組み，位置づけ

第5章から12章は，支援環境開発に関する個別領域ごとの各論である。

まず各論各章は，日本の精神障害のある人たちが解決を求められる課題・ニーズの領域（第2章27-28頁）ごとに順に提示する。

その課題・ニーズの領域は，(a) 生活基盤を再構築する課題（第5〜9章），(b) 社会的役割獲得の課題（第10，11章），(c) よりよい社会参加と自己実現達成の課題（第12章）である。それぞれの章は，課題・ニーズ領域ごとに異なるターゲット集団，あるいは課題・ニーズ解決の異なる支援方法ごとに整理がされ，検討が行われる。

課題・ニーズ解決の支援方法の別に関しては，まず，世界的に確立した**EBP プログラム**（第6章，9章，11章），あるいは **EBP 以外の「効果モデル」**と考えられる福祉プログラム（第5章，7章，9章〔EBPとは別プログラム〕，12章）が「効果モデル」として取り上げられる。また**日本で導入された制度モデル**（第8章），あるいは，世界でも日本でも**「効果モデル」が開発途上の取組み**（第11章）が検討される場合もある。

以上の各章では，共通して以下の検討・分析が，課題・ニーズ領域ごとに，あるいはターゲット集団・支援方法の別ごとに，行われる（第4章81頁）。

6.3 各論共通の検討・分析の枠組み

各論共通の検討・分析枠組みは以下のとおりである。

まず，①**当事者ニーズに基づき支援課題を分析**したうえで，**支援ゴールとターゲット集団**を設定する。この分析を踏まえて，②当事者ニーズに対応して実施されている**現在の支援サービスの現状分析・課題**を明らかにする。そのうえで，③EBP 等効果モデルを中心に，**支援ゴール達成に有効な効果的な支援環境・支援プログラム**を明らかにする。

章の最後には，以上の検討・分析を踏まえて，④**ソーシャルワーカーに求められる支援環境開発アプローチ**について，検討すべき視点を整理して提示する。

以上の各論各章の検討・分析においては，現状・現行の支援サービスの分析（②）とともに，現時点で考慮できるもっとも効果的な EBP 等効果モデル（③）に対するアセスメント（サービス・効果モデルに対するアセスメント）を適切に行うことが求められる。

それぞれの「効果モデル」のプログラムが，現在どの程度の**成長・発展段階**にあり，**エビデンスレベル**がどのレベルなのかについて，**アセスメント**することが重要である（第4章64-65頁）。それと関連して，「効果モデル」の効果性をより向上させて EBP に発展させるためにはどのような評価活動が必要か，さらに EBP 等効果モデルを社会に実施・普及するための（評価）活動が導入可能か，などに関わる**評価課題の段階をアセスメント**することも同時に不可欠となる（第4章65-66頁）。

以上のアセスメントに用いる「エビデンスレベル」は，以下の分類を用いる（第4章64-65頁）。

1）EBP プログラム：十分に蓄積されたエビデンスがある

2）ベストプラクティスプログラム：EBP ほどのエビデンスはないが，それが蓄積され，かつ十分な実践的裏付けがある。

3）エキスパートコンセンサスプログラム：専門領域のエキスパートの多くが推奨する。

4）実践の中で有効性の裏付けがあるプログラム

5）エビデンスが明確でないプログラム

また「評価課題」の段階は，以下の分類を用いる（第4章65-66頁）。

Ⅰ．開発評価：新規の効果的プログラムモデルの開発をする。既存プログラムを効果モデルに再構築する。

Ⅱ．継続的改善・形成評価：より効果的なプログラムが構築されるよう，科学的・実践的なアウトカム評価・プロセス評価を用いて，継続的に効果モデルへ発展するように改善・形成を試みる。

Ⅲ．実施・普及評価：効果が立証された効果モデルの実施・普及を進め，ニーズのある多くの人たちにサービスを提供する。

さて，**表1-3**「各論各章におけるエビデンスに基づく支援環境開発，プログラム開発と評価の課題」には，各章ごとに代表的な「効果モデル」を整理するとともに，上述した各章で取り上げる EBP 等効果モデルの「評価課題」と「エビデンス」レベルを示している。

表1-3 には，以上に加えて**技術移転・導入のあつらえと他の「効果モデル」**

第1章　マクロ実践ソーシャルワークの新機軸　17

表 1-3　各論各章（第 5 章〜12 章）におけるエビデンスに基づく支援環境開発，
　　　　プログラム開発と評価の課題

各論各章	「効果モデル」の評価課題	代表的な「効果モデル」	「効果モデル」のエビデンスレベル	技術移転・導入のあつらえ	他の「効果モデル」開発の必要性
第 5 章	II 継続的改善・形成評価，I 開発評価	直接対人ケアサービスを伴うケアマネジメント	2）ベストプラクティス PG	◎	○
第 6 章	III 実施・普及評価	包括型ケアマネジメント ACT	1）EBP プログラム	◎	－
第 7 章	II 継続的改善・形成評価，I 開発評価	まずは住居をプログラム	1）EBP プログラム，または 2）ベストプラクティス PG	○	◎
第 8 章	II 継続的改善・形成評価，I 開発評価	退院促進・地域定着支援プログラム	4）実践の中で有効性の裏づけ	－	○
第 9 章	III 実施・普及評価，I システムレベル PG の開発評価	家族心理教育家族ケアマネ	1）EBP プログラム	◎	◎（家族ケアマネジメント）
第 10 章	I 開発評価	なし	4）実践の中で有効性の裏づけ	－	◎
第 11 章	III 実施・普及評価	IPS 援助付き雇用プログラム	1）EBP プログラム	◎	◎
第 12 章	II 継続的改善・形成評価，I 開発評価	当事者運営サービス，クラブハウス	2）ベストプラクティス PG	◎	◎

（注）　プログラムの略称として，PG を使用。ACT は，Assertive Community Treatment の略。

開発の必要性を示した（表右 2 列）。「技術移転・導入のあつらえ」については，主に欧米で開発された EBP プログラムや他の効果モデルを日本に導入するには技術移転・導入のあつらえが必要となる。その「あつらえ」の程度を，各論各章の分析結果に基づいて提示した。

　同時に，「他の『効果モデル』開発の必要性」については，各論各章の分析の結果，各章で取り上げた「効果モデル」を，さらにあるいは別途開発する必要性があるかどうかを，分析結果に基づいて提示した。

6.4　エビデンスに基づく支援環境開発アプローチの可能性

　最後に第 13 章，14 章では，各論各章の検討を踏まえてエビデンスに基づく支援環境開発アプローチの意義と可能性を示すとともに，ソーシャルワーク領

域において，主要な支援方法に位置づける可能性を総括する。

第13章「EBP プログラムと支援環境開発アプローチ」では，各論第5章から12章を総括して，EBP と支援環境開発アプローチの意義と可能性を整理したうえで，実践家・当事者参画型で進める「プログラム開発と評価」の可能性を検討し，その具体的な方法を整理して提示する。

最後に第14章「エビデンスに基づく支援環境開発アプローチの意義と可能性」では，改めてエビデンスに基づく支援環境開発アプローチを用いたマクロ実践 SW の必要性と意義を確認し整理する。その上でソーシャルワーカーがエビデンスに基づく支援環境開発アプローチを活用し，今後発展させる可能性を検討する。

エビデンスに基づく支援環境開発アプローチは，ニーズ志向型アプローチを中軸とするが，「支援環境開発」というマクロな視点からのアドボカシー型アプローチでもある。またその取組みは，支援環境開発を求める当事者と協働で進める**当事者協働型支援環境アプローチ**をも包含する新しい，魅力的なアプローチに発展することが可能である。

本書では，ソーシャルワーク実践にとってあるいは，他のニーズ志向型アプローチにとって，エビデンスに基づく支援環境アプローチの意義と可能性を明らかにし，マクロ実践ソーシャルワークの新パラダイムを構築することができればと願っている。

第**2**章

エビデンスに基づく支援環境開発アプローチの枠組み

▷**本章の概要**────

1 はじめに

2 支援環境開発に関わるソーシャルワークの支援目標，支援アプローチの種類

3 ニーズ志向型支援環境開発で対応すべき課題と課題解決へのアプローチ（概論）

4 アドボカシー型支援環境開発アプローチ

5 まとめ──エビデンスに基づく支援環境アプローチの意義と課題

▷*Keywords*

ニーズ志向型支援環境開発アプローチ，効果的プログラムモデル（効果モデル），支援環境の「要素」（「支援環境要素」），「支援環境要素」のパッケージ，当事者協働型支援環境開発アプローチ，アドボカシー型支援環境開発アプローチ

この章では，ソーシャルワーク実践において，エビデンスに基づく支援環境開発アプローチの位置づけと枠組みを提示する。そのうえで，支援環境開発に関わるソーシャルワークの3つの支援目標を整理し，それぞれの支援目標に対応した3つの支援環境開発アプローチを示す。エビデンスに基づく支援環境開発アプローチの中軸は，「ニーズ志向型支援環境開発アプローチ」である。科学的な「プログラム開発と評価」の手法を用いて，実践家，さらには当事者の参画を得てより有効な支援環境開発を行う。同時に，「当事者協働型支援環境開発アプローチ」「アドボカシー型支援環境開発アプローチ」を並行して，支援環境開発を行う。本章では，その枠組みを提示する。

1 はじめに

　本章では，エビデンスに基づく支援環境開発アプローチを，ソーシャルワーク実践の中にどのように位置づけ，取り組むことができるのか，その位置とアプローチの枠組みを提示する。

　まず，支援環境開発に関わるソーシャルワークの3つの支援目標を整理する。そのうえで，それぞれの**支援目標に対応したタイプの異なる3つの支援環境開発アプローチ**があることを示す。それは，「ニーズ志向型支援環境開発アプローチ」「当事者協働型支援環境開発アプローチ」「アドボカシー型支援環境開発アプローチ」と整理できる。

　このうち，エビデンスに基づく支援環境開発アプローチの中軸は，「ニーズ志向型支援環境開発アプローチ」である。「ニーズ志向型支援環境開発」を，**科学的な「プログラム開発と評価」の手法を用いて，実践家，さらには当事者の参画を得て協働で進める**ことで，実践で活用できるより効果的なエビデンスに基づく支援環境開発を行うことが可能になる。

　「プログラム開発と評価」には，まずニーズに応じた支援環境開発の課題を整理して，明確なゴール設定を行うことが求められる。そのうえで，社会的に支援が必要な人たち（当事者）の支援ゴール達成をもっとも効果的に行うこと

第2章　エビデンスに基づく支援環境開発アプローチの枠組み　　21

に焦点を当てた支援環境を分析する。すなわち，**開発すべき支援環境の効果的な「要素」を定めて**，そのうえで**有効な支援のパッケージ（効果的プログラムモデル）を構築**する。

「プログラム開発と評価」の方法を用いて，関係する関係者との合意のもとで取り組むエビデンスに基づく「ニーズ志向型支援環境開発アプローチ」は，国民や社会に当事者たちやその支援環境の課題への理解を促し，彼らの権利の擁護（アドボカシー）を進め，社会の中に支援環境を開発し，定着させるうえで重要な役割を果たす。とくにエビデンスに基づく取組みによって，問題解決のための効果性が実証されることをめざす，このアプローチは有効な支援環境の社会における受け入れを進める上で，重要な要素になる。

しかし，社会の中に有効な支援環境を作り出し，定着させるためには，多様な社会的アクションも同時に必要になる。別の類型の支援環境開発アプローチである「当事者協働型支援環境開発アプローチ」「アドボカシー型支援環境開発アプローチ」とも協働して，有効に支援環境開発を進めることが必要になる。**これらのアプローチは，ソーシャルワーク実践として一体的に取り組むことが求められる**（図2-1）。以下ではその詳細を提示する。

> ＊ 図2-1は支援環境開発アプローチの観点から「①援助資源・支援プログラムへの働きかけ」，および支援環境開発の対象である「公私の援助資源・支援プログラム」を相対化・普遍化して提示した特徴がある。なお著者は，大島・奥野・中野（2001）の編者の一人として中野（2001: 18）における編著書全体に関わる概念図作成に関与。

2 支援環境開発に関わるソーシャルワークの支援目標，支援アプローチの種類

2.1 支援環境開発に関わるソーシャルワークの支援目標

支援環境開発に関わるソーシャルワークの支援目標は，**表2-1**のように整理できる。支援目標は図2-1（①〜③）に対応し3つ設定した。これは，本書で主な実践例として取り上げる精神保健福祉領域の課題を主に想定して定めた。そのうえでやや幅広く障害福祉領域一般や他領域にも適用できるように配慮した。

支援目標1は，当事者の当たり前の地域生活と，自立的で質の高い生活を実

22　第Ｉ部　総　論

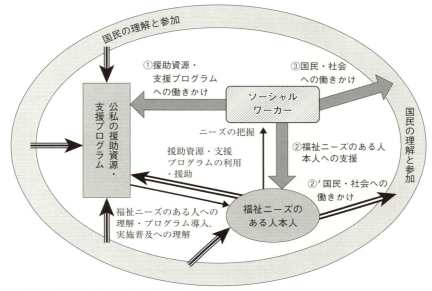

(出所) 中野（2001:18）に基づき，著者作成。
図2-1　ソーシャルワークの支援目標・支援機能

現し，それを維持することである。精神障害のある人の場合，脱施設化と地域移行・地域定着は日本の精神保健福祉領域の最大の課題である。自立的で質の高い生活は，施設に入所する障害のある人たちだけに限定しない大きな課題となる。この支援目標を実現するために公私の援助資源・支援プログラムという支援環境を活用あるいは開発して生活を支援することを目標実現の手段とする。

支援目標2は，当事者の長所（ストレングス）を最大限に伸ばし，エンパワメントを促進し，リカバリーとウェルビーングを実現することである。支援目標1よりも幅広い全人的な支援目標である。この目標を実現するために，当事者に寄り添い，その内在的価値観を尊重して働きかける，相談援助など直接実践ソーシャルワークの基本原則に基づく支援が必要になる。

支援目標3は，国民や社会に働きかけて理解と協力を得て，社会の中に公私の支援環境を開発・調整・定着することである。そのために当事者やその支援制度・施策の課題に対する理解を促すこと，同時に当事者の権利を擁護することを目標とする。

表 2-1　ソーシャルワークの支援目標：働きかけの対象別（図 2-1 の①〜③対応）

支援目標 1	公私の援助資源・支援プログラムを活用あるいは開発して，福祉ニーズをもつ人たちの当たり前の地域生活を実現し，その生活を支援して，自立的で質の高い生活を具現し，それを維持すること
支援目標 2	福祉ニーズをもつ人たちに寄り添い，働きかけ，その長所（ストレングス）を最大限に伸ばし，エンパワメントを促進して，そのリカバリー・ウェルビーングの実現を支援すること
支援目標 3	国民や社会に働きかけて，福祉ニーズをもつ人たちやその施策への理解を促し，彼らの権利を擁護するとともに（アドボカシー），公私の支援環境を開発すること

（出所）　著者作成。

表 2-2　支援環境開発の 3 つのアプローチ：3 つの SW の支援目標ごとに対応

アプローチ 1（支援目標 1 に対して）	ニーズ志向型支援環境開発アプローチ 「公私の援助資源・支援プログラム」という支援環境を，当事者のニーズに応じて作り出すアプローチ
アプローチ 2（支援目標 2 に対して）	当事者協働型支援環境開発アプローチ 障害をもつ人たちに寄り添い，その力を引き出し，協働して支援環境を開発するアプローチ
アプローチ 3（支援目標 3 に対して）	アドボカシー型支援環境開発アプローチ 国民・社会に働きかけ理解と協力を得て，社会の中に公私の支援環境を作り出し，定着させていくアプローチ

（出所）　著者作成。

2.2　3 つの支援環境開発アプローチ

　支援環境開発に関わるソーシャルワークの支援目標に対応させて，支援環境開発アプローチは，次の 3 つに分類・整理できる（表 2-2）。

（1）　アプローチ 1（支援目標 1 に対応）：ニーズ志向型アプローチ

　第 1 に，「公私の援助資源・支援プログラム」という支援環境を，当事者のニーズに応じて適切に調整・開発する。効果的で適切な支援環境を開発・調整のうえ，提供するアプローチである（「ニーズ志向型支援環境開発アプローチ」と呼ぶ）。図 2-1 に示すソーシャルワークの機能（SW 機能）としては，SW 機能

24　第Ⅰ部　総　論

①および SW 機能②が該当する。

このアプローチは，まずニーズ領域ごとに，解決すべき支援ゴールを設定する。それはゴール達成をめざして進める「ボトムアップ型」のアプローチであり，同時に効果モデルの形成を進める支援環境開発型のアプローチでもある。

このアプローチには，相談援助によって当事者のニーズを把握・アセスメントする SW 機能②が前提になる。そのうえで，当事者ニーズに基づき，ボトムアップ型でニーズに根ざした直接的な支援環境開発が，SW 機能①に基づいて行われる。

（2）　アプローチ 2（支援目標 2 に対応）：当事者協働型アプローチ

第 2 に，当事者に寄り添い，その力を引き出して，協働して支援環境を開発するアプローチである（「当事者協働型支援環境開発アプローチ」と呼ぶ）。当事者本人が自身の支援環境を活用して，よりよい生活を営もうとする意思がなければ SW の支援は成り立たない。ソーシャルワーカー（SWr）は，当事者に常に寄り添い，内在的な価値観を尊重して丁寧に関わる。

SW の機能としては，図 2-1 の SW 機能②が該当し，その延長線上に SW 機能①と SW 機能③が位置づけられる。

支援環境開発アプローチとしては，非直接的なアプローチである。

支援環境開発の側面から見ると，ふさわしい支援環境がすぐには活用できず，支援環境開発が必要な状況において，SW 機能②によって当事者がエンパワーされ，意識を高めた当事者本人が，SWr ら専門職と共働して国民・社会に働きかけ，自分たちにふさわしい支援環境を作り出す。セルフアドボカシーを支援する活動でもある（堀ら，2009）。

（3）　アプローチ 3（支援目標 3 に対応）：アドボカシー型アプローチ

第 3 に，国民・社会に対して働きかけ，その理解や協力を得て，社会に当事者主体を実現する支援環境，そして解決すべき支援ゴールを有効に実現する支援環境を作り出し（開発し），定着させていくアプローチである。活動する地域でその支援環境が整備されておらず，国や都道府県では制度化されているものがあれば，それをその活動地域でも活用できるよう働きかけ，調整するなどの活動を含む。SW の機能としては，図 2-1 の SW 機能③が該当する。

公私の支援環境を開発・調整するに先立って，国民や社会に対して，当事者やその支援環境の厳しい状況と課題についての理解を促し，彼らの権利を擁護（アドボカシー）して，支援環境開発を進めることが重要である（堀ら，2009）。

第 2 章　エビデンスに基づく支援環境開発アプローチの枠組み　25

そのためこのアプローチを，「アドボカシー型支援環境開発アプローチ」と呼ぶ。

これらの支援環境開発アプローチを進めるにあたっては，アプローチ2「当事者協働型支援環境開発アプローチ」で述べたように，**当事者本人との良好なパートナーシップを形成することが重要である**。第14章（および12章）で詳しく触れるが，当事者本人とSWrは，協働してそれぞれの特性を活かし，国民・社会に対してインパクトのある支援環境開発を進める必要がある。

またアプローチ3「アドボカシー型アプローチ」は，**アプローチ1「ニーズ志向型アプローチ」，アプローチ2「当事者協働型アプローチ」を包含する取組みである**。これらの点についても第14章で述べる。

3 ニーズ志向型支援環境開発で対応すべき課題と課題解決へのアプローチ（概論）

エビデンスに基づく支援環境開発アプローチに取り組む本書の中核的な課題は，ニーズ領域ごとに課題設定された，ニーズ志向型支援環境開発アプローチを，科学的な「プログラム開発と評価」の手法を用いて，実践家，さらには当事者の参画を得て進めることである。

ニーズ志向型アプローチでは，**福祉ニーズ・生活ニーズの解決という明確な支援ゴールを設定する**。そのうえで「プログラム開発と評価」を活用して，問題解決に有効な支援環境の開発に取り組む（具体的には，第II部各論の第5章〜12章で提示）。さらには，問題解決に効果的な支援プログラムを開発・形成して，それをより効果的なプログラム，EBPプログラムへと発展させていく。同時に，EBPプログラムを有効性の高い効果的な社会福祉制度・施策に位置づけ，ニーズのある多くの人たちの問題解決のために幅広く実施・普及を進めていく。今後の科学的なソーシャルワーク実践を進めていくうえで不可欠なアプローチである。

以下では，まず日本の精神保健福祉領域において，とくに重視されるべき支援環境開発アプローチの課題領域，ニーズ領域を整理して提示する。

3.1 ニーズに応じた支援環境開発の課題と支援目標

日本の精神保健福祉領域において，ニーズに応じた支援環境開発アプローチ

を進めるうえでの優先的課題は何か。

それは第3章で詳しく述べるように，精神障害のある人たちの中でも社会生活上の困難がとくに大きく，かつ深刻な社会的不利（「参加の制約」）の状況を余儀なくされている人たちの問題である。そこには，支援の必要性がきわめて高いと判断される人たちの問題が社会の中で取り残されている状況がある。

この問題に対して，支援環境開発アプローチでは，とくに高い優先順位を設定して，本格的な取組みを進める必要がある。

その課題・ニーズ領域の数や範囲については，精神保健福祉領域では比較的限定される。当面のところ次の4つの課題・ニーズ領域が重要である[*]。

＊　第3章では4課題を分岐して7課題・ニーズ領域に整理。

まず領域を限定する前提となる社会状況を示す。

日本の精神保健福祉の最大の問題は，もっとも深刻な状況に置かれた精神障害のある人たちに対して，国や地方の精神保健福祉当局がこれまで十分に有効な援助施策を講じてこなかった（「支援環境の開発」をしてこなかった）歴史があった（大島，1996；大島編，2004；古屋，2015a）。

具体的には，まず第1に世界に類を見ない精神科病院長期入院者の深刻な状況と適切な対応の欠如である。第2に地域で生活しながらも日中行き場のない「ひきこもり」を続ける重い精神障害のある人たち，およびその家族に対する地域における援助施策の不備がある。

残念ながらこれまでこれらの人たちが真に必要とし，その問題解決のために有効なサービスや施策が，長年にわたって適切に提供（「支援環境の開発」が）されず，放置されてきた。

それぞれの課題・ニーズ領域を挙げると，以下のとおりである。

（1）　課題・ニーズ領域A：生活基盤を再構築する課題

精神科長期入院者が当たり前の地域生活を実現し，また「ひきこもり」を続ける重い精神障害のある人たちが家族から自立する課題である。この課題をもつ人たちは，共通して「身近な個別対人ケアサービス」のニーズのある重い精神障害のある人たちでもある。その人たちが，精神科病院や家族から「自立」し，自らが望む生活を実現するには，「生活基盤を再構築する課題」が生じる。

これら重い精神障害のある人たちが自らが望む新しい生活を実現するためには，「住まい」と「身近な個別対人ケアサービス」を中核とした生活基盤の再

構築の体制を整備する必要がある。具体的には第5章～9章で検討する。

(2)　課題・ニーズ領域B：社会的役割獲得の課題

日中行き場のない「ひきこもり」を続ける重い精神障害のある人たちや，現在は長期入院している人たちが地域に移行した折に「日中の活動を増やし，社会的役割を獲得する」課題である。社会参加の観点から，精神障害のある人たちがその人なりの希望する社会的役割を担えるよう，本人たちの希望を確認しながら支援すること（就労，保護的就労，地域事業所通所，デイケア通所，クラブハウスへ通うなど）が必要になる。

家族支援も同時に考慮される必要がある。さらには生活費を確保し，社会関係を形成し，自己実現を図るうえで重要な一般就労が希望に応じて実現するよう，あるいは就労が維持できるように支援することも求められる。具体的には第10章，11章で検討する。

(3)　課題・ニーズ領域C：よりよい社会参加と自己実現達成の課題

生活支援の中核機能を補完しながら，よりよい社会参加・自己実現を達成する課題である。日中行き場のない「ひきこもり」を続ける重い精神障害のある人たちや，その他社会や仲間から孤立している人たちに対して，生活支援の中核機能を補完しつつ，よりよい社会参加を実現できる相談支援体制を構築すること，当時者が相互に支援することが可能なピアサポートの体制を作ること，社会関係への個別的・集合的支援，適切なケアサービス・医療サービスの提供，移動の支援など諸サービスを提供することが求められる。具体的には第12章，その他の関連箇所で検討する。

(4)　課題・ニーズ領域D：包括的なケアシステム形成の課題

以上の課題と比べて若干視点が異なるが，ニーズに応じた包括的なケアシステムを調整し提供する課題である。複合する課題に対して，サービスが断片化したり重複したり協調関係が欠如したりすることのないよう，ニーズ中心にサービスを継続的かつ包括的に供給する支援（ケアマネジメント等）を提供する。具体的には第3章，6章，その他の関連箇所で検討する。

3.2　開発すべき支援環境の「要素」（「支援環境要素」）と有効な支援の パッケージ（効果的プログラムモデル）構築

以上のような課題やニーズ領域に対して，どのように有効な支援環境を調整・整備・開発すればよいのか，効果的プログラムモデルの開発・構築という

観点から留意すべき点を整理する。なお効果的プログラムモデルの開発・構築に関する詳細は，第4章で述べる。

（1）　課題解決に有効な支援環境の「要素」（「支援環境要素」）とは

課題・ニーズ領域A「生活基盤を再構築する課題」では，生活基盤の再構築が求められる。**中核的な支援環境要素として，「住まい」と「身近な個別対人ケアサービス」が不可欠である**。また課題・ニーズ領域B「社会的役割の獲得」の課題では，就労・日中の活動の場が求められる。さらに，課題・ニーズ領域C「よりよい社会参加と自己実現達成」の課題では，孤立から離脱することを支援する，日中活動の場やピアサポート，家族支援などが考慮される必要がある。**それぞれの課題解決と支援ゴール達成にとって有効な支援環境の「要素」とは何かを，まず明らかにすることが必要となる。**

課題解決に有用な支援環境の「要素」を，それぞれの課題解決，支援ゴールの達成に向けてリストアップし，整理することが重要である。支援環境の「要素」として，まずは生活基盤を支えるための「支援環境要素」として，以下のものが知られている。

【生活の基盤を支える3要素】

①生活の場（「住まい」）

②就労・日中の活動の場

③ケアとサポート（支え手）

・日常生活援助（対人ケアサービス）

・随時のサポート・相互サポート（ピアサポート，隣人サポート，ほか）

・専門的支援（医療的援助，心理援助，相談援助・助言・調整，コンサルテーション，ほか）

・ケアマネジメント（総合調整）

④3要素以外の主要要素

ⅰ）自主的・集団的活動の場，　ⅱ）所得保障，　ⅲ）その他

（2）　「支援環境要素」のパッケージ（効果的プログラムモデル）構築の必要性

課題解決に有効な支援環境の要素が，そのゴール達成のために有機的・体系的に機能するには，**支援環境要素をパッケージとして効果的な取組みとなるようデザインし構築する必要がある**（効果的プログラムモデル）。

ニーズに応じた支援環境開発の課題を解決するには，見方によっては，個別課題（ニーズ）に対応する「支援環境要素」を，「ただ単独に開発・調整すれば

足りるのではないか」と考えられがちである。たとえば，課題・ニーズ領域 B「日中の活動を増やし，社会的役割を獲得する」課題には，「就労の場を」というようにである。

　たとえば，課題・ニーズ領域 A「生活基盤を再構築」する課題では，「住まい」と「身近な個別対人ケアサービス」という「要素」を組み合わせて提供する必要がある。ところが，「住まい」と「身近な個別対人ケアサービス」の組み合わせだけでも多種多様な取組みがある。グループホームのように同じ場所でこの 2 つの「要素」を提供するのか，「身近な個別対人ケアサービス」を訪問で提供するのかを考慮する必要がある。また「身近な個別対人ケアサービス」はどの職種が対応するのか，多職種アプローチが必要なのか，また訪問の頻度はどのくらいがよいのか，など考慮すべき「要素」は数多く存在する。組み合わせの構造もサービス提供機能もさまざまな類型を考慮できる。

　別の例を挙げると，障害者自立支援法（現障害者総合支援法）が施行される前までは，知的障害領域では「通勤寮」，精神障害領域では「援護寮・生活訓練施設」が，精神科病院等からの地域移行のハーフウェイハウス（中間住居）として存在した（久野ら，2003）。しかし障害者総合支援法が導入されて，これら施設は「生活の場」のケアホーム・グループホームと，「活動の場」の生活訓練等に支援要素が分解された。しかしこれらの支援要素をどのように有機的に結びつけ，ハーフウェイハウス事業の機能を果たすのかを示す要綱等の提示はされず，実質的に「ハーフウェイハウス」機能は消滅に向かうことになった（大島，2014a）。

　重要なことは，これらの「要素」をどのように効果的に組み合わせて，課題解決と支援ゴール達成にもっとも有効で，効果的な取組みを形成できるのかという観点から，支援パッケージの構築を検討することである。 このように構築された有機的・体系的な効果的支援環境パッケージを，本書では「効果的プログラムモデル」，あるいは単に「効果モデル」と呼ぶ（大島，2015）。

　以上の考え方は，プログラム評価学が，長年にわたって培い構築してきたものである。詳しくは本書第 4 章，13 章ほかで述べるが，効果的プログラムモデルを構成する「要素」は，課題解決と支援ゴール達成への寄与という観点から，「効果的援助要素」（critical components）と呼称する（Bond ら，2000；大島，2015）。また「支援環境要素」のパッケージ構築については，「要素」の配置等を設計図のように示すプログラム理論（program theory）の設定が求められる

（Rossi ら，2004；大島，2015）。

（3）「支援環境開発」に関わる効果的プログラム

課題解決に有効な支援環境として，効果的支援環境のパッケージ，効果的実践プログラムモデルを開発・形成し，継続的に改善し，実施・普及していくことが重要である（大島，2015）。上記で示した課題・ニーズ領域ごとに，本書で取り上げる「効果的プログラムモデル」の一覧を提示しておく。

①課題・ニーズ領域Ａ：生活基盤を再構築する課題

●地域移行／地域での包括的生活支援

・直接対人ケアサービスが伴うケアマネジメント

・包括型ケアマネジメント ACT（Assertive Community Treatment）

・退院促進・地域定着支援プログラム

●住居プログラム／家族支援

・援助付き住居プログラム（「まずは住居をプログラム」）

・家族心理教育プログラム

・家族ケアマネジメント

②課題・ニーズ領域Ｂ：社会的役割獲得の課題

・援助付き雇用プログラム IPS（Individual Placement and Support）

・ひきこもりへの支援プログラム（メンタルフレンド，フリースペース等）

・クラブハウスプログラム（ICCD Clubhouse Model）

③課題・ニーズ領域Ｃ：よりよい社会参加と自己実現達成の課題

・ピアサポート，セルフヘルプグループ

・当事者運営サービス

・当事者相互支援プログラム WRAP（Wellness Recovery Action Plan）

・家族による家族学習会プログラム

・疾病管理とリカバリープログラム IMR（Illness Management & Recovery）

・ピアヘルプサービス

・自律的意思決定ケア

・その他

④課題・ニーズ領域Ｄ：包括的なケアシステム形成の課題

・直接対人ケアサービスが伴うケアマネジメント

・包括型ケアマネジメント ACT（Assertive Community Treatment）

第2章　エビデンスに基づく支援環境開発アプローチの枠組み　31

3.3 ニーズ志向型支援環境開発アプローチの3側面

さて，以上検討してきたニーズ志向型支援環境開発アプローチには，3つの側面がある。

まず第1に，現存する援助資源や支援プログラムを調整し当事者に活用できるよう整える取組みである（調整・導入アプローチ）。また第2に，現存しない支援環境を新たに生み出す取組み（開発アプローチ）がある。さらに第3には，いまある援助資源が効果的に機能していない場合それを当事者ニーズに合致させて，より効果的なものに改善する取組みがある（改善アプローチ）。

(1) 支援環境の調整・導入アプローチ

現存する効果的な援助資源や支援プログラムを当事者のニーズに合わせて調整し，利用できるように整えるアプローチである。前章で取り上げた実施・普及評価が対応する評価アプローチである。

このアプローチは社会的に支援が必要な人たちのニーズが満たされず「**サービスギャップ（service gap）」に陥っている状態**（Drake ら，2009；Raviv ら，2009）からの脱却を図るものである。対応する有効な支援環境は存在するが，それを使えずにいる人たちを支援環境へとつないでいく。支援環境を調整して提供するアプローチである。

たとえば，エビデンスに基づく効果的なプログラム（EBP プログラム：Evidence-Based Practice Program）の1つとして家族心理教育がある。このプログラムは，ランダム化比較試験（RCT）など厳密な効果評価研究の蓄積によって有効性が確立し，国際的な治療ガイドラインにも明確に記された有効な支援方法である（大島，2010a）。統合失調症など精神障害のある人たちが入院後，退院から地域定着までの間，家族をこのプログラムで支援していくと，約1年の再発率を低くすることができる。その効果は薬物療法にも匹敵することが明らかにされている。

ところが家族心理教育はいまだ国の診療報酬にも位置づけられておらず，導入する医療機関は限られている。支援環境開発アプローチでは，このような効果的プログラムを導入・使用できるよう組織やスタッフに働きかけ，その立ち上げを支援することが含まれている（大島，2010b）。

(2) 支援環境の開発アプローチ

公私にわたる援助資源や支援プログラムを調整してもニーズに適合的な取組

みがないときに，**新しい有効な支援環境を「開発」（狭義）するアプローチで**ある（Kettner ら，2008；大島，2015）。前章で取り上げた開発評価がこれに対応する評価アプローチである。

　たとえば，日本には精神科病院に長期入院をしている人が多く，人口当たりの入院患者数は世界最多である。長期入院の是正と退院促進の方針は長年いわれ続けてきたが，実効あるものになっていない（大島，1996；大島編，2004）。これに対して，長期入院を続け退院に意欲と希望を失った人たちの地域移行を進めるために，長期入院患者と入院病棟で支援するスタッフ双方に対して地域事業所サイドから働きかけ，地域移行・地域定着を医療機関と共同で進めるプログラムが大阪府から提案され，2003 年より全国試行事業になった（米田，2002；道明ら，2011b）。精神障害者退院促進支援事業（プログラム）である。この事業は世界で例を見ない日本の長期入院中心の精神科医療体制の弊害を改善・是正するために導入された画期的な取組みであった。しかしその後多くの制度改変が行われ，現在は必ずしも十分に機能しているとはいえない状況に陥っている（大島，2014a）。このプログラムがより本格的に機能できるように，プログラム開発と継続的改善を進めることが期待される（第 8 章）。

（3）　支援環境の改善アプローチ

　現存する援助資源や支援プログラムが，当事者のニーズ解決に対して有効に機能しておらず，効果的でない場合，その**援助資源や支援プログラムをより効果的なものに改善する**アプローチである。前章で取り上げた継続的・形成改善評価が対応する評価アプローチである。

　前項で触れた精神障害者退院促進支援事業（プログラム）は，制度としては，退院・地域移行の実績は現在上がっておらず，利用する入院者の数も限られている。これに対して，精神障害のある人の退院促進・地域移行を明確な支援ゴールに定め，独自の創意・工夫を取り入れ顕著な成果をおさめている取組みがある。第 8 章で取り上げる「巣立ち会モデル」の実践である（田尾ら編，2008）。このように実践現場の創意・工夫を活かして，よりニーズに合致した効果的なプログラムを開発・改善する取組みが，支援環境の改善アプローチである。

第 2 章　エビデンスに基づく支援環境開発アプローチの枠組み　　33

4 アドボカシー型支援環境開発アプローチ

　国民や社会に対して当事者やその支援環境の厳しい状況と課題についての理解を促し，彼らの権利の擁護（アドボカシー）をして，支援環境開発を進める取組みを，「アドボカシー型支援環境開発アプローチ」と本書では呼ぶ。既述のとおり，「**アドボカシー型支援環境開発（アプローチ3）**」**には**，「**ニーズ志向型アプローチ（アプローチ1）**」と，「**当事者協働型アプローチ（アプローチ2）**」**が包含**されている。

　これまで概説してきた「ニーズ志向型アプローチ」は，ニーズに根ざしたアプローチであり，ボトムアップ型で，ニーズ，および実践さらにはエビデンスに基づいてまずは個々の利用者に対して有効な支援環境開発を進める。第5章から12章で触れるように，ニーズ領域ごとに多様なニーズ志向型支援環境開発アプローチが行われ，ニーズと実践に合致する有効な支援環境開発が行われる。

　しかしその一方で，これらの「取組み総体」としては，国民・社会の理解や協力を得て，社会の中に支援環境を作り出し，定着させていく社会的アクションとしての「アドボカシー型アプローチ」の側面をもっている。

　前節でも述べたように，EBPプログラムでは，効果的な支援プログラムが，ニーズをもつ多くの人たちに行き届かない不適切な状態「サービスギャップ」がしばしば生じる。この問題を解決するために，近年，世界的にサービス実施・普及研究が精力的に行われるようになった（第4章，13章）。EBP等の効果的プログラムモデルが構築されると，それを実施・普及するための組織的基盤が重要となる。実施・普及を進めるための体制構築に関する科学的取組みが必要になる。これらは，「取組みの総体」として「アドボカシー型アプローチ」と位置づけることができる。「アドボカシー型アプローチ」は，国民・社会の理解や協力を得て，社会に対して直接的に支援環境開発の働きかけを行うことをめざした総合的・総括的なアプローチである。

　「アドボカシー型アプローチ」は，効果的プログラムモデルを制度・施策化して，精神保健福祉システムに定着させ，それを実施・普及するために，ソーシャル・アクションなどのアプローチも必要になる。

　本書では，当事者の人たちとの連携とパートナーシップ，当事者運動への支

34　第Ⅰ部　総論

援と連携，住民運動への支援と連携，日常的なアドボカシー（権利擁護）活動についても取り上げる。さらには，福祉実践の国際的な連携と協働も重要な柱と位置づける。以上，「アドボカシー型アプローチ」の全体像は，第14章にまとめて示す。

5 ま と め――エビデンスに基づく支援環境開発アプローチの意義と課題

　支援環境開発アプローチは，実践に基づいてニーズをもつ当事者と支援環境の相互作用に働きかけるソーシャルワークにとって中核的な位置づけと使命をもつ重要なアプローチである。日本のソーシャルワーカー（社会福祉士，精神保健福祉士）の業務に位置づけられる「相談援助」にはとどまらない，重要なSW の援助方法論である。

　そのアプローチは，直接実践 SW（ミクロ実践 SW）から，多種多様な支援環境開発などのマクロ実践 SW までを幅広く包含するものになっている。

　近年，SW のみならず，対人サービス領域全般で EBP プログラムに社会的に大きな関心と注目が集められるようになった。これは，福祉実践プログラムでも同様である。他方，EBP プログラムは当事者の方々が希望する支援ゴールの達成と実現をめざした，**当事者中心アプローチ**（consumer-centered approach）（Poertner ら，2007；Rapp ら，1992）でもある。解決すべき問題を解決し，当事者が望む支援ゴールの達成に焦点を当てた効果的福祉実践プログラムを制度化・施策化して，ニーズのある対象者が活用できるよう調整するのは，ソーシャルワーカーの重要な責務ともいえる。

　そのためにもソーシャルワーカーは，マクロ実践 SW の新機軸であるエビデンスに基づく支援環境開発アプローチを，十分に身につけることが今後ますます求められてくると考える。

第 2 章　エビデンスに基づく支援環境開発アプローチの枠組み　　35

第**3**章

支援環境開発のニーズと支援ゴール
精神保健福祉領域におけるニーズの特徴，支援環境開発のあり方

▷ **本章の概要**

1 支援ゴール設定に必要な対象者理解——ニーズ把握の重要性

2 精神障害のある人たちの支援ニーズ——国際生活機能分類（ICF）と「体験としての障害」による対象者理解

3 福祉ニーズの捉え方——2層のニーズ構造：社会的合意に基づく「支援ゴール」の設定に向けて

4 支援ニーズがとくに高い2つの集団——「ターゲット集団」の設定

5 精神障害のある人が抱えるニーズ類型の諸相と支援環境開発のゴール設定——各論各章の位置づけ

▷ *Keywords*

対象者のニーズと支援ゴール設定，主要な支援対象層（ターゲット集団），
国際生活機能分類（ICF）と「体験としての障害」による対象者理解，2層のニーズ構造，
社会的合意に基づく「支援ゴールの設定」

エビデンスに基づく支援環境開発アプローチ（ニーズ志向型支援環境開発アプローチ）では，対象者のニーズと課題をまず明らかにし，そのうえでニーズと課題解決をめざして支援ゴールを設定する。それを踏まえて支援ゴール達成にもっとも有効な支援環境，支援プログラムをプログラム開発と評価の方法を用いて追求する。

　本章では精神保健福祉領域を実践例・適用例として，対象となる精神障害のある人たちのニーズの捉え方を，国際生活機能分類（ICF）と「体験としての障害」（上田，1983；1996）の枠組みに基づいて提示する。また対象者ニーズの二層構造を明らかにしたうえで，社会的合意に基づく支援ゴール設定について検討する。さらに主要な支援対象層（ターゲット集団）を示し，それぞれの対象層の課題・ニーズ領域に応じた支援環境開発のゴール設定を，各論各章の位置づけに合わせて提示する。

1　支援ゴール設定に必要な対象者理解——ニーズ把握の重要性

　本章では，対象者の課題・ニーズ解決に有効な支援環境開発を進める前提として，**対象者のニーズの捉え方，それを踏まえた支援ゴール，および主要な支援対象層（ターゲット集団）の設定方法を検討**する。

　そのために，まず本書の主な対象である精神障害のある人たちについての理解を深める必要がある。精神障害のある人たちがどのようなニーズをもち，それは生活機能上のどのような特徴と問題構造をもつのか，一般社会には十分に理解されていない側面がある。

　この章では，まず第1に対象となる精神障害のある人たちの福祉ニーズを，国際生活機能分類（ICF）（WHO, 2001）と「体験としての障害」（上田，1983；1996）の枠組みから整理する。そのうえで，これらの枠組みによって客観的に把握されたニーズの状況に基づいて，公私にわたる援助資源・支援プログラムにおける支援ゴール，およびターゲット集団の設定，あるいは再設定について検討する。

第3章　支援環境開発のニーズと支援ゴール　　37

2 精神障害のある人たちの支援ニーズ
——国際生活機能分類（ICF）と「体験としての障害」による対象者理解

精神障害のある人たちのニーズは，2つの種類の「障害」から捉えることができる。1つは国際生活機能分類（ICF）（WHO, 2001）からの把握であり，もう1つは，上田（1983；1996）による「体験としての障害」による理解である。

2.1 国際生活機能分類（ICF）からの理解と把握

精神障害のある人たちは，他の障害のある人たちと同様の「障害」構造をもつことが明らかになり，日本における精神障害者福祉が大きく進展したことが知られている。

（1）ICFの障害構造論

障害のある人たちの「障害」を構造的に捉えるという認識は，1980年に「WHO国際障害分類」（ICIDH: International Classification of Impairments, Disabilities and Handicaps）が発表されて以来，支援に関わる関係者の間でしだいに共通理解がされるようになった。この分類は，「機能障害」（Impairment），「能力障害」（Disability），社会的不利（Handicap）という独立した3つのレベルの障害（Disablement）によって，疾病がもたらす諸影響を構造的に把握するものであった。

障害構造論と呼ばれる「障害論」に関する現時点の到達点が，ICIDHの改訂版である「WHO国際生活機能分類」（ICF: International Classification of Functioning, Disability and Health）（2001）に反映されている（図3-1）。国際生活機能分類ICFは，「心身機能・構造」「活動」「参加」の3領域に整理された。それぞれの生活機能の障害については，「心身機能・構造の障害」「活動の制限」「参加の制約」と呼ばれている。図の矢印は双方向に向かっており，相互に関連することを示す。また3つの生活機能は，健康状態（変調／病気）とも相関する。さらに背景因子として，環境的因子，個人的因子がこれらと相互関連する。

（2）精神障害への理解の深化

さて1980年に国際障害分類ICIDHが発表され，2001年に国際生活機能分類ICFが公表されるまでの間，各国では障害構造論をめぐって熱心な論議が行われた。その中でも精神保健福祉領域における議論はとりわけ活発だったと

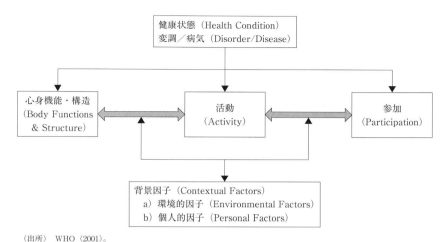

（出所）　WHO（2001）。
図 3-1　WHO 国際生活機能分類 ICF における「障害」の概念図

いう（佐藤，1998）。精神障害の「障害」をどのように理解すべきかという問いに対して，ICIDH に基づく障害構造が精神障害にも適用できることが，日本の精神保健福祉関係者の議論でも明らかにされ，しだいに共通認識になった（安斎ら，1984；蜂矢，1989；佐藤，1998）。

(3)　ICF 障害構造論に基づく精神障害の状況

これらの議論を踏まえて，障害構造論の枠組みを用いた，精神障害のある人を対象とした広域（全国レベル，都道府県・政令市レベル）のニーズ把握調査が行われるようになった。

まず「社会的不利・参加の制約」の状況については，厚生労働省の精神障害者ケアガイドライン検討委員会（1998）が実施した全国試行事業参加者（n＝623）への調査結果がある。14 都道府県 1 政令市の取りまとめ機関に依頼し，ケアマネジメントの適用対象となる重い障害のある人たちを対象とした（大島ら，2000a）。

ケアガイドラインのアセスメントツールに使用される社会的不利尺度（参加の制約尺度）の分布状況を図 3-2 に示した。「すぐにも改善が必要」「改善が必要」という評価を合わせて見ると，「日中の過ごし方」「仕事」「経済」「住まい」といった領域で 30〜40％ の人たちが「改善が必要」と判断されている。「できるなら改善が必要」まで含めると過半数の人たちが各領域で「参加の制

第 3 章　支援環境開発のニーズと支援ゴール　　39

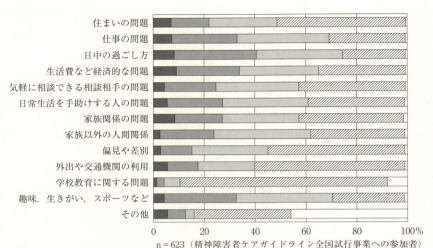
（出所）精神障害者ケアガイドライン検討委員会（1998）。
図3-2　参加の制約／社会的不利の状況

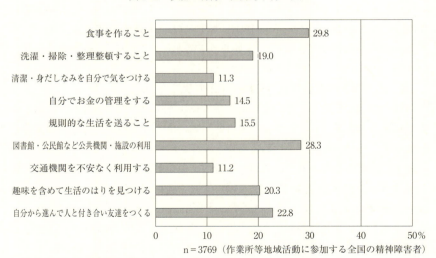
（出所）全家連保健福祉研究所編（1994a）。
図3-3　日常生活で自信のないこと：活動の制限（全国本人調査）

約」があり社会的不利の状況があると判断された。

　次に「能力障害・活動の制限」の状況である。精神障害のある人の「活動の制限」については，少々イメージをもちにくい場合がある。図3-3は，全国

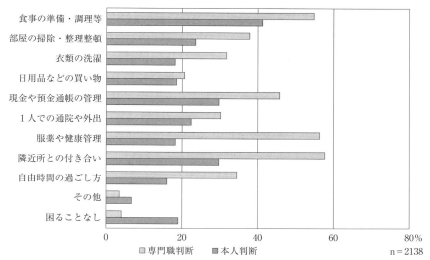

(出所) 京都府保健福祉部（1997）．
図3-4　日常生活上の困難：活動の制限（京都府ニーズ調査〔通院者＋入院者〕より）

の小規模作業所など日中活動などの地域活動に参加した精神障害のある人たち本人（n＝3769）を対象に行った結果をまとめたものである（全家連保健福祉研究所編，1994a）。「日常生活の中で自信のないものがあるか」という質問に対して，「自信がない」という当事者本人の回答は10～30％に分布していた。「食事を作ること」（29.8％），「洗濯・掃除・整理整頓」（19.0％）は日常生活維持に関わることであり，支援環境としてはホームヘルプサービス，「身近な個別対人ケアサービス」が対応する領域だった。

　次に京都府の全府的な行政調査から，「能力障害・活動の制限」の状況を明らかにした結果が図3-4である（京都府保健福祉部，1997）。この調査は府内全精神科医療機関を受療し精神保健福祉手帳の所持が相当である者からの無作為サンプルであること，生活状況をよく知る主治医などの専門職と，対象者本人の双方が回答した調査である点に特色がある。

　図3-4のとおり，専門職の評価はやや「制限」を厳しく評価している。「食事の準備」「部屋の掃除」「洗濯」といった項目において30～55％くらいの割合で「困難」と回答した。一方，障害のある人本人の評価は，専門職の判断より少々「困難」が低めだった。しかし20～40％の人たちは確かに「困難」があると判断していた。

表3-1　機能障害：生活上の困難につながる行動特性

・一時にたくさんの課題に直面すると混乱してしまう
・全体の把握が苦手で，自分で段取りをつけにくい
・あいまいな状況が苦手
・提示はそのつど1つひとつ具体的に与える必要がある
・状況の変化にもろい。とくに不意打ちに弱い
・形式にこだわる
・慣れるのに時間がかかる
・容易にくつろげない。常に緊張している
・冗談が通じにくい。固くて生真面目

（出所）　昼田（2007）を一部改変。

　以上のように，精神障害のある人たちの「活動の制限」と「参加の制約」に注目すると，他の障害のある人たちと同様の「制限」や「制約」が存在することが理解できる。もちろん実際の生活場面での「制限」や「制約」の現れ方は異なるであろう。しかし「制限」「制約」に対応できる支援環境の開発や整備が必要であることを示す結果と考える。

2.2　精神障害のある人たちの「機能障害」は？

　一方で，見えない障害である精神障害のある人たちの「心身機能・構造の障害」（以下「機能障害」）はどのように位置づけられるだろうか。

　精神障害のある人たちの「機能障害」について，仮説的ではあるが，生活上の困難につながる行動特性があるといわれている。昼田（2007）は，「統合失調症患者の行動特性」（表3-1）において，機能障害に関連する共通の行動特性が存在すると指摘する。これらは，ある種のストレスを受けたときに，そのストレスにうまく対応していくことが困難な状況を示している。生物学的研究が仮説として提示する「ストレス脆弱性仮説」を裏づける行動特性と考えられる。これらの脆弱性については，いくつかの生理学的，神経心理学的な検査が行われ，「機能障害」を捉える可能性がある指標の検討が進められた（丹羽ら，1994）。しかし現時点では，確定的な生物学的指標はまだ見出されていない。

　以上，まとめると「精神障害」については，他の障害と同様に「活動の制限」「参加の制約」については明確な困難を有している。「心身機能・構造の障害」については仮説的なものは示されているが，身体障害や知的障害のように確定的なものはいまだ明らかにされていない状況にある。

42　第I部　総　論

2.3 「体験としての障害」からの理解

次に上田（1983；1996）による「体験としての障害」の理解について検討する（図3-5）。上田（1983）は「体験としての障害」を以下のように定義する。

「障害の主観的レベルであり，疾患，3つの客観的障害および不適切な環境のすべての主観への反映（体験）であり，これらの問題に対する個人の認知的・情動的・動機付け的な反応として生じてくる（中略）実存としての人間のレベルでとらえた障害である」。

ICF 国際生活機能分類では「心身機能・構造」「活動」「参加」というある程度客観的に捉えられる「障害」が把握される。これに対して「体験としての障害」は，客観的に捉えることが必ずしも十分にできない。障害のある人の体験における「障害」を支援ニーズの課題にする。

「体験」したことは，障害のある人たちに共通の「要素」としての「体験」があり，かつ「体験」した事実は確かに存在する。たとえば，「周りの人から冷たい目を向けられた」「偏見・差別を受けた」という「体験」は裏づけとなる事実がある。さらには動機づけ，希望（ホープ），意欲などは，障害のある人の現状を変える原動力になる「思い」であり，「体験」である。

とくに精神障害では，これら希望（ホープ），動機，意欲，自己効力感などの喪失が，他の障害の社会生活上の困難に比べて相対的に大きな意味をもつ。たとえば精神科病院に入院する体験，そして退院してもなかなか社会に適応できないという経験がある。これらの背景には，病気や障害，地域への適応を困難にしている「心身機能・構造の障害」「活動の制限」もあるだろう。しかし精神科病院に入院した「体験」，退院してもすぐに再発・再入院してしまったという挫折「体験」，それ自体も障害のある本人たちの心に深く刷り込まれる。その結果，本人たちは「何をやってもダメだ」と自信を喪失し，「今いる場所（精神科病棟）にこのまま入院していればよい」と思うようになる。生活能力があり，適切な支援者と出会えれば，よりよい生活を送れるようになれる可能性がある人であっても，本人が失敗を恐れて新しい一歩を踏み出せなくなる。「体験としての障害」がその人の生涯まで影響を及ぼす典型的な事例であろう。

さらに精神障害では妄想体験が重要な意味をもつ。たとえば重要な仕事をしようと意欲を燃やす人が，「それは誇大妄想だ」と否定されたらどうか。それはその人にとって耐えられないほど辛く，自分自身を信じられなくなる体験で

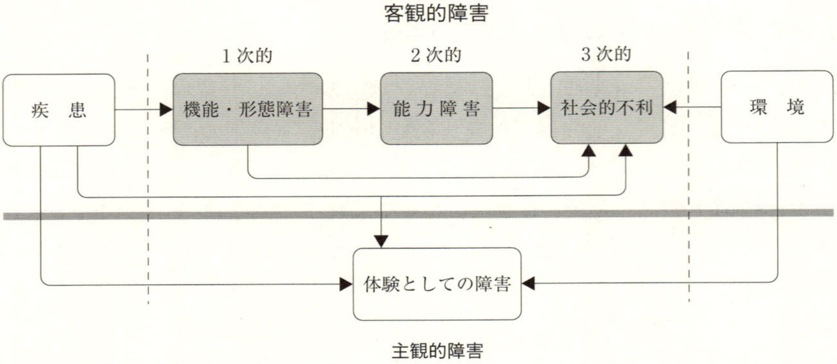

客観的障害

1次的　　　　　　2次的　　　　　　3次的

疾　患　→　機能・形態障害　→　能力障害　→　社会的不利　←　環　境

体験としての障害

主観的障害

(出所)　上田（1983：1996）。

図3-5　修正された上田モデル（1996：116）：「体験としての障害」の追加

あろう。夢をもっても「妄想」と否定される「体験」を繰り返すと，やがてその人は「希望」をもてなくなる。そのような「体験」がその人に刷り込まれ，やがては自分自身に自信がもてなくなる（宇田川，2007）。これも「体験としての障害」の一例であろう。

「体験としての障害」は，障害構造を考慮する際に欠くことができない重要な視点を提起する。その概念は国際的には必ずしも十分に合意されていないが，とくにソーシャルワークの支援において，対象者ニーズに根ざした支援ゴールの設定，課題解決を考慮する際には最重視する必要がある。科学的な事実に基づくニーズ把握は重要である。しかし一方で，当事者のリカバリー，ストレングス，エンパワメントといった主観レベルのゴール設定も同時に重要である。**支援環境開発のゴール設定の基盤として，「体験としての障害」の視点を，明確に位置づける必要がある。**

3　福祉ニーズの捉え方
——2層のニーズ構造：社会的合意に基づく「支援ゴール」の設定に向けて

3.1　福祉ニーズとは

これまで精神障害のある人たちのニーズを考えるにあたって，まず「障害」および「障害構造論」の観点からその特徴を検討した。

44　第Ⅰ部　総　論

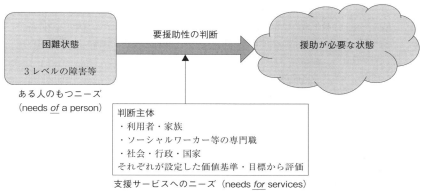

(出所) 大島 (2001)。

図3-6 福祉ニーズの二層構造：第2層の「ニーズ」

　これらを踏まえて、以下では福祉ニーズをどのように捉えるのか、支援ゴールとの関係をどのように整理するのかを考察する（大島, 2001；大島ら, 2001）。

　社会福祉を含む保健・医療・福祉領域など対人サービス領域におけるニーズ概念は、まず有名なマズローの「ニーズ」階層説における「ニード」が生存や社会活動における欠乏状態であることを共通の前提とする（Maslow, 1970）。「ある人のもつニーズ（needs of a person）」である。しかし社会福祉など対人サービス領域では困難状態（欠乏状態）だけにとどまるのではなく、困難状態に対応させて、それらを改善するための支援サービスを想定する。

　このために、福祉ニーズの把握・アセスメントは、困難状態の把握だけでは不十分となる。困難状態に対して支援サービス適用の判断（援助必要性判断）が同時に問われる。そこでは困難状態の解決に支援サービスを適用するか否か、またそれが適切か否かが検討される。このように福祉ニーズには、援助必要性の判断が概念として包含されている（図3-6）。「支援サービスへのニーズ（needs for services）」である。

　社会福祉領域における代表的なニーズ定義に三浦（1985）の定義がある。それによると、ニーズは「ある種の状態が、一定の目標なり、基準からみて乖離の状態にあり、そしてその状態の回復・改善などを行う必要があると社会的に認められたもの」（三浦, 1985）とされる（表3-2）。

　この定義には2つの要素が含まれる。1つはある状態が一定の目標や基準から見て「乖離の状態」にあること、すなわち「困難状態」にあることである。

第3章　支援環境開発のニーズと支援ゴール　　45

表 3-2　ニーズの定義

●ニーズの定義：ある種の状態が，一定の目標なり，基準からみて乖離の状態に
　あり，そしてその状態の回復・改善などを行う必要があると社会的に認められ
　たもの

●定義に含まれる2要素
　・第1層のニーズ：ある状態が一定の目標や基準から見て「乖離の状態」に
　　あること，すなわち客観的な「困難状態」にあること
　　→障害のある人の場合は「障害」
　・第2層のニーズ：「依存状態からの回復・改善を行う必要があると社会的に
　　認められたもの」，すなわち，困難状態に対して援助必要性の判断がされた
　　もの

（出所）　三浦（1985）に基づき，著者作成。

　この状態はマズローの「欠乏状態」に対応して客観的実態として位置づけられ
る（Maslow, 1970）。前節で検討した ICF 等の「障害」「障害構造」が該当する。
以下ではこれを「第1層のニーズ」と呼ぶ（大島，2001；大島ら，2001）。

　これに対して福祉ニーズは「依存状態からの回復・改善を行う必要があると
社会的に認められたもの」であり，困難状態に対して援助必要性の判断がされ
る。以下ではこれを「第2層のニーズ」とする（大島，2001；大島ら，2001）。

3.2　ニーズアセスメントと社会的合意に基づく「支援ゴールの設定」

　第1層のニーズである客観的「困難状態」については，障害者福祉領域で
は障害構造の各レベルの障害，すなわち「心身機能・構造の障害」「活動の制
限」「参加の制約」，そして「体験としての障害」のそれぞれが対応する。とく
にソーシャルワークでは，「参加の制約」が中心的な課題になる。

　ニーズの第2層に当たる援助必要性の判断には，さまざまな立場の価値判
断（利害関係者の価値判断）が並立する。専門職の判断や社会的に支援が必要な
人たち（当事者）の支援の希望はもちろん，家族の判断や近隣・地域の判断，
国や行政の判断，社会の判断などである。これらさまざまな利害関係者の判断
は，時に相互対立することもある。福祉専門職・ソーシャルワーカーにとって
重要なことは，これらの判断のズレ，とくに当事者の支援希望と専門職の判断，
さらには社会の判断の間にあるズレを適切に調整し，「支援ゴールを設定」す
ることである（図3-7）。

46　　第Ⅰ部　総　論

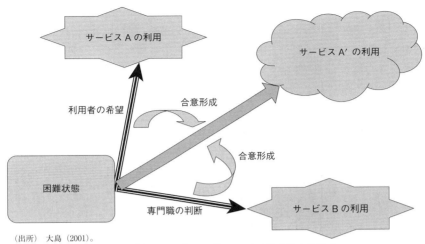

(出所) 大島 (2001)。
図3-7 第2層の「ニーズ」における社会的合意形成

　このような複数の利害が重なることのある複雑な現象を科学的に調整するために，福祉専門職・ソーシャルワーカーは，まず最初に価値判断の根拠・前提として，客観的事実として各レベルの障害（「心身機能・構造の障害」「活動の制限」「参加の制約」）を十二分に把握することが不可欠である。

　そのうえで，援助必要性判断の根拠となる価値基準（岩田，1991）を明確に設定する必要がある。さらには，それを利害関係者間で共有する。

　価値基準の中では，まず最初に「当事者の希望」を位置づける。これはソーシャルワークがもっとも重視する価値基準が，当事者の個別性の尊重，共感的理解，自己選択・自己決定に深く関連する基準だからである。

　次に「援助の公平性」や「援助の緊急性」がある。「援助の公平性」は客観的な困難状態に対して，同程度の状態なら同レベルのサービスの提供が必要と判断される。「援助の緊急性」は生存が脅かされるような状態に対して速やかに必要な援助を提供するとした基準である（大島，2001；大島ら編，2001）。

　一方福祉ニーズは，限られた社会資源を適切に配分する社会的な基準を用いることもある。「援助の有効性」や「援助の経済効率性」の基準である。このほかに「困難状態」を生み出した社会的原因が存在するときは「援助の社会的責任性」が適用されたり，その他の状況で「自己責任性」や「問題の特異性」の基準が適用されることもある（大島，2001；大島ら，2001）。

第3章　支援環境開発のニーズと支援ゴール　　47

以上に基づいて，福祉専門職・ソーシャルワーカーは援助必要性判断のためのニーズ把握・アセスメントを行う。この作業を進めるうえで，常に提供可能な公私にわたる社会資源や支援プログラム等の支援環境調整を念頭に置く。必要に応じて支援環境の開発をも想定する。

さまざまな利害関係者間の援助必要性判断の調整は，社会的合意に基づく「支援ゴールの設定」と位置づけられる。この調整活動は福祉専門職・ソーシャルワーカーにとってもっとも高い専門性を要する支援技術である。

以上は個別利用者についての支援のあり方であるが，このような合意形成に関わる調整は，効果的プログラムモデルの開発においても不可欠な取組みである。その具体的な方法は後述するが，プログラムゴール設定にあたりプログラム理論（インパクト理論）を検討するために，さまざまな利害関係者によるワークショップを用いるのは有効な方法である（第4章78-79頁）。

3.3 「支援ゴールの設定」でソーシャルワークがとくに重視すべきこと

これまで述べてきたことを整理して，福祉ニーズを把握・アセスメントをし，障害のある人たちの支援ゴールを設定するうえで留意すべきこと，とくに重視すべきことをまとめておきたい。

まず第1に，福祉ニーズの根底・基盤となる「第1層のニーズ」，すなわち客観的事実として捉えられる各レベルの障害を，適切かつ十分に把握・アセスメントすることである。

第2に，「第2層のニーズ」，すなわち援助必要性の判断にあたり，判断の価値基準を明確にし，利害関係者間で共有することである。「第2層のニーズ」は支援プログラムによって実現できること，プログラムの「支援ゴールの設定」にも関わる課題である。

第3に，**当事者サイドからの「支援ゴールの設定」に際しては，当事者の「体験としての障害」に十分に留意する。**本人の思いを十分に汲み取り，援助必要性判断の基準の中でも，「当事者の希望」をとくに重視する。ソーシャルワーカーに求められる姿勢であることはすでに述べた。

「体験としての障害」は，「第1層のニーズ」にあたる客観的事実としての「体験」と，「第2層のニーズ」に位置づけられる当事者の現状改善への希望や，支援サービスへの期待が含まれる。精神障害の場合，この両側面にわたって「体験としての障害」の比重が，他の障害のある人たちよりも大きいと考えら

48　第I部　総　論

れる。障害のある人本人がいだく「希望」「思い」にどれだけ寄り添えるかが，支援の成否や当事者自らのゴール達成に大きな役割を果たすであろう。

第4に，福祉ニーズを援助資源や支援プログラムに結びつけ，そのうえで「支援ゴールの設定」をするためには，支援環境に関わるさまざまな利害関係者各自の意向を十分に踏まえ，その内容を慎重に分析しなければならない。それとともに合意形成が可能な支援環境・支援プログラムの提供と，そのための支援ゴールを調整し設定する方法論を身につける必要がある。なお，この調整スキルは，効果的プログラムモデルのゴール設定にも活かすことができる。

第5に，支援環境を調整・開発する基盤となる「第1層のニーズ」のうち，ソーシャルワークがとくに注目するのは，各レベルの障害のうち，「参加の制約」が主軸になる。すなわち，ソーシャルワークでは，その人の社会生活上の諸困難の総体である「参加の制約」に対して，効果的な支援が実施されるよう優先順位を設定して力を注ぐ。この点は次節で検討する。

4 支援ニーズがとくに高い2つの集団
——「ターゲット集団」の設定

日本の精神障害のある人たちのうち，社会生活上の困難がとくに大きく，かつ深刻な「参加の制約」の問題が放置されており，**援助必要性が際だって高いと判断される人たちが主に2グループにわたって存在する**。そのターゲット集団は，まず第I群として，現在精神科病院に長期入院している人たちである。また，第II群として，地域生活に特別の困難をもち，ひきこもりなど社会参加の機会をもてずにいる在宅の精神障害のある人たちである（大島，1996；2001；2006b；2013b；大島編，2004）。

これらの人たちに対して，支援環境開発アプローチでは，特段に高い優先順位を設定して取り組む必要がある。政策的に強い位置づけのもと，問題解決を真に実現できる効果的で体系的な支援環境開発を考慮しなければならない。

4.1 第I群 （精神科病院に長期入院している人たち） の現状と課題

第I群の精神障害のある人たちは，その2〜6割が地域に適切な受け皿があれば退院可能と主治医等に判断されているにもかかわらず，そして本人の約6割が退院の意志をもつにもかかわらず（大島ら，1991；1996；全家連保健福祉研究

第3章　支援環境開発のニーズと支援ゴール　49

所編, 1994b；1998), 身体的自由を制限された精神科病院の病棟生活を余儀なくされている。最近20～40年の間に, 世界各国が精神病床数を大幅に減少させる中, 日本の精神病床数と入院患者数は最近まで増加を続けていた。人口10万人対精神病床数は26.7床（2013年）に及び, 世界最高の位置を占めている（大島, 2013b）。また精神病棟の開放化・施設環境の改善は遅れており, 諸外国では一般的な開放病棟（1日8時間以上開放）は少なく, 閉鎖病棟が65.3％を占めている（厚生労働省, 2013）。

長期入院者の施設生活は一般国民の生活レベルに比べて著しく制約が多く, 質的・内容的に恵まれていない。しかもそれが長年月に及ぶ。自分の好きなテレビも見られなかったり, コーヒーなどの嗜好品も自由に楽しめないなど生活の質に恵まれていないだけでなく, 身体拘束の問題, 多剤大量療法の問題等も指摘されている。著者らの全国調査では, 精神病院入院者は国民の最低生活を定めた生活保護法の救護施設より厳しい生活環境にあることがわかっている（大島ら, 1991；1996；全家連保健福祉研究所編, 1994b；1998）。

4.2 第Ⅱ群（社会生活に特別な困難がある在宅の重い精神障害のある人たち）の現状と課題

第Ⅱ群の精神障害のある人たちのうち, とくに単身者の問題は深刻である。彼らの多くは経済的に困窮して生活保護を受給し, アパート入居など住宅確保に苦労し, また劣悪な環境の住居で暮らしている。さらに職を得たくても得られず, 孤立することが多いとの報告がなされている（内藤ら, 1995；大島ら, 1998c）。

一方, 家族同居で家族ケアを受けている人たちについても多くの問題がある。在宅者の80～90％が家族からの支援を受けて生活している（日本精神科病院協会, 2003）。彼らは親から一人立ちしたくても, それができずに家族への精神的・物理的・経済的依存を余儀なくされている（大島, 1988；全家連保健福祉研究所編, 1993；1994a）。さらに, 多くは親世代の家族に支えられて地域生活を維持しているが, 「ひきこもり」を続ける人たちも少なくない。そのような精神障害のある人たちの生活の質が厳しい状況にあることも明らかになっている（大島ら, 1998c）。

しかし親世代の家族の多くは高齢であり, 年金生活で経済的にも苦しく, 健康状態がすぐれず, 家族ケア力は十分ではない。また「きょうだい世代」に世

代交代したら，現状の地域生活が維持できなくなる恐れのある人たちでもある（大島，1988；全家連保健福祉研究所編，1993）。単身生活者に対する援助とともに，現在大きな負担を負いながら地域で精神障害者をケアしている家族の重荷の問題も重要である。家族ケアを援助したり，精神障害のある人が家族から自立できるような援助が必要とされている。

4.3 優先順位を設定し，支援環境開発を進める方法と対象

以上2グループの置かれた社会状況の概況は，精神保健福祉関係者にとっては，周知の事実が多く含まれているだろう。しかしながら一般社会のみならず，保健・医療・福祉関係者の間でもあまり知られていない「福祉に欠ける状態」も含まれていると考える。

これらの2グループの人たちの状態は，豊かな現代日本社会において「健康で文化的な生活」の基準を持ち出すまでもなく，明らかに「福祉に欠ける状態」である（大島，1996；2001；2013b；大島編，2004）。社会的に放置できない状態であり，国や社会は，問題解決に対して，真に有効な体系的社会施策・社会プログラムの提供を真剣に考慮しなければならない（大島，1996；2001；大島ら，2001）。

前述のとおり，援助必要性の社会的な判断根拠は多面的に設定できる。その中でもっとも明確な基準は，深刻な「参加の制約」が長年にわたって放置されていること，そしてそれが人権上の問題になっていることであろう。しかもその深刻な「参加の制約」は国際基準からも乖離した「制約」の状況にある。また他の障害者や高齢者と比較しても深刻な状況にある。さらにそれが本人の責任ではなく，「心身機能・構造の障害」「活動の制限」や社会的責任の結果，生み出されている（古屋，2015a）。

これらの最大の問題は，もっとも深刻な状況に置かれた精神障害のある人たちに対して，有効な社会的対応がなされずに（支援環境開発がされずに）放置してきた歴史にある（古屋，2015a）。保健福祉政策上，国や社会は，もっと明確に支援ゴール（地域移行・地域定着など）を設定して，この問題の解決のために政策的な強い方針のもと，体系的で有効な取組み（EBP等効果モデル）の実施・普及を進める必要があった。しかし，これまで数十年間にわたってこれらの人たちが真に必要とし，その問題解決のために有効なサービスや施策が，残念ながら十分に，かつ体系的に導入・実施されてこなかったのである。

第3章　支援環境開発のニーズと支援ゴール　　51

これに対して地域精神保健福祉の先進国では，脱施設化と地域移行・地域定着を戦略的に進め，成果をおさめてきた歴史がある（大島ら，2003）。その中で，脱施設化が一時失敗したと考えられたこともあった。回転ドア現象の発生（地域移行後支援体制がないまま入退院を繰り返す）や，街中でのホームレス増加・治安の悪化などである。しかしその時々に，強い政策的信念のもと，粘り強く，たとえばケアマネジメントプログラムの開発，導入，実施・普及を進めた。その結果新たに発生した問題に効果的な対応を行うことができ，大きな社会的成果をあげることができたのである（大島ら，2003）。

　ここで取り上げた**援助必要性が際だって高いと判断される２グループのターゲット集団の問題は，脱施設化・地域移行・地域定着，家族からの自立・社会的排除からの離脱などの「支援ゴール」を明確に設定できる課題**である。その課題の解決に向けて，取組みの進んだ国や地域において多くの経験が蓄積されている。私たちはその経験を学びながら，エビデンスに基づく効果の上がる支援環境開発アプローチを進めていくことが強く求められる。

　精神障害のある人たちのうち，社会生活上の困難が大きく，深刻な「参加の制約」の問題がある人たちは，この２グループ以外にも存在する。働きたくとも働けない人たちの問題，仲間から孤立している人たちの問題，支援する家族自身のストレスと介護負担に陥っている人たちの問題などである。これらの人たちは，上述した２グループの人たちとも比肩する課題を抱える人たちである。これらの課題をも含めて，次節において整理する。

5　精神障害のある人が抱えるニーズ類型の諸相と支援環境開発のゴール設定——各論各章の位置づけ

　前節では，深刻な「参加の制約」の問題があり，援助必要性がとくに高いと判断された２グループについて，そのニーズ状況を整理するとともに，支援ゴール設定の課題を提示した。本章の最後に，この２グループを中心に，その他の「参加の制約」の課題をもつ精神障害のある人たちについても取り上げて，支援環境開発のニーズ類型の諸相を明らかにするとともに，支援ゴールの設定について検討する。

　前章（第２章）では，ニーズに応じた支援環境開発の課題と支援目標の中で，課題・ニーズ領域を４領域に設定した。

52　　第Ⅰ部　総　論

① 課題・ニーズ領域 A：生活基盤を再構築する課題
② 課題・ニーズ領域 B：社会的役割獲得の課題
③ 課題・ニーズ領域 C：よりよい社会参加と自己実現達成の課題
④ 課題・ニーズ領域 D：包括的なケアシステム形成の課題，である。

このうち，課題・ニーズ領域 A の「生活基盤を再構築する課題」については，A-1「退院して生活基盤を再構築し，地域生活を実現する課題」と，A-2「家族から自立して生活基盤を再構築し，新しい地域生活を実現する課題」に分けて考えることができる。いずれも，新しい生活基盤を維持・安定させて，対象者本人が望む地域生活を継続し，生活の質を向上させることが支援ゴールとなるであろう。

この課題については，脱施設化に関する取組みを中心に，本書第5章から8章で取り上げる。同時に A-2 については，家族支援に関わる支援環境開発アプローチ（第9章）が関わるとともに，「ひきこもり」状態への支援（第10章）にも関与する。

次に，課題・ニーズ領域 B の「社会的役割獲得の課題」には，B-1「『ひきこもり』状態からの離脱」と，B-2「一般就労の実現」が含まれている。支援ゴールは，いずれも「日中活動における社会参加の向上と，当事者本人が望む社会的役割の獲得」になる。B-1 は第10章で，B-2 については第11章で取り上げる。

さらに，課題・ニーズ領域 C の「よりよい社会参加と自己実現達成の課題」には，仲間を得る，恋愛・結婚，スポーツ・芸術活動，趣味・生きがいなどさまざまな社会参加をより積極的に進め，自己実現を達成する課題などもある。本書では，まずは C-1「よりよい社会参加・自己実現を達成する課題：仲間を得る」を取り上げる（第12章）。

精神障害に関する支援環境開発では，まずは非常に深刻な状況にある精神障害のある人たちの「参加の制約」の問題に焦点を絞って課題を整理する必要がある。すなわち，生活の基盤を支える課題・ニーズ領域 A および社会的役割の課題・ニーズ領域 B を中心に取り上げて，「仲間を得る」を除いた C 領域の課題は今後の検討課題としたい。

一方，精神障害のある人本人を支える家族自身の「よりよい社会参加と自己実現達成の課題」も重要である。家族は，精神障害のある人本人にとって重要な支援環境である「援助者としての家族」である。同時に自らの生活を営み，

第3章　支援環境開発のニーズと支援ゴール　　53

その生活を享受する生活者でもある。家族には家族自身の生活があり、「生活者としての家族」として自らのリカバリーを実現する課題も当然ある。そこで、C-2「家族自身のよりよい社会参加・自己実現を達成する課題：家族のリカバリー」を取り上げる（第9章）。第9章の家族支援に関わる支援環境開発アプローチでは、精神障害のある人本人のA領域の「生活基盤を再構築する課題」とともに、C-2「家族自身のよりよい社会参加・自己実現を達成する課題：家族のリカバリー」にも対応させて検討を行う。

　最後に、課題・ニーズ領域Dの「包括的なケアシステム形成の課題」については、「生活基盤を再構築する課題」に関連させて、主に第5章と第6章で取り上げる。

第**4**章

ソーシャルワーカーの姿勢・知識・技術
求められる職業倫理，科学的専門知識と技術

▷本章の概要————

1 はじめに

2 求められる職業倫理・マクロ実践の視点，姿勢
———ソーシャルワーカーの基本姿勢

3 エビデンスに基づく支援環境開発アプローチの知識
———ソーシャルワーカーが知っておきたいこと

4 エビデンスに基づく支援環境開発アプローチの方法論・実施手法
———ソーシャルワーカーが身につけたい技術

5 効果的プログラムモデルの実施を組織が支える

6 ソーシャルワーカーに求められる支援環境開発アプローチ

▷*Keywords*

ソーシャルワーカーの職業倫理，ニーズに根ざした当事者中心アプローチ，サービスギャップ，実施・普及研究，EBP 実施・普及ツールキット，地域を基盤とした実践家参画型協働型研究（CBPR），効果モデルの発展フェーズ，効果モデル構築に関する合意形成アプローチ

本章では，まずソーシャルワーク実践においてソーシャルワーカーは，当事者ニーズを基盤にして，相談援助などのミクロ実践で積み上げた実践を，エビデンスに基づく支援環境開発アプローチにどのように結びつけ，向き合ったらよいのか，その基本姿勢を示す。それとともに，支援環境開発の実践を進めるうえで必要となる「プログラム開発と評価」の基盤的な知識，実践家・当事者参画型で進めるその方法論，そして支援環境開発に関わる多様な社会の利害関係者との合意形成を図るために必要な方法論・援助技術を提示し，概説する。

1　はじめに

　この章では，前章までに検討したエビデンスに基づく支援環境開発の必要性と意義，目標，内容・枠組みを踏まえて，ソーシャルワーカー・福祉専門職が，このアプローチにどのように向き合ったらよいのか，まずその基本姿勢を示す。その背景には，ソーシャルワーカーの職業倫理と専門的価値，およびミクロレベルからメゾ・マクロレベルの実践に通底するソーシャルワークの幅広い技術体系と価値体系が存在する。

　そのうえで，エビデンスに基づく支援環境開発の実践を進めるうえで必要となる基盤的な知識を整理する。また，このアプローチの主軸となる「プログラム開発と評価」の方法論，そして多様な社会の利害関係者との合意形成を図るために必要な方法論・援助技術を整理して示す。さらに，各地の実践現場で，効果的実践を実施するために必要な，実施組織の管理・運営体制，コンサルテーション・スーパービジョンの体制についても概説する。

　次章以降に検討する個別領域別のニーズ志向型支援環境開発アプローチに関わる各章（第5〜12章）では，日本の精神保健福祉分野におけるいくつかの課題・ニーズ領域をそれぞれ具体的事例として提示する。それらの課題に対して，それぞれ支援ゴールの設定を行うとともに，エビデンスに基づく支援環境開発アプローチによって生み出される EBP 等の効果的プログラムモデル（以下，「EBP 等効果モデル」あるいは単に「効果モデル」と呼ぶ）の可能性とその方法論，

ソーシャルワーカーに求められる役割について検討する。

　本章では，第5章以降の各章で提示するニーズ領域ごとの課題に対して，ソーシャルワーカー・福祉専門職が，それぞれの実践現場で支援環境開発にどのように向き合ったらよいのかに関わる基盤的な姿勢・知識・技術の枠組みを提示することになる。各論各章では，本章で提示した基本姿勢・知識・技術を念頭に置いて，福祉専門職・ソーシャルワーカーができること，すべきことを考慮する手がかりになることを願っている。

2 求められる職業倫理・マクロ実践の視点，姿勢
──ソーシャルワーカーの基本姿勢

2.1 もっとも深刻な状況に置かれた人たちに対して，優先的に有効な支援環境開発を行う

　第2章および第3章で述べたとおり，日本の精神保健福祉の最大の問題は，深刻な状況に置かれた重い精神障害のある人たちに対して，政府がこれまでに十分に有効な支援施策を講じてこなかった（支援環境開発をしてこなかった）歴史にある（大島，1996；古屋，2015a）。深刻な社会的不利・参加の制約の状況が長年にわたって放置され，人権上の問題にも発展しているといえる。

　これに対して世界の地域精神保健福祉の先進国では，深刻な社会的不利・参加の制約の問題の中核であった長期入院問題に対して，脱施設化と地域移行・地域定着を戦略的に進め，成果をおさめてきた（大島編，2004；大島ら，2003；古屋，2015a）。またその取組みの中で，ゴール志向・問題解決志向の支援環境開発アプローチが積極的に導入され，その中から多くの効果的実践プログラムやEBPプログラムが生み出されたことが知られている（包括型ケアマネジメントACT，家族心理教育，IPS援助付き雇用など）（大島，2010a）。

　脱施設化の後進国・日本では，脱施設化で先行するさまざまな国々の試行錯誤の経験を学ぶことができる恵まれた位置にいると考えることもできる。加えて，困難な状況を乗り越えることに有効だった多くの効果的実践プログラムの知識を得ることも可能だ。日本の福祉専門職・ソーシャルワーカーは，諸外国でなされた試行錯誤の経験を十分に学び，効果的実践プログラムの導入など，支援環境開発を積極的に進める責務をもっている。

第4章　ソーシャルワーカーの姿勢・知識・技術　　57

ソーシャルワークはそのグローバル定義において「社会正義，人権」および「集団的責任，および多様性尊重」についての「諸原理は，ソーシャルワークの中核をなす」（IASSW & IFSW, 2014）としている。とくに社会的な原因によって深刻な社会的不利・参加の制約の状況にある人たちは，人権と社会正義の観点から放置できない存在である。精神障害に限らず，高い優先順位を設定して社会的に取り組むことが求められる。

2. 2 有効性が確立した支援プログラムを制度・施策化する：ニーズあるすべての人たちが EBP 等効果モデルを利用できるよう社会に働きかける

EBP プログラムは，有効性に関する科学的根拠（エビデンス）が蓄積している。世界的に取組みの必要が認知され，実施推進の承認を得た実践方式といえる（Drake ら編，2003；Drake ら，2005；大島，2010a）。本来であれば，効果の上がる福祉制度・施策としてニーズのあるすべての人たちに提供できる実施体制を整備する必要がある。EBP プログラムは原則として公的な社会サービスであり，社会的公平性の観点からもその必要性が高い（Drake ら編，2003；Drake ら，2005；大島，2012a；President's New Freedom Commission on Mental Health, 2003）。後述するように，**有効性が確立した支援プログラムを，まずは優先的に制度・施策化することが世界的には推奨されるようになった。**

しかし EBP プログラムは，一般的に有効性が明らかになって 20 年あるいは 30 年以上経過してもニーズのあるごくわずかの人たちにしか行き届かない厳しい現実があり，問題視されている。医療領域では，たとえば承認された新薬は，一般的に速やかにニーズのある多くの患者が利用できるようになるにもかかわらずである（Lehman ら，1998；大島，2010a；2010b）。

EBP プログラムがニーズのある人たちに行き届かない不適切な状態をサービスギャップと呼ぶ（Drake ら，2009; Raviv ら，2009）。これに対してこのギャップを改善するために，欧米諸国では**サービス実施・普及研究**が積極的に取り組まれるようになった（Drake ら編，2003；Drake ら，2005；大島，2010a；2010b）。**EBP 実施・普及ツールキットなどを開発し，効果モデルの定式化・標準化が**進められている（アメリカ連邦政府 SAMHSA 編，2009；大島，2010b）。そのうえで，**プログラムの有効な実施体制・研修体制・サポート体制を整え，サービス提供の工夫や配慮，実施の困難・障壁を乗り越えるための方策を提示し共有化**する努力がされている。

EBP 等効果モデルがありながら，その恩恵を受けることができないニーズのある人たちは大きな不利益を負う。とくにそのプログラムが解決をめざす問題，支援ゴールが，深刻な社会的不利・参加の制約に関わる問題であれば看過できない（例：脱施設化に対して ACT プログラム等）。ソーシャルワーカーはアセスメントの結果，対象者にとって必要な EBP 等効果モデルがあれば，最善の努力を払ってでも導入の調整をする必要がある。また直ちに導入が難しい場合でも，EBP 実施・普及研究の成果や実施・普及ツールキットなどを利用して，導入の準備を進める必要があろう。

すでに触れたように，EBP プログラムは科学的根拠（エビデンス）に基づいて，その実践の有効性・有用性を明示し，社会的に実施・普及すべきことの合意を得た取組みである。**社会における合意形成は，支援環境開発の重要な戦略的視点である**。そのような観点からも EBP プログラムの導入に積極的に取り組む必要がある。

2.3　ニーズに根ざした当事者中心アプローチを追求

第2章でも述べたように，**エビデンスに基づく支援環境開発アプローチは，解決すべき問題の解決，支援ゴールの達成に焦点を当てた「ゴール志向アプローチ」「問題解決アプローチ」**である。これは同時に，**社会的に支援が必要な人たち（当事者）のニーズに根ざした「当事者中心アプローチ」**でもある。

この2つのねらいを一致させるためには，支援プログラムの支援ゴールの設定に際して，**「当事者本人が真に願い望むゴール」が，支援者や社会等が望むゴールと大きな方向性において十分に一致することを確認することが重要だ**。ソーシャルワーカーは，当事者本人の「体験としての障害」（第3章43-44頁）にも十分に配慮して，本人の思いを汲み取りながら，よく話し合い，**共通理解・共通認識を深めながら，「当事者本人の望む支援ゴール」を設定する必要**がある（大島，2001）。

当事者本人が望む支援ゴールには，リカバリーやエンパワメント，希望の実現など必ずしも社会が直接的には求めないゴールが含まれるかもしれない。しかしこれらのゴールは，社会が福祉プログラムに求める支援ゴール，たとえば地域移行・地域定着，地域での質の高い生活の維持，一般就労の実現と継続，「ひきこもり」からの離脱と社会参加などと，めざすべき方向性としては一致することが多い。福祉プログラムに関わる利害関係者が，ともによく話し合う

プロセスが大切である。十分な合意形成を得ることによって，それぞれが求めるゴールを互いに知り，そのゴール実現を共同で追求することが可能になる。

　ここで支援ゴールは，まず第一義的には個々の福祉ニーズのある人たちごとに設定される。他方で支援プログラムに関しては，その支援ゴールは，そのプログラムが社会共通の資産でもあるため，社会の幅広い関係者が協議して設定をする。プログラムの支援ゴールの設定のために，利害関係者は十分に議論を重ねて合意形成を行うことが求められる。その際，障害のある人本人と支援者など関係者がゴール設定に関わる共通の設計図・概念図（プログラム理論のインパクト理論：後述）を，ワークショップ形式などで協働して作成するプロセスが大切になる（本章 **4.3**）。

　効果的な支援環境の開発や導入を，国民・社会に対して促していくことについては，**福祉ニーズをもつ人本人とソーシャルワーカーは，パートナーシップを組んで取り組むことが求められる**。そのために，**両者が支援ゴールに関して共通理解・共通認識をもつことが前提**になる。それにより，両者はそれぞれの特性を活かして，国民・社会に対してインパクトのある働きかけを行うことが可能になる。

2.4　対人援助のミクロ実践をマクロ実践・支援環境開発へとつなげる

　以上検討してきた，エビデンスに基づく支援環境開発アプローチに取り組むソーシャルワーカーの基本的な姿勢は，「ニーズに根ざした当事者中心アプローチの追求」をめざし，実践現場における対人援助の個別支援・相談援助を行う。同時にソーシャルワークの基本原理である「社会正義と人権」に基づいて，「もっとも深刻な状況に置かれた人たちに対して，優先的に有効な支援環境開発を行う」こと，そして「有効性が確立した支援プログラムを制度・施策化する」ことにより「ニーズあるすべての人たちが EBP を利用できるよう社会に働きかける」ことをめざす。

　相談援助などミクロレベルで積み上げた実践と，その基盤となる当事者ニーズに基づいて，組織や地域，社会，国・行政に対するメゾ・マクロの実践を行う。そして制度・施策，政策，地域環境，社会システムなどの支援環境の開発・変更を促す。

　相談援助などミクロレベルの対人援助の実践が，支援環境開発というメゾ・マクロレベルの環境を整える実践に，連続的かつ有機的に結びつく。**ミクロレ**

60　第Ⅰ部　総　論

ベルからメゾ・マクロレベルを通底するソーシャルワークの幅広い技術体系と
価値体系を実現する取組みとして，エビデンスに基づく支援環境開発アプロー
チは重要である。

2.5 「プログラム開発と評価」実践はソーシャルワーカーの職業倫理：
自らの実践を常に振り返り，より効果的になるよう努力すること

　たとえば当事者が，自分の望む仕事をしたい，退院して地域で暮らしたい，
社会参加したいという思いをもちソーシャルワーカーを訪れたとする。それに
対してワーカーは，当事者の思いに寄り添い最善の支援を常に考慮し，自らの
実践を見直し，支援方法をよりよいものにするよう工夫することが求められる。
それは，専門職の資質としても，職業倫理としても必要とされることだろう。
　しかしこれを医療機関において患者が病気の治療を求めてきた場合と対比さ
せると，福祉実践現場では少々違った事態が起きていることに気づかされる。
　医師が仮に，求められた治療を十分に行わず，検査も施さないまま漫然と同
じ治療を繰り返し，その結果悪性の病気が発見されたとする。その場合，その
医師は医療訴訟を起こされてもおかしくない。ところが福祉実践現場では，働
きたいと言って地域事業所を訪れても，「あなたはまだ働く準備が整っていな
い，しばらくここに通いなさい。朝起きられないし，挨拶もできないし，身だ
しなみが整っていない」と言われて，なかなか本人の思いを遂げさせてもらえ
ないことがある。就労支援で「重視」される「就労準備性」が整わないという
理由で，1年，2年，5年，10年と年月が経過する。その結果本人が地域事業
所に通うことをやめ，自室に閉じこもってしまったとしても，ソーシャルワー
カーの対応がとくに問題にされないことがある。
　一方で，EBPプログラムの1つであるIPS援助付き雇用を用いれば，重い
精神障害のある人であっても，一般就労への思いをもつ人であれば，6カ月か
ら1年のうちに半数前後が一般就労を実現する実績が明らかにされている
（Beckerら，2003）。
　この例を見るまでもなく，**当事者の支援に関わるソーシャルワーカーは，当
事者の支援効果が最大になるよう，常に支援内容を検証する責務**がある。その
ために，ワーカーは支援効果が世界的に立証されているEBPプログラムなど
効果的な実践プログラムに関する情報を常に把握する必要がある。また取り組
むことができるEBPプログラムなど効果的実践プログラムがあれば，率先し

第4章　ソーシャルワーカーの姿勢・知識・技術　　61

て取り組むことが期待される。

　また，現在提供している支援プログラムの実施内容については，常に定期的なモニタリングを行い，評価してよりよい成果がおさめられる支援になるよう「改善」の努力をすることが大切である（大島，2015）。また創意・工夫をこらしてよい成果が出た場合には，その創意・工夫を関係者の間で共有し，支援プログラムの改善に反映することも求められる（大島，2015）。

　重要なことは，実践の中で支援ゴール（アウトカム）と，プログラムの実施内容（プロセス）の対応関係を，敏感に常に強く意識して検証することである。支援ゴールが何なのか，そのゴール実現に向けて，プログラムのプロセスが適切に機能しているのか，さらにはプロセスの前提となるプログラムの設計図・概念図（プロセス理論）（後述3節）が適切であるのかどうかを，常に留意して検証する。ゴールとプログラムプロセスの関係を行きつ戻りつしながら検証する過程が重要である。それによって，効果的プログラムモデルが形成されることをソーシャルワーカーは肝に銘じておく必要がある。

　以上については，アメリカソーシャルワーカー協会（NASW, 2008）の倫理規定5.02「評価と研究」において次のように明記されている。すなわち，ソーシャルワーカーは，「プログラムの実施および実践介入をモニタリングし評価をすること」「ソーシャルワークに関する新しい知識を常に把握しそれを批判的に吟味したうえで自らの専門業務において評価リサーチ・エビデンスを用いるべきこと」と位置づけられている。

3　エビデンスに基づく支援環境開発アプローチの知識
──ソーシャルワーカーが知っておきたいこと

3.1　EBP プログラム重視の国際動向

　プログラム評価の取組みが進むアメリカを例にとり，社会福祉制度・施策評価の国際動向を整理する（佐々木，2010；大島，2012a；2015）。

　アメリカでは1993年に政府業績結果法（GPRA: Government Performance and Result Act）が，さらには2010年に改正法である政府業績結果法近代化法（GPRAMA: GPRA Modernization Act）が導入された。この法律により，各省庁には戦略計画の策定・実施・モニタリングだけではなく，プログラム評価の実

62　第Ⅰ部　総論

施が義務づけられた（田辺，2014）。それに伴い，アメリカ議会予算局（OMB）や会計検査院（GAO）では，政策評価，制度・施策評価に EBP などに関する評価統合（Evaluation Synthesis）を導入するとともに，それを推進するための評価統合システムを体系的に取り入れつつある。EBP など効果的プログラムモデルを制度・施策に位置づけることが不可欠の情勢になったといえる（佐々木，2010；田辺，2014）。

このような動向を受けて，保健・医療・福祉・教育などの対人サービスに関わる**連邦政府各部局では，EBP を含む効果的な各種サービスプログラムに関する情報を評価統合し，蓄積された情報を関係者に体系的に提供する仕組みが構築**されつつある（佐々木，2010；田辺，2014）。

たとえば，アメリカ連邦教育省は WWC（What Works Clearing House）というデータベースを構築した。WWC は，教育省教育研究所がキャンベル共同計画（Campbell Collaboration）という国際的な EBP のデータベースと共同で開発・運営を行っている。またアメリカ連邦保健社会福祉省 SAMHSA では，N-REPP という EBP データベースを構築し，情報提供を行うとともに補助金支給の根拠にも活用するようになった。なお教育領域においては，OECD などが EBP に関する国際共同プロジェクトを行っている（佐々木，2010；大島，2012a；2015）。

EBP の実施・普及に関しても，連邦政府の後押しを受けて，前述したサービス実施・普及研究や EBP 実施・普及ツールキットプロジェクトが，近年，積極的に取り組まれるようになった（Drake ら編，2003；Drake ら，2005；大島，2010a；2010b）。

このような政策動向を反映して，実践現場においても EBP や科学的なプログラム評価への関心が高まっている。アメリカソーシャルワーカー協会（NASW，2010）は，2009 年に「ソーシャルワーク研究と比較による有効性研究（CER: Comparative Effectiveness Research）」のシンポジウムを開催し，CER というプログラム評価の科学性追求を加速した。そこでは，ワーカーたる実践家および研究者が連携を強め，地域を基盤とした実践家参画型協働型研究（CBPR: Community-Based Participatory Research）を進める必要性を強調している（NASW，2010）。

近年日本でも，達成目標を明示した新しい福祉実践プログラムが相次いで導入されるようになった。しかし，日本の政策立案者や実践家の間では，科学的

なプログラム評価や EBP への関心と必要性の認識が必ずしも十分に形成されていない（大島ら，2010）。実践と実証の積み重ねがないままに，行政主導のプログラム導入が行われる。実践現場では，さまざまな導入に伴う問題・課題を認識しつつも，要綱に沿ったプログラム導入と実施が粛々と進められる。

3.2 効果モデルの成長・発展：実践プログラムは，より効果的なものへと発展する

エビデンスに基づく支援環境開発アプローチに関わるソーシャルワーカーは，支援環境の開発・調整を行う**実践プログラムがどの程度の効果レベル，発展段階にあるのか**，そしてその実践プログラムに対して，**どのような改善の余地があるのかを，常に意識して関わる必要がある**。以下，それに関連する分類と概念の整理をする（大島，2015；大島ら，2012b）。

(1) 効果モデルの発展フェーズ

アメリカ・コーネル大学 CORE は，社会プログラムを効果モデルの**発展フェーズという観点**から，A. 開始期，B. 成長期，C. 成熟期，D. 普及期に分類した（CORE, 2009）。これはすなわち，効果モデルは問題解決や支援ゴール達成のためにより有効なプログラムとして成長・発展することを前提にしている。

日本の福祉実践プログラムは，従来，措置行政の一環として取り組まれてきた。このため，プログラムの実施要綱は「絶対的なもの」と認識された（大島，2014a）。実施要綱に対して創意・工夫を加えると，時にコンプライアンス違反と見なされ，補助金の支給が止められかねない。しかしながら一方で，プログラム評価による効果モデルの形成と継続的改善の観点からは，実践現場の創意・工夫によって，問題解決や支援ゴール達成のために実践プログラムがより有効なものに成長・発展可能であることは，前提とされている。

(2) 効果モデルのエビデンスレベル

ここで，**効果的な実践プログラムは，効果に関する科学的根拠（エビデンス）が蓄積されている程度（レベル）に応じて**，次のとおり分類される（大島ら，2012b；大島，2015；正木ら，2006）。

① EBP プログラム（十分に蓄積されたエビデンスがある）

②ベストプラクティス・プログラム（EBP ほどのエビデンスはないが，それが蓄積され，かつ十分な実践的裏づけがある）

③エキスパートコンセンサス・プログラム（専門領域のエキスパートの多くが推奨する）

④実践の中で有効性の裏づけが徐々に得られているプログラム

⑤エビデンスが明確でないプログラム

まず，①EBP プログラムは，効果モデルの発展フェーズでは D. 普及期にあり，「Ⅲ. 効果モデルの実施・普及評価」（後述）が評価課題となる。

また，②ベストプラクティス・プログラムと，③エキスパートコンセンサス・プログラム，あるいは④実践の中で有効性の裏づけが徐々に得られているプログラムの一部は B. 成長期と C. 成熟期にある。これは「Ⅱ. 効果モデルの継続的改善・形成評価」（後述）が評価課題になる。

さらに，④実践の中で有効性の裏づけが徐々に得られているプログラムの一部と，⑤エビデンスが明確でないプログラムは A. 開始期にあり，「Ⅰ. 効果モデルの開発評価」（後述）が評価課題になる。

ここで，「プログラム開発と評価」がめざしているのは，「EBP を中心とした効果モデルの構築」である。同時に，「Ⅲ. 効果モデルの実施・普及評価」では，EBP 等効果モデルの効果的な実施・普及モデルの構築や，有効な実施体制を形成することが課題になる。

(3) 効果モデル形成評価の3評価課題（評価課題ステージ）

効果モデルの成長・発展の目的に対して，「プログラム開発と評価」は，その評価プロセス全体を通じて，EBP 等効果モデルの開発，改善と形成，そして社会の中での効果モデルの実施・普及をめざしている（Rossi ら，2004；大島ら，2012b；大島，2014a；2015）。これは，**プログラムの発展段階に対応する3つの評価課題**（効果モデルの形成評価課題），**評価課題ステージ**として整理できる。

すなわち，第1の評価課題ステージは，効果モデルの開発評価であり，第2の課題ステージは効果モデルの継続的改善・形成評価である。そして第3の課題ステージは，EBP 等効果モデルを実施・普及評価するという評価課題である。

それぞれの評価課題に対応して，次の3つの評価目標をもつ評価が位置づけられる（大島ら，2012b；大島，2014b；2015）。

Ⅰ. 効果モデルの開発評価：新規の効果的プログラムモデルの開発をする。既存プログラムを効果モデルに再構築する。

Ⅱ. 効果モデルの継続的改善・形成評価：より効果的なプログラムが構築されるよう，科学的・実践的なアウトカム評価，プロセス評価を用いて，継続的に効果モデルへ発展するように改善・形成を試みる。

第4章　ソーシャルワーカーの姿勢・知識・技術　65

Ⅲ. 効果モデルの実施・普及評価：効果が立証された効果モデルの実施・普及を進め，ニーズのある多くの人たちにサービスを提供する。

　ソーシャルワーカー・福祉実践家は，福祉実践プログラムに日々関与しながら，当事者に対して各種の支援活動を行っている。したがって，自ら関わる実践プログラムをより効果的で，よりよいものに向上させる職業倫理を満たすために，日常的に「プログラム開発と評価」のⅠ～Ⅲの課題（効果モデル形成評価の課題）に向き合う必要がある。

　ソーシャルワーカー・福祉実践家は，エビデンスレベルがより高く，より有効性の高い取組み・実践を求めて，効果的な介入モデルを開発する（Ⅰ.開発評価）。そのうえで，実践の中で有効性の裏づけ（エビデンス）を確保し，関係者間でその支援方法を共有し定式化して，専門領域の多くのエキスパートが推奨する，③エキスパートコンセンサス・モデル，②ベストプラクティス・モデル，そして①EBPモデルへと発展させる（Ⅱ.継続的改善・形成評価）。

　さらに，EBP等効果モデルが形成されたら，そのプログラムを制度・施策化して社会の中に定着させ，福祉問題解決のニーズをもつすべての人たちに提供できるよう努力する（Ⅲ.実施・普及評価）ことが必要である。

　このように実践現場から実践知見・研究知見を積み上げて，効果的な制度・施策を求めていく取組みは，ボトムアップ型評価アプローチと呼ばれている（Chen, 2010）。

3.3 プログラム開発と評価：効果的プログラムモデル形成に果たす役割

（1）「プログラム開発と評価」の対象になる「プログラム」とは

　「プログラム開発と評価」の対象となるプログラムは，一般的には「社会的介入プログラム」，あるいは単に「社会プログラム」と呼称される。社会プログラムは，社会問題や社会状況を改善するために設計された，組織的で計画された，通常は継続的な取組みである（Rossiら，2004）。たとえば精神障害のある人が，長期入院をしており退院したくとも退院できない，という課題をもつことがある。また働きたくとも働けない，社会生活技能が思うように身につかないといった社会的課題をもつこともある。それらの課題に対して，社会的・政治的に明確な対応策を考慮して，課題解決をめざすのが「社会プログラム」（退院促進・地域定着支援プログラム，就労移行支援プログラム等）である。

　社会プログラムには，原則として社会的に解決をめざすべき明確なプログラ

ムゴールがある（Rossi ら，2004）。このゴールを達成するために，もっとも有効・効果的で，実現可能な組織的で計画された取組みの単位（構造・機能・プロセス），すなわちプログラム単位を明確にする（Rossi ら，2004）。この取組みこそが，「プログラム開発と評価」の中核的な機能である。同時に，その取組みはプログラムの効果性と質を高め，EBP 等効果モデルを形成するためのアプローチでもある（大島，2015）。

(2) プログラム評価の定義

プログラム評価は，社会問題や社会状況を改善するために設計された社会プログラムを，より効果的なものへと改良・発展させ，一方でその存廃や発展の方向性に関する意思決定を行うための体系的・科学的なアプローチ法である。同時に効果的な社会プログラムを社会や組織の文脈の中に適切に位置づけるために行うものである（Rossi ら，2004）。

これをより操作的に定義すると，プログラム評価とは，ある社会的な問題状況を改善するために導入された社会プログラムの有効性を，①ニーズへの適合性（ニーズ評価），②プログラムの設計や概念の妥当性（プログラム理論評価），③介入プロセスの適切性（プロセス評価），④プログラムの効果（アウトカム評価・インパクト評価）と，⑤効率性（効率性評価）という諸側面から，総合的・体系的に査定・検討し，その改善を援助して社会システムの中に位置づけるための方法（Rossi ら，2004）である。

(3) プログラム評価の目的：主要な目的は効果モデルの開発，効果モデルの改善・形成

プログラム評価の目的は，大別すると 2 つある（Rossi ら，2004；大島，2015）。1 つは，**有意義なプログラムと効果のないプログラムを区別**することである（「総括的評価」）。いま 1 つは，望ましい結果を実現するために**新しいプログラムを開始し，既存のプログラムを改善**することである（「形成的評価（広義）」）（Scriven，1991）。なお，これらとは視点が異なる評価の目的として，①科学的な知識・知見を生み出す目的，②説明責任（accountability）の目的，③プログラムの運営・管理の目的，④社会関係の形成や政治的方略，が知られている（Rossi ら，2004）。

さて前者の「総括的評価（summative evaluation）」は，政策的に事業継続の判断に用いられる。日本では，「事業仕分け」が典型的にその目的として行われていた。

一方，保健・医療・福祉・教育など対人サービス領域の評価では，効果モデ

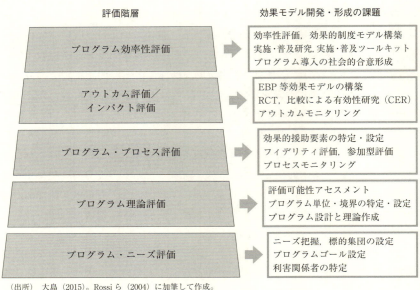

(出所) 大島（2015）。Rossiら（2004）に加筆して作成。
図4-1　評価階層と効果モデル開発・形成の課題

ルの開発，効果モデルの改善・形成の目的で行われる「形成的評価（formative evaluation）（広義）」（Scriven, 1991）がより重要な意味をもつ。

「形成的評価」では，プログラム評価は「社会プログラムの改良」の目的で行われる（Rossiら，2004）。ある社会プログラムの支援ゴールの達成という社会的使命をもって導入されたプログラムに対して，ゴール達成の程度を明らかにするとともに，ゴール達成にもっとも合目的的で，有効な組織的で計画されたプログラム単位（構造・機能・プロセス），プログラムモデルを科学的に検討し，効果モデルを形成することがめざされる。そのことにより，より効果的で有用性の高いプログラムを社会の中に位置づける，という実践的な機能をもつ。

（4）「評価階層」と，効果モデル形成評価の評価課題

「社会プログラムの形成（広義）」の目的を達成するために，**5つのレベルの階層を構成する5種類の評価を総合的に実施する**（Rossiら，2004）（図4-1）。

①プログラムの必要性の評価（ニーズ評価），②プログラムのデザインと理論の評価（プログラム理論評価），③プログラムのプロセスと実施の評価（プロセス評価），④プログラムアウトカム／インパクト評価（アウトカム評価），⑤プログラムの費用と効率性の評価（効率性評価）である。それらは，図に示したよう

な階層構造をとり，相互に連携して体系的なプログラム評価が行われる。

ここで前述した効果モデル形成評価の3つの評価課題（Ⅰ～Ⅲ）との関係を整理しておきたい（大島，2011；2015）。

まず「Ⅰ．効果モデルの開発評価」では，プログラム階層の①ニーズ評価と，②プログラム理論評価が中心的な役割を果たす。

次に，「Ⅱ．効果モデルの継続的改善・形成評価」では，プログラム階層の③プロセス評価と，④アウトカム／インパクト評価が主な役割を果たす。またプログラム効果として，④アウトカム／インパクト評価の結果から，効果的援助要素（Bond ら，2000；大島，2010a；2011；2015）などの③プロセス評価の結果が見直される。一方では，プログラム設計（プログラム理論）に大きな見直しが必要な場合は，②プログラム理論レベルの見直しも行われる場合がある。

さらに，「Ⅲ．効果モデルの実施・普及評価」では，EBP 等効果モデルが形成されたら，そのプログラムを制度・施策化して社会の中に定着させ，福祉問題解決のニーズをもつすべての人たちに提供できるよう提供体制を整備することが求められる。そのために，プログラム階層の⑤効率性評価を行う。それとともに，効果モデルの実施・普及を進めるための実施システムに対して，システムレベルのプログラム評価を行う。

3.4　効果モデルの可視化と，形成評価（広義）の方法

EBP 等効果モデルを当事者や実践家などが参画して，協働で形成することが求められている。そのためには，まずよりよい「プログラムモデル」（有効な支援のパッケージ：第2章28頁）を構築するためのプロセスと方法論，そしてその「モデル」自体を可視化し，具体的に記述する手立てが必要となる。大島ら（2013）は，**効果モデルを可視化し，操作的に定義するために次の5構成要素を設定する**。

①プログラムゴールとインパクト理論。効果モデルのプログラムゴール設定と，その達成過程を示すインパクト理論（ゴール設定に関わる設計図・概念図）。

②プロセス理論。プログラムゴールを実現するために有効なプログラムの設計図に当たるもの。サービス利用計画と，組織計画がある。

③効果的援助要素リスト（list of critical components）。第2章28頁で述べた有効な支援環境の「要素」（「支援環境要素」）でもある。可能であれば実践現場の創意・工夫を随時追加できる「チェックボックス方式」で「要素」

の記述をするのが望ましい。

④評価ツール。効果的援助要素などのモデル適合度（フィデリティ評価）（Bond ら，2000；大島，2010a），およびプログラムアウトカムを測定する評価のツール。

⑤実施マニュアル。以上の内容を具体的に記載した効果モデルの実施マニュアルと評価マニュアルから構成される。

これらの「効果モデル」の5構成要素は，当事者・家族，実践家，管理者，行政など，社会プログラムに関わるすべての利害関係者が共有したうえで，5要素それぞれを少しずつでも改善・改良するための努力をする。

たとえば実践家であれば，③の効果的援助要素リストの改訂や，⑤のプログラム実施マニュアルの改訂に大きく貢献できる。これらの活動によって，それぞれの立場からより効果的な「モデル」を形成し，継続的に改善する取組みが可能になる。

4 エビデンスに基づく支援環境開発アプローチの方法論・実施手法——ソーシャルワーカーが身につけたい技術

4.1 実践家・当事者参画型による効果的プログラムモデル構築の方法：
より効果的な実践プログラムにするために，ソーシャルワーカーにできること，すべきこと

（1）　実践現場の創意・工夫から「効果的援助要素」の特定・設定を

こんにち，EBP プログラムなど効果的プログラムモデル構築に対する関心の高まりの中で，支援プログラムの成果（アウトカム）を生み出すことに重要な貢献をする，「効果的援助要素（critical components）」（効果的プログラム要素）を実証的・実践的，かつ理論的に検証することが強く求められている（Bond ら，2000；大島，2010a）。第2章 28-31 頁で述べた有効な支援環境の「要素」（「支援環境要素」および「効果的援助要素*」）がそれに相当する。

　＊　「効果的援助要素」は，課題解決と支援ゴール達成への寄与という点で，「支援環境要素」と区別される（第2章 30 頁）。

効果的援助要素は，「効果的プログラムモデル」の基盤的要素に位置づけられている（前項 **3.4**③）（表 4-1，表 4-2）。また効果的援助要素は，効果モデルの適合度尺度であるフィデリティ尺度（前項 **3.4**④）（Bond ら，2000；大島，

70　　第Ⅰ部　総　論

表 4-1 　退院促進・地域定着支援プログラム（提案モデル）・効果的援助要素リスト

A 領域　　サービス提供組織	D 領域　　入院中に行う退院準備
A-1　退院促進支援組織と地域生活支援組織の一体的な運営 A-2　地域移行後支援のチーム会議 A-3　地域移行推進員の機能 A-4　地域移行推進員の配置 A-5　コーディネーターの配置と機能 A-6　ピアサポーターの配置と機能 A-7　医療機関とのケア会議	D-1　迅速な地域資源の体験利用 D-2　住居の確保と入居条件の調整 D-3　家族への支援
	E 領域　　退院促進支援についての目標設定
	E-1　可能なかぎり早期の地域移行推進への取組み E-2　地域移行推進，地域定着推進への取組み
B 領域　　プログラムの標的集団へのサービス提供	
B-1　医療機関に対する積極的な広報・啓発活動 B-2　協力病院入院患者に対する積極的な広報活動 B-3　ピアサポーターと協力病院入院患者との体験交流の機会	F 領域　　退院後の継続的な包括的地域生活支援体制の構築
	F-1　退院後の継続支援の提供 F-2　退院後の継続的な包括的生活支援の提供 F-3　再入院や不調時の対応・フォローアップ F-4　医療機関との連携 F-5　インフォーマルな資源との連携 F-6　地域定着後の自立移行支援（ステップダウンプログラム）の実施
C 領域　　利用者との関係づくりとプログラムの導入	
C-1　入院患者との積極的な関係づくり C-2　迅速なプログラム導入 C-3　退院に向けた動機づけの維持，向上 C-4　プログラム開始時から地域移行，地域生活支援を念頭に置いたケアマネジメントを行う C-5　利用者の意向を尊重した支援計画の作成	

（出所）　道明ら（2011b）；中越ら（2015）。

2010a）の評価項目としても活用される。

　よりよい効果に結びつく，より効果的な「プログラムプロセス」を日常実践の中で求め，効果的な実施方法を検討する活動は，意識の高い実践家・ソーシャルワーカーであれば誰でも実施していることであろう。それを「プログラム開発と評価」の文脈に位置づけて行うことによって，その実践活動をより科学的に，より体系的で有効に行うことができるようになる。

　効果的援助要素は，通常，プログラム実施マニュアル（実施マニュアル）に反映できるし，そうしなければならない（表4-3）。効果的援助要素が実施できるかどうか，それが適切かどうか，より効果的な援助要素があるかという実践的検証は，実践レベルでは通常，実施マニュアルを通して行う。実践家参画型による「プログラム開発と評価」の第一歩ともいえる重要な関わりである（大島，2015）。

　（2）　実践現場の発想から，効果モデルの「プログラム理論」を設計・再設計

　プログラム理論とは，社会プログラムがどのように効果をもたらすのか，どのような要素が効果に影響するのかに対して明確な見通しを与えるプログラム

第4章　ソーシャルワーカーの姿勢・知識・技術　　71

表 4-2　チェックボックス方式による効果的援助要素の記述（例）

D-3　就労移行に向けたモチベーションの維持・向上
●定期的に利用者との打ち合わせをもち，利用者の目標達成に向けた到達段階の共有化を図っている。また，これらを客観的に共有化するためのツールがあるとさらによい。
　□　月 1 回以上，利用者と面談し，働くことの意義や目的を明確にしている
　□　月 1 回以上，利用者と面談し，就労移行に向けた話し合いを行うことが申し合わされている
　□　変化に応じて，すぐに就労支援計画の見直しを利用者とともに行うことが申し合わされている
　□　毎日の活動の終了後に，利用者の活動を振り返る時間を確保する
　□　利用者と到達段階（現状）を共有化できるツールがある
　□　自己実現のイメージ化できるツールがある
　　　（例：自分を見つめるためのノート，キャリアプランニングシート，など）
　□　求人情報や就職した利用者などの情報を，事業所内に掲示している
　□　一般就労移行者との交流を図るグループが月 1 回以上用意されている

D-4　早期の就職希望先での実習導入，トライアル雇用・短時間雇用の活用
●就労支援計画に基づいて，早い時期から希望する就職先での実習を導入する。
　□　利用者が希望すれば，できる限り早い段階で企業での実習を行うという申し合わせがある
　□　利用者が希望すれば，できる限り早い段階で採用を前提とした実習を行うという申し合わせがある
　□　利用者が希望すれば，できる限り早い段階で，トライアル雇用や短時間雇用での就労（週 20 時間未満など）を行うことが申し合わされている
　□　実習を経過して実習先に就労した利用者が，就労移行者の 80% 以上いる
　□　実習を経過して実習先に就労した利用者が，就労移行者の 60% 以上いる
　□　実習を経過して実習先に就労した利用者が，就労移行者の 40% 以上いる
　□　利用者の希望があれば，週 20 時間に満たない短時間雇用を導入し，就労移行支援事業による支援を並行させる申し合わせがある

（出所）　効果のあがる就労移行支援プログラムのあり方研究会（2009）。

表 4-3　効果的援助要素チェックボックスに基づく実施マニュアルの構築（例）

D-3　就労移行に向けたモチベーションの維持・向上
●意義と目的
　就労移行支援プログラム期間中は，就労移行へ向けたモチベーションをできるだけ高めることをめざします。C1 を効果的に維持・継続できるような工夫が必要になります。
●具体的な支援内容
　利用者と職員が常に目標を共有できるよう，コミュニケーションを充実させることが重要です。日々の活動を振り返るとともに，現在の状況を共有することも必要になります。そのためのツールを使用することも有効です。これは，C1 に準じた方法で問題ありません。
●効果的な援助要素
　□　月 1 回以上，利用者と面談し，働くことの意義や目的を明確にしている
　□　月 1 回以上，利用者と面談し，就労移行に向けた話し合いを行うことが申し合わされている
　□　変化に応じて，すぐに就労支援計画の見直しを利用者とともに行うことが申し合わされている
　□　毎日の活動の終了後に，利用者の活動を振り返る時間を確保する
　□　利用者と到達段階（現状）を共有化できるツールがある
　□　自己実現のイメージ化できるツールがある
　　　（例：自分を見つめるためのノート，キャリアプランニングシート，など）
　□　求人情報や就職した利用者などの情報を，事業所内に掲示している
　□　一般就労移行者との交流を図るグループが月 1 回以上用意されている

（出所）　効果のあがる就労移行支援プログラムのあり方研究会（2009）。

72　第Ⅰ部　総　論

の設計図・概念図（一連の仮説群）である（Rossi ら，2004；大島，2011）。プログラム理論は，①プログラム効果の因果関連を示すインパクト理論（ゴール設定に関わる設計図）と，②プログラム要素に関わるプログラム構成の設計図であるプロセス理論（サービス提供機能を示すサービス利用計画と，実施組織を示す組織計画）から構成される（Rossi ら，2004）（実例は図 4-2〜図 4-4）。第 2 章で述べた「支援環境要素」のパッケージの構築がそれに当たる（表 4-1，表 4-2）。

（3）　プログラム実施マニュアル作成と更新

　プログラム実施マニュアルは，効果的プログラムモデルを実践現場で実施に移し，それを評価・検証して，よりよいものに改善していくための基盤を与えるものである。効果的プログラムモデル実施マニュアルは，次の意義と目的をもっている（Solomon ら，2009）。

　①効果的なプログラムモデルに関するプログラム理論と効果的援助要素を，実践現場と共有すること
　②実施されるプログラムが特定の明確なプログラムゴールをもち，一貫した効果的な取組みであることを社会に対して明らかにすること
　③プログラムが多くの実践家・関係者によって同様に実施できること
　④プログラムがめざしていることと，その詳細な取組み方法が多くの実践家・関係者・当事者に理解できること
　⑤実施したプログラムを評価・検証して，より効果的なプログラムを追求することを可能にすること

　このように効果的プログラムモデルの実施マニュアルは，常によりよい効果的プログラムに発展することをめざして活用される。決して固定的に位置づけるべきものではない。実践家の創意・工夫によるプログラムの継続的改善は，日常的に実施マニュアルに書き込まれて，チーム内で共有化される。

（4）　日常的なプログラムモニタリングの実施，実施マニュアルの更新・変更

　効果的プログラムモデルを形成・発展させるために，日常的なプログラムモニタリングは必要不可欠である。モニタリングには，プログラム成果に関わるアウトカムモニタリングと，フィデリティ尺度を用いたプロセスモニタリングが含まれる。

　アウトカムモニタリングは，設定したプログラムゴールを簡潔に測定できる指標を定め（6 カ月の地域居住日数，再入院数，6 カ月就労率，就労継続率など），毎月，3 カ月おきなどに実施する。

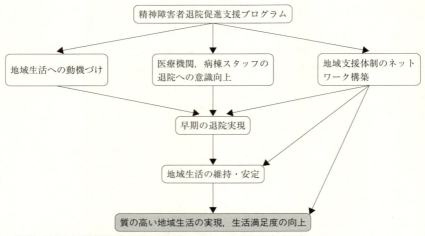

（出所）　効果のあがる精神障害者退院促進支援プログラムのあり方研究会（2009）。
図4-2　退院促進支援プログラムのインパクト理論

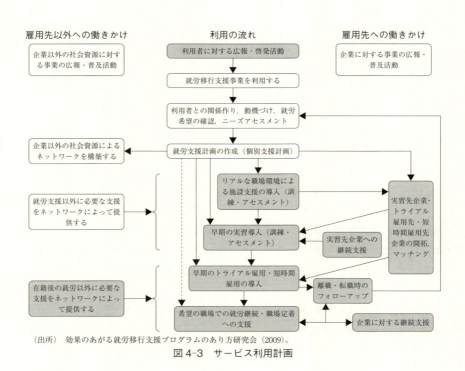

（出所）　効果のあがる就労移行支援プログラムのあり方研究会（2009）。
図4-3　サービス利用計画

74　第Ⅰ部　総論

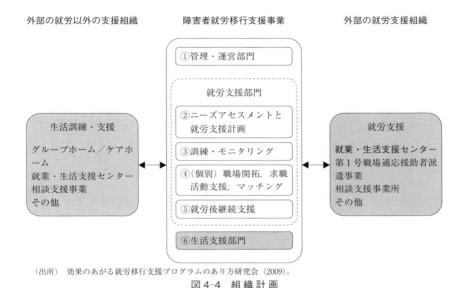

(出所) 効果のあがる就労移行支援プログラムのあり方研究会 (2009)。
図 4-4 組 織 計 画

　日常的なモニタリングの成果を踏まえて，必要に応じて実施マニュアルの改訂を行い，より効果的な実践を行うとともに，効果的なプログラムモデル構築に役立てる（表 4-3）。
　(5)　実践から効果モデルを構築し，全国，世界に向け発信し共有化する
　科学的根拠のある実践プログラムモデルを構築することは，実践家・臨床家の誰もができる日常的な取組みではない。しかしプログラムモデルを作り上げるそれぞれのプロセスには，日常実践を「科学」する数多くの発想が含まれている。
　その出発点は，実践上の新しいちょっとした創意・工夫，実践上のアイデアを，現場の人たちと共有し，よりよい方法をいっしょに考えることから始まる。そのうえで実践上の創意・工夫，アイデアを，チームの中で共有し，新しい援助技術・援助方法として定式化する。さらに新しい支援方法をプログラムモデルに構築するプロセスが続く（大島，2006a）。
　以上のプロセスについて整理すると次のとおりになる。
　①実践の新しいちょっとした工夫を，現場の人たちで共有し，その工夫を基によりよい方法を人たちで考える

②実践上の工夫をチームの中で共有化：援助チーム，施設や病院などより広範な人たちの間で少しずつ共有化する

③新しい援助技術・援助方法を定式化：a）プログラム実施マニュアルとして文書化する，b）より広範に受け入れてもらうために，ニーズ分析と先行研究レビューを行い効果的な援助アプローチを検討する

④新しい援助技術・援助方法をプログラム評価する：a）1施設の効果評価，多施設共同研究の効果評価で有効性を検証，b）効果的なプログラム要素を実証的に明らかにする

⑤効果的プログラムモデルの実施・普及に関与

　これらの取組みは，前述した実践家によるボトムアップ型評価アプローチ（Chen, 2010）にほかならない。

4.2　実践家・当事者参画型「プログラム開発と評価」の方法

（1）　効果モデル改良・発展のための評価方法

　効果モデルを開発し，継続的に改善・形成するためには，まずその取組みに関わる**実践家・関係者が，効果モデルについて具体的に共通認識をもつための手立てが必要**である。また効果モデルの内容を日常的に実践の中で評価・検証することが可能でなければならない（大島，2014a；2015）。

　効果モデルを操作的に位置づける際に，前述のとおり，まず効果モデルの設計図に当たる，プログラム理論が重要である（Rossi ら，2004）。プログラム理論には，①インパクト理論（プログラム活動によってもたらされる社会状況変化）（図4-2）と，②プロセス理論がある（Rossi ら，2004）。プロセス理論は，②-1プログラムのサービス利用計画（図4-3）と，②-2組織計画（図4-4）からなる。

　また，プログラムアウトカムに影響を与える重要なプログラム要素である，③効果的援助要素（Critical Components）リストを考慮する必要がある（Bond ら，2000；大島，2010a）（表4-1，表4-2）。さらに効果モデルを日常的に評価・検証する仕組みとして，④評価ツール（アウトカム評価ツール，プロセス評価ツール），さらに，以上の内容を具体的に記載した⑤効果モデル実施マニュアル（実施マニュアルと評価マニュアルから構成される）（表4-2）が必要である。このことは，本章「*3.4*効果モデルの可視化と，形成評価（広義）の方法」でも整理した。

　これら効果モデル構成要素は，日常的に実践の中で評価・検証し，より効果的なモデルに改善・形成する組織的な仕組みを用意する必要がある。詳しくは

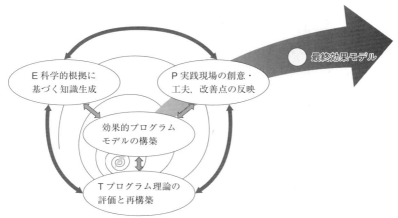

(出所) 大島ら (2012a)。
図 4-5　プログラム理論・エビデンス・実践間の円環的対話による,効果的福祉実践プログラムモデル形成のための評価アプローチ法 (CD-TEP 評価アプローチ法)

　後述するが,大島ら (2012a) が開発した「プログラム理論・エビデンス・実践間の円環的対話による,効果的福祉実践プログラムモデル形成のための評価アプローチ法 (CD-TEP 評価アプローチ法: An Evaluation Approach of Circular Dialogue between Program Theory, Evidence and Practices)」(図 4-5) はその目的のために有効であろう。

　福祉実践プログラムの場合,より効果的なモデルを形成するためには,ソーシャルワーカー・福祉実践家と当事者の参加と協働で,効果モデルの評価・検証を進めることが求められる。CD-TEP 評価アプローチ法には,ソーシャルワーカー・福祉実践家が評価活動に実質的に参画する方法が示されている。

(2) CD-TEP 評価アプローチ法

　CD-TEP 評価アプローチ法は,3つの評価課題に対応した①効果モデルの開発評価,②継続的改善・形成評価,③実施・普及評価という3つの評価課題ステージを設定する (大島,2015)。そのうえで,新しく導入された実践プログラム,あるいは必ずしも効果が上がっていない既存の実践プログラムを,より効果的で,より有用性の高いプログラムモデルへと発展させるために,プログラム理論 (T 理論:Theory) と,科学的根拠 (E エビデンス:Evidence) の活用,実践現場の創意・工夫のインプット (P 実践:Practice) の継続的反映を,体系的に行う評価の方法論をまとめている。プログラム理論 (T) と,評価結果に基

づくエビデンス（E），実践現場からのインプット（P）の継続的な「円環的対話（Circular Dialogue）」によって，効果モデルに関する知識と経験および成果を蓄積する。実践現場の実践家や，サービス利用者・家族，政策立案者などの実践プログラムに関わる利害関係者が，それらの知識・経験・成果を共有して，エビデンスに根ざした合意形成を行い，より効果的な実践プログラムへと発展させることをめざしている。

　対象となる福祉実践プログラムを，効果モデルに改善・発展させるために必要な共通基盤として，前述した効果モデル構成要素に対応する次の6項目を位置づけた（大島ら，2012a；2013）。それは，①測定可能なプログラムゴールの設定と共有化の方法，②合意できるプログラム理論形成法，③効果的援助要素の特定と共有化の方法，④チェックボックス方式による効果的援助要素の記述と測定方法，⑤効果的援助要素チェックボックスに基づく実施マニュアルの構築，⑥プログラムゴールのアウトカム指標と効果的援助要素の関連性の日常的な把握と実証の方法である。

　この「共通基盤6方式」を用いて，CD-TEP法の「T理論」「Eエビデンス」「P実践」のそれぞれと相互関連させながら効果モデルの発展に貢献させる。これを図示したものがらせん階段上昇型の模式図（図4-5）である。

　効果モデルを開発，改善・形成し，実施・普及させるための評価プロセス上の課題を「課題プロセス」と位置づけた。プロジェクトマネジメント領域の世界標準であるPMBOK（Project Management Body of Knowledge）の枠組み（Project Management Institute, Inc., 2008）を参考にして，課題達成のプロセスを，①インプット，②検討方法，③アウトプットに整理した。そのうえで，各「課題プロセス」に従って，具体的な成果物が作成される方法を取っている（大島，2015）。

4.3　社会的合意形成の方法：
支援ゴールの設定，効果モデル構築に関する合意形成アプローチ

　ゴール志向・問題解決志向の支援環境開発を行い，**効果的実践プログラムを構築するには，当事者や実践家を含めて，「効果的実践プログラムはみんなで作る」という姿勢をもち，そのための方法論を構築することが重要である**（大島，2015）。

　その出発点は，「支援ゴール」の設定を実践家や当事者を含めた社会的合意

78　第Ⅰ部　総　論

形成に基づいて行うことである。支援ゴールは、前述したように第一義的には個々の障害のある人たちごとに設定される。そのため実践プログラムの支援ゴールを利害関係者が共同で検討することが重要である。障害のある人たちや実践家、支援者など関係者が一堂に会して、ゴール設定に関わる設計図（インパクト理論）を協働して一緒に考える作業を、ワークショップ等を開催して行うとよい（源ら、2013）。

　その際、利用者、障害当事者が望むことと専門家の意見がずれることが当然ある。たとえば退院促進支援プログラムを例に挙げると（図4-2：中越ら、2015）、社会が当面望む支援ゴール（早期の退院実現など：近位アウトカム）と、障害当事者や他の関係者が当面望むゴール（地域生活の維持・安定など：中位アウトカム）、医療機関関係者が望むゴール（地域生活への動機づけなど：近位アウトカム）と、理想のゴール（スーパーゴール：質の高い地域生活の実現など：遠位アウトカム）が、それぞれの立場で異なる場合がある。

　しかしこれらの異なるゴールに対して、ワークショップ等において、1つの支援ゴールに関する図（インパクト理論）を共有することが重要になる。それぞれの支援ゴールは互いに矛盾し合うことはむしろ稀である。支援ゴールに関する相互関連図（インパクト理論）に、それぞれが望むゴールを記載し、その関係性を示したパス図にまとめる（図4-2）。その協働の作業過程によって、合意形成が可能になることがしばしば経験される。すなわち1つの図（インパクト理論）を、当事者を含めた利害関係者が協働作業で作成し、共有化することによって、共通のゴールが可視化される。それによって、効果的な実践プログラム形成に向けた、協働の取組みが可能になるであろう。

5　効果的プログラムモデルの実施を組織が支える

　マクロ実践ソーシャルワークの重要な要素の1つは、福祉団体・事業所にとっての有効なマネジメント（管理・運営）の方法である（Poertnerら、2007）。ソーシャルワーク実践が、ニーズに根ざした当事者中心アプローチを追求する場合、福祉団体・事業所においてソーシャルワーカーが取り組む有効なマネジメントとは、どのようなものであろうか。

　それは、福祉団体・事業所が当面するいくつかの課題・ニーズ領域において、

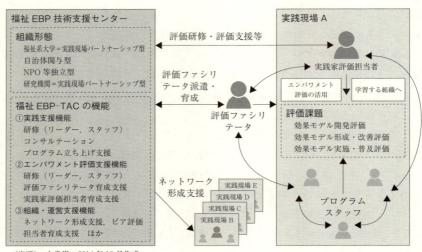

（出所）　大島巌，2014年10月作成。
図4-6　実践家参画型・協働型福祉プログラム評価の実施支援体制

　ゴール志向・問題解決志向の効果的実践プログラムが，ニーズをもつ人たちに対して，もっとも効果的にそして適切に提供されるように運営することであろう。そのためには，エビデンスに基づく支援環境開発アプローチの必要性と意義，目標，実施内容・枠組みが，福祉団体・事業所内において十二分に共有化されることが必要である（Poertnerら，2007）（当事者中心アプローチ）。
　それとともに，実践現場の評価実践を体系的にサポートする，評価支援の体制の構築も重要である（大島，2015）。実践家参画型で「プログラム開発と評価」アプローチを行う際には，実践現場だけではうまく進まないことがしばしばある。医療の世界でも，医療現場の検査をスムーズに進めるためには中央検査部などが必要なようにである。
　社会プログラムにおける「プログラム開発と評価」の業務については，実践現場を中央の技術支援センター（TAC: Technical Assistance Centers）などでバックアップする仕組み作りが必要となるであろう（図4-6）（大島，2015）。

6 ソーシャルワーカーに求められる支援環境開発アプローチ

　以上，ソーシャルワーカー・福祉専門職が，エビデンスに基づく支援環境開発アプローチにどのように向き合ったらよいのか，その基本姿勢を示すとともに，本アプローチの基盤的な専門知識と，中心的な方法論として福祉プログラム評価法，利害関係者との合意形成を図るための援助技術，効果的実践が実施されるための組織体制について提示した。

　本書ではこれらを，次章以降に検討する日本の精神保健福祉分野の諸課題・ニーズ領域ごとに，エビデンスに基づく支援環境開発アプローチによって生み出される EBP 等効果モデルの可能性とその方法論について検討する枠組みを取っている。本書の各論に当たる第5章から12章では，日本の精神保健福祉分野において解決が迫られている福祉諸課題を，各ニーズ・課題領域ごとに整理して支援ゴールを設定し，そのゴール達成のために有効な支援環境開発のあり方を検討する。このアプローチは，第2章において整理したニーズ志向型支援環境開発アプローチである。

　この各論各章における検討枠組みは，以下のとおりである。

　まず①当事者ニーズに根ざした支援課題を分析し，支援ゴールとターゲット集団を設定する。次に，②当事者ニーズに対応した支援サービスの現状分析を行い，課題を明らかにする。そのうえで，③支援ゴール達成に有効な効果的な支援環境・支援プログラム，効果モデルを明らかにする。最後にまとめとして，④ソーシャルワーカーに求められる支援環境開発アプローチについて， ⅰ）解決を求められる課題・ニーズに応えうる取組みの分析と批判的検討， ⅱ）問題解決に有効な効果モデル形成への貢献， ⅲ）日常実践でできること，すべきことについて考察する。

　以上の検討には，本章において提示した支援環境開発アプローチの基本姿勢，基盤的な専門知識，「プログラム開発と評価」等の方法論と効果的実践が実施されるための組織体制の考え方を最大限に活用する。

　福祉の諸課題・諸ニーズ領域に対応して，あるいは効果モデルの成長・発展の課題ステージに応じて，本章で示したエビデンスに基づく支援環境開発アプローチを，どのように展開させればよいのかを具体的に知る実践例・適用例と位置づけていただけると幸いである。

第4章　ソーシャルワーカーの姿勢・知識・技術　　81

精神保健福祉における適用例・実践例

第**5**章

脱施設化と地域生活支援システムの構築
直接対人サービスを伴うケアマネジメントの開発・導入

▷本章の概要

1 欧米の脱施設化から学ぶ支援環境開発アプローチ

2 当事者ニーズに根ざした支援課題，支援ゴールの設定

3 当事者ニーズに対応する支援内容とその課題

4 ゴール達成に有効な支援環境・支援プログラム
　　——欧米の脱施設化の歴史からの教訓と示唆

5 日本に集中型・包括型ケアマネジメントを導入するための方策
　　——ソーシャルワーカーに求められる支援環境開発アプローチ

▷本章（第5章）の「プログラム開発と評価」の課題

「効果モデル」の 評価課題	「効果モデル」の エビデンスレベル	技術移転の あつらえ	他モデル開 発の必要性
✔開発評価	☐ EBP プログラム		
✔継続的改善・形成評価	✔ベストプラクティスプログラム	◎	○
☐ 実施・普及評価	✔エキスパートコンセンサス PG		
	☐ 実践の中で有効性の裏付け		

＊プログラムの略称として，PG を使用。　＊＊本書 18 頁，表 1-3 参照。

▷*Keywords*

プログラム開発と評価：効果モデルの開発と導入，技術移転・導入のあつらえ，歴史的・国際
　的・理論的な先行的優良事例（GP 事例）

課題，取組みなど：脱施設化，3 つのプロセス（第 1 ～第 3 プロセス），直接対人ケアサービ
　スを伴うケアマネジメント，集中型・包括型ケアマネジメント

精神保健福祉領域におけるニーズ志向型支援環境開発アプローチは，精神科病院からの脱施設化の社会運動から始まった。本章では，欧米における脱施設化の歴史から，直接対人ケアサービスを伴う効果的ケアマネジメントの開発と発展の取組みを学び，日本における脱施設化推進に必要な地域生活支援システムの構築について示唆を得る。

　ニーズ志向型支援環境開発アプローチとしては，まず欧米で生み出された「集中型・包括型ケアマネジメント」を歴史的・理論的な先行的優良事例（GP 事例）に位置づける。そのうえでこの支援方法を日本社会や地域精神保健福祉システムに導入し技術移転する可能性を検討して，日本の脱施設化と有効な地域生活支援システムのあり方を検討する。

1 欧米の脱施設化から学ぶ支援環境開発アプローチ

　本章から第 12 章まで，本書の各論として，日本の精神保健福祉分野の諸課題・ニーズ領域ごとに，「課題・ニーズの解決」というゴール達成のために，どのように有効な支援環境開発を進めていけばよいのかを検討する。

　まず本章では，日本の精神保健福祉分野最大の課題である脱施設化と地域移行・地域定着支援に対して，世界的に有効なアプローチと考えられているケアマネジメント*という「支援環境」を主に取り上げる。さらにケアマネジメントの中でも，日本ではあまりなじみがない「直接対人ケアサービスを伴うケアマネジメント」を主な対象とする。

　　＊　一般的には専門用語として「ケースマネジメント」を用い，行政用語として「ケアマネジメント」を用いる。本書ではこの 2 つを同義の用語として「ケアマネジメント」を用いる。

　近年になって，整備が遅れていた日本の地域精神保健福祉サービスも，一定の社会的対応がされるようになった。たとえば日中活動領域で保護的な支援活動を行うサービスについては，障害者総合支援法の就労継続支援 B 型事業所，地域活動支援センター，生活訓練事業などの地域福祉サービスに加えて，医療では精神科デイケアがある。一部ではニーズに対してサービスが過剰な状況さ

え生じている（大島，2006b）。

　その一方で，第3章で述べたように深刻な問題・ニーズがありながら，有効な支援環境，支援サービスが行き渡らず，課題・ニーズが解消できずに厳しい状況に置かれている人たちが存在する。それはまず第1に，重い障害のために長期入院を継続する人たちと，第2に地域でひきこもり，社会参加の機会をもてずにいる人たちである。このうち本章では，前者，すなわち重い障害のために長期入院を続けており，脱施設化が社会的課題になる人たちの問題に焦点を当てる。これらの人たちは，地域においてその生活の基盤を支える仕組みがないために，ニーズが解消できずに，彼らが望む地域生活を実現できずにいることが知られている。

　本章では，支援環境開発アプローチ各論の最初の章として，精神科病院からの**脱施設化を推進するという課題**（支援課題・支援ゴール）に対して，どのように有効な支援環境を開発すればよいのかを検討する。

　その際，欧米における脱施設化の歴史から，「直接対人ケアサービスを伴う効果的ケアマネジメント」が生み出された歴史的事実に注目する（大島ら，2003；大島編，2004）。

　支援環境開発アプローチとしては，まず欧米で生み出された「直接対人ケアサービスを伴う効果的ケアマネジメント」を歴史的・国際的・理論的な先行的**優良事例**（グッドプラクティス事例：GP事例）に位置づける。そのうえでこの支援方法を日本社会や地域精神保健福祉システムに導入し，**技術移転する可能性**を検討する。それによって，日本の脱施設化と有効な地域生活支援システムのあり方に示唆を得ることにしたい。

2　当事者ニーズに根ざした支援課題，支援ゴールの設定

　支援環境開発アプローチでは，まず最初に，深刻な状況に置かれ，大きな福祉ニーズをもつ人たちの支援課題と，改善のために必要な支援ゴールを明確にすることが求められる。

　脱施設化の課題をもつ人たちは，重い障害のために長期入院を続けている人たちである。これらの人たちは，深刻な問題・ニーズがありながら，有効な支援環境，効果的な支援プログラムを享受できず，ニーズが解消できずにいる厳

表 5-1 日本の地域精神保健福祉発展の歴史

地域精神保健黎明期（1965～1986）
　1965 精神衛生法改正
　1980 国際障害者年
　1980 前後，小規模作業所作り運動
地域精神保健福祉第Ⅰ期（1987～1994）
　1987 精神保健法→メニュー作り・施設作りの時代
地域精神保健福祉第Ⅱ期（1995～2001）
　1995 精神保健福祉法
　1998 精神障害者ケアガイドライン
　1999 市町村による居宅生活支援事業
　　→市町村による個別対人ケアサービスの時代
地域精神保健福祉第Ⅲ期（2002～）
　2002 新障害者プランで脱施設化方針，ACT-J プロジェクト
　2004 改革ビジョン→脱施設化の時代？

（出所）　著者作成。

しい社会状況がある。その背景を明らかにするために，まず日本の地域精神保健福祉発展の歴史を検証し，地域精神保健福祉サービスの今日の到達点を明らかにすることが必要であろう（大島編，2004）。そのうえで，残された課題として重い精神障害のある人たちへの対応の現状を整理して，課題解決のために支援ゴールの設定をどのように考慮したらよいのかを考察する。

2.1　日本の地域精神保健福祉発展の歴史：残された課題としての「脱施設化」

(1)　地域精神保健福祉黎明期，それ以前

まず表 5-1 のとおり，日本の地域精神保健福祉の嚆矢は 1965 年の精神衛生法改正にあると一般的には考えられている。この法改正により精神衛生センター，保健所など地域精神衛生の取組みが法的・制度的に位置づけられた。この時期から日本でも地域精神保健福祉が黎明期を迎えたといわれている。しかし精神科病床数は，その後も毎年 1 万～2 万床規模の大幅な増床を続け，本格的な地域精神保健福祉施策の導入は，1980 年代後半以降まで約 20 年間待つ必要があった。

1950 年代から 60 年代にかけての精神科病院の急激な増床の背景には日本の高度経済成長に伴う都市化と核家族化，それに基づく家族ケア力の弱体化があった（石原，1988）。それに対して政府は精神病院整備費国庫補助（1954 年）や医療金融公庫の融資導入（1960 年），医療法特例（1958 年）など病床増床の政策誘導を行ったと指摘される（古屋，2015a）。医療法特例では，精神科病院の医

88　　第Ⅱ部　精神保健福祉における適用例・実践例

師・看護師の法定人数を一般病院法定人数の3分の1で可とした。この結果，病院経営上人件費の削減が可能になり，低予算で精神科病院の設立・経営ができるようになったことが，精神科病院数・病床数の増加につながった。

一方，この時期に日本の地域精神保健福祉をリードしたのは1980年前後から始まった精神障害者家族会等による小規模作業所づくり運動であった（大島，2010b）。長年にわたって地域の支援システムが整備されないことに業を煮やした家族会は自ら立ち上がり，家族会が中心となって全国各地で作業所作りの運動を始めた。この運動が母体となって，その後多くの地域精神保健福祉の活動が発展していく。

(2) 地域精神保健福祉第 I 期

日本で地域精神保健福祉が始まったのは，1987年に精神保健法（精神衛生法改正法）へ改正されたことが契機になったと考えられる。

この法律改正に深く関わったのが，1983年に発生した宇都宮病院事件であった。この事件は，スタッフによる入院患者2名の虐待死や，関連して発生した非人道的な数多くのスキャンダルに特徴づけられる。マスコミにも大きく取り上げられ，国内外から強く厳しい批判を浴びた（大熊，1988；古屋，2015a）。

この事件は直接的には法制度上の強制入院制度の不備や濫用が主要な原因とされた。しかし一方で，長期入院をする人たちを地域で体系的に支える仕組みが日本には整っていないために，宇都宮病院事件を典型とする日本の精神科病院・医療自体の深刻な状況が構造的に生み出されたと，国際的に強く批判されている（古屋，2015a）。この状況を変えていくためには，欧米諸国が取り組んできたように，脱施設化を推進し，地域精神保健福祉を前進させなければならないと考えられるようになった。

こうした国際世論および国内世論に後押しされるように，1987年に精神衛生法改正が行われた。その結果，改正（改称）された精神保健法には，地域福祉型の小規模施設である精神障害者社会復帰施設が法的にはじめて位置づけられたのである。

しかしこの時期の取組みは，3種類の社会復帰施設（生活訓練施設，福祉ホーム，授産施設）やグループホームなど他領域で取り組まれていた地域福祉型サービスメニューを精神保健福祉領域に適用する程度にとどまった。地域精神保健福祉を「大胆」に進め，脱施設化を推進し長期入院者の地域移行，地域定着を図るという変化は生み出せなかった。

第5章 脱施設化と地域生活支援システムの構築　89

(3) 地域精神保健福祉第Ⅱ期

この期は 1995 年に改正（改称）された「精神保健及び精神障害者福祉に関する法律（略称：精神保健福祉法）」以降に設定できる。精神保健福祉法第 1 条は目的として「社会復帰の促進及びその自立と社会経済活動への参加の促進のために必要な援助を行」うことを明記し，障害のある人たちに対する福祉法としての性格を明らかにした。具体的には，高齢者や他の障害のある人たちと同様に，ホームヘルプサービスやショートステイサービス，ケアマネジメントなど個別対人ケアサービスを，基礎自治体である市町村が提供することとした（大島，2000b）。これによって脱施設化を進めるうえで重要な，重い精神障害のある人たちの生活基盤を支える直接対人ケアサービスを，市町村が制度的に提供できることになった。

しかしながら，これらのサービスの導入によっても，第Ⅰ期がそうであったように，長期入院者を積極的に地域に移行し，地域生活の定着を図るという脱施設化を進展させる状況は生み出せずにいる。

(4) 地域精神保健福祉第Ⅲ期

この期は「脱施設化の時代」としたが，疑問符のついた「脱施設化」である。2002 年には障害者プランで脱施設化の方針（7 万 2000 人地域移行）が出された。また 2004 年には，障害者プランを具体化するために，厚生労働省精神保健福祉対策本部によって「精神保健医療福祉の改革ビジョン（改革ビジョン）」がまとめられた。その中で「基本方針」として，「『入院医療中心から地域生活中心へ』というその基本的な方策を推し進めていくため，国民各層の意識の変革や，立ち後れた精神保健医療福祉体系の再編と基盤強化を今後 10 年間で進める」（厚生労働省精神保健福祉対策本部，2004）とした。そして「全体的に見れば入院患者全体の動態と同様の動きをしている『受入条件が整えば退院可能な者（約 7 万人）』については，精神病床の機能分化・地域生活支援体制の強化等，立ち後れた精神保健医療福祉体系の再編と基盤強化を全体的に進めることにより，併せて 10 年後の解消を図る」（厚生労働省精神保健福祉対策本部，2004）と述べている。しかし，その後 10 年以上を経過するが，「10 年後の解消」はまだ実現していない。

以上見たとおり，精神障害のある人たちに対する日本の地域保健福祉施策は，実質的には 1987 年精神保健法改正からの約 30 年の歴史しかない。高齢者や他

の障害者の地域福祉施策や，欧米などの地域精神保健福祉の先進地で望まれる援助プログラムと比べていまだ不十分なレベルにとどまっている。加えて，地域精神保健福祉のメニューは，他の障害者や高齢者のために制定されたものを後追い的にモデルとして整備してきた。それらのサービスは，高齢者や他の障害者のニーズに合致していても，精神障害のある人たちには必ずしもよく適合していない。

　これまで述べてきたように，宇都宮病院事件への「反省」を契機にスタートした日本の地域精神保健福祉は，本来であればより早い時期に導入されるべきだった「大胆」な脱施設化と，それを推進する地域精神保健福祉施策の強化が，本格的に進まないまま，脱施設化の課題がただ先送りにされている状態と見ることができよう。

　残された課題として脱施設化の推進，重い障害のために長期入院を続ける人たちが地域に移行するために必要な生活基盤を支える仕組み作り，とくに直接対人ケアサービスを伴うケアマネジメントの整備は，まさに今後に課せられた課題である。

2.2　精神科病院に長期入院している人たちに対する支援ゴールの設定

　こんにちの日本において，精神保健福祉ニーズがとくに高い集団が2群あることは繰り返し述べてきた。第Ⅰ群は精神病院に長期在院する人たちであり，第Ⅱ群は社会生活に特別な困難のある在宅の重い精神障害のある人たちである（大島，1996；大島編，2004）。

　このうち，第Ⅰ群の精神科病院に長期入院している人たちの現状と課題について改めて整理すると，精神病院に長期在院する人たちは主治医などから2〜6割が地域に適切な受け皿があれば退院できると判断されている。また入院患者本人の約6割が退院の意志をもっている。それにもかかわらず，身体的な自由を制限された病棟での長期間の生活を余儀なくされている。加えて，その施設生活は一般国民の生活レベルに比べて制約が多く，質的・内容的にも著しく劣っている。

　このような厳しく貧困な施設環境が，施設症と呼ばれる状態を生み出すこと，すなわち，刺激に乏しい管理的な施設環境で長期間生活することにより，社会的ひきこもりや無感情，主導性の欠如，従順さ，非個人的なものに興味を失うなどの特有の退行現象や受け身的依存性を伴う状態をも生み出すことが知られ

ている（Wing ら，1970；Oshima ら，2003）。本来治療のために入院した精神科病院において，二次的に感情平板化・自閉・意欲低下などの陰性症状の一部が作り出されることを Barton（1959）が「施設症」として指摘し，Wing ら（1970）が実証した。日本でも Oshima ら（2003）が全国調査によってこれを追試している。

　これらの長期入院によりもたらされる諸問題を解決するために，世界各国の精神保健福祉関係者は，それぞれに多大な努力を傾注して脱施設化を進めてきた。その道のりは険しく，決して成功事例ばかりではなかった。しかし脱施設化，地域移行・地域定着がうまく進展しない場合には，それを乗り越えるための方策が，改めて繰り返し粘り強く提案され，エビデンスに基づく方法で検証された（大島ら，2003）。本章で取り上げる「直接対人ケアサービスを伴うケアマネジメント」や，次章で検討する包括型ケアマネジメント ACT はその代表例である（大島編，2004）。

　これら努力の成果の蓄積が，**脱施設化に関わる各種の EBP プログラム**である。世界各国ではその**成果が脱施設化と地域精神保健福祉の推進のために共有化**されている（大島編，2004）。日本においても，この積極的な支援環境開発アプローチの経験と成果の蓄積を十分に踏まえなければならない。そこから多くを学び，日本の精神科病院の脱施設化，地域移行・地域定着を進める必要がある。

　以上から，精神科病院に長期入院している人たちへの**支援ゴールは，精神科病院からの脱施設化，地域移行・地域定着**と定め，そのゴールを有効かつ適切に実現できる方法を以下では検討を進めることにする。

3 当事者ニーズに対応する支援内容とその課題

3.1 脱施設化を進めるための「身近な個別対人ケアサービス」

　脱施設化，地域移行・地域定着を支援ゴールに定め，取組みを進める際には，それまでの施設生活から地域生活へと障害のある人々の生活基盤が大きく変更される点に十分な配慮が必要である。生活基盤を全面的に変更することは，多くの人たちにとって深刻な事態である。とりわけ重い障害のある人たちには重大事である。さまざまな生活条件を丁寧に整備しなければならない（大島ら，2001）。

表 5-2　重い精神障害をもつ人たちにとくに必要な援助

生活基盤を支える援助サービス

・住まい

・身近な「個別対人ケアサービス」

　→地域では家族がこの両方を提供してきた。

　　家族ケアが継続できないときに精神科病院への長期入院へという

　歴史があった

（出所）　著者作成。

表 5-3　「身近な個別対人ケアサービス」と「住まい」を確保する 2 つの方法

1.「住まい」と身近な「ケアサービス」を組み合わせて提供

　・グループホームや入所型の社会復帰施設など

　・「家族によるケア」

2.「住まい」は別に用意し，訪問で「ケアサービス」を提供

　・ホームヘルプ，集中型・包括型ケアマネジメントなど

　・援助付き住居プログラム（Supported Housing Program）（第 7 章）

　→より自立的な生活の実現

（出所）　大島編（2004：26）より一部改変。

　課題解決に必要な生活条件のうち，第 2 章で述べたように**有効な支援環境の「要素」（「支援環境要素」）**に注目する。とくに重要なものは「住まい」と「身近な個別対人ケアサービス」であった（大島編，2004）（表 5-2）（第 2 章 29 頁）。

　この 2 つは，生活基盤を再構築するためには不可欠な「要素」として多様な組み合わせが考慮できる。グループホームのように同じ場所でこの 2 つの「要素」を提供するのか，「身近な個別対人ケアサービス」を訪問で提供するのか，である（表 5-3）。この観点を中心に，さまざまな組み合わせがある。この 2 要素を中核に，支援ゴールの達成に向けて「要素」の効果的パッケージを構築・構成することの詳細な検討は，第 7 章「援助付き住居の効果モデル形成」で行う（第 2 章 29 頁）。

　本章では，「身近な個別対人ケアサービス」に限定して，中でも脱施設化，地域移行・地域定着を進めるうえで重要な役割を果たす「直接対人ケアサービスを伴うケアマネジメント」に焦点を当てる。

　「身近な個別対人ケアサービス」については，多様な取組みがある（表 5-3）。すなわち，ケアサービスをどの職種が担当するのか，多職種アプローチが必要なのか，また訪問の頻度はどのくらいか，などである。問題解決や支援ゴール

第 5 章　脱施設化と地域生活支援システムの構築　　93

達成のために考慮すべき「要素」の条件は数多く存在する。

とくに，脱施設化，地域移行・地域定着が課題になる重い精神障害のある人たちに必要な「身近な個別対人ケアサービス」には，日常生活支援と随時のサポートを考慮しなければならない。また医療的援助も必要になり，専門的支援も欠かせない（第2章28-31頁）。これらをどのように組み合わせて提供するのかが次なる課題となる。

3.2 「身近な個別対人ケアサービス」の現状と課題

以下では，精神障害のある人たちに対する効果的な「身近な個別対人ケアサービス」のあり方を検討する前提として，日本における現状の取組みと課題を整理する。

まずここで，「身近な個別対人ケアサービス」がどのようなものなのかを提示しておきたい。表5-4に示すように，「個別対人ケアサービス」には，従前から保健・医療領域で行われていた訪問サービスが含まれる。保健所で保健師などが行う「訪問指導」，医療機関の看護師などが行う「訪問看護」などである。これらに加えて，市町村によって取り組む居宅介護（ホームヘルプ）事業，相談支援事業（障害者ケアマネジメント）などが加わった。さらにこの章で注目する「直接対人ケアサービスを伴うケアマネジメント」をも含める。これらは，保健・医療・福祉・介護などを含む包括的な生活支援で，個別に対人的にサービスが提供される。「身近な」とは，日常的な関わりを示し，より頻繁に高密度で，日常的に身近に関わることを想定している。

さて，精神保健福祉の領域における「個別対人ケアサービス」は，日本ではまずは保健所・医療機関が先行して取り組んできた。保健所では，精神障害のある人たちに対する訪問指導が，精神科医療機関では訪問看護が1990年代以降，幅広く取り組まれてきた。

一方1999年以降，市町村が居宅介護（ホームヘルプ）事業，グループホーム・ショートステイサービスなどの「住まい」を伴うケアサービス，相談支援事業（障害者ケアマネジメント）に取り組むことになった。

市町村が行うこれらの事業は，表5-4に示すように，従来，保健所・医療機関が行ってきた訪問指導や訪問看護に比較して，①より頻繁に，高密度で，日常的・身近に関わる，②福祉的ケアを含む生活支援，③行政の責任で実施，という特徴がある。脱施設化，地域移行・地域定着を進めるための「身近な個

94　第Ⅱ部　精神保健福祉における適用例・実践例

表 5-4　「個別対人ケアサービス」の種類

1. 従来行われてきた「個別対人ケアサービス」
    (1) 保健所で保健師などが行う「訪問指導」
    (2) 医療機関の看護師などが行う「訪問看護」
  特徴：保健・医療の①専門性の高いスタッフが，②必要性に応じて随時訪問する。生活支援目的の訪問は限定され，訪問頻度も少ない。

2. 市町村が行うことが想定される「身近な個別対人ケアサービス」
    (1) ホームヘルプサービス
    (2) グループホーム，ショートステイなどの「住まい」を伴うケアサービス
    (3) ケアガイドラインに基づく標準型（仲介型）ケアマネジメント
    (4) 集中型・包括型ケアマネジメント（今後の課題）
  特徴：①より頻繁，高密度，日常的，身近に関わる，②福祉的ケアを含む生活援助，③行政の責任で実施。

（出所）　大島編（2004：27）より一部改変。

別対人ケアサービス」としては，より適合性が高い取組みと考えられる。

　しかし，前節で述べたように，障害者プランで提示された脱施設化の方針（7 万 2000 人地域移行等）を実現する体制として十分であったのか。現状では長期入院者を地域に移し，地域生活への定着を図る実績はおさめられずにいる。何より，欧米で成功をおさめた取組みである，脱施設化を進め，重い障害のある人たちを地域で支えるために有効であると科学的根拠のある「直接対人ケアサービスを伴うケアマネジメント」が，日本の保健医療・福祉のシステムには位置づけられていない。

4 ゴール達成に有効な支援環境・支援プログラム
——欧米の脱施設化の歴史からの教訓と示唆

4.1 「脱施設化」の定義とプロセス

　日本における脱施設化の可能性を探るために，脱施設化，地域移行・地域定着を支援ゴールとして成果をおさめた，欧米の歴史的・理論的な先行的モデルから教訓と示唆を得ることにしたい（大島ら，2003）。

　まず脱施設化の定義は，精神障害のある人たちのケアを精神病院の長期入院に代わって，より小規模で孤立化しない地域の援助サービスに置き換えること

第 5 章　脱施設化と地域生活支援システムの構築　　95

とされる（Bachrach, 1986; 1996; Lamb ら編，2001）。言葉のうえから見ると「脱施設化」は「地域移行」と同義に捉えられる。精神科病院の入院患者数を減少させることと考えられがちであろう。第8章で取り上げる日本の「退院促進・地域定着支援等事業」も同様であった。

しかし**脱施設化研究の新しい標準的な定義**では，それだけに限定しない。代替となる地域ケアサービスを供給するプロセスをも脱施設化の概念に含めている。すなわち**脱施設化は，次の3つのプロセスと要素から構成される**とする（Bachrach, 1986; 1996; Lamb ら編，2001）。

　　・第1に，精神科病院で暮らす精神障害のある人たちを地域の代替サービスに移行すること［地域移行：括弧内は著者注，以下同］，
　　・第2に，新しく入院となる可能性のある人を地域の代替サービスに迂回させること［地域定着と「回転ドア現象」の回避］，
　　・第3に，地域で暮らす精神障害のある人たちのための特別なサービスを発展させることである［質の高い地域生活の維持］。

このうち第2，第3のプロセスは，先ほどの定義の「より小規模で孤立化しない地域の援助サービスに置き換える」に関わる。脱施設化の最終ゴールである精神障害のある人たちのよりよい地域生活の実現をめざしており，とくに重要である。

第2のプロセスについては，「回転ドア現象」（revolving-door phenomenon）という地域移行後に地域生活に適応できず，そのストレスから再発や再入院を繰り返してしまう問題を回避して，安定的な地域生活への定着を図る支援をめざす。

第3のプロセスについては，「特別なサービスを発展」させて対応しなければ，地域に戻った精神障害のある人がホームレスになったり，傷害・窃盗などの社会的トラブルにより刑務所で服役するといった事態が起こりかねない。このように地域移行した後の生活が，十分に質の高い生活を維持できるよう支援するプロセスも，「脱施設化」の当然の一部と位置づけた。

4.2 「脱施設化の失敗」と直接対人サービスを伴うケアマネジメントの誕生・発展

ここで本章で注目する「直接対人ケアサービスを伴うケアマネジメント」の発展の背景と意義を，アメリカの脱施設化の歴史に関連づけて示す（表5-5）。

96　第Ⅱ部　精神保健福祉における適用例・実践例

表 5-5 アメリカの脱施設化・ケアマネジメント発展の歴史

1950 年代	州立精神病院の脱施設化運動が始まる
1963 年	ケネディ教書（精神病および精神薄弱に関する大統領教書）
1960 年代	地域精神保健センターやハーフウェイハウスなどの地域精神保健プログラムが急速に成長する。脱施設化が推進
1970 年代	ホームレス問題などで，「地域精神保健福祉の失敗」が言われるようになる。重い精神障害者に対する継続ケア・包括的サービス提供の必要性が高まる
70 年代後半	地域サポートシステム実験プロジェクト（国立精神保健研究所）で，サービス統合のあり方を実践し検証する 　　→ケアマネジメントの有用性が実証
1980 年前後	「ケアマネジメント」の概念化，基本原理・基本機能などが整理される
1980 年代	・大半の州が精神保健サービスにケースマネジメントを位置づけ ・集中型・包括型ケアマネジメントモデルへの注目。有効性検証
1990 年代	・州立精神病院の病棟閉鎖が進む ・重症精神障害者に対する集中型・包括的ケアマネジメントシステムの整備が州レベルで行われる
1998 年	アメリカ家族会連合会（NAMI）が包括型ケアマネジメント ACT のマニュアルを出版し，普及活動を強化する
1999 年	連邦厚生省の「エビデンスに基づく実践（EBP）」国家プロジェクトの中心に ACT が位置づけられる 全国で実施する ACT の標準モデルの検討が進む

（出所）　大島ら（2003）。

　精神障害のある人に対するケアマネジメントがアメリカで注目されたのは，その導入を必要とした 2 つの社会状況があった（Intagliata, 1982）。1 つはいうまでもなく 1950 年代以降始まった精神病院等からの脱施設化（第 1 プロセス）である。もう 1 つは 60 年代から 70 年代に継続された地域プログラムの急激な拡大，そしてその弊害としてのサービスの断片化や重複，分散化，非効率化であった。

　脱施設化の第 1 プロセスとして，退院を促進すべき州立病院の厳しい状況は確かに存在した。しかし一方で，重い精神障害のある人たちが地域生活に移行すると，先ほど述べたように，脱施設化の第 2，第 3 プロセスにおいて重大な社会問題が発生した。第 2 プロセスでは「回転ドア現象」が，第 3 プロセスでは，重い障害のある人たちが地域に戻っても彼らへの援助の責任が不明確になり，新しく導入された複雑な各種地域プログラムを上手に使いこなせないケースがしばしば観察された。彼らは地域で孤立し，厳しい生活状況を余儀なくされた。そして先ほど述べたようにホームレスとなった人たちが社会的なトラブルを起こして留置場や刑務所に入所するケースが数多く見受けられるようになった（Intagliata, 1982; Lamb ら編，2001）。これらが社会問題化し，「脱施設化と

第 5 章　脱施設化と地域生活支援システムの構築　　97

地域精神保健の失敗」がいわれるようになったのである（Goldman, 1998）。

これらの問題を解決するために，1970年代にケアマネジメント，そして次章で検討するACTに結びつく重要な2つの実験プロジェクトが，連邦政府保健教育福祉省（SITOプロジェクト），および国立精神保健研究所（NIMH）（CSSプロジェクト）によって行われた。これらのプロジェクトでは，19州においてサービス統合のあり方を実践して，その有効性が実証的に検証された。その結果，各州での取組みはいずれも類似しており，こんにち「ケアマネジメント」に整理されたこの方法を用いると，**脱施設化の第2，第3プロセスに関わる問題を解決するために有効である**ことが明らかになったのである。各地の取組みは，科学的なプログラム評価の方法で検証されて，いずれも良好な成果をおさめた。**プログラム評価が，ケアマネジメントを制度化するうえで大きな原動力**となったといえる。そして1984年までには，全米36州で精神保健サービスにケアマネジメントを制度化することにつながった。

4.3 ケアマネジメントの定義と集中型・包括型モデルの意義・有効性

このようにケアマネジメントは，SITOプロジェクトやCSSプロジェクトの成果を受けてその有用性が実証され，脱施設化の第2・第3プロセスを適切に進めるための方法論として確固たる地位を確保した。また1980年前後には新しい地域ケアの方法として概念化が進み，基本原理や基本機能等が整理された（大島ら，2003）。

ケアマネジメントの機能については，当事者の生活全般にわたるニーズを査定し，その結果に基づき援助計画を策定してニーズに合致した援助サービスに結びつけ，包括的・継続的にサービス供給を行うという共通の基本機能をもつ（表5-6）（Intagliata, 1982; Mueserら, 1998）。この基本機能のみに基づき行われるケアマネジメントは，標準型または仲介型モデルと呼ばれる（Mueserら, 1998）。高齢者の介護保険等で用いられているモデルである。

これに対して，とくに精神障害のある人たちに対しては標準型モデルのみでは不十分であることが明らかになった（Franklinら，1987）。基本機能にさまざまな付加的機能を加えたモデル，具体的にはケアマネジャーによる各種の直接対人ケアサービスを伴う臨床型モデルや集中型・包括型モデル（代表的なモデルはACTとICM〔Intensive Case Management〕）を用いなければ十分な効果がないことが実証されている（Franklinら，1987; Mueserら，1998）。

表 5-6　ケアマネジメントの機能

Ⅰ. 基本機能	Ⅱ. 付加的機能
1. ニーズのアセスメント（査定） 2. 包括的なサービス計画の作成（プランニング） 3. 提供されるサービスの手配 　（リンケージ・ケアコーディネーション） 4. 提供されたサービスのモニタリングと評価 5. 結果の評価とフォローアップ	1. アウトリーチ 2. 直接サービスの提供 3. 弁護的機能（アドボカシー機能；新規社会 　資源など支援環境の開発を含む） 4. 危機介入，24時間対応サービス 5. その他

（出所）　大島編（2004：39）。

　中でも1970年代にCSSプロジェクトの1つとしてウィスコンシン州マディ
ソン市メンドータ州立病院で行われたACT（Assertive Community Treatment：
当時はTraining in Community Living〔TCL〕という名称を使用）モデルは，集中
型・包括型モデルの発展に大きな影響を与えた。ACTは州立病院で病棟閉鎖
の際に，退院する精神障害者を地域の多職種チームが集中的・包括的にケアす
るアプローチであった。このモデルのランダム化比較試験（RCT）の結果，
ACTモデルの支援を受けたものは対照群に比べて入院期間が短縮され，QOL
（Quality of Life）や社会生活機能，サービス満足度が高いという良好な成績を
おさめた。また家族や社会の負担が軽減され，医療経済的にも有効であること
をも明らかにした（Steinら，1980；1998）。

　1980年代以降には，精神障害者に対するさまざまなケアマネジメントモデ
ルが比較・検討され，ACTを中心に有効なモデルの検証が進められた。その
結果，先ほど述べたように，ケアマネジャーによる「直接対人ケアサービスを
伴うケアマネジメント（臨床型モデルやACTなど集中型・包括型モデル）」の有効
性・有用性が確認されてきたのである（Franklinら，1987；Mueserら，1998）。と
くにACTは追試研究がアメリカ各地や，オーストラリアやイギリス等の諸外
国で実施され，良好な成果をおさめて，世界的評価を確立していった（Mueser
ら，1998）。

　一方で，「直接対人ケアサービスを伴うケアマネジメント」，中でもACTな
ど集中型・包括型ケアマネジメントのシステム化と体系的なサービス提供は，
その有効性が明確に実証されて20年以上が経過しても，容易には実現しなか
った（Steinら，1998；Phillipsら，2001）。

　しかしながら1990年代半ば以降には，EBP国家プロジェクトや，アメリカ
家族会連合会（NAMI）の普及活動，さらには90年代以降に進行した州立精神

第5章　脱施設化と地域生活支援システムの構築　　99

病院閉鎖に伴う閉鎖後の地域ケアプログラム整備の中で，集中型・包括型ケアマネジメントのシステム化が州政府レベルで具体的に取り組まれるようになった（大島編，2004）。

4.4 州立病院閉鎖とケアマネジメントシステム構築の事例：
フィラデルフィア市の場合

ここで1990年代に州立精神病院の閉鎖を実現し，退院患者の地域援助システムをケアマネジメント中心に体系的に整備したフィラデルフィア市の地域事例を示す。

同市は1980年代までに地域精神保健センターの整備やその他の地域精神保健プログラムの実施，ケアマネジメントの導入を積極的に行った。そして1980年代後半に，州立病院の閉鎖を契機に，ACTを含む「直接対人ケアサービスを伴うケアマネジメント」を中心とした体系的な地域精神保健福祉システムを構築した（大島ら，2003）。

フィラデルフィア州立精神病院（PSH）は，1948年のピーク時には6100床を擁した巨大精神病院だった。しかし全米的な脱施設化の動きの中で，85年には病床数が約500までに減少した。入院患者の大半は長期療養患者が占めるようになった。それに対して州政府は1987年にこの病院を1990年までに段階的に閉鎖することを決定した。その病院閉鎖は州立病院の統廃合で別の州立病院に入院患者を移し替えるものではなかった。すべての入院患者を地域に退院させ，新規入院を地域ベースのサービスに迂回させることにより病院閉鎖をめざしたのである。

この目的のためにCTT（Community Treatment Teams）というACTをモデルにしたプログラムを市中心部に1992年に設立した。その結果PSHを退院した516人のうち426人がこのプログラムを利用することになった。他の州立病院に転院したのはわずか15人であった。CTTのスタッフは，PSHスタッフのうち希望者を再教育して充て，年間5000万ドルの州立病院予算をCTTなどの地域プログラム開設のために割り当てた（Hadleyら，1997；Rothbardら，1997）。

人口155万人のフィラデルフィア市には，現在，州立精神病院はない。精神科医療は，市内20施設（1施設20〜30床）の急性期入院ユニット（Acute Inpatient Unit）が30日以内の入院で急性期治療を行い，さらに30日間の精神

科入院治療を提供する拡大急性期ケア入院（Extended Acute Care Inpatient）2施設を設置して行っている。精神科救急については，48時間未満の入院と5時間以内の評価と紹介を行う危機対応センター（CRC: Crisis Response Center）が市内に5施設，設置されている（大島ら，2002；大島編，2004）。

フィラデルフィア市の集中型・包括型のケアマネジメントは，標的ケアマネジメント（TCM: Targeted Case Management）と呼ばれるペンシルバニア州の制度で運営される，直接対人ケアサービスを伴う集中型ケアマネジメントである。このプログラムは，主に市内12カ所ある地域精神保健センターが，サービス圏域居住者を対象に提供している。ACTと同等のサービスを提供するCTTはフィラデルフィア市が100%出資するフィラデルフィア市精神保健ケア公社（PMHCC）が運営している。利用定員はTCM全体で5509人，CTTは495人であった（2000年4月）（大島ら，2002；大島編，2004）。

TCMは費用のかかる集中的プログラムであるためにゲートキーピング機能（門番機能）が重要である。公的法人であるPMHCCのTCMユニットが，フィラデルフィア市からの委託契約によってこの業務を行っている。TCMの利用条件（eligibility criteria）は「重い精神障害者」であり，厳格な操作的定義がされている。

TCMの実施内容や実施機関について，不満があればPMHCCや精神障害者本人や家族が運営する消費者満足度チーム（CST: Consumer Satisfaction Team）に申し立てができるモニタリング機能も整備されている。

4.5 アメリカの脱施設化の歴史からの教訓・示唆

以上を踏まえてアメリカの経験から日本が学ぶべきことをまとめておく。

まず脱施設化と，集中型・包括型ケアマネジメントシステムの発展との関係が，アメリカではたいへん密接であることである。**脱施設化の最終段階である第3プロセスの成否の鍵を握る中核的プログラムが集中型・包括型ケアマネジメントであること**は，アメリカの脱施設化の歴史が明確に教えている。確かにアメリカでは脱施設化の第1プロセスを進める最初の段階で，集中型・包括型ケアマネジメントが直ちには導入されていない。しかし，日本で脱施設化を効果的に進めるためには，集中型・包括型ケアマネジメントの導入を同時並行的に進める必要があろう。このような取組みが，アメリカでは1990年代以降の州立精神病院閉鎖の過程で行われて，有効性を明らかにしつつある。

脱施設化に関連した地域ケアシステムの構築については，他に精神病院のスタッフや財政資金の地域移行が注目される。フィラデルフィア市の病院閉鎖に伴うケアマネジメントシステム構築のプロセスでこの移行が行われており，日本でも参考になろう。

　しかし脱施設化に関連して集中型・包括型ケアマネジメントを発展，定着させるのは必ずしも容易ではない。集中型・包括型ケアマネジメントシステムの構築には，地域精神保健が進んだアメリカでも 20〜30 年の実践の蓄積が必要だった。忍耐強い取組みが必要となろう。

　集中型・包括型ケアマネジメントの援助技術的側面については，アメリカで定式化されている方法を可能な限り取り入れる必要がある。その際，日米の文化的な差異や精神保健福祉システム上の違いに配慮する必要がある。アメリカでは，効果的な援助要素に関する実証研究が進められている（McGrew ら，1994）。その知見を参考にして，日本における効果的なプログラムの援助要素を明らかにする必要がある。また，アメリカの EBP ツールキット全国プロジェクト（第 13 章 277 頁）と連携しながら日本のシステム整備を進めると，より効果的なプログラム導入が可能になろう（アメリカ連邦政府保健省薬物依存精神保健サービス部〔SAMHSA〕編，2009）。

　EBP プログラムの体系的な普及と実施の取組みはアメリカでも比較的近年に始まったばかりである。日本での経験もフィードバックしながら，集中型・包括型ケアマネジメントを普及・定着する方法を探ることが，精神保健サービス研究の発展のために必要であろう。

5　日本に集中型・包括型ケアマネジメントを導入するための方策——ソーシャルワーカーに求められる支援環境開発アプローチ

5.1　脱施設化に向けた本格的な取組みを行う姿勢

　まず，脱施設化と地域生活移行・定着を支援ゴールとして，何らかの改善をめざした本格的な取組みを行う姿勢と，ソーシャルワークの十分な価値観をもつことができるかどうかが問われている。精神科病院への長期入院は著しい人権侵害である。その姿勢が明確であれば，ソーシャルワーカーは日常実践においても多くのことに取り組めるであろう。何より精神保健福祉士という国家資

格が，社会福祉士資格に加えて領域固有の専門職として認められたのは，この取組みの主たる担い手として期待されたからである。

5.2 脱施設化先行事例の取組み・歴史に学ぶ

脱施設化を進めるうえで重要な効果モデルとして集中型・包括型ケアマネジメントの必要性と関連する経験は，世界の脱施設化の歴史が明確に教えている。諸外国には，学ぶべき多くの教訓・教材がある。**脱施設化に関わる支援環境開発アプローチでは，まず脱施設化先行事例の取組みに謙虚に学ぶ姿勢が必要で**あろう。同時に，「直接対人ケアサービスを伴うケアマネジメント」，とくに集中型・包括型ケアマネジメントが効果モデルとして存在することを前提にして，それを日本の保健医療，福祉のシステムに適合する形態で導入することが求められる。

5.3 効果的プログラムモデルを日本のシステムにあつらえ，より効果的に

本章で示したように，**集中型・包括型ケアマネジメントは，脱施設化の第2・第3プロセスを適切に進めるための方法論として確立**した。脱施設化の第1プロセスに課題をもつ日本の保健医療，福祉のシステムに対しては，その課題解決の目標をも加えたモデルを構築することが求められている。**効果モデルの技術移転のあつらえの課題**である。

第8章で取り上げる退院促進・地域定着支援プログラムがその期待を担っている。このプログラムには，効果的な集中型・包括型ケアマネジメントに加えて，脱施設化第1プロセスの課題を解決できる機能をもたせて，効果モデルをあつらえ，開発・導入する必要がある。

5.4 直接対人ケアサービスを伴うケアマネジメントを実施する仕組み作り

日本で脱施設化を進めるうえで，有効な支援環境の「要素」として「住まい」と「身近な個別対人ケアサービス」が重要であることを示した。「身近な個別対人ケアサービス」については，本書で示したように，多くの取組みがある。世界の脱施設化先行事例の歴史や理論から学び，効果的プログラムモデルを取り入れるならば，集中型・包括型ケアマネジメントを導入することが不可欠である。

障害者ケアマネジメントは，市町村の責任で行われるようになった。一方，

実施機関として「身近な個別対人ケアサービス」として集中型・包括型ケアマネジメントを導入できる組織は，医療機関や訪問看護ステーション，力量のある地域事業所に限定される。ソーシャルワーカーは，これらの組織や市町村と連携して，日本における脱施設化と集中型・包括型ケアマネジメントの導入を進める必要がある。

　ACT など具体的な集中型・包括型ケアマネジメントの導入，そして「住まい」と融合した「身近な個別対人ケアサービス」の効果的プログラムモデルの構築は，日本においては，脱施設化第 1 プロセスの方法をも取り入れながら有効に進める必要がある。そのためのアプローチについては，第 6 章から 8 章にかけて検討する。

第**6**章

包括型ケアマネジメント ACT の実施・普及
脱施設化を進める EBP モデルを日本にどう技術移転するか

▷本章の概要

1 はじめに

2 当事者ニーズに根ざした支援課題，支援ゴールの設定

3 ゴール達成に有効な支援プログラム── ACT の特徴

4 日本における ACT の可能性，有用性

5 日本における ACT の実施・普及

6 ソーシャルワーカーに求められる支援環境開発アプローチ

▷本章（第 6 章）の「プログラム開発と評価」の課題

「効果モデル」の評価課題	「効果モデル」のエビデンスレベル	技術移転のあつらえ	他モデル開発の必要性
☐ 開発評価	☑ EBP プログラム		
☐ 継続的改善・形成評価	☐ ベストプラクティスプログラム	◎	
☑ 実施・普及評価	☐ エキスパートコンセンサス PG		
	☐ 実践の中で有効性の裏付け		

＊プログラムの略称として，PG を使用。　　＊＊本書 18 頁，表 1-3 参照。

▷ *Keywords*

<u>プログラム開発と評価</u>：EBP プログラムの技術移転・導入のあつらえ，効果的援助要素，
　フィデリティ尺度

<u>課題，取組みなど</u>：脱施設化，回転ドア現象，ホームレス化，刑事司法施設への再施設化，
　集中型・包括型ケアマネジメント，多職種によるチームアプローチ，当事者主体のサービス
　提供

包括型ケアマネジメント ACT（Assertive Community Treatment）は，欧米の脱施設化を推進する中で生み出された，もっとも効果的と考えられる「直接対人ケアサービスを伴うケアマネジメント」であり，代表的な EBP プログラムである。

　本章では，まず代表的な EBP プログラムである ACT の概要と機能を理解する。そのうえで，日本の脱施設化を推進するために，ACT をどのように日本に技術移転して全国に実施・普及すれば有効であるのか，また ACT が当事者主体のサービス提供の観点から，適切なプログラムになりうるのか，ソーシャルワークの視点から検討する。

1 はじめに

　本章では，前章で取り上げた「直接対人ケアサービスを伴うケアマネジメント」のうち，代表的なプログラムである包括型ケアマネジメント ACT（Assertive Community Treatment）について検討する。包括型ケアマネジメント ACT（以下 ACT）は，エビデンスに基づく代表的な効果的プログラムである（Kreyenbuhl ら，2010；Mueser ら，1998；Marshall ら，2004）。同時に脱施設化を進める世界的に代表的なプログラムとして知られている。日本の精神保健福祉の最大課題である脱施設化，地域移行・地域定着，地域継続支援を実現するためには，まず優先的に考慮しなければならない実践プログラムといえるだろう。

　以下では，まず代表的な EBP プログラムである ACT の概要と機能を提示する。そのうえで，**EBP プログラムの技術移転の可能性**として，ACT が日本の精神保健福祉領域で最大の課題になっている脱施設化や，重い精神障害のある人たちのニーズに対応し，地域生活を維持するとともに当事者にとって満足できる質の高い生活を支えるサービスとして，日本でも有用性をもつかどうかを検討する。同時に ACT が当事者主体のサービス提供の観点からも，十分なものと評価されるかどうかについても検討する。

　これらの検討を踏まえたうえで，日本の脱施設化を推進するために，**ACT を全国でどのように実施・普及すればよいのか**，ソーシャルワークの視点から

考察する。

2 当事者ニーズに根ざした支援課題，支援ゴールの設定

　ACT の解決すべき課題と支援ゴールは，もっとも重い精神障害のある人たちの脱施設化であり，地域移行・地域定着とともに，当事者にとって満足できる質の高い生活の維持である。

　ACT が日本においても，この支援ゴールを達成できることを確認する必要がある。その際，前章で述べたように，欧米では ACT を含む集中型・包括型ケアマネジメントは，脱施設化の第 2 プロセス（地域定着と回転ドア現象の回避），第 3 プロセス（質の高い地域生活の維持）における課題へ対応するために導入された点に留意が必要である（大島編，2004）。第 1 プロセスの「地域移行」に対しても有効性をもちうるかどうかについて，「地域移行」が課題になっている日本では，とくに検証が必要である。

　「当事者ニーズに根ざした支援課題」という観点では，前節で述べたように，ACT が当事者主体のサービス提供の観点から適切なものであるのか，また当事者のリカバリーやエンパワメントを増進し，サービス満足度も十分なものであるのかについても検討が必要である。

　最後に，日本の精神保健福祉領域の最大課題である精神科病院の長期入院解消という課題に対して，ACT が社会的インパクトを発揮するためには，その実施・普及を本格的に進めていくことが求められる。ACT という効果モデルの実施・普及も，日本社会にとっては，重要な支援ゴールとなるであろう。

3 ゴール達成に有効な支援プログラム——ACT の特徴

　ACT のプログラム内容を紹介・解説する文献は多く出版されている（伊藤ら監修，2013；西尾，2004；大島編，2004）。これらを踏まえて，以下に概要を整理する。

3.1 ACT の定義

ACT は Assertive Community Treatment の略称であり，「積極的な地域支援」という意味をもつ。アウトリーチにより積極的に地域に出て，「ひきこもり」がちの人と関係を作る努力をし，ホームレス状態にあり自分の生活を守っている人たちのモチベーションに働きかける，など積極的なアプローチをする活動を代表的に示す名称である。日本語訳としては，包括型地域生活支援プログラム，包括型ケアマネジメントなどがある。本書では包括型ケアマネジメント ACT を主に用いる。

その定義は以下のとおりである。すなわち，

重い精神障害のある人たちを対象にしたケアマネジメントの一類型であり，保健・医療・福祉にわたる包括的なケアを，多職種の援助チームが，主に訪問・アウトリーチによって，集中的・継続的に直接的な生活援助サービスをも含めて提供する方法，となる。

従来の訪問サービスに比較して，重い障害のある人たちに対する身近な個別対人ケアサービスを，多職種チームが，より頻繁で高密度，日常的，身近に関わりながら，アウトリーチで提供する特徴がある（Allness ら，1998；Stein ら，1998；大島編，2004；大島，2005）。

世界各国で無作為化比較試験（RCT）による評価研究が行われ，すぐれた成績をおさめている（Marshall ら，2004；Mueser ら，1998）。このため，とくに重症の精神障害者を対象とした「エビデンスに基づく実践（EBP）」の代表的なプログラムの１つとして，実施体制の整備が世界各国で進められている（大島編，2004）。

3.2 対 象 者

なぜ ACT が必要なのかを理解するうえで重要な視点となる。ACT の対象者は，重い精神障害を長期間にわたって継続的にもっている人たちである。重い精神障害があるために，同時に保健・医療・福祉などの多面的な援助ニーズをもつ人たちでもある。さらにそのようなニーズをもつために，地域で適切な支援が提供されなければ，回転ドア現象と呼ばれる入退院の繰り返しを起こしたり，社会的なトラブルを起こしてしまう恐れがある（大島編，2004：100）。このような人たちの存在があるからこそ ACT が必要になる。これは実践的な取

組みの中での1つの帰結といえよう。

　ACTのサービスはスタッフ1人当たり10人の利用者という地域サービスの中では，ケア密度の高いものである。必要経費は必然的に高い。そのため障害が重く，援助ニーズがもっとも高い対象者に優先的にACTを提供する「加入基準（eligibility criteria）」を明確に定めることが求められる。また加入の可否を決める「ゲートキーピング機能」（gate keeping functions）を用意することも必要になる（大島編，2004：100）。

3.3　ACTの特徴

　ACTの特徴として代表的なものは，以下のとおりである（大島編，2004：102-104）。
- ・いろいろな職種のスタッフによるチームアプローチ
- ・ケアマネジャー1人当たり10人程度の利用者
- ・1人の担当者ではなく，複数の担当者が対応する。チーム全体でケースに関わる
- ・地域の中で，訪問によるサービス提供
- ・個別化された柔軟性のあるサービスの提供
- ・期限を設けないサービス提供。1カ月だけの地域移行の支援ということは行わない。
- ・24時間，週7日の援助が可能
- ・地域の諸サービス提供に関して責任窓口になる

　ACTをケアマネジメントの一類型としたが，他のケアマネジメントとの対比を示したのが表6-1である。

　前章で述べたように，ケアマネジメントには次の基本機能がある。すなわち，①ニーズのアセスメント，②包括的なサービス計画の作成，③提供されるサービスの手配（リンケージ，ケアコーディネーション），④提供されたサービスのモニタリング，⑤結果の評価とフォローアップである。

　標準モデル・仲介モデルは，この基本機能のみを備えるもので，日本の介護保険のケアマネジメントはこのモデルに依拠している。表中，臨床型モデル以降，ICMモデルまでは，ケアマネジャー対利用者比（ケースロード）が30以下であり，「付加的機能」としてケアマネジャーが直接的な対人ケアサービスを提供する。ケースロードが低くなるほど，「付加的機能」が多く実施される。

表6-1　ケアマネジメントモデルの特徴

	仲介型モデル	臨床型モデル （CCM）	集中型モデル （ICM）	包括型モデル （ACT）
スタッフ：利用者比	1：50＋	1：20-30 程度	1：10-15	1：10
利用者との接触頻度	±	＋	＋＋	＋＋
直接サービスの提供	±	＋	＋＋	＋＋
アウトリーチ（訪問）	±	±	＋＋	＋＋
24 時間/365 日対応サービス	なし	なし	原則あり	原則あり
ケアマネジャーの担当制	担当制	担当制	担当制	チームで関わる
治療の統合	±	＋	＋＋？	＋＋

（出所）　Muesser ら（1998）より一部改変。± 低，＋ 中程度，＋＋ 高。

ACT プログラムは，ケースロードが 1：10 であり，多職種のチームが多様な直接的対人ケアサービスを提供する。

3.4　チームアプローチ

多職種によるチームアプローチは ACT の心臓部といわれる（Stein ら，1998）。ソーシャルワーカーと看護師が 2 大職種である。このほか，精神科医師，職業リハビリテーション専門家，物質依存専門家，そして当事者スタッフなどが関わる。

ACT ではさまざまな職種の人たちが関わるために，多職種の協働チームとして機能することが求められる。まずチームリーダーが必要となる。チームリーダーはスーパーバイザーでもある。重い障害のある人たちにどのように関わっていくかに精通している人が，実際に支援に関わりながらスーパービジョンをも提供する。チームリーダーが多職種チームの支援活動と運営管理の両方の責任者になる構造をもっている。

チームミーティングは毎日必ず行われる。約 100 人の利用者がいるので各利用者の状況を毎日確認する。1 例ずつ記録をめくりながら，その日の状況を確認し，チームでもっている情報を共有する。毎週のプラン以外の訪問が必要になれば，その日のうちに対応する。

3.5　ACT の効果的援助要素，その評価尺度：フィデリティ尺度（fidelity scale）

以上に挙げた ACT の特徴を中心として，**ACT が効果的に機能するために**

表 6-2　ACT：フィデリティ評価項目（ACT の効果的な援助要素）

人的資源：構造と構成	
1. 少ないケースロード（少人数担当制） 2. チームアプローチ 3. プログラムミーティングの頻度 4. チームリーダーも実践を行う 5. スタッフの継続性 6. スタッフの欠員がないこと 7. 精神科医がスタッフにいること 8. 看護師がスタッフにいること 9. 薬物・アルコール依存専門家がスタッフにいること 10. 職業専門家がスタッフにいること 11. プログラムのサイズ（スタッフ数が十分に大きい）	3. 治療サービスに対する完全な責任 4. 救急サービスに対する責任 5. 入院に対する責任 6. 退院計画に対する責任 7. 無期限のサービス提供（終了率） **サービスの特徴** 1. 地域ベースのサービス 2. ドロップアウトを出さないポリシー 3. 積極的エンゲージメントの仕組み 4. サービスの密度（週当たりの対面時間が長い） 5. かかわりの頻度 6. 私的サポートシステムとともに関わる 7. 個別の物質乱用治療 8. 重複診断治療をグループで行う 9. 重複診断モデルの使用 10. 治療チームにおけるコンシューマーの役割
組織の枠組み	
1. 明確な加入基準がある 2. 新規加入率が低く抑えられる	

（出所）　Teague ら（1995）；大島編（2004：104）。

有効な要素（効果的援助要素）があることが，研究の進展の中で整理されてきた。

　この効果的援助要素は，ACT という**効果モデルへの適合度尺度・フィデリ**
ティ尺度として実施状況が評価される（大島編，2004）。現在，表 6-2 に示すよ
うに 28 項目の効果的援助要素からなるフィデリティ尺度（DACTS：Dartmouth
Assertive Community Treatment Scale）が主に用いられている（Teague ら，1995；
大島編，2004）。

　効果的援助要素の抽出，そしてフィデリティ尺度の評価は，支援環境開発ア
プローチにとって重要な取組みである。ACT の発展は，支援環境開発アプロ
ーチの発展にも大きく貢献した。

3.6　ACT の効果

　表 6-3 は ACT および集中型ケアマネジメント（ICM：Intensive Case
management）に関するランダム化比較試験（RCT）25 研究について，Mueser
ら（1998）が文献レビューを行った結果をまとめたものである。表 6-3 では改
善を示した研究数を，該当アウトカム指標を取り上げた研究件数で割り改善率
とした。ACT を含むケアマネジメントの研究では，入院期間や精神症状，社
会適応，QOL（Quality of Life），住居定着期間など多様な効果指標が用いられ

第 6 章　包括型ケアマネジメント ACT の実施・普及　　**111**

表6-3 取り上げるプログラムのエビデンス：ケースマネジメント（ACT，ICM）の
RCT 研究（n=25）

| | 研究数①（件） | 結果（研究数） | | | 改善率（%）（②／①） |
		改善②（件）	不変（件）	悪化（件）	
入院期間	23	14	8	1	60.9
住居定着期間	12	9	2	1	75.0
刑務所／留置所	10	2	7	1	20.0
コンプライアンス	4	2	2	0	50.0
精神症状	16	8	8	0	50.0
薬物乱用	6	1	5	0	16.7
社会適応度	14	3	11	0	21.4
職業機能	8	3	5	0	37.5
QOL	13	7	6	0	53.8
患者満足度	7	6	1	0	85.7
家族満足度	4	2	2	0	50.0

（出所） Mueser ら（1998）。

る場合が多い。表6-3のとおり，ACT/ICM で 50% 以上の改善を認めたのは，入院期間の減少，住居定着期間の延長，QOL の向上，利用者および家族のサービス満足度の向上，コンプライアンス，精神症状の改善であった。

4 日本における ACT の可能性，有用性

4.1 日本における可能性・有用性：日本での試行プロジェクト

ACT におけるサービスは，当事者のニーズに応じて，多面的なものが提供される。健康管理的なもの，生活支援に関わるもの，リハビリテーションに関わるもの，家族支援，住居支援などである。

図6-1は日本で最初に行われた ACT 試行プロジェクト（ACT-J プロジェクト）のサービス提供結果である（大島ら，2005a）。サービスの中心にあるのは，①健康管理に関する支援と②生活支援に関するものであった。まず，①健康管理に関する「精神症状・服薬管理」「危機介入」「身体健康管理」については，2004 年度の試行で 5069 件あるコンタクト総数の 6 割近い 2986 件（58.9%）に及ぶ（1 コンタクトで複数項目の支援サービスあり）。日本における ACT は，それまで入院していた人たちに対して支援を開始することが多く想定される。入院

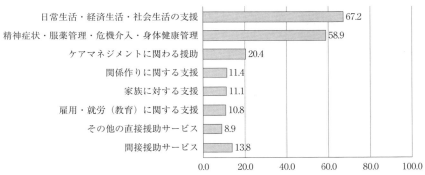

(注) コンタクト割合。電話を除く5069コンタクトに対して。
(出所) 大島ら(2005a)。

図6-1 ACT-J援助サービスの内容(2004年度)

中の病状が不安定なところから関わっていくため，このような結果になったと考えられる。

　一方で，生活支援に関する「日常生活」「経済生活」「社会生活」の支援は，保健医療的な関わりよりも多かった。5069件のうち3408件(67.2%)がこれに当たる(同上)。

　他の支援で注目すべきは，ACT導入部分に当たる「関係作り」に関する支援である(580件，11.4%)。この支援は基本的に入院中から病棟で関係作りを行う。ACTのケアマネジャーは，病棟に頻繁に訪問して，ACTへの参加を対象者に促す。「関係作り」の支援の後には，「ケアアセスメント」および「ケアプランの立案」を含む「ケアマネジメントに関わる援助」が1032件(20.4%)ある。また「雇用・就労(教育)に関する支援」(547件，10.8%)や，日本的な特徴として「家族に対する支援」(564件，11.1%)もそれぞれ1割ほどを占めている。

　図6-2のとおり，ACTのサービス提供場所は「本人宅」が原則である(34.0%)。しかし入院中から関わる場合が多いので，「病院」でのコンタクトも多い(33.3%)。「地域」で支援を提供することもある(9.6%)。「地域」では，ファミリーレストランといった飲食店で利用者に会ったり，一緒に娯楽施設で活動したりする。

　以上のことから特徴的な活動として，加入基準を満たした対象者に，入院中から積極的な関係作り支援を行い，ACTへの参加を促す活動が多いことが挙

第6章　包括型ケアマネジメントACTの実施・普及　113

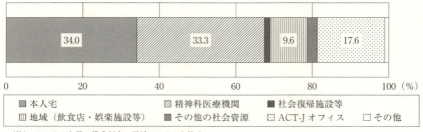

(注) コンタクト数の構成割合。電話コンタクト除く。
(出所) 大島ら (2005a)。

図 6-2　ACT-J 援助サービスの提供場所（2004 年度）

げられよう。ACT を日本の脱施設化に適用する際には，入院中から関わり地域移行をいざなう第 1 プロセスが重要になることは，本章の冒頭で触れた。ACT チームが医療機関の中に入り，加入基準を満たす対象者と自由にコンタクトがもてる関係性を確保することが重要である。

なお ACT-J プロジェクトにおけるランダム化比較試験（RCT）による効果評価の結果については（ACT 群 59 人，対照群 59 人），支援開始後 1 年間の入院日数の減少，1 年後抑うつ症状の減少，サービス満足度向上が明らかにされている (Ito ら，2011)。

4.2　当事者主体のサービス提供，当事者ニーズの観点からの検討

ACT プログラムが，利用者や家族にとってどのような支援であると認識されているのか，それは必要なサービスであり，当事者主体のものになっているのか，サービス満足度はどうか，等について，調査結果に基づいて検討する。

(1)　利用者にとっての ACT プログラム

ACT では，生活全般にわたる支援を提供する。さまざまな職種のスタッフが，週 4 日以上を標準にして訪問するが，それを利用者はどう感じているだろうか。地域生活の中では少し窮屈に感じたり，管理されていると感じるかもしれない。ACT で提供される「効果的援助要素」に対応させた項目について，ACT 利用者がどのように認知しているのかを調査した結果を示す（贄川ら，2011）。

調査の方法は，ACT 利用者 59 人のうち 1 年後の自記式調査に協力が得られた 40 人である（表 6-4）。最近 1 カ月の間に受けたサービスはどのようなもの

表6-4 利用者が認識するACTプログラムの要素

評価方法：
- 認知度：利用者が自記式で最近1カ月の援助サービス実施状況を，どの程度受けていると思うのか
- 必要度：各項目をどの程度，必要と思うか
- 3領域，25項目，4件法尺度（「受けている」「少し受けている」「あまり受けていない」「受けていない」／または「そう思う」「少しそう思う」「あまりそう思わない」「そう思わない」）。

評価時期：
ACTサービスを受けてから12カ月後

（出所） 贄川ら（2011）；大島ら（2005a）。

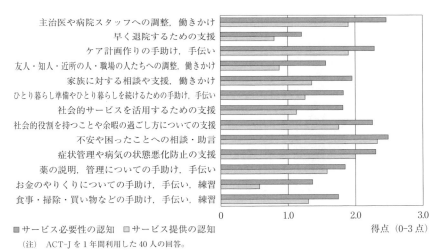

（注） ACT-Jを1年間利用した40人の回答。
（出所） 贄川ら（2011）；大島ら（2005a）。

図6-3 利用者認知フィデリティ尺度の分布（個別サービス）

だったのかを，4段階（①受けている〔＝3点〕，②少し受けている〔＝2点〕，③あまり受けていない〔＝1点〕，④受けていない〔＝0点〕）で回答を得た。さらに受けたサービスの必要度について4段階（①必要である〔＝3点〕，②少し必要である〔＝2点〕，③あまり必要ではない〔＝1点〕，④必要ではない〔＝0点〕）で評価を依頼した。

まず個別のサービス内容については図6-3にまとめた。個別サービス提供の認知については，各項目ごとのバラツキがあり，0.5点〜2点と広がりがある。一方で，同じサービス項目で「サービス必要性の認知」も尋ねた。すると注目すべきことは，各項目とも「サービス必要性」を感じている人が「サービス提供認知」よりも多い点である。つまり利用者がサービスを必要と感じていても，

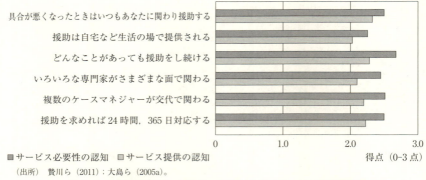

（出所）贄川ら（2011）；大島ら（2005a）。
図6-4　利用者認知フィデリティ尺度の分布（サービス提供体制）

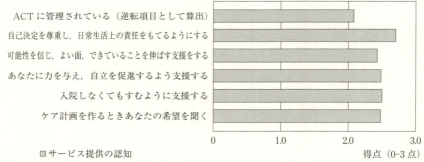

（注）ACT-Jを1年間利用した40人の回答。
（出所）贄川ら（2011）；大島ら（2005a）。
図6-5　利用者認知フィデリティ尺度の分布（サービスの姿勢）

実際にサービスを受けている人が少ないという結果が示されている。利用者は個々のサービスをもっと提供してほしいと考えている実態が明らかになったと考える。

次に，サービス提供体制について（図6-4），関連する各項目において，「サービス提供の認知」と「サービス必要性」の間に差はほとんどない。ACTがめざしているものに対して，ACTチームはそれなりに適切なサービスの提供をしていると考える。

最後に，図6-5はACTサービスの理念に関わることである。ACTがめざしている理念がどの程度，各利用者に受け止められているのかを調査した。3点満点ですべての項目が2点以上になっていた。ACTがめざしていることが

表 6-5　家族から見た ACT の必要性とその意識に関する研究

対　象：ACT-J の対象地域（市川市と松戸市）に組織された精神障害者家族会会員 224 人。
　　　　回答が得られたのは 152 人（回収率 68%）。
　　　　・続柄：母 74%，父 18%。・平均年齢：家族 64 歳，本人 37 歳。
方　法：自記式質問紙調査。集合法と郵送法を併用。調査期間は，2003 年 9 月 12 日〜12 月 3 日。

（出所）　園ら（2007）。

利用者にもそれなりに伝わっていることが示唆された。ただし「管理されてい
る」（逆転項目に設定した「管理されていない」）という項目については，項目中で
もっとも低い数値だった。頻繁に訪問があり，多職種の人たちが入れ代わり立
ち代わり来ることは，サービスを受けるうえでは必要であっても，管理されて
いると感じる人が一部出てくるようである。

　ACT-J チームでは，ケアプランを作成するときに「私のリカバリープラン」
という本人の希望と長所を重視するというストレングスモデルのケアマネジメ
ントの方式を取り入れている。ACT では一般的にアセスメントからケアプラ
ンの作成までに通常，1 カ月以上の時間をかける（Allness ら，1998）。それは本
人の希望を十分に引き出すことが支援プロセスとして丁寧になされるからであ
る。これを十分に丁寧に行うことが ACT のめざす理念の実現につながってい
くものと考えられる。

　（2）　家族にとっての ACT プログラム

　次に家族にとっての ACT はどのような存在であるのか，家族に ACT の必
要性と意識に関する調査を実施した（園ら，2007）。対象は，ACT-J プロジェ
クトが行われている対象地域（市川市と松戸市）に組織された精神障害者家族会
会員 224 人のうち回答が得られた 152 人（回収率 68%）である。続柄は母 74%，
父 18%，平均年齢は家族 64 歳，本人 37 歳であった。自記式質問紙を用いた
調査で集合法と郵送法を併用した。調査期間は 2003 年 9〜12 月であった（表
6-5）。

　図 6-6 には ACT に対する全般的な期待・必要性を尋ねた結果を示した。
「現在 ACT は本人に役立つか」という質問には，「大いにそう思う」「そう思
う」を合わせた「役立つ」が 6 割を超えた。現在 ACT は家族に役立つかとい
う質問には「役立つ」の合計が 75% 程度あり，本人よりも家族に役立ってい
ると感じる人が多い。将来 ACT は本人に役立つかという質問には，「役立つ」
が 85% 程度を占めている。また，「ACT を利用してほしい」と考えている人

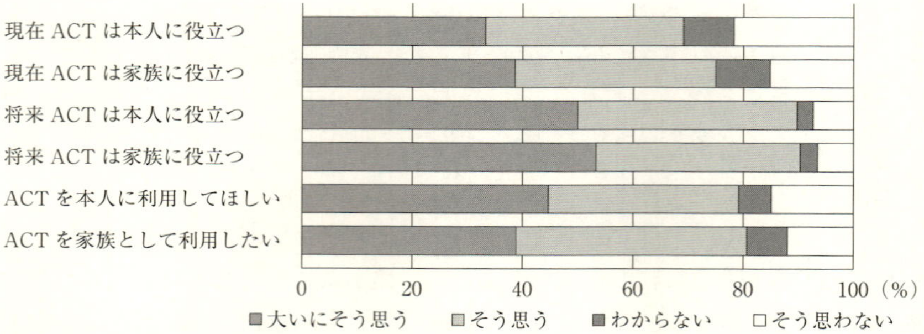

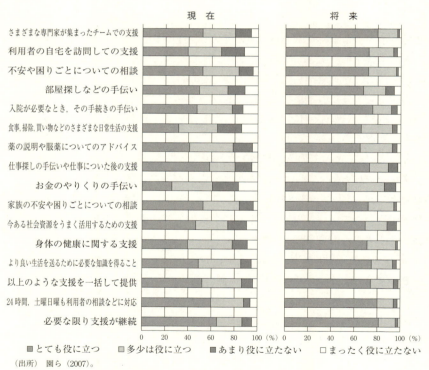

(出所) 園ら (2007)。

図6-6 ACTに対する全般的な期待・ニーズ

図6-7 ACTの援助要素は，現在，そして将来 (10年後) に役立つか？

の割合は約8割である。

　図6-7には，ACTの中で提供される「効果的援助要素」に関連するサービスについて，「要素」をリストアップし，それぞれ現在役立っているか，10年後の将来役立っているかを尋ねた結果を示す。

　現在ACTの「要素」が役に立つかについては，回答のバラツキが大きい。「24時間相談に応じてくれる」「必要な限り支援をする」「家族の不安や困りごとに応じる」「仕事についての支援」「さまざまな専門家が集まり支援」は比較的高い割合（80%前後）で「多少」を含めて「役に立つ」と回答されていた。一方で，「お金のやりくり」「食事，掃除，買い物などの様々な日常生活の支援」などは，現在は家族ができているからなのか，「多少」を含む「役に立つ」との回答率は60%前後になる。

　しかし10年後の将来の「役に立つ」の割合を見ると，ほぼすべての項目が90%程度が「役に立つ」（「多少」を含む）と回答している。

　障害のある人を支援する家族が共通して抱える最大の問題は「親亡き後をどうするのか」であることはよく知られている（大島，1989）。ACTは家族のこの不安に応えるものを提供しているからであろう。

　精神障害のある人の家族はACTプログラムに大きな期待をもっている。これは日本でもアメリカでも同様である。**アメリカの家族会，アメリカ精神障害者家族会連合会NAMIはACTの実施・普及を支援する技術支援センター（TAC）をもち，ACTの実施・普及に力を入れている。**

　アメリカにおいてもACTは重装備なプログラムであり，従来にないプログラムであるため全国に普及するうえでさまざまな困難があった。しかしNAMIがACTの実施・普及に大きな役割を果たした。全国で研修会を開いたり，ACTの実施のためのマニュアルを発行したり，行政に働きかけるなどの運動をしてきた。

　ACTプログラムは，親亡き後だけでなく，親がいるうちから家族に代わって重い障害のある人たちに支援を提供する。ある面では，家族会や親の代わりのサービスを提供するものと捉えられているようである。ACTの実施・普及を考慮するときには，日本でも，あるいは**日本だからこそ，家族・家族会との連携は重要**になるであろう。

第6章　包括型ケアマネジメントACTの実施・普及　　119

（出所）ACT 全国ネットワーク監修（2014）。

図6-8　日本の ACT の広がり

4.3　日本における ACT の実施・普及の状況

　現在，16団体のチームが ACT ネットワークの正会員として活動している（ACT 全国ネットワーク監修〔2014〕）。これらのチームは，フィデリティ評価を相互訪問してチェックして，その結果をホームページで全国に公開している。一定のサービスの質基準を満たした団体である（図6-8）。

　どのような組織が ACT を行っているかについては，医療サイドからの取組みとして，診療報酬を受けて運営する ACT チームが多い。訪問看護ステーション，診療所・精神科病院において，訪問看護や往診などを利用する。市町村から委託相談支援事業を受けて訪問型生活訓練も取り入れて取り組む事業所もある。また行政の責任で精神保健医療センターが行っているチームもある。

NPO法人地域精神保健福祉機構・コンボは，ACI-IPSセンターという
ACTとIPS援助付き雇用に関する技術支援センター（TAC）を設置している。
このセンターでは，全国各地でACTの立ち上げ支援の活動や研修会を行って
いる。

5 日本におけるACTの実施・普及

5.1 なぜ，いま日本でACTなのか

なぜいま日本において，アメリカで誕生し発展したACTなど集中型・包括
型ケアマネジメントを導入すべきなのか，その理由をまとめておきたい。

まず第1に，何よりもACTが世界各国で有効性が明らかにされているEBP
プログラムであるということが挙げられる。日本で最初に行われたACT-J試
行プロジェクトでは，日本においてもACTは退院後の入院日数を減らし，回
転ドア現象を回避できること，うつ症状を緩和し，サービス満足度を向上させ
る効果があることがランダム化比較試験（RCT）の結果，明らかにされた（Ito
ら，2011）。また，家族の期待も大きく，利用者本人の評価も良好であった（大
島ら，2005a；園ら，2007）。

第2に，ACTは脱施設化と地域ケアを進めていくための中心的なプログラ
ムと世界的に認識された効果的プログラムだからである。現在日本の精神保健
福祉領域では，精神科病院の脱施設化が最大の課題の1つである。障害者プラ
ン（2002）や精神保健医療福祉の改革ビジョン（厚生労働省精神保健福祉対策本部，
2004）でも脱施設化の方向性が打ち出された。この問題解決のために，ACT
が重要な役割を果たすことが期待されている。その際，日本におけるACTは
「地域移行」をめざした脱施設化の第1プロセスに対する役割を明確にするこ
とによって，有効な取組みを行うことが可能になるであろう。

第3に，ACTはケアマネジメントの一類型である。日本では介護保険実施
に伴いケアマネジメントが日本に導入され，ケアマネジメントに基づくケアシ
ステムが構築されており，同様の手法でのシステム構築が考慮される。

第4に，以上のとおり，ACTは標準的なモデルが確立し，実施・普及の方
法が明らかになりつつあるため，システムの導入が比較的容易である。もちろ

ん日本的な修正は必要かもしれない。たとえば家族支援を同時に位置づけることが，家族機能を重視する東アジア特有の支援として必要になるかもしれない。しかし，世界的な標準モデルがあることは大きな強みである。

　第5に，地域精神保健福祉サービスの全般を，幅広く普及・発展させるための模範的なモデルとして期待される。ACTの多職種アプローチ，当事者視点に立ったアプローチ，当事者を中に加えて支援を提供するといったアプローチは，地域ベースで行う他の支援のモデルになる。ACTの導入により他の効果モデルの取組みをも広げていく可能性が出てくるであろう。地域精神保健福祉が遅れている日本の場合は，標準モデルを取り入れていくことは重要である。

5.2　日本にACTを導入するための検討課題

　EBPプログラムであるACTを日本の保健・医療・福祉のシステムに取り入れて，実施・普及していくためには乗り越えなければならない壁が少なからずある。それは，何より実施体制と実施財源に関わる課題である。

- ・ACTはケアマネジメントの一類型であるが，介護保険のモデルは仲介型ケアマネジメントである。直接的な対人ケアサービスが伴う集中型・包括型ケアマネジメントの実施が制度的に位置づけられるかどうか，十分な理解を得る必要がある。
- ・実施体制についても，他の障害者や高齢者と同一でよいのか。直接的な対人ケアサービスを提供してきた医療機関における実施をどのように位置づけたらよいのか，検討が必要である。
- ・何より実施財源をどのように確保するのか。
　厚生労働省では，2011年度から2013年度まで試行事業として「アウトリーチ推進事業」を行った。その事業の後継は基本的には診療報酬で対応することになった。医療の枠組みで行う場合でも，ACTに特化した包括払いなどの仕組みを考慮する必要があるだろう。

　諸外国がそうであったように，脱施設化に伴い医療に用いていた費用をどのように地域ケアに移転していくかの，重要な検討課題になるだろう。

6 ソーシャルワーカーに求められる支援環境開発アプローチ

6.1 解決を求められる課題・ニーズに応えうる取組みの分析, 批判的検討

　本章では世界的な EBP である ACT プログラムの特徴と, **日本への技術移転,および実施・普及の可能性**を検討してきた。ACT は, 日本の精神保健福祉領域で最大の課題になっている脱施設化や, 重い精神障害のある人たちのニーズに対応し, 地域生活を維持するとともに利用者にとって満足できる質の高い生活を支えるサービスとして日本でも十分な有用性をもつことを確認した。

　ACT は元来, 脱施設化の第2・第3プロセスに有効なプログラムである。日本では, そもそも脱施設化の第1プロセス, すなわち退院促進, 地域移行の支援プロセスが機能していない根本的な課題がある。そのため, **ACT は退院促進・地域移行の支援プロセスと連動しながら進めることが求められる。**そうしなければ, ACT に本来期待されている機能を果たすことができないからである。そのためにも, ACT は退院促進・地域定着支援プログラムに積極的に取り組む事業所と連携して活動を進めることが求められる。そのほか, ACT に対するもっとも大きな, **潜在的なニーズをもつ人たち(長期入院者)を ACT に結びつける努力**が求められる。そこに果たすソーシャルワーカーの役割は大きい。

6.2 問題解決に有効な効果モデル形成への貢献

　効果モデルの構築について, EBP である ACT プログラムは, **世界的なEBP プログラム**であり, 効果モデルは確立している。また日本での追試研究もよい結果が得られている。日本への導入は地道に取り組まれており, 効果的なプログラムの実施・普及を進める全国組織(ACT ネットワーク)が 2010 年に設立された。

　日本への導入と適切な技術移転・導入のあつらえについては, ACT ネットワークが世界標準である **ACT の効果的援助要素に, 日本独自の課題である支援要素を加えてフィデリティ尺度を開発し, 日本における普及モデルを開発し**てきた(ACT 全国ネットワーク監修, 2014)。

　いま日本では, ACT の実施・普及が大きな課題になる。ACT の技術支援セ

第6章　包括型ケアマネジメントACTの実施・普及　**123**

ンター（TAC）である NPO 地域精神保健福祉機構 ACT-IPS センターでは，
ACT 立ち上げ支援マニュアルなども出版して立ち上げ支援の活動を行い，
ACT の実施・普及を進めている（ACT 全国ネットワーク監修，2014）。

　ACT の実施・普及の主体となるのは，現時点では精神科診療所などの医療
機関が中心である。一方熱心な家族会が中核的な役割を果たすこともある。
ACT に関心をもつ関係者が地域圏域で集まり，準備会を重ねて ACT の立ち
上げを行う地域もある。ACT の体系的な実施・普及が可能になるよう，実
施・普及のシステムを構築し，それを評価してよりよいシステムに改善・形成
する必要がある（ACT 全国ネットワーク監修，201）。

　ACT プログラムの立ち上げと実施・普及には，ソーシャルワーカーが大き
な役割を果たすことが期待される。自職場での取組みのみならず，全国および
地域圏域での動きを常に心にとどめておくことが望まれる。また「プログラム
開発と評価」の方法論により，実施・普及評価のアプローチ法を身につけ，
ACT プログラムの立ち上げ支援と実施・普及に関わることも可能である。

6.3　日常実践でできること，すべきこと

　医療機関には，ACT の潜在的なニーズをもつ長期入院者が多く在院してい
る。また通院部門には，かつて長期入院していた人たち，入退院を繰り返して
いる人たち，「ひきこもり」を続け家族が薬を取りに来る人たちが多く関係し
ている。また，地域事業所，行政機関でも，同様の経験をした人たちが通所し
たり，窓口を訪れたりする。これらの多くの人たちに対して，ACT は一定の
意義ある貢献をできる可能性がある。

　それぞれの職場において，ACT へのニーズをもつ人たちに出会った場合，
その人たちを支援する有効な支援環境開発アプローチの 1 つとして ACT の立
ち上げと，実施・普及に目を向け，何らかの関わりをすることを期待したい。

第7章

援助付き住居の効果モデル形成
「まずは住居をプログラム」からの示唆

▷本章の概要─────

1 はじめに

2 当事者ニーズに根ざした支援課題，支援ゴールの設定
　　──重い精神障害のある人たちに対する住居プログラムの位置

3 当事者ニーズに対応する支援の現状と課題

4 ゴール達成に有効な支援環境・支援プログラム
　　──新しい援助付き住居プログラム：「まずは住居をプログラム」の意義と
　　可能性

5 ソーシャルワーカーに求められる支援環境開発アプローチ

▷本章（第7章）の「プログラム開発と評価」の課題

「効果モデル」の 評価課題	「効果モデル」の エビデンスレベル	技術移転の あつらえ	他モデル開 発の必要性
☑ 開発評価	☐ EBP プログラム		
☑ 継続的改善・形成評価	☑ ベストプラクティスプログラム	○	◎
☐ 実施・普及評価	☑ エキスパートコンセンサス PG		
	☐ 実践の中で有効性の裏付け		

＊プログラムの略称として，PG を使用。　　＊＊本書 18 頁，表 1-3 参照。

▷*Keywords*

プログラム開発と評価：効果モデルの技術移転・導入のあつらえ，効果的援助要素の蓄積，プ
　ログラム原則の参照

課題，取組み，その他：「住まい」と「身近な個別対人ケアサービス」の組み合わせ，援助付
　き住居プログラム，ハーフウェイハウス（中間住居），住居施策と福祉的ケア施策の統合

本章では重い精神障害のある人たちに対する住居プログラムを取り上げる。「住まい」は，いうまでもなく重い精神障害のある人たちに限らず，すべての人たちの生活基盤の中核である。重い障害のある人たちは，これに加えて，前章までに述べたように地域生活を支える「身近な個別対人ケアサービス」をまず考慮しなければならない。

　一方，脱施設化を推進するために，有効な「住まい」と「身近な個別対人ケアサービス」の組み合わせのあり方は，世界的にもいまだ検討途上にある。

　この章では，改めて重い精神障害のある人たちに対する住居プログラムの支援ゴールを整理したうえで，支援ゴール達成に有効な「住まい」と「身近な個別対人ケアサービス」の組み合わせのあり方を，英米の歴史的経緯をも踏まえて整理する。そのうえで，重い障害のある人たちが生活基盤を再構築するうえで，有効な住居プログラムについて，「まずは住居をプログラム」を軸に検討し，効果的な個別援助付き住居モデルの開発と改善・形成，さらには日本への技術移転の可能性について考察する。

1　はじめに

　本章では重い精神障害のある人たちに対する住居プログラムを取り上げる。前2章（第5章・6章）では「身近な個別対人ケアサービス」に焦点を当て，とくに集中型・包括型のケアマネジメントを検討した。一方，重い精神障害のある人たちが，生活基盤を施設から地域に移し，地域で継続して生活していくために必要なもう1つ重要な支援環境の「要素」は「住まい」である。

　「住まい」は，いうまでもなく重い精神障害のある人たちに限らず，すべての人たちの生活基盤の中核である。重い障害のある人たちについては，これに加えて，前章までに述べたように地域生活を支える「身近な個別対人ケアサービス」をも考慮しなければならない。この2つは重い障害のある人たちの生活基盤を再構築するためには不可欠な「要素」である。その多様な組み合わせを

126　　第Ⅱ部　精神保健福祉における適用例・実践例

考慮しなければならない。

その中で，「住まい」と訪問によって「身近な個別対人ケアサービス」を組み合わせて提供する方式「個別援助付き住居（supported housing）」が，改めて，近年注目されている。とくにホームレス状態にある精神障害のある人たちに対する有効なアプローチ法として「まずは住居をプログラム」（Housing First Program）への取組みが活発に行われている（Tsemberis, 2010）。

この章では，重い精神障害のある人たちに対する住居プログラムの支援ゴールを整理したうえで，**支援ゴール達成に有効な「住まい」と「身近な個別対人ケアサービス」の組み合わせのあり方を，英米の歴史的経緯をも踏まえて整理**する。そのうえで，重い障害のある人たちが生活基盤を再構築するうえで，**有効な援助付き住居プログラムについて，「まずは住居をプログラム」を軸に検討し**，効果的な「個別援助付き住居」モデルの構築について示唆を得ることにしたい。

なお新たな生活基盤を再構築する課題・ニーズ領域には，①病院・施設から地域生活を実現し，新たな生活基盤を再構築する課題のほか，②現在地域で生活するが住居を含めた生活基盤の再構築が必要になる課題（ホームレス状態にある，独居生活で厳しい住居環境を余儀なくされる，高齢の親家族からの自立が課題となる）も含まれる。この章では併せて検討したい。

2 当事者ニーズに根ざした支援課題，支援ゴールの設定
——重い精神障害のある人たちに対する住居プログラムの位置

重い精神障害のある人たちに対する住居プログラムは，本書第2章・3章で検討したように，日本で精神保健福祉ニーズがとくに高い2つの集団，すなわち，Ⅰ群：現在精神科病院に長期入院し，脱施設化，地域移行・地域定着が課題になる人たちと，Ⅱ群：社会生活に特別な困難のある在宅の重い精神障害のある人たちを，主要な支援対象層（ターゲット集団）として行われる（大島，1996：大島編，2004）。

Ⅰ群については，前2章（第5・6章）で検討してきた共通の課題をもつ。すなわち，脱施設化の第2プロセス（地域定着と回転ドア現象の回避），第3プロセス（質の高い地域生活の維持）において，良質で適切な住居プログラムの提供が不可欠となる。それによって，再発・再入院の防止や回避，地域定着期間

第7章　援助付き住居の効果モデル形成　**127**

（community tenure）の長期化，質の高い地域生活の維持・向上，犯罪など社会的トラブルの回避などの支援ゴール達成が期待される。またとくに住居プログラムの場合には，住居における定着期間が維持・延長，ホームレス状態にならないことなども問われてくる。

次にII群の人たちについては，重い精神障害をもちホームレス状態にある人，独居生活で厳しい住居環境を余儀なくされる人，同居する高齢の親家族やきょうだいからの自立が課題となる人などが含まれる。

このうち，ホームレス状態にある人たちについては，近年，日本のホームレス状態にある人たちの中に精神障害のある人たちが多く保健・医療・福祉の必要性が高いことが明らかになっている（世界の医療団，2011）。また独居生活で厳しい住居環境を余儀なくされる人の状況は，第3章で触れたように，多くの人たちが経済的に困窮して生活保護を受給しアパート入居など住宅確保に苦労し，劣悪な環境の住居で暮らしている。なお，高齢の親家族やきょうだいからの自立が課題となる人については第9章で検討する。

II群の人たちについても，生活基盤をそれまでの状況から変更して，新しい住まいのもとに再構築することが求められる。

これらの支援ゴールとともに，「住まい」という生活基盤の根源に関わる変更を余儀なくされ大きなストレスを受けている人たちへの支援であることには，十分な配慮が必要である。また，選択の自己決定が守られること，自尊心を維持できること，当事者のリカバリー＊が実現すること，自己効力感やエンパワメントが向上することなども併せて支援ゴールに設定する必要がある。

＊　人がそれぞれの自己実現や求める生き方を希望をもって主体的に追求するプロセス。世界的に支援の新しい目標と考えられるようになった。

3　当事者ニーズに対応する支援の現状と課題

3. 1　精神障害のある人たちにとくに配慮すべき支援

重い精神障害のある人たちが，生活基盤を再構築した後に，再発・再入院することなく，地域やその住居での生活を安定させ，質の高い地域生活を維持・向上し，自尊心をもって生活するために配慮しなければならないことをまとめ

ておく。

冒頭から繰り返し述べているように，重い精神障害のある人が生活基盤を再構築する際には，「住まい」とともに，「身近な個別対人ケアサービス」を考慮しなければならない。

その前提のうえで，住居サービスに関して，良質な住宅を確保するために配慮しなければならないことが3点ある。これらは，一般的に高齢者の住宅でも，身体障害のある人の住宅についても，共通して指摘されることである（園田，1993）。

（1）　住宅確保への配慮

住宅情報の収集，住宅の斡旋・紹介，家主との交渉と契約，保証人問題への対応，経済的負担の援助，住居費の公的補助の申請などが必要になる。重い精神障害のある人の場合，親・きょうだいがなく一人暮らしをする人が多数いる。このような人には保証人確保の問題がある。保証人を含めて一人暮らしで相談する人もなく，一人で住宅情報を収集し，家を定め，不動産業者や家主と交渉し，経済的な手当てをするのは容易ではない。

（2）　住生活環境への配慮

高齢者や身体障害のある人たちに対してはバリアフリー設計が必要となる。精神障害の場合は，物理的なバリアフリーはあまり考えなくてもよいだろう。だがその代わりに，心理・社会的なバリアフリーへの配慮が必要になる。住生活に関わる心理社会的ストレスへの配慮（無節操な家主による搾取，立ち退きの心配，不安定な借用期間，住まいの維持と修繕に関する心配などへの対応），新しい生活環境からくるストレスや不安に対する配慮も必要になる（Wingら，1981）。

（3）　日常生活維持に必要なケアやサポートの確保

精神障害のある人に対する「身近な個別対人ケアサービス」は，高齢者や身体障害のある人たちでは介護サービスが対応する。また，機に応じたサポート（occasional support）は，近隣の人たちの見守り支援などである。回覧板を届ける際などに様子を尋ねる，などが含まれよう。

先ほど触れたように，**上記3点は高齢者，身体障害，精神障害のある人すべてに考慮すべき共通の枠組みである**。とくに（1）と（3）に関しては，高齢者，身体障害，精神障害のある人すべてに求められる。また（2）に関しては，精神障害に特有のものとして，安心を担保できる信頼のおける支援者の存在が重要になる。

第7章　援助付き住居の効果モデル形成　　129

これらの配慮について，とくに精神障害の場合は，支援者（ソーシャルワーカー等）の要素が大きい。「住まい」確保とともに，「身近な個別対人ケアサービス」の提供において大きな役割をもってくる。

さて「**住まい**」と「**身近な個別対人ケアサービス**」の多様な組み合わせについては，地域精神保健福祉の先進地における実践の中で，**さまざまな経験と討論の中から，生み出されてきた。**

以下では，アメリカとイギリスの取組み例を，歴史的経緯を含めて整理する。

3.2　住居プログラムの諸形態（アメリカ）

精神障害のある人たちの地域生活を支援する住居の形態には，主に「身近な個別対人ケアサービス」の組み合わせの仕方に応じて，多様なものが存在する。これらは，各国とも脱施設化の歴史の経緯から生み出されてきた側面がある。以下では，アメリカでの取組みの歴史に沿って住居プログラムの諸形態について検討した結果を示す（久野ら，2003）。

まずアメリカの脱施設化の初期には，「ハーフウェイハウス（中間住居）」と呼ばれる居住型リハビリテーションプログラムが登場した。同時並行的に，病院に代わる，より家庭的な環境で日常生活を援助する「グループホーム」も導入された。

「ハーフウェイハウス」は，日本では「中間住居」とも訳される。病院入院と，地域での自立生活の中間に位置するリハビリテーション施設と位置づけられている。利用期限が定められており，ある一定期間（2年，3年など）のうちにより自立生活にも近い住居形態に移行していくことが期待されており，段階的居住型サービスと呼ばれている。日本では，現在では制度がなくなったが，精神障害者生活訓練施設（援護寮），知的障害者通勤寮がその機能をもっていた（入居期限2年）。

表7-1のように，病院からの退院者を主な対象者として，10〜15人ほどが共同生活をし，24時間住み込みのスタッフが配置される。活動としては，グループによる社会技能訓練，地域生活技能訓練などの構造化されたリハビリテーションプログラムが提供される。

一方，グループホームは長期的な住居の場提供を目的にしたプログラムである。住居の形態は**表7-1**に示すように多様である。一戸建てに3〜5人が共同生活するもの，共同のリビングルームとダイニングルームに個々の寝室を組み

130　　第Ⅱ部　精神保健福祉における適用例・実践例

表7-1　住居サービスの分類

プログラムの分類	居住型ケアサービス			援助付き住居サービス
	ハーフウェイハウス	重度ケア付きグループホーム	軽度ケア付きグループホーム	専属訪問スタッフ型
ケアの構成要素				
食事	住居兼	住居兼	住居兼	なし／訪問
基本的日常生活援助	住居兼	住居兼	住居兼	なし／訪問
服薬管理	住居兼	住居兼	なし／訪問	訪問
金銭管理	住居兼	住居兼	住居兼	訪問
地域生活活動援助	住居兼	住居兼	幹旋	訪問・幹旋
リクリエーション	住居兼	住居兼	幹旋	訪問・幹旋
危機介入	住居兼	住居兼	連携	連携
ケアマネジメント	住居兼	住居兼	住居兼	訪問
住居の形態	小規模施設	一戸建て	アパート	アパート
ベッドルーム	個人	個人	個人	個人
トイレ	共同	共同	個人	個人
浴室	共同	共同	個人	個人
キッチン	共同	共同	共同	個人
リビングルーム	共同	共同	共同	個人
入居者人数	10-15人	3-5人	3-5人	1-2人
スタッフの配置	24時間	24時間	夜間	訪問スタッフ
住居の所有者（契約者）	提供者	提供者	提供者	クライアント
リハビリテーション志向	集中・期限付き	長期	長期	実践志向

（出所）　久野ら（2003）を一部改変。

合わせたもの，簡易キッチンの付いた集合アパートなどがある。スタッフの配置についても，24時間体制だったり，夜間あるいは昼間のみの通いのスタッフにするなど，入居者の特性に合わせてさまざまである。通常は入居期限の限定を設けていない。

　ハーフウェイハウスが導入された初期の段階から，ハーフウェイハウスに入居期限があり過渡的であるところに，利用者が長期滞在することが問題として指摘されるようになった。これは利用期限を過ぎた人の住居確保が困難であること，一人暮らしに対する不安，新しい環境に移ることへの不安などが長期滞在を生み出したと指摘されている（Gatesら，1990）。またリハビリテーションプログラムとしては回復に長期間を要する人もおり，過渡的な居住型プログラムだけでは，十分に対応できないことも明らかになった。

その課題に対応するために，長期滞在を前提とした小規模の「居住型ケアプログラム」（グループホームなど）が登場した。このプログラムでは各利用者の機能レベルに合わせた直接的援助と，より自立的な生活をめざしたリハビリテーションの融合が行われた。一方で「居住型ケアプログラム」は形を変えた収容施設に陥る危険性が指摘された。利用者の生活の質を維持・向上させるための住居環境を用意することが課題になる（久野ら，2003）。

　これに対して，1980年代に入ると「援助付き住居（Supported Housing）」と呼ばれるアプローチが提案されるようになった（Carling, 1990）。「ハーフウェイハウス」および「居住型ケアプログラム」が，住む場所の提供と，治療や生活支援，リハビリテーションを一体的に提供するモデルであったのに対して，「援助付き住居」はこの2要素の明確な分離を求めるモデルである。すなわち，「住まい」は一般のアパートなどの住戸や低所得者用公的住居施策を活用する。一方，治療やケア，リハビリテーションについては，支援者の訪問やその他のサービスを利用して充てるのである。「身近な個別対人ケアサービス」について住居の維持と日常生活機能援助については，プログラム専属のケアマネジャーや訪問スタッフが提供するものや，利用者の生活の場で必要なケアやリハビリテーションを提供するACTプログラムや集中型ケアマネジメント（ICM: Intensive Case Management）を利用する方法が用いられる。ACTやICMはスタッフ当たりの利用者数が少なく24時間体制を取ることも可能であることから，危機的状況にも迅速に対応できる。重い精神障害のある人たちがアパートでの単身生活という選択肢を可能にする取組みである。

　これにより多くの「身近な個別対人ケアサービス」を必要とする重い精神障害のある人であっても，「グループホーム」や「ハーフウェイハウス」（「居住型ケアプログラム」）のように集団生活を強いられることがない。個人の希望と意思を尊重して「住まい」の選択を可能にしており，ノーマライゼーション理念に根ざした住居プログラムといえる（久野ら，2003）。後ほど詳しく触れる「まずは住居をプログラム」はこの類型に属する住居プログラムである。

　「援助付き住居」が提唱された背景には，ホームレスの社会問題化によって，精神障害のある人たちの住まい確保が急務になったという社会情勢があった。ホームレス問題を解決するには，通常の精神保健福祉ケアの枠組みにとどまらない住居支援が必要との社会的合意形成がなされた。そのため「援助付き住居プログラム」の支援スタッフにかかる経費は，福祉予算ではなく，住宅部局か

ら支給されている（久野ら，2003）。

　以上のとおり，アメリカでは約50年の脱施設化の経験と経緯を経て，多様な形態の住居サービスが導入され，それらが現在は混在する形で存在する。これらのプログラムは，障害レベルが異なり，支援ゴールの異なる精神障害のある人たちの多様な地域生活を支える，さまざまなアプローチを提供する可能性を示唆している。その中において，援助レベルを柔軟に変化させることのできる「援助付き住居」プログラムの導入は，日本でもより本格的に検討されるべき課題である（久野ら，2003）。

3.3　住居プログラムの諸形態（イギリス）

　次にイギリスにおける住居プログラムについて述べる。イギリスは，障害のある人たちへの住居サービスを国家レベルで発展させた国である。

　「身近な個別対人ケアサービス」を統合して，住宅部局が提供している。このため，イギリスでは住まいとケアサービスの結びつきを柔軟に組み合わせたさまざまな形態を取ることができる（図7-1）（National Federation of Housing Associations 編，1989）。

　多様な居住型プログラムを示すと，以下のとおりである（Wingら，1981）。

- ・グループホーム：4人から8人に3〜4部屋の寝室があり，共用の居間を用意して一般的家庭と同様の環境を有することが多い
- ・ベッド・シッター（bed-sitter）：独立したキッチンと寝室，トイレ・浴室を有する部屋が1つの建物に複数あり，居間などの共有空間をもつ。建物にはホームヘルパーなどが出入りできる
- ・クラスター・フラット（cluster flat）：独立した寝室や居間，トイレ・浴室，台所などすべてを備えた同一階層のフラットや，ベッド・シッターのいくつかが1つの建物にある形態の住居。居住者は自炊し，独立して暮らすが，洗濯室などいくつかの設備を共有する
- ・保護的住居（sheltered accommodation）：独立したフラットや住居の集合体で，普段は独立して生活するが緊急時には管理人に連絡することが可能
- ・委託下宿（指導を受けている下宿）：家庭的でホテルサービスのある下宿が，通常社会サービス部によって組織されている

　このようなさまざまな住居形態があり，そのうえでそれらをサポートするセンター（管理・訓練センター）を置く。コア＆クラスターモデルと呼ばれている

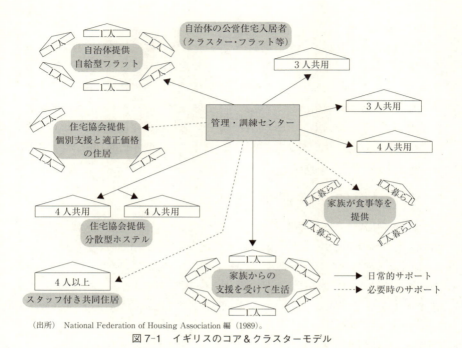

(出所) National Federation of Housing Association 編 (1989)。
図7-1 イギリスのコア&クラスターモデル

(図7-1, National Federation of Housing Associations 編, 1989)。日常的サポートと必要時のサポートを柔軟に組み合わせて適用することで, さまざまな住居形態を可能にする。

3.4 住居プログラムの諸形態 (日本)

アメリカ, イギリスの包括的住居サービスの枠組みに照らして, 日本の重い障害のある人たちを対象とする「身近な個別対人ケアサービス」を伴う住居プログラムは整備されていない。ケアが伴う住居プログラムは, 現在, 厚生労働省が障害者総合支援法により提供するグループホーム (ケアホーム), 福祉ホームにほぼ限定されている。アメリカ, イギリスで積極的に進められている**住居施策と福祉的ケア施策の統合**は, 高齢者分野 (高齢者領域では, サービス付き高齢者向け住宅, シルバーハウジング等がある) を除き, 未着手である。このため「住まい」と「身近な個別対人ケアサービス」の組み合わせのバリエーションが限られている。

134　第Ⅱ部　精神保健福祉における適用例・実践例

精神科病院長期入院者の脱施設化を本格的に進めていくためには，住居施策と福祉的ケア施策の統合によって多様な「住まい」と「身近な個別対人ケアサービス」のニーズに応えていくことが必要・不可欠である。

4　ゴール達成に有効な支援環境・支援プログラム
——新しい援助付き住居プログラム:「まずは住居をプログラム」の意義と可能性

　前節で取り上げたアメリカの援助付き住居プログラムのうち，精神障害のあるホームレス状態にある人たちを対象に優れた成果を上げ，世界的に注目されているプログラムが，「まずは住居をプログラム」(Housing First Program) である (Tsemberis, 2010)。このプログラムは，**住居施策と福祉的ケア施策の統合により進めている社会プログラムであること**，アメリカ連邦政府保健省薬物依存精神保健サービス部 (SAMHSA) の EBP プログラムデータベースに掲載されている EBP プログラムである (データベース上は「Pathways' Housing First Program」) ことによって，とくに注目される。脱施設化に大きな課題を抱え，多様な「住まい」と「身近な個別対人ケアサービス」のニーズに対応することが求められる日本のこれからの取組みに，多くの示唆を与える**先行的優良事例プログラム (GP プログラム) として取り上げ，その意義と可能性を検討する。

4.1　「まずは住居をプログラム」とは

　「まずは住居をプログラム」は，精神障害のあるホームレス状態にある人たちを対象に，まず最初に希望する住居を提供し，そのうえで精神保健，身体の健康，物質依存の問題，教育，雇用などの領域の各種サービスを，住居に結びつけて統一的に提供するモデルである。住居の提供は，地域内に分散したアパートなど自立性の高い場所で提供される。

　従来行われていた，ハーフウェイハウス型のステップアップ型段階的居住型サービスモデルに基づく支援，すなわち「アウトリーチ→シェルター→施設→恒久的住居 (アパート等)」という支援形態を排除する。「ホームレス状態にある人は，恒久的住居に住むためには準備期間が必要だ」という考え方を廃して，まず最初に希望する住居を提供するという特徴がある。

　住居を維持するのに必要な支援は，準備期間をもたずに住居を確保した後に，当事者のニーズに応じて，適宜すみやかに，包括的に提供する。また提供する

住居は地域内に分散化した個別の住居・アパート等を提供することにより，その住居は自分の自宅であり，自己決定により選択し，価値あるコミュニティメンバーとして地域に統合されるという意識をもつことにつながる。

「まずは住居をプログラム」は，1992年にアメリカ・ニューヨークでTsemberisらのPathways to Housing Inc.によって開始された（Tsemberis, 2010）。その後，多くの実践経験と実証研究を経て，今日ではアメリカ連邦政府保健省薬物依存精神保健サービス部（SAMHSA）のEBPデータベース（N-REPP）にも登録されている。ニューヨーク，ワシントンDC，フィラデルフィア，バーモントなどアメリカ40都市以上，カナダ，オランダ，スペイン，ポルトガルなど世界各国の100カ所以上で実施され，効果をあげている。

4.2 「まずは住居をプログラム」の原則

このプログラムの実施に当たって，以下の8つの原則・理念を設定する（Tsemberis, 2010）。

①住まいは基本的人権である：住まいの提供を，治療や支援の手段に使ってはならない。

②すべての利用者に敬意を払い，あたたかく，共感をもって接すること：希望や大丈夫，うまくいくというメッセージは核心である。

③利用者が必要とする限り関わりを続けること：入院，刑務所入所，ホームレス状態に戻っても関わり続ける。

④地域に分散した住まい，独立したアパート：地域に分散して住まいを確保する。同じアパート内に住む場合，全部屋の20%以下であること。

⑤住まいとサービスの分離：住まいが治療やリハビリテーションの提供場所にならない。

⑥利用者の自己選択と自己決定

⑦リカバリーに焦点を当てた支援：利用者がそれぞれの自己実現やその求める生き方を主体的に追求するプロセスを尊重し，めざすこと。

⑧ハームリダクション（実害軽減措置）：依存症や精神症状を自身でコントロールすることを促す当事者主導のアプローチ法を用いる。

以上の原則・理念のほかに，入居前訓練ではなく**入居後支援と，ステップアップ型段階的居住型サービスモデルの否定に関する原則**も重要である。

入居前訓練ではなく，入居後の支援と必要な生活上の訓練は，第11章で触

136　第Ⅱ部　精神保健福祉における適用例・実践例

れる IPS 援助付き雇用にも共通する。支援や訓練は，実際の現場でオン・ザ・ジョブトレーニング（OJT: on-the-job training）を行うことが重要だとしている。

また，ステップアップ型段階的居住型サービスモデルについては，ステップアップ型段階モデルが設定する3つの前提が成り立つことが求められる。

それは，①次のステップへの紹介がうまくいく，②学んだ技能は実際の生活場面で応用できる，③住居の前に治療やリハビリテーションサービスが必要がある（Tsemberis, 2010）。しかし，この3つの前提は，段階モデルを進めていくときに，しばしば当てはまらないことが知られている。

それ以上に，本人の希望を重視して「まずは住居をプログラム」を進めると，ステップアップ型段階モデルに比較して，住居定着等がうまく進むことが明らかになってきた。これに対して，段階モデルで住居支援を行うと，住居への希望がしばしば失望に変わることを経験するという。

4.3 プログラムの構成要素

プログラムの主な構成要素は，以下の3要素である。すなわち，①集中型・包括型ケアマネジメント，②援助付き住居，③その他のサポート，である。

①「身近な個別対人ケアサービス」としては，公的住宅開発施策（HUD: Housing and Urban Development）の財源を活用して，集中型・包括型ケアマネジメント（ACT あるいは ICM モデル）を実施する。

②「住居」については，以下のことが原則となっている（Tsemberis, 2010）。

・地域に完全に溶け込んでいる，分散した独立したアパート（利用者それぞれに1つのアパート）

・住まいは，治療やリハビリテーションから分離している

・住む場所について利用者に選択権がある

・通常の賃貸条件に規定されている権利と責任をもつ

・精神症状が再発しても，（短期の入院の後）住居に戻ってくることが保障されている

③その他のサポートについては，住宅チーム，IPS 援助付き雇用，依存症ミーティング，ボランティアサービス，クリニックなど多様なサポートが提供される。

第7章　援助付き住居の効果モデル形成　137

4.4 プログラムの効果

RCT ランダム化比較試験の効果評価によって,「住居に落ちついていた期間」の上昇, 住居や他のサービスに関する自己選択の意識の上昇, 社会コスト減少, 他のサポートサービスの利用削減などの効果が認められている (Tsemberis ら, 2004)。2007 年には, アメリカ連邦政府保健省薬物依存精神保健サービス部 (SAMHSA) の EBP データベースである N-REPP にこのプログラムが登録された (Tsemberis ら, 2007)。

4.5 「まずは住居を」アプローチからの示唆

精神障害のある人たちに対する住居サービスは, 生活の基盤を形成する必須のサービスであるからこそ, さまざまな支援対象に対して取り囲みが行われ, また支援ゴールも多様に設定されていた。そのため, 支援ゴールの達成という観点からその有効性を明確にすることが, これまで必ずしも十分に行われてこなかった側面がある。

しかし,「まずは住居をプログラム」は, アメリカ社会の中では, もっとも深刻な状況に置かれていると考えられる, 重い精神障害をもちホームレス状態にある人たちを対象とする点で, **ターゲット集団が明確**である。また支援ゴールも, 住居における定着期間が維持・延長し, ホームレス状態にならない, 再発・再入院の防止や回避, など明確に設定がされている。さらにゴールを達成するためのアプローチ法も, 住居に関わる基本的人権を重視し, 生活と専門サービスの分離, 当事者の自己選択と自己決定の尊重, リカバリーに焦点を当てた支援など, **明確なソーシャルワークの価値・理念に従った一貫した支援**が提供される。そのため, 他の住居プログラムと対比させて明確な効果評価の検討・分析を行うことが可能になったのである。

以上のとおり,「身近な個別対人ケアサービス」が組み合わさった住居プログラムは多様な形態を考慮できた。その中で, EBP プログラムにも登録されている「まずは住居をプログラム」は, 代表的な援助付き住居プログラムの効果モデルに位置づけることができる。

脱施設化に大きな課題を抱え, 地域移行後の「身近な個別対人ケアサービス」を伴う住居プログラムが整備されていない日本において, 生活基盤再構築のニーズをもつ多くの人たちのために,「まずは住居をプログラム」は多くの

示唆を与える取組みである。支援の理念についても，住居の基本的人権，生活と専門サービスの分離，当事者の自己選択と自己決定の尊重，リカバリーに焦点を当てた支援は，次章で取り上げる退院促進・地域定着支援プログラムの住居支援において，そのまま活用することができる。また，入居前訓練ではなく入居後支援，段階的居住型サービスモデル排除の原則，そして支援や訓練は，実際の現場で，オン・ザ・ジョブトレーニング（OJT）を行うことも重要であろう。

　日本では，「まずは住居をプログラム」の理念と方法を取り入れた，「まずは退院をプログラム」を実施すべき状況にある。この点を含めて，「まずは住居をプログラム」は，日本においてもっと積極的に導入を考慮すべき主要な社会プログラムの1つである。

5 ソーシャルワーカーに求められる支援環境開発アプローチ

5.1 解決を求められる課題・ニーズに応えうる取組みの分析，批判的検討

　本章では，重い精神障害のある人たちに対する住居プログラムの支援ゴールとターゲット集団を整理したうえで，支援ゴール達成に有効な「住まい」と「身近な個別対人ケアサービス」の組み合わせのあり方，そして「身近な個別対人ケアサービス」に必要とされる支援要素を検討した。またアメリカ，イギリスの経験に基づいて，脱施設化の経過の中から生み出されたいくつかの住居モデルを提示し，「援助付き住居モデル」，中でも「まずは住居をプログラム」の有用性，可能性を検討した。

　前章までと同様に，欧米の脱施設化の取組みから生み出された効果モデル発展の歴史から学ぶべきものは，その価値・理念，具体的な支援方法を含めてきわめて多い。支援理念の確認をするとともに，「身近な個別対人ケアサービス」に必要とされる支援要素の内容を改めて整理して学ぶとともに，日本において実施可能な「住まい」との組み合わせのあり方を検討する必要がある。

　「まずは住居をプログラム」は魅力的で，しかもエビデンスも蓄積されつつある有望な効果モデルである。日本への導入を積極的に考慮する必要がある。

　しかし一方で，欧米においても「まずは住居をプログラム」を含む「援助付き住居」モデル以外にも，さまざまな住居プログラムが現在並行して取り組ま

れている。これらのプログラムは，それぞれのニーズに応えて実施されている側面もあるだろう。「援助付き住居モデル」の適用条件については，今後，十分に検討・検証していくことが必要になる。同時に，他の効果的な住居プログラムについても継続して検討することが求められる。

5.2 問題解決に有効な効果モデル形成への貢献

「まずは住居をプログラム」は，アメリカ連邦政府において EBP プログラムに位置づけられつつある有望な住居プログラムである。しかしエビデンスの蓄積はまだ十分ではなく，今後，世界的レベルの EBP プログラムに発展させることが期待されている。

そのような観点からも，日本では，**日本への導入と適切な技術移転のあつらえが必要になる。長期入院者の退院促進・地域定着支援プログラムの住居支援において，このプログラムを活用すべきことは前述した**（「まずは退院をプログラム」として実施）。他方，ターゲット集団第Ⅱ群：社会生活に特別な困難のある在宅の重い精神障害のある人たちのうち，生活基盤の再構築が必要になる課題をもつ人たち（ホームレス状態にある人，独居生活で厳しい住居環境を余儀なくされる人，高齢の親家族からの自立が課題となる人，「ひきこもり」状態にある人など）に対して適用することも検討できる。

これらの取組みは，「まずは住居をプログラム」をそのまま適用するばかりではない，豊富な可能性がある。新たな効果モデルの開発評価を行うことも念頭において積極的に取り組む必要があろう。

5.3 日常実践でできること，すべきこと

欧米においては，住居サービスは福祉サービスと密接に関わる取組みであり，2つを統合したアプローチは，日本の福祉サービスを考慮するうえで参照すべきである。また「まずは住居をプログラム」の理念には，ソーシャルワークの原点になる多くの価値を含んでいる。その理念を振り返りながら，理念に基づく実践の「効果的援助要素」を，住居確保に課題をもつ当事者に少しでも多く適用し，その有用性を検証することが望まれる。

140　第Ⅱ部　精神保健福祉における適用例・実践例

第 **8** 章

退院促進・地域定着支援の効果モデル形成

医療機関と地域事業所が連携する効果モデルの開発，改善・形成

▷本章の概要

1 はじめに

2 当事者ニーズに根ざした支援ゴールの設定，支援対象

3 当事者ニーズに対応する支援の現状と課題

4 ゴール達成に有効な支援環境・支援プログラム

　　——効果的な退院促進・地域定着支援プログラムの開発，改善・形成評価

5 ソーシャルワーカーに求められる支援環境開発アプローチ

　　——日本において効果的退院促進・地域定着支援プログラムを構築するための課題

▷本章（第8章）の「プログラム開発と評価」の課題

「効果モデル」の 評価課題	「効果モデル」の エビデンスレベル	技術移転の あつらえ	他モデル開 発の必要性
🗹 開発評価	☐ EBP プログラム		
🗹 継続的改善・形成評価	☐ ベストプラクティスプログラム	—	○
☐ 実施・普及評価	☐ エキスパートコンセンサス PG		
	🗹 実践の中で有効性の裏付け		

＊プログラムの略称として，PG を使用。　　＊＊本書 18 頁，表 1-3 参照。

▷ *Keywords*

プログラム開発と評価：制度モデルの継続的改善・形成評価，効果的な実践を行う優良事例（GP 事例），効果モデル追求の不問と制度的な混迷，実践家参画型プログラム開発と評価のアプローチ

課題，取組み，その他：日本の精神科病院の脱施設化，脱施設化第 1 プロセス（地域移行）の課題，「巣立ち会モデル」の退院促進支援プログラム

本章では，日本の精神保健福祉最大の課題でありながら，長年月にわたって解決されず置き去りにされてきた日本の脱施設化，中でも地域移行という脱施設化第1プロセス（96頁）において，日本でまず求められる事業として導入された厚生労働省「退院促進・地域定着支援等事業」（名称は後述）を取り上げる。

　この事業は，脱施設化の効果を期待できる新しい「制度モデル」として，精神保健福祉関係者の大きな期待の下に2003年に導入された。しかしながら，たび重なる制度の変更・変遷を経て有効な効果モデルに発展することなく効果モデルの形成・構築は，現在停滞しかけている。このような「制度モデル」を，日本の精神保健福祉システムの中で，実施可能で有効な効果的プログラムモデルに改善・形成するにはどうしたらよいのか。さらには，このような状況に対して，ソーシャルワークの立場からどのように対応し，効果モデルをどのように構築していけばよいのか，実践に根ざした支援環境開発と，その改善・形成という観点から検討する。

1 は じ め に

　これまで第5章から前章までにおいて，日本の精神科病院の脱施設化に関わる支援環境開発アプローチを，長期入院者の地域移行と，地域移行後の生活基盤再構築への課題・ニーズへの対応という観点から体系的に取り上げてきた。直接対人ケアサービスが伴うケアマネジメント，包括型ケアマネジメントACTや援助付き住居を中軸に据えて，地域精神保健福祉の先進地における，さまざまな経験と議論の繰り返しの中から生み出された「効果的プログラムモデル（効果モデル）」に焦点を当て，それらを日本に導入し実施・普及する可能性を検討してきた。

　本章では，この議論を引き継ぎ，日本の精神保健福祉システム，精神科医療の状況を踏まえて，現状の変革にインパクトを与えうる取組みとして導入された厚生労働省の「退院促進・地域定着支援等事業」（名称については後述）を取

り上げる。

この取組みは，2003年度から始まった「精神障害者退院促進支援事業」を端緒とする。この事業は，2002年12月に発表された障害者プランで「条件が整えば退院可能とされる約7万2000人の入院患者について，10年のうちに退院・社会復帰を目指す」という目標を実現に移す事業として注目され，導入された。障害福祉サービス事業を行う地域事業所（以下，地域事業所）の担当者が，この事業を用いて精神科病棟に入り，長期入院する人たちに退院への意欲喚起を含むアウトリーチ支援を行うというユニークな取組みである。

当時は精神保健福祉関係者から大きな期待を受けた。しかしながら，その後10年余りを経過して，事業名称や事業実施内容，さらには事業目的の一部をも頻繁に変更したが，十分な成果をおさめることができずに推移している。さらには，2012年に障害者総合支援法の「地域移行支援事業・地域定着支援事業」に位置づけられてからは，事業・制度運用上に大きな困難が生じて，取組みが急速に沈滞化した。

この事業・プログラムを，現行の日本の精神保健福祉システム，精神科医療の中で実施可能で効果的なプログラムに改善・形成するにはどうしたらよいのか。また2012年度以降の制度改変に対して，医療機関と地域事業所が連携する効果モデルを再編し，プログラムの再度の開発を行う必要性も生じている。このような状況に対して，ソーシャルワークの立場からどのように対応し，効果的な退院促進・地域定着支援プログラムをどのように構築すればよいのか，本章で検討する。

なお本章では，プログラム開発と評価の方法論を用いて「退院促進・地域定着支援」の効果モデルを形成・再構築するアプローチを提示する。このため，国の事業名とは切り離して，この効果モデルを「退院促進・地域定着支援プログラム」と呼ぶことにする。

2 当事者ニーズに根ざした支援ゴールの設定，支援対象

2003年度から導入された「精神障害者退院促進支援事業」，そして現在，障害者総合支援法のもとで実施されている「障害者地域移行支援事業」「地域定着支援事業」（以下，厚生労働省制度を「退院促進・地域定着支援等事業」と総称す

第8章　退院促進・地域定着支援の効果モデル形成　143

る）の支援ゴールと主要な支援対象層（ターゲット集団）はどのように設定されるのか。まず最初に導入された「精神障害者退院促進支援事業」とその後の「退院促進・地域定着支援等事業」について整理し，課題を指摘する。そのうえで，当事者ニーズに根ざした支援ゴールとターゲット集団をどのように設定すればよいのかについて検討する。

2.1 「精神障害者退院促進支援事業」の支援対象と支援ゴール

まず 2003 年度から開始された「精神障害者退院促進支援事業」は，大阪府が単独事業として 2000 年から取り組んだ「社会的入院解消研究事業」の成果に注目した厚生労働省が，これをモデルに試行事業化したものである（古屋，2010；米田，2002）。

この事業の目的と対象は，事業実施要綱に次のとおり記載されている（厚生労働省精神保健福祉課，2003）。すなわち，「精神科病院に入院している精神障害者のうち，症状が安定しており，受入条件が整えば退院可能である者に対し，活動の場を与え，退院のための訓練を行うことにより，精神障害者の社会的自立を促進することを目的とする」となっている。

まず主な支援対象が，「精神科病院に入院している精神障害者のうち，症状が安定しており，受入条件が整えば退院可能である者」であり，「社会的入院」と呼ばれる状態にある人たちである。実施要綱では，これに加えて「自立促進支援協議会」が「対象者選定」すること，手続きとしては，当該精神科病院の管理者が「対象者の承諾を得て」「主治医の意見書」を提出することになっている。すなわち主要な支援対象（ターゲット集団）は，対象者の利用意思が明確で，主治医や管理者の了解が得られた，きわめて限定された対象層である。

事業目的は「退院訓練による社会的自立促進」である。さらに実施要綱では，「支援が必要と協議会が認める場合には，退院後 1 カ月間に限り，支援を継続することができる」としている。すなわち，この事業は原則的に「地域移行」に限定した事業であることがわかる。

他方，第 5 章で述べたように，脱施設化には第 1 プロセス（地域移行）に加えて，第 2 プロセス（地域定着と回転ドア現象の回避），第 3 プロセス（質の高い地域生活の維持）が設定される（Bachrach, 1986; Lamb ら編，2001）。この事業は，**脱施設化の第 1 プロセスの課題である「地域移行」に限定**して，日本特有の精神保健福祉システム，精神科医療において，「地域移行」を有効に進めようと

する特徴がある。すなわち，これまで精神科病院に対して，体系的で積極的な退院促進の働きかけがほとんどなかった地域事業所が，この事業を用いて精神科病院に入り，入院中の精神障害のある人たちに退院への意欲喚起を含むアウトリーチ支援を開始する点において，ユニークな特徴をもっている。

その支援ゴールは，「地域移行」による「地域生活の実現」がまず考慮される。同時に入院患者の「地域生活への動機付け」や「医療機関・病棟スタッフの退院への意識向上」，そして「早期の退院実現」をも含めている。

一方で，**脱施設化の第2プロセスや，第3プロセスとの有機的な連続性・継続性も考慮**しなければならない。支援ゴールとしては，「地域移行」による「地域生活の実現」はあくまでも出発点である。脱施設化第2・第3プロセスに関わる，再発・再入院の防止や回避，地域定着期間（community tenure）の増加・長期化，質の高い地域生活の維持・向上，犯罪など社会的トラブルの回避などが，支援ゴールとして求められ，実現する必要がある。さらには，当事者主体の支援になるように，サービス選択の自己決定が守られること，自尊心を維持できること，当事者のリカバリーが実現すること，自己効力感やエンパワメントが向上することなどを併せて支援ゴールに設定する必要がある。しかしながら，第1プロセスの「地域移行」に限定した支援では，それらのゴール実現は難しいであろう。

2.2 その後の制度変遷における支援対象と支援ゴール

この事業は，その後**名称と事業内容を2〜3年ごとに変更し，支援ゴールも少しずつ変遷**した。変更の概要は以下のとおりである。

① 2006年度より，試行的事業から障害者自立支援法の「精神障害者退院促進支援事業」へと位置づけを変更。都道府県地域生活支援事業の「広域的な支援事業」として社会福祉法人等が行う事業に補助を行う事業となった。

② 2008年度より「退院促進支援事業」を見直し，2012年度まで集中的な取組み期間として障害者自立支援法から外して実施（精神障害者地域移行特別対策事業）。「自立支援員」を「地域移行推進員」と名称変更。指定相談支援事業所等に配置。新たに退院促進・地域定着に必要な広域圏域の体制整備総合調整を行う「地域体制整備コーディネータ」を配置（行政事業レビューで2013年度から廃止）。

③ 2010年度より，事業名称に「地域定着」が加わる。「精神障害者地域移

第8章 退院促進・地域定着支援の効果モデル形成 **145**

行・地域定着特別対策事業」となり、退院後支援期間は1カ月から6カ月へと延長する。

④ 2012年度より、再び障害者自立支援法（2013年4月より障害者総合支援法と改称）に位置づけ、「地域移行支援事業」「地域定着支援事業」とする。事業単位の補助金ではなく、利用者単位の個別給付への変更。

以上の制度の変遷に関して、制度や名称は頻繁に変更されたが、主要な支援対象者（ターゲット集団）にはほとんど変更はない。ただ④の改正では、「地域移行支援事業」を希望する対象者が市町村窓口に申請することになった。入院中の人たちが対象であるから、より明確な退院希望をもつ者のみが対象とされる。

③までの事業は個別給付ではなく包括払いの補助金であったため、事業内で退院希望を引き出すことができた。この点が世界的な脱施設化の取組みの中でもユニークな点であった。しかし、④の改正ではそれが難しくなった。同時に、この事業への取組みが沈滞化することにつながる。

支援ゴールについては、③の改正以降「地域定着」という概念が加わり、事業目的に「地域生活を継続するための支援の推進」が位置づけられた。退院後の支援期間はそれまで1カ月だったが、「原則6か月を上限とする」に変更された。

④の改正では、「地域移行」と「地域定着」が分離した。「地域定着」が独立した機能をもつことになった利点がある。しかし2つの事業が1つの支援ゴールに向けて、どのように有機的・一体的に運営されるのかが問われてくる。これは④の改正で支援目標から、長期入院者との関係作りによる「地域生活への動機付け」が外れたこととも併せて、事業遂行を困難にしている。脱施設化の第1プロセスから第3プロセスまで一貫して支援を継続し、長期入院者の地域移行を進めること、さらには地域定着・地域での質の高い生活を実現しようとする支援目標の設定は必ずしも容易ではない。

2.3 当事者ニーズに根ざした支援ゴールの設定、支援対象

厚生労働省の「退院促進・地域定着支援等事業」がユニークな点は、脱施設化第1プロセスの「地域移行」の段階から、地域事業所が積極的なアウトリーチを病棟に対して行い、「地域生活への動機付け」や「医療機関・病棟スタッフの退院への意識向上」「早期の退院実現」をめざした点にある。

また第3章で述べたように，長期入院を続ける精神障害のある人たちの多くは，退院と退院後の質の高い地域生活の実現に対する希望とニーズをもっている。そのためには，**脱施設化の第1プロセスのみならず，第2・第3プロセスに対応する支援ゴールを設定した取組みを行う必要がある。**

さらに，**主要な支援対象（ターゲット集団）は，現制度のように限定された対象層ではない。**現在，精神科病院で長期入院を続ける，「条件が整えば退院可能とされる」多くの人たちを含める必要がある。

3 当事者ニーズに対応する支援の現状と課題

前節でも触れたが，厚生労働省の「退院促進・地域定着支援等事業」は，「地域移行」の段階から，**地域事業所が積極的なアウトリーチを病棟に対して行い，「地域生活への動機付け」「医療機関・病棟スタッフの退院への意識向上」「早期の退院実現」をめざす点において，世界的にもユニークな取組み**であった。しかし，対象者の加入条件を非常に狭く設定している。自立促進支援協議会の関与を求められたり，主治医の意見書を必要とするなどである（厚生労働省精神保健福祉課，2003）。そのため地域移行者数や地域移行後の地域定着者数などにおいて，十分な実績をおさめることができずにいた。さらには，予算措置上この事業に取り組む地域事業所数が制限されており，また協力する精神科医療機関も限られていた。このように，実施面で大きな課題を抱えていた。

以下，制度発足当時の「精神障害者退院促進支援事業」とその後の制度変遷の概要を示し，課題となる点を指摘する。

3.1 「精神障害者退院促進支援事業（2003年）」の概要

前述のとおりこの事業の制度設計は，大阪府が2000年から取り組んだ「社会的入院解消研究事業」の成果を踏まえている（古屋，2010）。

事業実施主体は都道府県および指定都市とし，事業の一部を希望する精神障害者地域生活支援センターの運営主体に委託して実施する，とした（厚生労働省精神保健福祉課，2003）。

この事業で行われる「退院訓練」の実施プロセスを図8-1に示した。

対象者は，自立支援計画に基づいて，協力施設等（地域事業所等）における

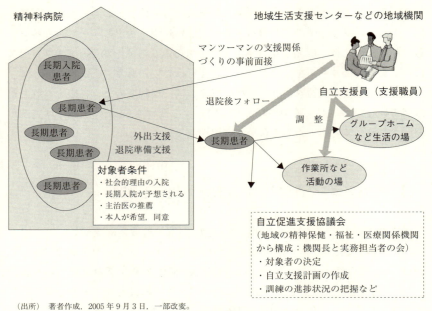

(出所) 著者作成, 2005年9月3日, 一部改変.
図8-1　退院促進事業の概要

訓練, 日常生活を営むのに必要な活動等の退院訓練を行う.
　この事業の中心的スタッフである地域事業所の自立支援員は, 当該対象者が退院訓練を実施するにあたり, 必要に応じて次に掲げる業務を行うものとする. それは,
　①開始時における訓練内容の説明, 対象者との信頼関係の構築,
　②病院から協力施設までの同行支援,
　③訓練中の状況確認および必要な支援, ほか,
である.
　「退院訓練」の期間は原則として6カ月以内とし, 必要に応じて更新できる.
　地域の精神保健・福祉・医療関係機関から構成される自立促進支援協議会は, 原則として月1回以上開催し, 対象者の決定, 自立支援計画の作成, 訓練の進捗状況の把握などを行う. 地域生活への移行にあたって引き続き自立支援員による支援が必要と協議会が認める場合には, 退院後1カ月間に限り, 支援を継続できる, とした.
　日本では, 脱施設化, 退院促進がいわれながらなかなか施策が進展しない中,

この事業は，地域事業所から精神科病院の中に出向いていき，地域移行・退院促進を進めるという点などで，取組みの進展に大きな期待が集められた。

3.2 その後の制度変遷，事業の実施・普及

「退院促進・地域定着支援等事業」の制度変遷はすでに述べたとおりである。支援ゴールの変遷としては，2010年より「地域定着」が事業名として追加され，退院後支援期間が1カ月だったのが6カ月に延長された。また2008年度より，精神障害者地域移行支援特別対策事業と名称を変更し，「退院促進支援」を「地域移行支援」とした。

「退院促進」は精神科病院として果たすべき役割であるとし，地域事業所の役割は，「地域移行支援」とその体制作りであるという整理がされた。「自立支援員」は「地域移行推進員」と名称を変更して，指定相談支援事業所等に配置。新たに退院促進・地域定着に必要な各圏域の体制整備総合調整を行う「地域体制整備コーディネータ」を圏域ごとに1人以上配置することにした。また必要に応じて，当事者による支援（ピアサポーター）の活用ができることとした。

圏域というマクロレベルでのケアマネジメントが行える体制を整備し，この事業の実施・普及を図った。しかし十分な成果が得られないまま，2012年に行われた行政事業レビューでは地域体制整備コーディネータ事業の廃止が決まった。なお，精神障害当事者がピアサポーターとして事業に関わる取組みは，大阪府の先駆的事業から位置づけられ，全国でも取り組まれてきたが，ピアサポーター活用事業として制度化された。

この事業の実施・普及は，2009年度までには全国47都道府県で実施されるようになった（表8-1）。また圏域別には389圏域中337圏域（86.6%）で実施されており，全国への広がりは認められた。ただし，事業対象者数が2272人，退院者数が790人（退院者率34.8%）（2009年度）と少なく，脱施設化に向けた本格的な取組みにはなっていない。

一方，前述のとおり2012年度からは，障害者自立支援法の「地域移行支援事業」「地域定着支援事業」に位置づけられ，事業単位の補助金ではなく，利用者単位の個別給付へと変更された。事業所として指定を受けなくとも取り組めることになった。しかし繰り返し述べているように，本事業の特徴であった，長期入院者との関係作りによる「地域生活への動機付け」が事業内容から外れたこと，「地域移行支援事業」と「地域定着支援事業」の一体的な運用が考慮

表 8-1　精神障害者地域移行支援特別対策事業の実績（2009 年 6 月末現在）

	実施自治体数	全圏域数	実施圏域数	実施圏域数／全圏域数	事業対象者数（人）	退院者数（人）
2003 年度	16（含指定都市 1）	―	―	―	226	72
2004 年度	28（含指定都市 3）	―	―	―	478	149
2005 年度	29（含指定都市 5）	―	―	―	612	258
2006 年度	26 都道府県	385	148	38.4%	786	261
2007 年度	42 都道府県	389	236	60.7%	1,508	544
2008 年度	45 都道府県	386	295	76.4%	2,021	745
2009 年度	47 都道府県	389	337	86.6%	2,272	790
				合計	7,903	2,819

（注）　1. 2003 年度〜05 年度はモデル事業，2006 年度〜07 年度は精神障害者退院促進支援事業として実施。
　　　　2. 退院者数は当該年度内に退院した者の数であり，年度を越えて退院した者は含まれていない。
　　　　3. 2009 年度は実施予定も含む。
（出所）　古屋（2010）に一部加筆。

されないことがあり，全国的にこの事業の遂行が停滞化している（古屋，2015b）。

3.3　事業の成果

多くの地域では，本事業が開始された当初に障害者プランに示された「条件が整えば退院可能とされる約 7 万 2000 人の入院患者について，10 年のうちに退院・社会復帰を目指す」という目標に対して，残念ながら十分な成果は残せていない。モデル事業から始まった事業実績は**表 8-1** のとおりである。7 年間で 7903 人が対象となり，2819 人（35.7%）が退院したことになる（古屋，2015a）。10 年間で約 7 万 2000 人の地域移行という目標に対して，達成率 3.9% という低い成果にとどまっている。

さらに本事業は，本来なら支援ゴールが明確な障害者計画に明記された国の重要施策である。世界的に見ると，ランダム化比較試験（RCT）などを用いた科学的な効果評価の検証を行っても当然の取組みである。しかしながら，この事業に対する対照群を設定した効果評価研究すら行われていない。一方で**エビデンスが不明確なまま制度変遷**が行われている。プログラム評価を用いた効果モデルの形成評価も行われないまま，制度変更が行われてきた（大島，2014a；2015）。

150　　第Ⅱ部　精神保健福祉における適用例・実践例

3.4 「退院促進・地域定着支援等事業」の効果モデル作成への課題

本事業が導入された当初，精神保健福祉関係者の間では，この事業に対する大きな期待が集められていた。次節で触れるような先駆的で実績の上がる効果モデルも提起され，本事業に関する関心と熱気は高まった。

しかしながら，**実践に基づく効果モデルの知見が共有化されないこと，国の制度に反映されないこと**のみならず，対象数を拡大し地域移行・地域定着の成果を上げることに対する政策的誘導がないまま，2012 年からの障害者自立支援法の個別給付化を契機に急速に事業推進が停滞化することになる（古屋，2015b；大島，2014a）。**効果モデル追求の不問と制度的な混迷**などによって，関係者の失意も少なからず広がった。

本事業の事業対象数を拡大し，地域移行の実績を上げるためには，医療機関と地域事業所が十分に連携した取組みが不可欠である（古屋，2015b；大島ら，2009）。しかしこの事業には，事業に理解を示し協力を申し出る病院がなければならない。地域事業所が病棟に入って活動しようにも，病院の協力がなければ成り立たない。これに対してそのような医療機関と地域事業所の連携を，地域移行・地域定着という支援ゴールのもとに，制度化する，国の強力な政策的な位置づけが必要になる。

4 ゴール達成に有効な支援環境・支援プログラム
——効果的な退院促進・地域定着支援プログラムの開発，改善・形成評価

このように，厚生労働省の「退院促進・地域定着支援等事業」は，関係者の大きな期待と関心を受けて導入され，全国に展開されるようになったものの，確かな社会的成果をおさめることができずに 10 余年が経過した（古屋，2015b；大島，2014a）。

このような中，意欲をもって独自の創意・工夫を取り入れ，顕著な成果をおさめた取組みがある。退院促進・地域定着支援を地域事業所立ち上げの使命（ミッション）に掲げて取り組んできた取組み事例の成果から，私たちは多くのことを学ぶ必要があるだろう。

このような**効果的な実践を行う優良事例**（グッドプラクティス事例：GP 事例）の 1 つとして，社会福祉法人巣立ち会の実践例（「巣立ち会モデル」と呼ぶ）を取

り上げる（田尾，2013：田尾ら，2007：田尾ら編，2008）。この GP 事例は，支援ゴール達成のために，多くの創意・工夫を取り入れて効果的な実践を行い，成果を上げている。これらの実践から私たちは多くのことを学ぶ必要がある。さらに「巣立ち会モデル」を含む全国の GP 事例の取組みから「効果モデル」を形成し，その有効性を，実践家・当事者参画型「プログラム開発と評価」のアプローチ法を用いて検証した大島ら（2009）の「効果のあがる退院促進・地域定着支援プログラム」の取組みについても提示する（大島ら，2009：道明ら，2011a；2011b）。

4.1 「巣立ち会モデル」の退院促進支援プログラム

(1) 「巣立ち会モデル」の概要

社会福祉法人巣立ち会は，「住む場所と適当な支援がないために長く入院生活を続けている（中略）人たちを地域に向かい（引用ママ）いれ，地域住民同士が仲間として支えあうような街づくりをしたい」（法人ホームページ理事長挨拶）という思いをもって，1992 年に設立された社会福祉法人である。東京都三鷹市・調布市で通所施設 4 カ所，住居提供施設 8 カ所ほかを運営する。主に長期入院等を経験した精神障害のある人たちが，個人の尊厳を保持しつつ，自立した生活を地域社会において営むことができるよう支援することを目的に活動している。

退院促進支援事業は 2005 年から東京都より委託を受け，2007 年 3 月までに 67 人を支援対象に 41 人（61.2%）の退院を実現した（田尾，2007）。その後，東京都の事業委託が中断したが（理由は不明。東京都精神科病院協会のサポートで一時復活），独自事業や東京都の退院促進コーディネートを使用して同様の活動をこんにちまで継続している。なお東京都が退院促進支援事業に取り組んだ 2004 年度から 2006 年度の 3 年間で 53 人の退院があった（東京都退院促進コーディネート事業担当者，2011），巣立ち会は 2 年間で 41 人の退院を実現しており，これは東京都で退院した 53 人のうち 77.4% を占めている。

「巣立ち会モデル」の特徴は，①広報活動を含む精神科病棟に対する積極的なアウトリーチ活動であること，②退院後の継続支援を法人内の通所施設と住居提供施設で一体的に提供すること，③それら両者に長期入院経験をもつ当事者によるピアサポートを最大限活用していること，④退院後の継続支援を前提に地域移行への動機付けと退院準備を行っていること，⑤退院への思いがあれ

152　第Ⅱ部　精神保健福祉における適用例・実践例

①アウトリーチ
・ピアサポーターと職員が当事者向け出張講演をし，事業説明，関係作り，候補者の発掘等を行う。
・病院関係者への説明と協力依頼。
・家族と個別面接をし，関係作り，相談・調整を行う。

②動機付け
・候補者・家族との個別面接による動機づけ，具体的な援助計画のすり合わせ等を行う。
・当事者に少しでも退院意欲が芽生えたときに，迅速に退院訓練プログラムにつなげる。

③通所訓練
・希望があれば翌日からでも，入院先からの通所訓練を開始する。
・訓練期間の期限はなく，状況に合わせて進める。
・当事者によるピアサポート体制をとる。

④退院準備
＜住居支援＞
通所が安定した段階で以下の資源を活用し，当事者にとって最適な住居を探す。

・当会のグループホーム（7カ所）
・家主や民間事業者との協力関係。
・保証人のいない入居者に対する，当会の保証人制度。

⑤外泊訓練
・近隣の援護寮と連携し，外泊訓練を行う。
・単身生活へのイメージ形成。
・グループホーム食事会への参加。

⑥退院後支援
・期限を設けずに，退院後も同じチームがグループホーム・作業所として支援を継続する。
・ピアサポーターによる細やかな見守り。
＜具体的な支援内容＞
各種社会的手続き・関係機関との連絡調整・外出支援・ゴミ出しや炊事などADL（Activities of Daily Living：日常生活動作）支援・服薬，金銭管理，など。

⑦支援の終了
・退院促進プログラムとしての支援が終了しても，当会の提供する通常の生活支援サービスは継続される。

（出所）田尾ら（2007）。

図8-2　「巣立ち会モデル」退院促進支援事業の援助プロセス

ば速やかに地域移行への取組みを開始すること，⑥ケアマネジメント的な一体的支援のもとに，医療機関，行政，家族，他の地域事業所などとの連携を重視していること，にある（田尾ら，2007；田尾ら編，2008）。

　その特徴を，援助プロセス，実施体制，支援理念ごとに整理すると以下のとおりになる。

（2）　援助プロセス

　巣立ち会モデルの援助プロセスを示したのが図8-2である（田尾ら，2007）。

　まず最初のステップは，精神科病棟への広報を兼ねた積極的な「アウトリーチ」である。その際，入院経験をもつピアサポーターと職員が入院患者向けに「出張講演」を行う。「出張講演」では，退院促進・地域定着支援活動に関する

第8章　退院促進・地域定着支援の効果モデル形成　　153

ピアサポーターの体験談や，活用できるサービスに関する情報提供が行われる。同時に病院向けの事業紹介も行われる。

次に「動機付け」では，少しでも退院意欲が芽生えたら，好機を逃さず迅速にプログラムの導入を行う。「スピーディ」「タイムリー」「オープン」がよい地域移行支援の要素であるとしている。インテーク面接を個別に行い，一定のアセスメントを実施するとともに，支援計画のすり合わせをする（田尾ら，2007；2008）。

「通所訓練」は，巣立ち会の通所施設を中心に行う。希望があれば翌日からでも，入院先からの通所訓練を開始する。訓練期間に期限は設けない。通所の場において，ピアサポートと，複数スタッフが関わる体制を築く。

「退院準備」「外泊訓練」は，主に退院に必要な住まい・住居支援と連動させて行う。グループホームの体験利用，外泊訓練を行うほか，**「まずは住居をプログラム」**と同様に，「あなたに合ったアパート物件がありますよ」「グループホームが空いたから見に行かない？」「グループホームの食事会に出てみよう」「作業所に顔を出してみようか」などと誘いかける（田尾ら，2007；2008）。

「退院後支援」は，巣立ち会の通所施設に通いながら，通所施設のスタッフチームおよびピアサポーターによるサポートを受ける。グループホーム入居者は，そのスタッフから支援を受ける。そのほか，入院していた精神科病院などからの訪問看護も提供されるよう体制を整える。

また何かあったときの24時間対応窓口を携帯電話で確保している（理事である管理者が担当）。対象者のみならず，不動産業者や大家，その他の支援関係者にオープンにし，同時に15分以内に駆けつける職員が複数いる体制を築いている。なお，「退院後支援」の期限は設けず（国制度では1カ月，後に6カ月に延長），ニーズがある限り，支援は継続する（田尾ら，2007；2008）。

最後の「支援の終了」は体系的な「退院後支援」のニーズがなくなれば行う。巣立ち会から提供される通常の生活支援サービスは継続される（田尾ら，2007；2008）。

(3) 実施体制

①コーディネータによる支援

コーディネータは，基本的には直接対人ケアサービスを伴うケアマネジメントのケアマネジャーの役割を執る。精神科医療機関へのアウトリーチ（啓発活動，対象者面接）を行うとともに，対象当事者とのインテーク面接を行い「動

機付け」の支援を行う。さらに，その後の退院準備，退院後の継続支援，そのためのネットワーク形成支援の中核に立つ（田尾ら，2007：2008）。

②ピアサポーターによる支援

ピアサポーターの支援は，「動機付け」の支援と，「退院後支援」で力を発揮する。「動機付け」の支援では，「体験に基づくエキスパート」の体験談とコメントが重要な意味をもつ。また「退院後支援」では当事者によるピアサポート体制が築かれていることが重要である。通所施設に通うとかつて入院していた仲間がピアのグループを作っている。「困ったときにはこうすればいいんだよ」というような話が自然にできる体制ができている。自然にピアのネットワークの中に入っていく。それは同時に「退院しても1人じゃない，仲間がいる」という安心のメッセージを送ることにもつながる（田尾ら，2007：2008）。

③地域生活支援に関する会議等

コーディネータがこれら会議，組織をコーディネートする。巣立ち会内部の会議で調整役を担うとともに，関係機関とのネットワーク形成にも役割を果たす。とくに精神科医療機関との関係，行政との関係構築は重要である（田尾ら，2007：2008）。

（4）　退院促進・地域定着支援の理念

退院促進・地域定着支援は，巣立ち会設立の元来のミッション（使命）であった。「長期入院は著しい人権侵害である」という基本的な認識があり，「早期に地域移行を行うためにあらゆる可能性を模索」「本人に少しでも退院意欲が芽生えた好機を逃さずプログラムにつなげる」「Noと言わないのがモットー」「地域で暮らすことは原則としてすべての人の権利である」という理念が，この法人職員のそれぞれに深く刷り込まれている。

これらの理念が，「巣立ち会モデル」の退院促進・地域定着支援プログラムの全体に浸透している。そしてそれは，**ACT**や「**まずは住居をプログラム**」**の理念とも深く関連**している。

（5）　「巣立ち会モデル」から見た退院促進支援等事業の現状と課題

図8-3には，厚生労働省の退院促進支援事業要綱との対比を示した（田尾ら，2007）。**同じ事業費を活用しても，退院促進・地域定着支援の支援ゴールを明確に設定して，その達成のために意欲をもって独自の創意・工夫を組み入れて取り組むことによって，確かな実績を生み出しうる効果モデルに発展できることを，巣立ち会の取組みは示している。**

厚生労働省の要綱概要	巣立ち会の実践
①利用申し込み ・主治医・PSW 等は事業の候補者を選定。 ・事業の趣旨，内容を本人に説明し，本人の希望を把握。 ・当該精神科病院の管理者は，対象者の承諾を得て主治医の意見書を添付の上申込書を自立促進支援協議会に提出する。	**①アウトリーチ** ・ピアサポーターと職員が当事者向け出張講演をし，事業説明，関係作り，候補者の発掘等を行う。 ・病院関係者への説明と協力依頼。 ・家族と個別面接をし，関係作り，相談・調整を行う。
②対象者の選定 ・協議会は申請に基づき対象者の適否を協議する。 ・協議会は協議の結果を当該精神病院の管理者および申請者に通知する。	**②動機付け** ・候補者・家族との個別面接による動機づけ，具体的な援助計画のすり合わせ等を行う。 ・当事者に少しでも退院意欲が芽生えた時に，迅速に退院訓練プログラムにつなげる。
③支援計画の策定 ・協議会は担当する自立支援員を決定，対象者の自立支援計画を策定，協力施設への依頼等を行う。	**③通所訓練** ・希望があれば翌日からでも，入院先からの通所訓練を開始する。 ・訓練期間の期限はなく，状況に合わせて進める。 ・当事者によるピアサポート体制をとる。
④協力施設等における訓練 ・自立支援計画に基づき，協力施設等における訓練，または日常生活を営むのに必要な活動の訓練を実施する。 ・自立支援員は必要に応じて訓練内容の説明・同行支援・状況確認等を行う。 ・訓練期間は原則として 6 カ月以内とし，必要に応じて更新する。 ・対象者の病状悪化の場合にあっては主治医が，その他の場合にあっては，協議会が本事業の継続が困難になったと判断した場合は訓練を中止する。	**④退院準備** ＜住居支援＞ 通所が安定した段階で以下の資源を活用し，当事者にとって最適な住居を探す。 ・当会のグループホーム（7 カ所） ・家主や民間事業者との協力関係。 ・保証人のいない入居者に対する，当会の保証人制度。
	⑤外泊訓練 ・近隣の援護寮と連携し，外泊訓練を行う。 ・単身生活へのイメージ形成。 ・グループホーム食事会への参加。
⑤訓練終了 ・協力施設等における訓練は対象者の退院または訓練中止により終了するものとする。 ・協議会は毎年度末までに運営委員会に事業実施報告を提出する。 ・運営委員会は，毎年度末に知事等に事業実績報告を提出する。	**⑥退院後支援** ・期限を設けずに，退院後も同じチームがグループホーム・作業所として支援を継続する。 ・ピアサポーターによる細やかな見守り。 ＜具体的な支援内容＞ 各種社会的手続き・関係機関との連絡調整・外出支援・ゴミ出しや炊事など ADL 支援・服薬，金銭管理，など。
退院の場合 ・引き続き支援が必要な場合は，退院後 1 カ月に限り支援を継続することができる。 **中止の場合** ・訓練中止に至った要因を分析する。	**⑦支援の終了** ・退院促進プログラムとしての支援が終了しても，当会の提供する通常の生活支援サービスは継続される。

（出所）田尾ら（2007）。

図 8-3 「巣立ち会モデル」と制度モデルの比較

ここで取り上げた「巣立ち会モデル」は前章までに取り上げた脱施設化を進める，**脱施設化第2・第3プロセスを達成するいくつかの EBP プログラムの効果モデルと共通要素が多い。**

　「巣立ち会モデル」のコーディネータの役割は，直接対人ケアサービスを伴うケアマネジメントのケアマネジャーの業務である。通所施設に通うことによって提供される支援はチームアプローチであり，24 時間・365 日体制で対応すること，ピアサポーターが重要な役割を果たすこと，関係機関との連携に医療機関も含めており，ACT チームと類似のチームアプローチが実現している。また住居サービスを重視しており，何より当事者の動機付けに応じて，好機を逃さず迅速にプログラムを導入する取組みは，「**まずは住居をプログラム**」ならぬ，「**まずは退院をプログラム**」と位置づけることができるだろう。

　巣立ち会が発展させたこの「効果モデル」は，厚生労働省の退院促進支援事業がスタートした当初から注目されて，視察件数もたいへん多かったと聞く。しかし，この「効果モデル」をそのまま追試する事業所はこれまでのところ現れていない。

　この背景には何があるのだろうか。まず退院促進支援事業の補助金額が低く見積もられており，巣立ち会のように積極的な活動をすれば財政的に持ち出しになる可能性がある。また，委託事業として行政から委託を受ける必要があるが，「積極的すぎる取組み」が行政的に位置づけられにくい側面があること（巣立ち会は実績を上げながら，理由を明らかにしないまま事業委託を中断された）があり，さらにその背景には，何としても支援ゴールを達成しなければならないという国の政策サイドを含む社会的合意形成ができていなかったことがあったのではないかと推察される。

　プログラム評価論的な（形成評価）観点からは，「効果モデル」をより効果的にするために，効果を生み出す可能性の高いモデルが登場したら，そのモデルの試行評価を各地で行い，それぞれの創意・工夫をもち寄ってより効果的なモデルを構築することが期待される。また，一定の有効なモデルが構築されれば，対照群をおいてランダム化比較試験（RCT）や少なくとも比較による有効性研究（CER: Comparative Effectiveness Research）を行い，エビデンスレベルを上げて，EBP プログラムにすることも可能である（大島，2014a）。

　しかし以上のことが実現しないまま，いま巣立ち会における取組みが，独自財源によって継続している状況にある。「巣立ち会モデル」では，ACT 類似の

包括的な生活支援を行っていることに対して，ACT に対するものと同様の批判があるかもしれない。これに対しては，ACT 同様にプログラムへの加入基準を明確にし，これだけの包括的な支援が必要な対象者であることを明らかにする必要があろう。また，ピアサポートを積極的に取り入れているが，当事者主体のサービス，リカバリー志向のサービスがどの程度実現しているのかを検証することも重要であろう。

4.2 効果の上がる退院促進・地域定着支援プログラム構築の取組み

大島・古屋らの研究チーム（大島ら，2009；2014a；道明ら，2011a；2011b；中越ら，2015）は，「巣立ち会モデル」に基づく「効果モデル」を踏まえつつ，**全国の成果を上げている優良事例（GP 事例）をも参考にして，効果モデルをより効果的に，かつ地域状況に応じてより一般的に提供できる効果モデルに発展させる**ためのプログラム評価研究を 2008 年から継続的に進めてきた。

まず，全国で退院促進・地域定着支援等事業に積極的に取り組み，良い成果を上げている GP 事例 20 事業所の訪問事例調査を行い，支援ゴールの明確化を行うとともに支援ゴールを達成するために有効な「効果的援助要素」26 項目の抽出を行った。また 26 項目を構成し，事業所の創意・工夫を反映するチェック項目を選定した。そのうえで，支援ゴールがどのような手順で達成されるのかに関するプログラムの設計図（インパクト理論）と，それを実現するプログラム要素の構成を示すプロセス理論を作成した。その妥当性について，退院促進・地域定着支援等事業に積極的に関わる実践家とのワークショップを複数回開催し検討したうえで，暫定効果モデルを構築した（大島ら，2009；道明ら，2011a）。

この暫定効果モデルに基づいた 1 年間の全国試行調査を，2008 年から 2010年にかけて行った。また「効果的援助要素」26 項目の実施状況と妥当性を評価するための全国事業所調査を，全国 170 事業所（回収率 61.6%）の協力を得て実施した。それらの検証結果を踏まえてまとめた効果の上がる退院促進・地域定着支援プログラムのプログラム理論（効果モデルの設計図）と効果的援助要素の概要は図 8-4，図 8-5，表 8-2 のとおりである（道明ら，2011b；中越ら，2015）。

しかしながら，前述のとおり，2012 年度よりこの事業が利用者単位の個別給付へ移行したことに伴って，事業の遂行が停滞化している。この事態を受け

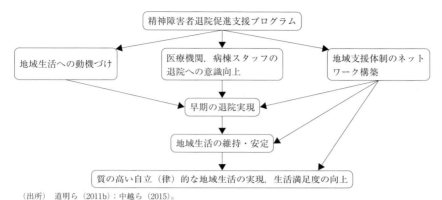

(出所) 道明ら（2011b）；中越ら（2015）。

図8-4 退院促進・地域定着支援プログラム・インパクト理論

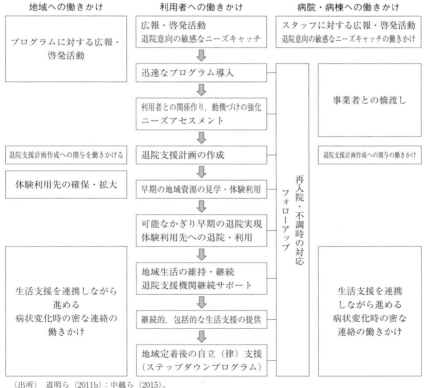

(出所) 道明ら（2011b）；中越ら（2015）。

図8-5 退院促進・地域定着支援プログラムのサービス利用計画

表 8-2　退院促進・地域定着支援プログラム（提案モデル）・効果的援助要素リスト

A 領域　サービス提供組織

A-1　退院促進支援組織と地域生活支援組織の一体的な運営
A-2　地域移行後支援のチーム会議
A-3　地域移行推進員の機能
A-4　地域移行推進員の配置
A-5　コーディネータの配置と機能
A-6　ピアサポーターの配置と機能
A-7　医療機関とのケア会議

B 領域　プログラムの標的集団へのサービス提供

B-1　医療機関に対する積極的な広報・啓発活動
B-2　協力病院入院患者に対する積極的な広報活動
B-3　ピアサポーターと協力病院入院患者との体験交流の機会

C 領域　利用者との関係づくりとプログラムの導入

C-1　入院患者との積極的な関係づくり
C-2　迅速なプログラム導入
C-3　退院に向けた動機付けの維持，向上
C-4　プログラム開始時から地域移行，地域生活支援を念頭においたケアマネジメントを行う
C-5　利用者の意向を尊重した支援計画の作成

D 領域　入院中に行う退院準備

D-1　迅速な地域資源の体験利用
D-2　住居の確保と入居条件の調整
D-3　家族への支援

E 領域　退院促進支援についての目標設定

E-1　可能な限り早期の地域移行推進への取組み
E-2　地域移行推進，地域定着推進への取組み

F 領域　退院後の継続的な包括的地域生活支援体制の構築

F-1　退院後の継続支援の提供
F-2　退院後の継続的な包括的生活支援の提供
F-3　再入院や不調時の対応・フォローアップ
F-4　医療機関との連携
F-5　インフォーマルな資源との連携
F-6　地域定着後の自立移行支援（ステップダウンプログラム）の実施

（出所）　道明ら（2011b）；中越ら（2015）。

て，医療機関と地域事業所が連携する効果モデルに再編し，プログラムの再度
の開発を行う必要性が生じた。そこで，再度実践家が集まり，複数回にわたる
実践家参画型ワークショップを開催し，新たな効果モデルを開発・構築してい
る。またこのモデルに合致し，効果を上げている全国 17 事業所（GP 事例）の
現場踏査調査を実施し，プログラム理論の再構築と効果的援助要素の改訂を現
在行っている（大島ら，2014a；高野，2015）。

4. 3　退院促進・地域定着支援等プログラムが今後めざすものは？

　2012 年度から利用者単位の個別給付へ移行したことに伴う制度改変は，本事業の遂行にとって大きな課題を投げかけた。

　しかしその一方で，医療機関と地域事業所が連携して効果モデルを追求する取組みは，これからの日本の保健・医療・福祉の有効なモデル構築へとつながる可能性がある。精神障害も WHO の 5 大疾病に位置づけられ，退院から地域支援までを見通した地域連携モデルの構築が求められている（古屋，2015b）。元来，このモデルがこのプログラム成果を上げるためには，医療機関と地域事業所が十分に連携した取組みが不可欠であることはすでに触れたとおりである。

　2012 年度改正による利用者単位の個別給付化は，すべての地域事業所が，地域移行・地域定着事業に取り組める方向性が示されたと前向きに評価することもできる。問題は，このプログラムへの入口部分と出口部分である。

　入口部分については，医療機関との連携を深めること，地域事業所で取り組む計画相談対象者に，もっとも大きなニーズをもつ長期入院の地域住民を加えていくことが必要である。また，出口部分については，脱施設化の第 2・第 3 プロセスで欧米諸国が構築したように，そのニーズの深刻さに優先順位をつけて，直接対人ケアサービスを伴うケアマネジメント，ACT モデル，「まずは住居をプログラム」，そして「巣立ち会モデル」を全国で取り組める体制を構築する必要がある。

5　ソーシャルワーカーに求められる支援環境開発アプローチ
——日本において効果的退院促進・地域定着支援プログラムを構築するための課題

5. 1　解決を求められる課題・ニーズに応えうる取組みの分析, 批判的検討

　この章では，日本独自の取組みとして開始された厚生労働省の「退院促進・地域定着支援等事業」を検証し，その発展・改善可能性を検討した。

　この事業は，**脱施設化第 1 プロセスの「地域移行」の段階において，地域事業所が積極的なアウトリーチを病棟に対して行う点がこれまでにないユニーク**な取組みだった。しかし 2003 年の事業立ち上げ以来，**制度変更・変遷が充分な裏づけもなく繰り返された**。さらに，2012 年度に利用者単位の補助金個別

第 8 章　退院促進・地域定着支援の効果モデル形成　161

給付化がされて以来，急速に取組みが沈滞化した。

　その一方で，全国には「巣立ち会モデル」の取組みを含めて，よい成果を上げている**優良事例事業所が少なからず生み出された。その知見が共有化されて，制度の改善に結びつかない構造上の問題**に目を向ける必要がある（大島，2014a）。

　他方，2012年からの個別給付化を契機に急速に事業推進が停滞化したことに対して，制度設計上の欠陥はあったにしても，「巣立ち会モデル」で取り組んでいればある程度十分な成果をおさめることは可能であるという指摘もある（田尾，2013）。このように見ると，個別給付化で課題が浮き彫りになるのは，この事業に対して医療機関と地域事業所が十分に連携した取組み（古屋，2015b）を行うことであったのかもしれない。

　いうまでもなく，制度設計の良し悪しはどこにでも存在する。問題は，支援ゴール達成のために，福祉専門職として目前にある制度をどう使いこなすのか，また制度改善のための問題提起を行政や社会に対してどのように行うのかが問われてくる。もちろん前述のとおり，**実践家参画型で既存制度の改善・形成評価を行う仕組みを公的にもたない日本の社会プログラムの弊害は大きい**（大島，2014a；2015）。

5.2　問題解決に有効な効果モデル形成への貢献

　「巣立ち会モデル」や，全国の優良事例事業所の取組みからの改善・形成評価によって構築した「効果の上がる退院促進・地域定着支援プログラム」は，現時点で考慮できる日本の有用な効果モデルということができるだろう。しかし，効果モデルとしてのエビデンスレベルはいまだ低く，有効性に関するエビデンスをこれから重ねていく必要がある。

　今後，関心のある多くの地域事業所と精神科医療機関に参画していただき（効果モデル検証と改善のための全国試行評価プロジェクト），よりエビデンスレベルの高い効果モデルに改善・形成することが望まれる（大島，2015；古屋ら，2015b）。同時に参画する事業所・実践家とともに，効果の上がる実践方法について創意・工夫を共有する場をもつことは貴重な機会になる（大島，2015）。

5.3　日常実践でできること，すべきこと

　まずこの事業は，大阪府における実践に根ざした試行的事業が基盤になって，

162　　第Ⅱ部　精神保健福祉における適用例・実践例

国の制度として創設されたことを想起する必要がある。また「巣立ち会モデル」は，国制度に比べて著しい改善点が数多くある。しかしこれも巣立ち会の実践の中から開発された。

　精神科病院への長期入院は人権問題であり，速やかな改善・改革が必要であるという使命感に基づいて取り組まれていること，取組みの効果的援助要素を蓄積し共有化したこと（マニュアルの作成など），効果的取組みの設計図（プログラム理論）がある程度作成されていたことなどが，「思い」を効果モデルにつなげる次のステップになるであろう。

　大阪府や巣立ち会には，制度発足直後には多くの視察や問い合わせがあったという。しかし残念ながら，「巣立ち会モデル」をそのまま追試した事業所は現れていない。**実践と実践知の共有化を当たり前に行うことができる実践現場の文化を形成**していく必要があるだろう（大島，2015）。同時に，たび重なる制度改変に対し，異議申立てなど適切な社会的発信をすることも時には必要になるであろう。

第**9**章

ニーズに応じた体系的な家族支援のあり方
家族心理教育を軸とした効果モデルの導入，体系的な実施・普及

▷本章の概要

1 はじめに

2 当事者ニーズに根ざした課題・家族支援の意義・支援ゴールの設定

3 当事者・家族ニーズに対応する支援の現状と課題
——家族支援ゴールを達成するために必要な支援環境開発を求めて

4 ゴール達成に有効な家族支援プログラム

5 ソーシャルワーカーに求められる支援環境開発アプローチ
——日本で家族支援を体系的に進めるための課題と展望

▷本章（第9章）の「プログラム開発と評価」の課題

「効果モデル」の 評価課題	「効果モデル」の エビデンスレベル	技術移転の あつらえ	他モデル開 発の必要性
✔ 開発評価（家族ケアマネ）	☐ EBP プログラム		
☐ 継続的改善・形成評価	☐ ベストプラクティスプログラム		◎
✔ 実施・普及評価	☐ エキスパートコンセンサス PG	◎	（家族ケアマ ネジメント）
	✔ 実践の中で有効性（家族ケアマネ）		

＊プログラムの略称として，PG を使用。　＊＊本書 18 頁，表 1-3 参照。

▷ *Keywords*

プログラム開発と評価：EBP プログラムの技術移転・導入のあつらえ，家族アセスメントに
よる主要な支援対象層（ターゲット集団）の設定，支援ゴールの設定，地域における体系的
な実施システムの構築，実施・普及ツールキット

課題，取組み，その他：家族アセスメント，援助者としての家族（機能），生活者としての家
族（機能），家族の感情表出（EE: Expressed Emotion），家族の介護負担，医療機関が提供
する包括的支援の「要」に位置する心理教育，家族ケアマネジメント，介護者法（Carers
Act）

慎重な位置づけが必要となる重い障害のある人たちへの家族ケアと家族自身への有効な支援を考慮するには，家族支援のニーズアセスメントを適切に行い，より適切・妥当な家族支援のゴール設定をする必要がある。

本章では，まず重い精神障害のある人たちへの家族ケアと，家族ケアを行う家族自身への支援を，「援助者としての家族」「生活者としての家族」という枠組みから整理する。そのうえで家族支援の提供が求められる支援ニーズの高い家族を，家族アセスメントの結果に基づいて「支援の対象」に位置づけ，家族支援の支援ゴール設定方法を提示する。

家族支援のゴール達成には，代表的な EBP プログラムである家族心理教育が有効である。その実施・普及を体系的に進める取組みが広まっている。その一方で地域で支援が必要な家族を包括的にアセスメントし，必要な家族支援を提供する家族ケアマネジメントの方法が注目されている。本章の後半では，家族支援のゴール達成に有効な家族支援プログラムを，EBP 家族心理教育プログラムを軸に提示し，その実施・普及方法を検討する。さらに家族ケアマネジメントの考え方に基づいた地域における体系的な家族支援をどのように開発・形成したらよいのか，そこに関わるソーシャルワーカーの役割についても考察する。

1 はじめに

本章では，重い精神障害のある人たちの生活基盤の再構築に関わるニーズと密接に関連する課題として，家族のニーズと家族への支援を取り上げる。支援環境開発をテーマとする本書において，**家族は障害のある人たちの生活基盤を支える，掛け替えのない貴重な支援環境**である。その支援環境をよりよい状態に導き，維持・継続することは，ソーシャルワークの支援にとって欠くことのできない重要なアプローチである。

その一方で，重い精神障害のある人たちの生活基盤に関わる支援を，家族にばかり委ねてきた過去の弊害と反省がある（大島，1989；大島ら，1992）。家族によるケア（家族ケア）の継続が難しくなった場合には，地域ケア自体の維持・

第9章　ニーズに応じた体系的な家族支援のあり方　　165

継続が困難となり，精神科病院への長期入院が余儀なくされるという二者択一を迫る社会状況が日本の精神保健福祉の歴史にはあった（岡上ら編，1988）。

重い精神障害のある人たちの主な家族は，次節で見るように高齢化した親や，親から世代交代し生活基盤の支援を担うことになったきょうだい世代の家族が中心である（大島，1989）。多くの家族は高齢，健康障害，経済的困窮などの悪条件下で生活しており，介護負担などによって，家族自身が周囲からの支援を必要とする状態になっている。そのような中，家族支援の対象となる家族をどのように位置づけていけばよいのか，慎重な検討が必要になる。

家族支援を進めるうえで，家族アセスメントは重要な位置を占める（大島，1989；2010a；大島ら，1998a；大島編，2004）。代表的な家族支援のアプローチ法である家族心理教育プログラムは，後述するように家族の感情表出（EE: Expressed Emotion）という家族アセスメント法に関連して生み出された。家族心理教育プログラムは，家族自身の状況の改善のみならず，家族ケアを受ける障害のある人本人の状態をも改善する支援方法である。またそれは有効性が確立した EBP プログラムでもある。

さらに，家族ケアマネジメントの考え方を取り入れて，家族ニーズを適切にアセスメントして，必要な支援を提供し成果を上げている英国の地域精神保健福祉システムもある（Department of Health, UK, 2004）（後述）。

その一方で，家族アセスメントが適切に行われず，障害のある人本人や家族ケアを行う家族の意に反して，あるいは家族ケア継続が困難な状況にある家族に対して，家族ケアを強いるとすれば本人・家族双方にとって決してよい結果はもたらされない（大島ら，1998a）。

以上を踏まえて本章では，まず上述したような慎重な位置づけが必要となる，重い精神障害のある人たちへの家族ケアと，家族ケアを行う家族自身への支援を，「援助者としての家族」「生活者としての家族」という枠組み（家族アセスメントの枠組み）（後述）から整理する（大島，1987：1989）。そのうえで家族支援の提供が求められる支援ニーズの高い家族を，**家族アセスメントの結果に基づいて「支援の対象」に位置づけ，家族支援に関する支援ゴールの設定方法を検討する。**

家族支援のゴール達成には，代表的な EBP プログラムである家族心理教育が有効である（Dixon ら，2001）。その実施・普及を体系的に進める取組みも広まっている。一方で英国などでは，地域で支援が必要な家族を包括的にアセス

166　　第Ⅱ部　精神保健福祉における適用例・実践例

メントをし，必要な家族支援を提供する家族ケアマネジメントの方法が取り組まれている（Department of Health, UK, 2004）。本章の後半では，家族支援のゴール達成に有効な家族支援プログラムを，EBP 家族心理教育プログラムを軸に示し，その実施・普及方法を検討する。また家族ケアマネジメントの理念に基づいた地域における体系的な家族支援をどのように開発・形成したらよいのか，それに関わるソーシャルワーカーの役割についても考察する。

2 当事者ニーズに根ざした課題・家族支援の意義・支援ゴールの設定

2.1 なぜ家族ケア，家族支援なのか：
慢性疾患や障害をもつ人たちに対する家族支援の意義と必要性

地域において，ソーシャルワーカーなど精神保健福祉専門職が，精神障害をもつ人たちに継続的な支援を提供する際には，身近なところで日常的な支援を提供する家族とパートナーシップを組んで支援を進めていくことが必要である（Caplan, 1971）。同時に，精神障害のある人本人との間でさまざまなことに悩み，対応に苦慮し，日常的にストレスを受けている家族自身に対しても何らかの形で家族支援を提供することも求められる（大島，1989；2010a；大島ら，2000b）。

前者の視点は，「援助者としての家族」との連携・協働であり，「援助者」支援のアプローチである。また後者の視点は「生活者としての家族」に対する支援と位置づけられる。同時にこれは生活主体者としての家族自身が望む目標を実現するアプローチである（大島，1987；1989；2010a；大島ら，1994）。

この項では「援助者としての家族[*1]」と「生活者としての家族[*2]」のそれぞれに注目した家族支援の意義を，まずまとめておきたい（表9-1）。

> *1 「援助者としての家族（機能）」は，精神障害のある人本人に対して家族ケアを提供する援助者として家族を捉える視点。またはその家族援助者の援助機能，ケア機能。その援助機能・ケア機能は，精神障害のある人が少しでも健康で文化的な生活を形成していけるように家族が協力する行動を捉える「協力度」という尺度で測定する（大島，1987；1989）。
>
> *2 「生活者としての家族（機能）」は，日常生活における一般的な家族の生活機能（各生活領域ごとの生活機能）をさす。家族ケアを提供する家族援助者については，その家族自身が自らの一般的な日常生活を営む生活主体者であるという視点。「生活者とし

表 9-1　援助者家族の問題を把握する方法とその枠組み：
　　　　慢性疾患患者を抱える家族を捉えるための 2 つの視点

援助者としての家族（機能）

・病者や障害者に対する家族の援助機能，ケア機能（あるいはその障害）

・治療や社会復帰の一資源として家族を捉える視点

生活者としての家族（機能）

・日常生活における，一般的な家族の生活機能（あるいはその障害）

・家族自身が自らの生活を営む生活者である。
　障害者のケアのためだけに家族が存在するわけでなく，家族も自分自身の生活
　を楽しみ自己実現を図っていく生活主体である。その生活機能（あるいはその
　障害）を捉えたもの

　ての家族機能」は，逆機能である「生活者としての家族機能」の障害である「生活困
難度」によって捉える（大島，1987；1989）。「生活困難度」は，家族が精神障害者と
共同生活をしていくために生じる家族の日常生活行動の障害をいう。人間の行動には
達成すべき目標が設定されるが，ここで家族の生活行動障害とは，各生活領域ごとに
設定された家族の目標と実際の行動との間のギャップを表す。

　なお本章では，しばしば混同して使用されることのある「家族ケア（Family Care)」と「家族支援（Family Support)」を用語として区別する。図 9-1 のように，「家族ケア」とは，障害をもつ人本人に対して援助者家族が提供するケアである。これに対して「家族支援」は専門職や周囲の人たちから，「援助者としての家族」に提供される支援やサポートを示す用語として用いる（大島，2004b；2010a)。

（1）「援助者としての家族」への支援の意義，支援の有効性

　重い精神障害をもつ人たちを地域で援助する際には，身近なところで日常的な支援を提供する人の存在が重要である。それは日常生活に必要な身辺ケアを提供し，日常的に心理的に彼らを支える存在として欠くことができないからである（Caplan, 1971)。

　それらの役割を，精神保健福祉専門職が ACT プログラムのように全面的に担うこともできる。しかしながら，それが常に求められるわけではない。人材や費用が限られているからという理由だけではない。基本的な援助組織としての「身近な援助者」（家族，友人，知人，隣人等）の役割がインフォーマルな支援環境として重要だからである。予防精神医学で有名なカプランは，そのような

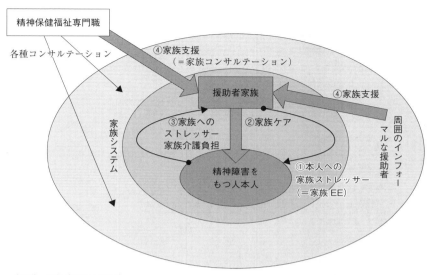

（出所）　大島（2004b；2010d）。
図9-1　家族ケアの相互作用，家族支援と家族ケア

援助組織の重要性を指摘した（Caplan, 1971）。カプランは，「身近な援助者」が継続的な関わりと長期にわたる重荷や困難に対処できる貴重な存在と考えている。

「身近な援助者」の中でも，家族はとくに重要である。歴史的にも文化的にも，ほとんどすべての社会で，家族は互いに結びつき助け合うべきであるという規範がある。そして一度良好な家族関係が形成された場合には，互いの要求に対する敏感さとそれを尊重する態度が備わって，効果的な意思伝達が可能になる。したがって，日常的な「ケアの提供」を考える際には，家族はほかには求めにくい特質をもつ（Caplan, 1971；大島，1989；2010d）。このような観点から，精神障害のある人への支援を進めるうえで，家族を「支援チームの一員」と考えて連携・協働を進めるとともに，「身近な援助者」としての家族に対して，必要なサポートとコンサルテーションを提供することが求められる（大島，1989；2004b；2010d）（図9-1）。

前述のとおり，家族か精神科病院かの二者択一を迫る日本の社会状況が精神科病院への長期入院・社会的入院の弊害を生み出してきた（岡上ら，1988；大島ら，1992）。そのような弊害を生み出さないためにも，ACTや援助付き住居など，前章までに取り上げたエビデンスに基づく有効な支援環境の整備を進める

第9章　ニーズに応じた体系的な家族支援のあり方

表 9-2　家族の EE（Expressed Emotion）とは

・統合失調症など慢性疾患をもつ人本人と，家族間に存在する家族関係の一側面
・家族が患者に表出する感情の内容により測定する
　批判的コメント（CC），敵意（H），情緒的巻き込まれ過ぎ（EOI），暖かみ
　（W），肯定的言辞（PR）からなる
・とくに統合失調症では，再発を予測する主要な社会心理的因子として世界的に
　認知される
・再発予測因子：
　CC，H，EOI が一定レベル以上（高 EE 状態）であると 9 カ月後の再発率が高
　まることが実証される
・高 EE 状態とは家族のどのような状態か：
　家族が介護負担により疲弊しストレスを受けている状態

（出所）　著者作成。

必要がある。しかしその一方で，もう 1 つの選択肢として，地域における適切
な支援環境として，よりよい家族ケアが提供できるように，必要な人には必要
な家族支援を提供することも同時に考慮しなければならない。その理由は上述
したとおりである。

　さて，「援助者としての家族」の有効性に対する注目は，家族の Expressed
Emotion（EE：感情表出）研究の成功と，EE 研究を踏まえた家族心理教育の有
効性の検証が大きな契機になった（Leff ら，1985；大島ら，1993）。

　家族の EE とは，統合失調症など慢性疾患患者と家族間に存在する家族関係
の一側面であり，家族が障害のある人本人に対して表出する感情の内容によっ
て測定したものをいう（表 9-2）（Leff ら，1985；大島ら，1993）。とくに統合失調
症では，再発を予測する主要な社会心理的因子として世界的に認知されてきた。
初期 EE 研究では，まず批判的コメント，敵意，情緒的巻き込まれ過ぎという
家族の EE が一定レベル以上（高 EE 状態）であると，9 カ月後の再発率が 40％
ほど高まることを明らかにした。さらに高 EE 状態のもとでは，家族との対面
時間が長いほど再発率が高くなることもわかっている。またそれは薬物療法の
継続と同等程度の規定力をもつ（図 9-2）。これらの知見は，その後も世界各国
で追試され良好な成績をおさめている（Leff ら，1985；大島ら，1993）。

　一方で，EE 研究の成功を受けて，家族を支援する多様なプログラム（総称
として「家族心理教育」）が開発された（Dixon ら，2001；大島ら，2000b）。これら

170　　第Ⅱ部　精神保健福祉における適用例・実践例

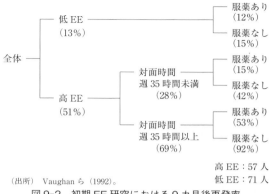

(出所) Vaughan ら (1992)。
図 9-2 初期 EE 研究における 9 カ月後再発率

の取組みの多くは，精神障害のある人の再発率を低め，家族の EE や介護負担・ストレスを低下させる効果があると報告している（Dixon ら，2001）。現在では，家族心理教育は EBP プログラムのもっとも代表的なアプローチの 1 つと認識されている（Dixon ら，2001；大島，2010c）。

　一般的に精神障害のある人の家族は，これまで精神疾患やその治療法，対人援助方法などについて体系的に専門教育を受ける機会が少ない。専門的な知識がないまま，精神障害をもつ人たちと日常的に接していると，不安が増大し対応がうまくいかないことがある。そのような挫折感が積み重なると心身ともに疲弊してしまう（大島，1989；1994；2010c）。「援助者としての家族」への支援では，家族心理教育等で正しい知識や確かな情報を伝え，本人に対する適切な対応方法を身につけることが求められる（大島ら，2000a）。

(2) 「生活者としての家族」への支援の意義

　精神障害をもつ人の家族には，特徴的な困難が数多くある。援助者家族の多くが高齢で健康状態がすぐれないこと，経済的に恵まれていないこと，周囲の偏見などのために孤立しがちであること，精神障害をもつ人を地域で支える社会的援助資源の整備が遅れているために家族に多くの責任を負わされていること等である。とくに日本では，2013 年の精神保健福祉法改正で廃止になったが，それまで「保護義務」という過酷な義務が法的に家族に負わされてきたことも加わる（大島，1989；2010d；大島ら，1992）。

　このような多くの負担・重荷を家族が負っているために，援助者家族は過剰

第 9 章　ニーズに応じた体系的な家族支援のあり方　　171

なストレスを受け，それが EE にも反映し精神障害のある人本人の再発・再入院などの経過に悪影響を及ぼす可能性が示唆されている（大島ら，1994；1995）。さらに「援助者としての家族」の役割が強調されすぎると，家族のストレスが高まり「生活者としての家族」機能が障害されて，結果的に障害をもつ人本人の経過にも悪影響が及ぼされる（大島，1989；大島ら，1994；1995）。家族の EE は，これ以上家族ケアを継続すると，家族・本人双方が悪循環に陥ってしまうことを警告する重要な「家族の注意信号」と見ることができる（大島，2010d）。

「生活者としての家族」に注目した支援では，客観的レベルの家族の困難である家族資源の不足と，主観的レベルの家族の困難の双方を標的にして家族支援を提供する必要がある。同時に，障害をもつ人本人との適切な距離をとることや，家族生活の中に家族ケアを無理なく位置づける共感的な理解の形成を支援することも必要になる（大島，1989；2010d；大島ら，2000a）。

2.2 家族支援のゴール

前項を踏まえて，家族支援全体でめざすべき支援ゴールを整理したい。

それには，「援助者としての家族機能」の向上を図るとともに，「生活者としての家族機能」をもバランスよく維持・向上できるよう家族を支援することが重要である（大島，1987；1989；2010d；大島ら，1994）。これは家族が望むリカバリーの支援を考慮する際にも大切な視点となる。この点を前提にしたうえで，まずは「援助者としての家族」と「生活者としての家族」のぞれぞれ個別に，家族支援のゴールについて明らかにする。

（1）「援助者としての家族」から見た家族支援のゴール

「援助者としての家族」に注目するとき，家族支援のゴールは，家族ケアを受ける精神障害のある人本人の支援ゴールと深く関わる。

すでに述べたように，「援助者としての家族」の機能として「家族の EE」が重要である。元来家族 EE は，1950 年代に始まったイギリスの脱施設化の歴史の中で，地域に移行した精神障害のある人の地域生活を継続し，「回転ドア現象」を防止する実証研究から見出された。家族 EE で把握される，障害のある人本人にとって重要な支援環境（家族環境）がよりよい状態であれば，再発・再入院という「回転ドア現象」を防ぐことができると考えられている（大島ら，1993）。

家族 EE が精神障害のある人の再発率に大きな影響を与えることが世界各地

172　第Ⅱ部　精神保健福祉における適用例・実践例

で実証されて，EE に対する世界の関係者の大きな関心が集められるようになった。この関心が家族心理教育の発展に結びついた。

このように「援助者としての家族」から見た家族支援のゴールは，まずは本人の再発防止であり，「回転ドア現象」の回避であった。同時に，障害のある人本人の社会機能の改善（就労率の向上等）にも注目が向けられている。

他方，家族 EE は介護負担が大きくストレスの多い家族状況の反映でもある。家族 EE というストレスを受けている家族状況の改善にも目を向ける必要がある。これは次項の支援ゴールに重なる。

(2) 家族が置かれた厳しい現状と，「生活者としての家族」から見た家族
　　支援のゴール

障害のある人たちに日常的な支援を提供している家族自身に目を向けると，いうまでもなく援助者家族は自らの生活を営み，その生活を享受する生活者でもある。家族には家族の生活がある。その生活は障害をもつ家族員（本人）のためにあるのではない。家族自身も自らの生活を楽しみ，自己実現を図ることが求められている（大島，1987；1989；2004b；2010d）。

この視点から見た家族支援のゴールは，家族の生活面や心理面の負担や困難，重荷を軽減し，それぞれの家族が設定する目標を実現できることにある。これらは，家族の介護負担の軽減，生活主体者としての家族自身が望む目標を実現する家族リカバリー，エンパワメントの実現と言い換えることもできるであろう（大島，2004b；2010d；大島ら，2000a）。

精神障害をもつ人を支える家族に代表的で，特徴的な困難には以下のものがある（大島，1989；岡上ら編，1988）。

まず第 1 に，統合失調症を中心とした精神障害の発症時期が 10 歳代後半から 20 歳代であるため，親の家族（定位家族）から見て家族周期の最後期に，「中途障害」を抱えた子どもの新たな，そして厳しい課題に立ち向かう必要がある点である。親は自分たちの老後の生活設計を変更し，老後の蓄えや年金を切り崩して療養費を工面することになる。しだいに高齢化して体力や気力も衰える中，親自身の健康上の問題が発生する。しかし無理を押して家族ケアを継続する。すなわち，ここには親の高齢化，健康状態の悪化，世帯収入の悪化，代わりの家族援助者の喪失などの問題が生じる。

第 2 に，家族援助者の世代交代の問題である。重い精神障害をもつ人たちは結婚をし自分の家族（生殖家族）を形成する機会が少ない。このため親が高齢

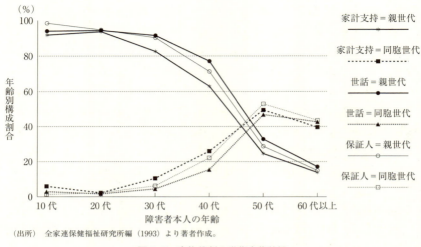

(出所) 全家連保健福祉研究所編 (1993) より著者作成。

図 9-3　家族役割の世代交代状況

化し家族ケアが行えなくなった場合は，しばしばきょうだいやその配偶者，さらにはその子ども（甥・姪）が家族ケアを引き継ぐ。しかし，きょうだい世代による家族ケアは親世代のそれに比べて援助行動も取りにくく，家族関係の悪化をもたらす。このような問題を抱えた家族援助者の世代交代であるが，精神障害をもつ人本人の年齢が40歳代後半以降は，親世代よりむしろきょうだい世代が家族ケアの中心になる（図9-3）。

　第3に，精神障害に関する科学的な知識・情報の蓄積が乏しい点である。さらにエビデンスに基づく知識・情報を伝えるべき精神保健福祉専門家には父権主義的（パターナリスティック）な傾向が残っており，積極的に知識・情報の伝達をしてこなかった歴史がある（前田，1997；大島，1994）。

　第4に精神障害に対する社会の偏見・差別意識が強いことがある。身体障害・知的障害や一部の慢性疾患に比較してもいまだ根強い偏見や差別意識が少なからずある。精神障害はこの面でもっとも深刻な問題を抱えた障害の1つといえる。家族はそのために援助を求めにくく，孤立して家族だけで抱え込んでしまう。一方で，家族自身も社会の偏見・差別意識から逃れられない。自らが援助する精神障害をもつ人たちに対して否定的な意識をもってしまうことが少なからずある。

　このように厳しい状況に置かれた「生活者としての家族」を支援するために

は，家族自身に対する支援のゴール，すなわち前述したとおり，家族の介護負担の軽減，生活主体者としての家族自身が望む目標を実現する家族のリカバリー，エンパワメントの実現，を明確に位置づけ，家族自身に対する支援を提供する必要がある。

2.3 家族アセスメント：家族支援の可否判断，必要な家族支援のアセスメント

　精神障害のある人本人の家族に対するアセスメントは，まず第1に家族ケア・家族支援が可能であるかどうか，その可否を判断するものでなければならない。そのうえで，第2に家族ケア・家族支援を前提に，それが継続するのであれば，適切な家族支援の種類と内容を，体系的に明らかにできるものでなければならない（大島，1989；2010d）。

（1）　家族ケア・家族支援の可否判断のためのアセスメント

①本人および家族それぞれの家族ケアへの意向

　まず家族ケア・家族支援の可否を判断するためのもっとも重要なアセスメントは，障害のある人本人と家族が同居などにより，日常的なケアを家族が提供すること（家族ケア）に対する「本人と家族双方の意向」の確認である。家族ケアに対する双方の意思・意向確認が不十分なまま家族ケアを継続すると，本人・家族双方に厳しい結果（家族間の対立・紛争，高 EE 状態の出現，本人の再発等）がもたらされることがある（大島，1989）。とくに養育責任を負わない成人期にある障害のある人の場合，家族ケアに対する双方の前向きな意思・意向の確認は不可欠である。そのうえで，専門職等による家族支援を，本人・家族双方が望むかどうかの意向を確認することも必要になる。

②家族の客観的な困難状況

　精神障害のある人たちを支える家族には，家族の高齢化や健康障害，役割の加重負担，経済的困難，地域や家族内での孤立，地域資源の不足など客観的に見て厳しい生活条件がある（大島，1987；1989）。これら家族の客観的な困難状況の把握は，家族ケアの可否を判断し，その後の必要な家族支援の種類と内容を明らかにするうえで，（家族ケアへの意向確認とともに）重要なアセスメント要素である。これらはとくに「生活者としての家族」機能の障害（生活困難度で把握〔大島，1987；1989〕，後述）に関連する。

③家族支援の主要な支援対象層（ターゲット集団）

　「生活者としての家族」機能が障害され，家族支援を求める家族が，家族支

援の主な支援対象層（ターゲット集団）になる。そのうち，障害のある人本人が，家族を含めた支援（家族支援）を望み，家族自身も家族支援を求める場合には（高協力高困難群など）（大島ら，1994；1995），家族心理教育プログラムなどの体系的な家族支援プログラムが必要になる。

　これに対して，同じく「生活者としての家族」機能が障害されており，家族ケアに対する家族の意向が不明確か，あるいは否定的な家族も，家族支援のもう一方のターゲット集団となる。これらの家族は，ときに障害のある人本人を遠ざけたく思い，本人に対して敵意すら向けることがある。「援助者として家族」機能（協力度で把握〔大島，1987；1989〕）が一般的には低下しており（低協力高困難群など），家族による本人への関わりが難しいほどに家族関係がこじれていることがある。このような家族状況は EE のアセスメントでも把握できる（高批判，高敵意等の高 EE）（大島ら，1994；1995）。

　このような状態に陥った家族に対して，どのような支援ができるだろうか。これに対して基本的な支援の方向性は，このような状況にある家族は「家族ケア継続がすでに限界に達している」と判断することだろう。それを踏まえて，家族には「肩の重荷を下ろす」ように勧める。その際，グループホームや援助付き住居プログラム，訪問介護サービスや ACT など社会資源活用を考慮するとともに，長年の労苦に対して家族を十分に慰労することが必要である（大島ら，1998a）。

　しかし一方で，たとえ家族ケアを終了すべき状況だとしても，これまで努力を続けてきた家族の思いがある。いま１つの重要な支援の方向性は，家族心理教育など家族支援プログラムの成果を適切に伝え，もう一度家族ケアのやり方を工夫するように勧めることである（大島ら，1998a）。

　いずれにしても，家族ケアの前提条件が満たされ，家族支援の提供が必要な家族なのか，その前提が満たされずに家族支援を行うことが家族を逆に追いつめることにつながる家族なのか，きちんと見極める必要がある。そのために，EE や家族困難度と協力度を組み合わせた家族アセスメントの適切な適用方法が問われてくる（大島ら，1998a）。

(2)　体系的な家族支援プログラム導入のためのアセスメント

　家族支援の種類と内容を検討するうえで，家族ケアに関わる家族機能のアセスメントは重要である。中でも障害のある人本人に対する援助機能（「援助者としての家族機能」）と，家族自身の生活機能（の障害）（「生活者としての家族機能」）

をそれぞれ把握する視点が重要である（大島，1987：1989）。これらの家族機能がバランスよく，良好に機能しているか否かのアセスメントが焦点となる。

「援助者としての家族機能」には，障害のある人の生存に欠くべからざる身辺的な援助や医療的な援助から，精神面の支えや日常生活面の見守り・助言，社会的・文化的生活領域の生活拡大や，仕事・役割獲得のための協力・助言などが含まれる。また，「生活者としての家族機能」の障害には，家族ケアによって仕事や家事などの役割遂行に支障が生じたり，家族の社会的・文化的活動が制限されること，障害のある人を家族にもつことによる社会との緊張関係や関係性の制限（近隣関係，親戚関係，職場関係など），将来設計が立てられない困難，障害に伴う特異な行動への対応の困難，家族の心身健康の不調など多面的にわたる。

「援助者としての家族機能」を測定する評価尺度としては「家族の協力度」がある。また，生活者としての家族機能の障害を測定する評価尺度としては「家族生活困難度」がある（大島，1987：1989；大島ら，1994）。

いま1つが家族EEである。家族EEは，家族自身がストレスを受け家族ケアが困難に陥っている状況を鋭敏に把握する指標である。実践的な家族評価尺度であり，簡便版EE尺度を開発して実践・臨床に活用する方策が検討されている（大島ら，1998b）。

以上のほか，家族ケアの自己効力感尺度，家族のソーシャルサポート尺度，家族支援の準備性尺度などの適用も考慮する必要がある。

3 当事者・家族ニーズに対応する支援の現状と課題
——家族支援ゴールを達成するために必要な支援環境開発を求めて

欧米で発展した包括的な家族支援プログラムを，日本においてどのように位置づけ，支援環境開発したらよいのか，家族支援の国際的な歴史的背景と日本の現状と課題を整理する。そのうえで，医療機関および地域における家族支援プログラムの類型を整理し検討する。これらの検討から，家族支援ゴールを有効に達成するために必要な家族支援プログラムのあり方を明らかにする。

3.1 家族支援プログラムが世界的に必要とされた背景，対応すべき課題

すでに触れたように，家族心理教育プログラムが世界的に注目された背景に

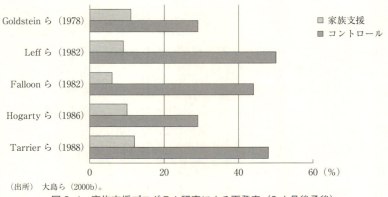

（出所）大島ら（2000b）。
図9-4 家族支援プログラム研究による再発率（9カ月後予後）

　は，1950年代以降欧米で進んだ脱施設化と地域ケアへの動向があった（大島ら，1993）。その中で重い精神障害のある方々を地域で支えていくために家族ケアの重要性・必要性が改めて認識された。退院後の「回転ドア現象」を防止するために，「援助者としての家族」を支援する体系的な家族支援プログラムが開発され，実施された。同時に世界各国で脱施設化が進む中で，重い精神障害のある人が地域に移行し，1970年代以降結果的に退院後の地域生活支援の多くを担うことになった家族が集まって，世界的に全国レベルの家族会を組織した。各国の家族会は，ケアに伴う困難を共有し，それを社会に訴え，有効な治療法開発や必要な支援環境整備を政府に働きかけるようになった（大島ら編，1992）。
　このような歴史的経緯の中で，家族支援プログラムが世界各地で開発された。まずは脱施設化に伴う地域定着，「回転ドア現象」の防止という本人の支援ゴール達成のために，「援助者としての家族」への支援に注目したいくつかの有効な家族支援モデルが開発され，定式化された。
　それが家族心理教育と総称されるEBPプログラムである（大島ら，2000b）。
　家族心理教育の効果モデルはいくつかの効果モデルがある中で，いずれも共通して統合失調症など精神疾患の再発率を少なくし，家族のEEを低下させる効果があったと報告されている（図9-4）。Mariら（1994）によれば，ランダム化比較試験で条件に合致した6研究（図9-4の5研究とVaughn〔1992〕）のデータをプールしたメタ分析の結果，対象者総数350人であった。家族支援群が対照群に比べて再発率が減少する割合（オッズ比〔括弧内は95％信頼区間〕）は，介

表9-3　家族支援プログラムの有効性

・メタ分析の結果：
　条件に合致した6研究（n＝350）の再発率低減に関するOdds比（信頼区間）：
　　　介入6カ月　　　　0.30（0.06-0.71）
　　　介入9カ月　　　　0.22（0.10-0.37）
　　　介入2年　　　　　0.17（0.10-0.35）
・再発率以外の効果：
　家族のExpressed Emotion（EE）を改善する効果
　家族の負担を低減する効果
　障害者本人の社会機能が向上する効果など

（出所）　Mariら（1994）。

入後9カ月で0.22（0.10-0.37），2年で0.17（0.10-0.35）となり，明らかに家族支援群の再発率が低い（表9-3）。また再発率以外にもEEを改善し，家族の負担を低減する効果などが報告されている。

　一方で，前述のとおり脱施設化が進んだ世界各国で全国レベルの家族会が設立され，重い精神障害のある人たちを地域で支える「生活者としての家族」の介護負担，重荷の問題に対しても解決を迫られるようになった。家族心理教育はこの支援ゴールに対しても一定の有効性をもつ。しかしより体系的な家族支援アプローチとして，家族に対するケアマネジメントを用いた方法（家族ケアマネジメント）の必要性が認識され（大島，2004a），家族による家族教育プログラムが注目されるようになった（大島，2010e）。

3.2　日本における家族支援の現状と課題：医療機関における位置と役割

　世界で家族支援プログラムが必要とされ，実施・普及・定着が進んだ社会的背景とは対照的に，日本の状況は大きく異なっている。脱施設化との関連では，日本の人口当たり精神科病院病床数は世界最多である。本格的で有効な脱施設化施策が講じられていないことは，これまで繰り返し述べたとおりである。世界では家族心理教育が，ACTやケアマネジメント，援助付き住居プログラムなどと同様に，脱施設化推進の課題解決ゴール達成を大きなエネルギーにして発展してきた（大島ら，1993）。しかし日本ではその方向性が明確でない。このため医療サイドでは，国際的に明確なエビデンスがありながら，診療報酬における家族心理教育に対する優遇策が採られることもない（大島，2010c）。

　その一方で，脱施設化の動きとは直接的には関連しないものの，日本の精神

科病院の 35.9% で家族教育プログラムが実施されている（Oshima ら，2007）。医療機関における家族心理教育は少しずつ普及・定着している。また医療機関への心理教育導入によって，病院スタッフの心理教育への認識が向上し，家族ストレングスに目を向ける傾向が高まることが明らかにされている（福井ら，2007）。これらの取組みは，入院医療中心の日本の精神保健福祉サービスに何らかのインパクトを与えることが期待される。

　医療機関における心理教育の特徴として，以下の3点を挙げることができよう。まず，①最初に専門機関・社会サービスを求めにくる人たちの中で医療機関は大きな比重を占める。このため，問題の初期に必要な病気などに関する基礎知識を提供しうる位置にある。また，②療養生活を営む自信と地域で暮らしていく力量を身につけることにより，医療機関で提供される各種心理社会的介入プログラムや地域の援助プログラムを主体的に利用することを促す利点がある。

　すなわち医療機関が提供する包括的な支援プログラム導入の「要」に心理教育は位置すると見られる。さらには，③当事者主体のサービス提供の理念は日本の精神科医療では導入がとくに遅れている。心理教育の実施によって病院スタッフの意識変革が期待できる。

　とくに上記特徴①と②は，精神障害のある人の家族の個別の支援ゴール実現に密接に関わる。特徴①は，前述したさまざまな障壁のために導入が容易ではない家族支援プログラムの入口として，医療機関は重要な位置を占めている。問題初期への対応ということでは，「援助者としての家族」の課題解決に重要な役割を果たすばかりでなく，早期に対応することで「生活者としての家族」の負担軽減につなげることができる。特徴②は，ケアマネジメントと組み合わせて実施することで医療機関内のさまざまな支援プログラム導入の「要」になるばかりでなく，地域事業所における多様な生活支援プログラム導入の「要」にもなる。これによって「生活者としての家族」の課題解決にも有用となるであろう。さらに特徴③は，精神科医療全体を変革し，効果的な取組みである家族心理教育やその他の家族支援プログラムを医療機関に導入し，有効な支援環境開発を進めるうえで大きな基盤になる。

3.3　家族支援の全体プロセスと家族心理教育

(1)　家族心理教育と密接に関連した支援プログラム：医療機関を中心に
体系化された家族心理教育を実施するプロセスでは，相乗的に機能するいく

つかの重要な支援プログラムがある。

　その1つがケアマネジメント（家族ケアマネジメント）である。家族心理教育導入前において，ニーズのある家族とコンタクトを取り，家族とよい援助関係を形成するとともに，家族のニーズを適切にアセスメントをする。その結果に基づいて，家族心理教育を含めた，その家族に合った家族支援プランを作成して，その後の支援を継続する。これは，家族に対するケアマネジメント（家族ケアマネジメント）の導入部分と位置づけられる（大島，2010d）。

　なお前項で述べたように，家族支援の入口として，とくに問題初期への対応において医療機関の役割は大きい。医療機関において，家族ケアマネジメントと家族心理教育を組み合わせて実施する意義は大きいと考える。

　さてケアマネジメントは，心理教育によって知識と力量を得た本人・家族が，自分たちのニーズ中心に，必要な援助サービスをアレンジして，適切な地域ケアを受けられるように援助する方法である。心理教育の実施後にも障害を抱えながらの自分たちの生活をより豊かにすることが必要であり，本人・家族が関連する支援環境・支援プログラムを活用する主体になることを支援する。

　一方，ピアサポート支援やセルフヘルプグループ（家族会など）も心理教育と関連したプログラムである。心理教育は通常グループで行われる。グループの中では，本人・家族が地域生活者としての力量形成（エンパワメント）をし，当事者主体のサービスのあり方を論議する中で，自ずからピアサポート支援やセルフヘルプグループへの発展が図られる。心理教育とピアサポート支援やセルフヘルプグループは，共通してエンパワメント支援という視点を共有するアプローチ法なのである。

（2）　地域におけるさまざまな家族支援プログラムと家族支援のプロセス

　一方，地域で提供される家族支援プログラム全体に目を向けると，その方法は多様である（図9-5）。支援機関等のオフィスなどで行われる体系的な家族心理教育やその他の家族支援プログラム，狭義の「家族療法」などがあり，それらが効果をもたらす取組みとして，家族支援プログラムの中核に位置づけられる（大島，2004a）。

　しかし，プログラム化された家族支援（大島，2010d；大島ら，2000a）に限定されない，さまざまな家族支援が地域には存在する。それらが包括的に提供されて「援助者としての家族」「生活者としての家族」のそれぞれを有効に支援し，支援ゴールを達成する取組みになっていく。

第9章　ニーズに応じた体系的な家族支援のあり方　181

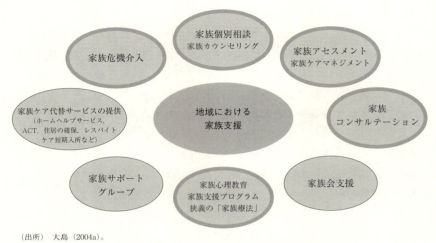

（出所）大島（2004a）。

図9-5　さまざまなタイプの家族支援

　まず家族心理教育等プログラム化された体系的な家族支援（大島，2010d；大島ら，2000a）が行われる前に，ソーシャルワーカーなど精神保健福祉専門職は，最初に何回か家族とコンタクトを取り，家族とよい援助関係を形成するとともに，家族のニーズを適切にアセスメントをする。体系的な家族支援を行うためには，前述したとおり家族の体系的なアセスメントが重要である。その後，家族アセスメントの結果を踏まえて家族支援プランを作成し，継続的に家族支援プログラムの実施状況を確認する。

　これらのプロセスは，前項でも述べた家族に対するケアマネジメント（家族ケアマネジメント）に相当する（大島，2004a；2010d）。この援助プロセスの中では，個別の家族相談や家族カウンセリングが必要になるだろうし，家族が危機状況に陥ったときは家族危機介入が提供される。

　家族心理教育など専門的で体系的な家族支援（大島，2010d；大島ら，2000a）は，永続的に提供することはできない。プログラム終了後には，家族が日常的に支援を受けられるインフォーマルなサポートシステム作りをする必要がある。家族会の組織化や家族会への参加の働きかけが代表的である。また，家族が日常的に家族ケアを提供する中で生じた対応が困難な問題については，家族の求めに応じて随時専門職から提供される支援も必要である。家族コンサルテーションは，家族に寄り添い専門職の立場で側面から支援するアプローチで，専門

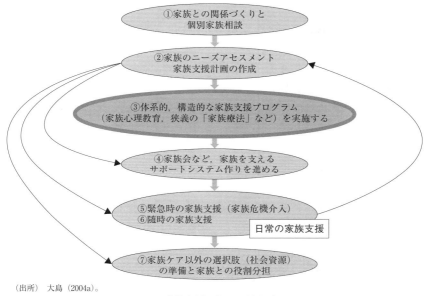

(出所) 大島（2004a）。

図9-6　家族支援の枠組み援助プロセス

職が行う家族支援のプロセスの中で一貫して提供される中心的な援助方法といえる。

　そのうえで精神保健福祉専門職は，必要に応じてACTや援助付き住居など家族ケアに代替する社会サービスを用意して，家族関係がこじれるなど「援助者としての家族」が機能しなくなったときには，家族ケアとの役割分担をすることを考慮する。一時的に家族ケアを代替できるレスパイトケア（在宅でケアする家族を癒やすため，一時的にケアを交替し，休息してもらう家族支援サービス），ショートステイサービスなども考慮する。

　これらの家族支援の支援プロセスをまとめると，図9-6のように整理できる。このプロセス全体を通して，家族ケアマネジメントの支援プロセスと見ることができよう（大島，2004a）。英国などでは，介護者法（Carers Act）などの位置づけのもとに，家族ケアマネジメントが制度化されており，その内容は次節で述べる。

4 ゴール達成に有効な家族支援プログラム

これまで述べてきたとおり，**家族支援プログラムは，複合的な支援ゴールを**もつ。ゴール達成に有効な支援環境・支援プログラムは何か，それを日本の精神保健福祉体制の中に位置づけるにはどうすればよいのか，慎重な検討が必要である。

以下では，まずは精神障害のある人本人および「援助者としての家族」の支援ゴール達成に有効な取組みとして，EBP である家族心理教育プログラムを取り上げ，その効果モデルの概要と支援の特徴，効果について整理する。そのうえで，効果的なプログラムである家族心理教育が必ずしもニーズのある人たちに行き届いていないサービスギャップの問題に注目する。支援環境開発論の観点から，家族心理教育プログラムの実施・普及の方法について検討する。

さらには，「生活者としての家族」の支援ゴールをも併せた包括的な家族支援ゴールを達成するアプローチである，家族ケアマネジメントの効果的な実施方法についても，その課題を明らかにする。

4. 1 家族支援の中軸「家族心理教育」の概要と支援の特徴

本章ではこれまで，代表的な家族支援の方法である家族心理教育プログラムにたびたび触れてきた。以下では，家族支援の中軸であり代表的な EBP プログラムとして世界的評価を得ている家族心理教育プログラムについて，その効果モデルの概要と支援の特徴，効果について概説する。

（1） 家族心理教育の定義

まず心理教育とは，「精神障害やエイズなど受容しにくい問題をもつ人たちに（対象），正しい知識や情報を心理面への十分な配慮をしながら伝え（方法 1），病気や障害の結果もたらされる諸問題・諸困難に対する対処方法を習得してもらうことによって（方法 2），主体的な療養生活を営めるよう援助する技法（目標）」である（浦田ら，2004；大島ら編，2009）。

（2） プログラムの実施方法

効果を上げている家族心理教育には，いずれも共通の枠組みがある（大島ら，2000a；大島ら編，2009）。まず，①病気や治療法に関する知識を伝達すること，②家族ケアに関わる対処方法やコミュニケーション技術を練習すること，③家

族のストレス軽減を行うこと，である。

　プログラムの構造としては，①教育セッションと，②③に焦点を当てたグループワークから構成される場合が多い。

　教育セッションでは，まず，病気や治療法，利用できる社会資源に関する科学的な知識・情報を家族に伝える。教育の方法として，教室形式で1〜2日集中して行う講義もあれば，月1〜2回の教室を1年程度継続するもの，個別の家族にプログラムを行うものがある。グループワークでは，肯定的な治療的雰囲気の中で，日常生活上の現実的な問題解決に焦点が当てられる（大島ら，2009）。

　援助技法的には，行動療法的なアプローチ，問題解決技法によるグループワーク，セルフヘルプグループの手法を取り入れる場合などがある。いずれのセッションともに，単家族（1家族の構成員のみのグループ）で行う場合と，複合家族（問題をもつ家族が複数集まりグループ形成）で行う場合がある。実施場所は，家庭訪問で実施する場合，家族が病院やその他の場所に来所する場合がある（大島ら，2009）。

（3）　対象者

　対象となる精神障害のある人は，家族ケアが必要になる程度に重い精神障害のある人たちである。家族は家族ケアを現に提供しているか，提供する意思のある家族である。家族心理教育の支援を受けて問題解決を考慮している人たちである。客観的な家族の困難状況は概して厳しく，「生活者としての家族」機能に困難のある家族が主な対象となる。しかし支援を求めていればすべての家族が対象になる。診断名は統合失調症，気分障害，双極性障害，摂食障害など教育プログラムに対応して比較的限定されるが，ほとんどすべての精神障害が対象になる。なお入院時には一般的に家族EEも高くなり，家族の困難が最大化することが知られている。入院時にエントリーをして，その後退院，退院後のフォローアップまで家族心理教育を継続して提供する場合がある（大島ら編，2009）。

（4）　家族心理教育の効果的援助要素，フィデリティ尺度

　上述した家族心理教育の特徴を中心として，**家族心理教育が効果的に機能するために有効な要素（効果的援助要素）が経験的に提示**されている（大島ら編，2011）。この効果的援助要素は，複合家族グループによる家族心理教育（次に述べる国府台モデル〔家族心理教育〕も同様）という効果モデルへの適合度尺度・フ

表9-4　家族心理教育（国府台モデル）・フィデリティ尺度の下位項目（効果的援助要素リスト）

A 領域　サービスの提供体制	C 領域　サービスの内容
A-1　事務局機能 A-2　家族心理教育担当スタッフの役割 A-3　多職種によるプログラム運営 A-4　ニーズアセスメントのシステムと情報共有 A-5　ニーズのあるご家族への積極的な働きかけ	C-1　関係づくり C-2　ニーズアセスメントの内容 C-3　教育カリキュラム C-4　構造化されたグループワークセッション C-5　プレミーティングの実施
B 領域　サービスの構造	C-6　中間・ポストミーティングの実施
B-1　家族心理教育セッションの頻度 B-2　家族心理教育1クール当たりの実施期間 B-3　家族心理教育のプログラムサイズ B-4　継続的な家族心理教育セッションへの参加 B-5　サービスの段階的提供	C-7　グループワークセッションにおける 　　　スタッフの役割

ィデリティ尺度として実施状況が評価される。現在，**表9-4**に示すように17項目の効果的援助要素からなるフィデリティ尺度（J-FPEFS）が日本では用いられている。

（5）　実施機関

日本では入院施設をもつ精神科医療機関で主に行われている（実施率35.6％，2001）（Oshimaら，2007）。このほか，診療所や精神科デイケアなどの医療機関のほか，保健所や市町村保健センターなどの公衆衛生機関，障害者総合支援法地域事業所などでも行われている。家族会が運営する「家族による家族学習会（家族から家族へプログラム等）」においても同様のプログラムが実施される。

（6）　プログラムの実際：国立国際医療研究センター国府台病院の場合

①頻度：月1回，計8～10回

②時間配分

・情報提供のための講義1時間

・問題解決型のグループワーク2時間

③対象：統合失調症をもつ人の家族および本人（複合家族グループ）

・入院時にエントリーを行う

・定員：講義は教室形式で30～40人，後半のグループワークは1グループ8～9人の小グループに分ける。スタッフは1グループ3人以上

④事前の準備：家族に出欠と近況を聞くアンケート用紙を配布

この取組みが基盤になって，複合家族グループによる家族心理教育の日本における標準モデルができている。

4.2 家族心理教育の実施・普及の取組み：ツールキットプロジェクトを中心に

EBP である家族心理教育プログラムは，薬物療法などとともに治療ガイドライン等にまとめられ，その実施・普及に国家レベルでの努力が注がれるようになった（アメリカ連邦政府保健省薬物依存精神保健サービス部編，2009；Drake ら編，2003；大島，2010c）。

EBP の実施・普及に力が注がれるのは，これらプログラムの有効性が明らかになって 20～30 年以上が経過しても，全国各地でニーズをもつごくわずかの人たちにしかこれら EBP プログラムが適用されていない現状が問題視されるようになったからである。薬物療法は，それが優れたもので国などの承認を得れば，医師個人の判断で使用し普及できる。しかし，通常 EBP プログラムは多くの場合，病院や地域ケア体制，財政などのシステムを変更し，多数のスタッフや関係者の意識を変え，さらには多職種のスタッフが実施技術を身につけなければ取り組めない。これらのことが EBP の実施・普及の大きな制約条件になっている（大島，2010c；2010d）。

これに対して，アメリカでは **EBP の実施・普及を容易にするための用具（ツールキット）を標準化して開発し，サービス普及研究として全国に普及する取組みが精力的に行われている**（アメリカ連邦政府保健省薬物依存精神保健サービス部，2009；Drake ら編，2003；大島，2010c）。

家族心理教育は，EBP の中でも中心的なプログラムである（大島ら編，2009；2011）。とくに，日本においては，地域精神保健福祉の諸サービスが不足し，また地域ケアにおける家族ケアへの役割期待が相対的に大きいため優先的に実施・普及に取り組むべきプログラムといえる（大島，2010c）。

日本版心理教育普及ツールキットは，日本の精神保健福祉システムの状況を踏まえて精神障害をもつ人たちに対する心理教育プログラムを医療機関に導入・定着化するために必要な標準的なプロセスを示している（大島ら編，2009；2011）。**このツールキットは，日本の医療機関などに標準モデルとしての「国府台モデル（家族心理教育）」を導入・定着させるための標準的プロセスを提示**する。プログラムの導入段階から本施行段階，定着段階に至るまでの流れと，それぞれの段階における標準化された行動，組織作りのあり方を示している（大島，2010c）。

EBP プログラムの実施・普及の課題は，家族心理教育に限定しない大きな

課題である。このテーマは改めて第13章で取り上げる。

4.3 地域における家族支援：効果的な家族ケアマネジメントの実施に向けて

すでに述べたとおり，家族支援プログラムは家族ニーズに応じて複合的な支援ゴールをもつ。家族支援の全般的なゴールを考慮するときには，「援助者としての家族機能」の向上を図るとともに，「生活者としての家族機能」をもバランスよく維持・向上できるよう家族を支援することなど，多面的な家族のニーズに対応することが重要である（大島，1987：1989：2010d）。障害のある人本人が治療や支援に結びつかない状況にある家族への支援から，急性期状態にある人の家族に対する支援，継続的な家族支援までさまざまな時期にある家族に対応することが求められる。

そのために，前述したように**家族支援に関わる包括的なアプローチである家族ケアマネジメントに注目する必要**がある。家族ケアマネジメントでは，家族支援のニーズを踏まえて，家族支援計画を立て，それに基づいて継続的な支援を提供するケアマネジメント的な要素が必要となる（図9-6）。

家族ケアマネジメントは，介護者法（Carers Act）をもつイギリス（Department of Health, 2004）や，アメリカの一部の州で取り組まれている。

とくにイギリスの精神保健福祉領域では，体系的な取組みが行われている。イギリスでは，1999年より10カ年計画でNSF（The National Service Framework for Mental Health）という国民保健サービス（NHS）改革を進めるために国の保健サービスの標準を定め，実行するためのプロジェクトが行われた（Department of Health, 2004）。このプロジェクトでは7つのサービス標準・基準（Standards）を設定し，いずれも科学的根拠が明示された取組みを10年間のうちに体系的に取り組もうとした。そのサービス標準・基準の1つである基準6が「家族（Carers）への支援」である。

標準的サービスとして，基準6には，CPA（イギリスの精神障害者ケアマネジメント）を受ける人を，定期的に実質的に支援する（家族等）介護者は，次の支援を受けるとされている（Department of Health, 2004）。すなわち，

- ・家族等介護者が提供するケアのニーズや，彼らの身体的・精神的なニーズを，少なくとも年1回の頻度で繰り返しアセスメントを受ける。
- ・家族等介護者自身のために策定される文書化された支援計画を作り，それを家族等介護者に手渡し話し合いながら実施しなければならない。

家族を支援するワーカーとして，以下のものを用意する。

・2004年までに家族を支援するワーカー（carer support workers）を，全国に700人配置することを目標に設定。

・全国28戦略的保健局が目標を予定どおり達成する計画であることを確認している。

一方，アメリカニュージャージー州における集中型家族支援サービス（IFSS: Intensive Family Support Services）は全米の各州に先駆けて取り組み始めた家族ケアマネジメントに関する支援プログラムである（Schmidtら，2012）。

1990年に集中型家族支援サービス（IFSS）をモデル的に開始した。1997年より州内21郡すべてで施行されている。各郡には，2人以上の家族支援専門家（Family Support Specialist）（修士以上）が配置され，そこでは，民間非営利団体が州政府と契約を結んでこの事業を実施する。家族のニーズに合ったサービス提供をすることが基本になっており，その中で，個別家族コンサルテーションと家族心理教育は必須のメニューとなる。

個別家族コンサルテーションがまず最初に実施される。家族ニーズがアセスメントされ，ニーズに基づいて支援計画が作成される。その後その家族に合った心理教育プログラムやその他の支援が提供されたり，紹介される。その他の支援メニューはレスパイトケア，家族サポートグループ，権利擁護，紹介・サービス斡旋，将来設計支援，服薬教育などである。

IFSSでは，モニタリングを重視する。四半期ごとにレポートを提出し，随時スーパーバイザーの訪問がある。

年に4〜5回家族支援専門家に対する研修がある。内容や実施方法は，NAMI-NJ（アメリカ家族会連合会，ニュージャージー支部）と州政府が協議しながら決める，とされている。

5 ソーシャルワーカーに求められる支援環境開発アプローチ
——日本で家族支援を体系的に進めるための課題と展望

5.1 解決を求められる課題・ニーズに応えうる取組みの分析，批判的検討

この章では，家族支援の対象となる家族をどのように位置づけて支援すればよいのか，家族アセスメントの重要性を示し，「援助者としての家族」「生活者

としての家族」という観点から，支援対象となる家族を位置づけ，その支援ゴールを明らかにした。それを踏まえて，家族支援のゴール達成に有効な EBP プログラムである家族心理教育の日本での実施・普及と，また家族ケアマネジメントの考え方に基づいた地域における体系的家族支援をどのように開発・形成したらよいのかを検討した。

　家族支援の位置づけをめぐる議論はやや複雑であるが，大変に重要である。家族支援を求める家族の声によく耳を傾け，必要な支援を提供することがソーシャルワーカーの家族支援の原点になるであろう。

　その際，支援ゴールが本人状況の改善をめざした「援助者としての家族」の状況改善なのか，「生活者としての家族」自身の状況改善をめざしたものなのか，通常は区別がつけにくい。両者のバランスをいかに確保するのかが，家族アセスメントの重要な視点になるであろう。

　2つのバランスを確保する視点は，家族支援プログラムにも適用される。EBP プログラムである家族心理教育は，本人状況の改善を最終的にめざしている。一方家族ケアマネジメントは，その視点はあくまでも家族自身の状況の改善である。もちろん，家族ケアマネジメントの結果，「援助者としての家族」支援をも行い，本人状況の改善をめざして家族支援を行うことは十分に想定されている。

　支援環境開発アプローチの観点からは，家族支援プログラムの導入は，家族にとって重要な支援環境開発である。同時に，「援助者としての家族」を位置づけ，よりよい状況に家族環境を改善することは，家族のみならず，障害のある人本人に対する，重要な支援環境の開発でもある。

　精神障害のある本人，および家族に日常的に接し，支援するソーシャルワーカーとしては，以上の視点をもって家族アセスメントを適切に行い，よりよい家族支援のゴール設定の後，もっとも有効な家族支援プログラムの導入を考慮することが求められる。

5.2 問題解決に有効な効果モデル形成への貢献

　効果モデルの構築について，本章では主に EBP である家族心理教育プログラムと，家族ケアマネジメントを主に取り上げた。このうち，家族心理教育は，世界的な EBP プログラムであり，効果モデルはほぼ確立している。日本への導入の歴史も長く，**効果的なプログラムの実施・普及を進める全国組織**（日本

心理教育・家族教室ネットワーク）も存在する（設立1998年）。

　日本への導入と適切な技術移転（あつらえ）に関して，前述した国府台モデルが，**日本における標準化された普及モデル**に位置づけられている。この国府台モデルを使用して，日本全国でEBPプログラムである**家族心理教育を実施・普及するために心理教育実施・普及ツールキットが出版**されている（大島ら編，2009：2011）。実施・普及ツールキットをよりよいものに改善するために，ツールキットを実施するシステムレベルでの効果的プログラム開発と改善・形成評価が次なる課題である。

　一方，家族ケアマネジメントについては，明文化された効果モデルが必ずしも構築されていない。日本には介護者法（Carers Act等）がなく，財政基盤，制度基盤がない中，効果的プログラムの構築には困難が想定される。しかし，体系的な家族支援を実施するためには不可欠な取組みである。手上げ方式によるモデル的な取組みを積み上げて，効果モデルを構築することが期待される。

5.3　日常実践でできること，すべきこと

　日常実践で重要なことは，目前の当事者本人そして家族に対して，それぞれの支援ゴールを達成する，適切な支援を行えるかどうかが問われてくる。家族に関する支援は，本章では家族心理教育と家族ケアマネジメントに焦点を当てた。いずれも適切な家族アセスメントの実施を踏まえて，それぞれの支援がゴール達成に有効に行われるよう，配慮する必要がある。

　そのうえで，まず家族心理教育については，日本の効果モデルである国府台モデルが各事業所，各地域で適切に実施でき，効果的であるかどうかを検証し，さらなる改善を行う必要がある。家族心理教育の最大の課題である実施・普及については，ツールキットを用いた実施方法についてまだ十分なアプローチ法が形成されていない。さらにもう1つの柱である家族ケアマネジメントについても，同様に効果モデルがまだ存在しない状態である。今後，効果モデル構築のために，それぞれの実践現場での取組みを進めていただければと願っている。

第**10**章

「ひきこもり」状態への支援と効果モデル開発
ターゲット集団と支援ゴールの設定，効果モデルの模索

▷**本章の概要**

1 はじめに

2 当事者ニーズに根ざした課題・支援ゴールの設定

3 当事者ニーズに対応する支援の現状と課題

4 ゴール達成に有効な支援環境・支援プログラム

5 ソーシャルワーカーに求められる支援環境開発アプローチ

▷**本章（第10章）の「プログラム開発と評価」の課題**

「効果モデル」の 評価課題	「効果モデル」の エビデンスレベル	技術移転の あつらえ	他モデル開 発の必要性
✔ 開発評価	□ EBP プログラム		
□ 継続的改善・形成評価	□ ベストプラクティスプログラム	—	◎
□ 実施・普及評価	□ エキスパートコンセンサス PG		
	✔ 実践の中で有効性の裏付け		

＊プログラムの略称として，PG を使用。　＊＊本書 18 頁，表 1-3 参照。

▷*Keywords*

プログラム開発と評価：支援のターゲット集団の設定，支援ゴールを達成する共通の支援アプ
ローチ，支援ガイドラインに基づく効果的援助要素の探索，優良事例（GP 事例）調査

課題，取組みなど：「ひきこもり」の長期化，ひきこもりシステム，ひきこもり地域支援セン
ター，ひきこもりサポーター養成研修，サポーター派遣事業，「ひきこもり」に関するガイ
ドライン，精神科デイケア＆訪問支援統合化プログラム，訪問型生活訓練

本章では，社会参加を進め社会的役割を獲得する課題に対して，「ひきこもり」状態にある人たちの福祉ニーズに注目し，その解決に有効な支援環境開発アプローチを検討する。

　「ひきこもり」状態にある人たちは多様な背景をもつ。そのため支援のターゲット集団を整理し，支援ゴールを達成する共通の支援アプローチと，個別的な支援アプローチを検討する必要がある。

　この章では，いまだ十分な取組みが行われていない「ひきこもり」状態にある人たちに対する効果的な支援モデル開発のあり方と，その開発に果たすべきソーシャルワーカーの役割について考察する。

1 はじめに

　本章以降から，これまで検討を続けてきた生活基盤の再構築に関わるニーズをもつ人たちの問題を離れて，他のいくつかの福祉ニーズについて検討する。

　まず本章では，社会参加を進めて社会的役割を獲得する課題について，現在，「ひきこもり」を続けている人たちの福祉ニーズに注目し，そのニーズ解決に有効な支援環境開発アプローチを検討する。もちろん「ひきこもり」に関わる福祉ニーズにも生活基盤の再構築の課題はあるが，まずは社会参加の観点から取り上げる。

　さて「ひきこもり」は，さまざまな要因によって社会的な参加の場面が狭まり，就労や就学などの自宅以外での生活の場が長期にわたって失われている状態をいう（伊藤監修，2004）。「ひきこもり」という病名があるわけではない。むしろ本書でこれまで取り上げてきた，重い精神障害の中核である統合失調症に基づく「ひきこもり」状態は，日本では「ひきこもり」一般とは区別して対応が考慮される（斉藤ら，2010）。

　しかし，後述するとおり「ひきこもり」という現象に共通する問題の困難性（「ひきこもり」から抜け出ることの困難，長期化しやすい点，家族の困難など）は大きい。そして困難を生み出す要因の共通性，支援の困難性とともに，共通する有効な対応の原則・方法も存在する。「ひきこもり」という対応困難な問題に対

して，効果的な支援環境開発アプローチを考慮する際には，疾病や障害の有無やその他の要因に比べても共通項が多い（伊藤監修，2004）。共通の支援環境を整え，同様の支援アプローチを考慮する必要がある。

ここで精神障害と「ひきこもり」との関係については，「ひきこもりには多彩な精神障害が関与」（齊藤ら，2010）しており，近藤ら（2010）の研究では，面談ができた事例の大半に精神障害の診断が可能であったという。

一方で，第3章では，「精神保健福祉ニーズがとくに高い2つの集団」として第II群の「社会生活に特別な困難のある在宅の重い精神障害のある人たち」の現状と課題を提示した。「ひきこもり」を続けている重い精神障害のある人たちの問題は深刻であり，長期入院者への対応と同様に，特別な社会的対応が求められる。

より幅広い精神障害の問題をもつ「ひきこもり」の問題に対して，どの程度本格的な社会的対応や効果的な支援環境の開発を進めるべきかは，社会の合意形成が必要であろう。本章では，まずは主要な支援対象層（ターゲット集団）を整理して，それに応じて効果的な支援環境開発のあり方を検討する。

以上から本章では，最初に「ひきこもり」状態にある人たちに対する支援ゴールを明確にする。**次に支援のターゲット集団を整理して，支援ゴールを達成するために共通する支援アプローチ，そして特有の支援アプローチを検討**する。そのうえで，いまだ十分な取組みがされていない「ひきこもり」状態にある人たちに対する**効果モデル開発のあり方**と，その開発に果たすべきソーシャルワーカーの役割について考察する。

2 当事者ニーズに根ざした課題・支援ゴールの設定

2.1 「ひきこもり」の定義と実態

（1）「ひきこもり」の定義

「ひきこもり」とは，前述のとおり，さまざまな要因によって社会的な参加の場面が狭まり，就労や就学などの自宅以外での生活の場が長期にわたって失われている状態である（伊藤監修，2004）。厚生労働省が2010年5月に公表した「ひきこもりの評価・支援に関するガイドライン」（齊藤ら，2010）によれば

表 10-1 「ひきこもり」の定義

● 様々な要因の結果として社会的参加（義務教育を含む就学，非常勤職を含む就労，家庭外での交遊など）を回避し，原則的には 6 カ月以上にわたって概ね家庭にとどまり続けている状態（他者と交わらない形での外出をしていてもよい）を指す現象概念である。

● なお，ひきこもりは原則として統合失調症の陽性あるいは陰性症状に基づくひきこもり状態とは一線を画した非精神病性の現象とするが，実際には確定診断がなされる前の統合失調症が含まれている可能性は低くないことに留意すべきである。

（出所）　厚生労働省『ひきこもりの評価・支援に関するガイドライン』（斉藤万比古，研究代表者，2010）。

「様々な要因の結果として社会的参加（義務教育を含む就学，非常勤職を含む就労，家庭外での交遊）を回避し，原則的には 6 カ月以上にわたって概ね家庭にとどまり続けている状態（他者と交わらない形での外出をしていてもよい）を指す現象概念」とする（表 10-1）。

　「様々な要因の結果」とあるが，「いじめ」「家族関係」「病気」等のように 1 つの原因で「ひきこもり」が生じるのではなく，「生物学的要因，心理的要因，社会的要因などが，さまざまに絡み合って，『ひきこもり』という現象を生む」と位置づけている（伊藤監修，2004）。

　2010 年のガイドラインには，次の一文が入っている。すなわち，「ひきこもりは原則として統合失調症の陽性あるいは陰性症状に基づくひきこもり状態とは一線を画した非精神病性の現象とするが，実際には確定診断がなされる前の統合失調症が含まれる可能性は低くない」。また同ガイドラインには別に，「例えば慢性身体疾患の療養のため家庭に長くとどまる必要のある事例（中略）の場合，少なくとも当面は支援を必要とするひきこもり状態とはなりません」と位置づける。

　ガイドラインでは，統合失調症など「明確な疾患や障害の存在」がある場合は，慢性の身体疾患とも同様に，「ひきこもり」には含めないとする。しかし一方で，「確定診断がなされる前の統合失調症が含まれる可能性」には触れている。またすでに述べたように，「ひきこもりには多彩な精神障害が関与」することを前提とする。「ひきこもり」の定義における精神障害の位置づけは不明確である。両者はかなりの程度，重なり合うものであり，前述のとおり，困

第 10 章　「ひきこもり」状態への支援と効果モデル開発　195

表 10-2　若者の意識に関する調査（ひきこもりに関する実態調査）

	該当人数(人)	有効回収率に占める割合（%）	全国の推計数（万人）	
ふだんは家にいるが，自分の趣味に関する用事のときだけ外出する	39	1.19	46.0	準ひきこもり 46.0 万人
ふだんは家にいるが，近所のコンビニなどには出かける	13	0.40	15.3	＋ 狭義のひきこもり 23.6 万人
自室からは出るが，家からは出ない	3	0.09	3.5	
自室からほとんど出ない	4	0.12	4.7	＝ 広義のひきこもり
計	59	1.79	69.6	69.6 万人

（出所）　内閣府（2010）。

難性と支援の方向性において，両者には共通するものが多い。

　このため，以下本章では，統合失調症を含む精神障害全般を含めて「ひきこもり」を扱うことにする（調査結果の提示は調査における定義に従う）。そのうえで，統合失調症など重い精神障害のある人たちの「ひきこもり」については，必要があれば別途，支援プログラムの追加を考慮する。

（2）「ひきこもり」状態にある人の数

　川上ら（2007）の全国規模の地域疫学調査では，「ひきこもり」状態の子どもがいる世帯数は 0.56％ である。全国の約 26 万世帯に「ひきこもり」状態の子どもがいると推定される。

　また，内閣府（2010）の「ひきこもりに関する実態調査」では，「準ひきこもり[*]」まで含めて，69.6 万人の「ひきこもり」がいるとする（表10-2）。この推計値は，統合失調症のある精神障害を加えるとさらに多くなると考えられる。

　　＊　「ふだんどのくらい外出しますか」の設問に対して，「ひきこもり」に該当する 4 項目
　　　のうち，「趣味の用事のときだけ外出する」を選択した者を「準ひきこもり」とする。
　　　他方，他の 3 項目「近所のコンビニなどには出かける」「自室からは出るが，家からは
　　　出ない」「自室からほとんど出ない」の選択者は「ひきこもり」とする。

（3）「ひきこもり」の男女差

　全国の保健所相談事例 3293 例を対象にした実態調査（伊藤ら，2003）では，全事例のうち男性が 76.4％，女性が 22.9％ であり，男性が女性の約 4 倍と多い。「社会参加」へのプレッシャーが女性より男性に多く表れがちであり，社会参加に関する性役割意識の違いが反映している可能性がある。

（4）　背景にある精神疾患

「ひきこもり」は，精神障害とは異なる概念であるが，その背景には精神障害があって，「ひきこもり」が生じる場合が少なからずある。

近藤ら（2010）が，厚生労働省のガイドライン作成のため，全国5カ所の県精神保健福祉センターにおいて，「ひきこもり」相談のあった人たち339例（研究条件を満たすもの）を対象に調査した結果によると，障害のある人本人が来談して面談できたのは184例（54.3%）だった。面談できた人のうち確定診断ができたのは149例（81.0%）で，1例を除いた148例は精神障害の診断基準を満たしたという。

精神障害の種類としては，統合失調症，気分障害，不安障害などの精神障害（Ⅰ群），広汎性発達障害や知的障害などの発達障害（Ⅱ群），パーソナリティ障害や身体表現性障害，同一性の問題などを主診断とする群（Ⅲ群）に分類した。これらは診断に基づく支援方針を導くことができる分類という。この分類結果では，149例中Ⅰ群は49例（32.9%），Ⅱ群48例（32.2%），Ⅲ群51例（34.2%）であった（近藤ら，2010）。

精神障害が「ひきこもり」の要因の1つになることもあれば，「ひきこもり」の結果，精神障害になることもある。しかし「ひきこもり」には何らかの精神障害が診断されることも多く，怠けや甘え，性格の問題として捉えるのが適切ではないことを，この結果は示唆している。「ひきこもり」の問題に対して，精神科医療との連携が重要な支援手段になることを示唆する結果でもある。

（5）　「ひきこもり」の長期化

「ひきこもり」が社会的な問題とされ支援の対象にされるのは，「ひきこもり」当事者が社会的活動からの回避が長期化し，社会生活の再開が著しく困難になることが多いからである（齊藤ら，2010）。また「ひきこもり」長期化によって，年齢相応の社会経験を積む機会を失い，同世代の仲間たちに合流して再チャレンジし，一緒に進み始めることに相当な困難が伴うからでもある。これら社会的な損失はきわめて大きい。他方，「ひきこもり」の長期化は当事者の身体的，心理・社会的な「健康」に深刻な影響を与える（齊藤ら，2010）。

これに対して「ひきこもり」の状態は，「ひきこもりシステム」と呼ばれる，当事者・家族ともに社会から相互に閉ざされた仮の安定したシステムが形成された状態であるとする考え方がある（図10-1）（斎藤，2002）。そのシステムがいったん形成されると，当事者本人も家族も容易にそこから抜け出すことがで

「健常」なシステム・モデル　　　　　　「ひきこもり」システム

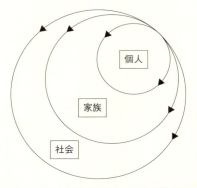 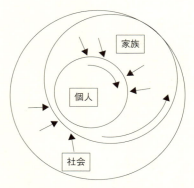

円はシステムの境界であり，境界の接点においては，システムは交わっている。つまり，3つのシステムは相互に接し合って連動しており，なおかつ，みずからの境界も保たれている。

システムは相互に交わらず連動することもない。システム間相互に力は働くが，力を加えられたシステムの内部で，力はストレスに変換されてしまい，ストレスは悪循環を助長する（引用ママ）。

（出所）斎藤（2002）。

図10-1　「ひきこもり」システム

きずに，問題が長期化する特質がある（斎藤，2002）。そのシステムの中では，「ひきこもり」当事者本人は，心理的には「ひきこもってしまった」事実が深い心のキズとなり，社会的には再社会参加へのハンディから自信を失う。さらに生物学的には体内時計のバランスが崩れることも少なからずあり，日中活動・社会参加が困難になって「ひきこもり」から抜け出す意欲も，家族や社会に相談しようとする意志も失う。一方で家族は，「ひきこもり」の問題で困っても，社会に対して相談もできず，本人・家族ともに膠着状態に陥ってしまう。

「ひきこもり」の支援は，このように膠着化し長期化した「ひきこもりシステム」を，どのように少しずつでも解きほぐしていくのかが，対応の基本になる。

2.2　「ひきこもり」状態にある人たち・家族のニーズ

(1)　「ひきこもり」相談の来談経路

図10-2は，全国の保健所相談事例3293例を対象とした調査から，ひきこもり相談の来談経路をまとめたものである。図に示したとおり，同居の家族・親戚からの相談が65.0%，別居家族からの相談が7.2%で，ほぼ7割が家族か

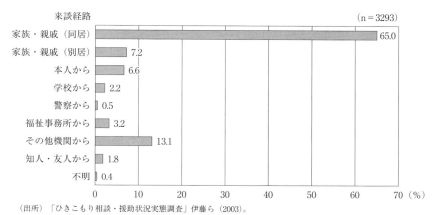

(出所)「ひきこもり相談・援助状況実態調査」伊藤ら (2003)。
図10-2 ひきこもり相談の来談経路

らの相談である。一方で本人が直接来談するのは6.6%であった。このほか，福祉事務所や学校，その他の機関などの相談もあるが，大部分が家族・親戚からのものである。

「ひきこもり」に関する相談が家族のニーズ優先で行われていることは明らかである。「ひきこもり」当事者本人のニーズは顕在化しておらず，最初の支援の場に登場してくることはまれである。このため，支援サービスの申請主義に基づいて，「本人の申請が前提」とすればニーズのある人たちの問題が門前払いになってしまう。これは「ひきこもり」の問題を精神障害として捉え，病院・診療所を受療する場合でも同様である。

このように「ひきこもり」支援の出発点は，まず家族相談であることを明確にしておく必要がある。

(2)「ひきこもり」で起こる問題行動

次に「ひきこもり」に見られる問題行為について男女別にまとめたのが図10-3である。全体を通じてもっとも多いのは「昼夜逆転」で，男女とも約4割に見られた。一方注目されるのは，「家庭内暴力」「器物破損」「家族拒否」，家族を召使のように扱う「支配的言動」など，家族関係に関する問題行為が多いことである。これらを，「家族間に緊張を与える行為」（図10-3，☆印）としてまとめると，それが1つでもある割合は男性で4割，女性でも3割強にのぼる。「ひきこもり」当事者の追い詰められた気持ちが，往々にして家族に向かうことを示す結果と考えられる。

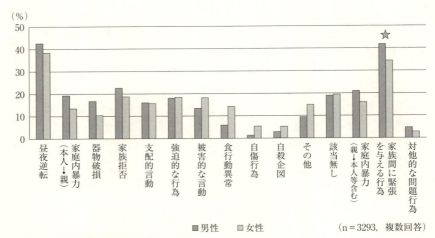

(出所) 千葉県精神障害者家族会連合会 (2009)。
図10-3 ひきこもりで起こる問題行為

その一方で，非行行為や触法行為など対他的な問題行為は約4％と少ない。家族に対する暴力も，家族以外の他者が入っていれば起こらないことがしばしば経験されている。

(3) 「ひきこもり」のつらさ（本人，家族）

図10-2では，「ひきこもり」当事者本人からの相談件数が少なく，本人のニーズが顕在化されていない状態について述べた。しかし当事者本人は，実は何気ないふうや無気力に見えても，背後に大きな葛藤をもっていることが少なからずある。本人は救助信号を出しにくい状態にある。「『ひきこもり』は怠けだ」との一部社会的認識があるが，その認識と「ひきこもり」の実相との間には，実は大きなギャップがある。

さらに，「ひきこもり」は，「周囲との相互関係の中で『ひきこもる』ことによって強いストレスをさけ，仮の安定を得ている状態」（伊藤監修，2004）とされるが，決して心理的な安定が常に得られているわけではない。むしろ孤立感，焦燥感，不安感が生まれがちである。そのような追い詰められた気持ちが家族に向かうことが多い。図10-3で「家族間に緊張を与える行為」が多いのはその表れであろう。

そのため，「こうなったのは家族のせいだ」「自分をこんな目に遭わせている周囲をうらんでやる」と，他者を責める気持ちになったり，自暴自棄になった

辛さの表現が家族に向かう。そこから暴力，拒否，強迫行動が生じ，家族がそれらの矢面に立って，非常に辛い思いをする。

以上のように，「ひきこもり」当事者本人はもちろん，家族自身も支援の必要な当事者なのである。

2.3 精神障害を伴う「ひきこもり」状態にある人たちの実態とニーズ

ここでは，統合失調症など重い精神障害のある「ひきこもり」状態にある人たちの実態とニーズに注目する。

古い調査であるが，神奈川県川崎市に在住し市内精神科医療機関に受療する統合失調症のある人たち（559人回答，回収率81.6%）の全市的調査から，社会的役割をもたず「ひきこもり」状態にある人の特徴を示す（大島，1998）。調査では特定の社会的役割（「正規の社員・従業員」「家事・家業を手伝う」「デイケアに通う」「憩いの場，患者どうしの集まりに通う」等）をもたない人たちを無役割群としたが，調査では17.7%が無役割群であった。なお他地区都道府県レベルの同様の調査では概ね10〜20%が無役割群だった。

比較的最近の調査では，千葉県精神障害者家族会連合会の会員調査（対象者：家族会員1196人，2008年実施，回収率56.4%）の結果がある。「仕事や施設通所へ行っている」のは43.3%にとどまり，「仕事や施設通所など日中活動の場には行かないが外出はする」（26.0%），「外出はしないが自宅内では自由に行動」（10.3%），「自室にひきこもっている」（4.7%）となり，通学・通勤・通所などの社会参加をしていない人が6割近くに上っていた（図10-4）（千葉県精神障害者家族会連合会，2009）。

川崎市の調査から，無役割群の特徴は次のようにまとめられた。すなわち，①経過が短く病状の不安定な層と高齢で経過が長く比較的安定している層の2群に分かれること，②単身者と家族同居者がほぼ同数あり病歴や生活状況が異なること，③病歴が短く病状不安定なグループは家族同居者群にほぼ相当し，病歴が長く安定した群は単身者群に対応すること，④2群とも全体として，生活保護受給率が高く社会的援助資源が少なく，身体合併症が多いなど厳しい状況にあること，である（大島，1998）。

また無役割群の約6割が，現状の社会的無役割の状態を改善したいと考えていた。「正社員で勤める職場」を望む一方（18.2%），「週1〜2日のデイケア」「憩いの場等」などの，活動性が高くなく，当面のところ社会的役割をもった

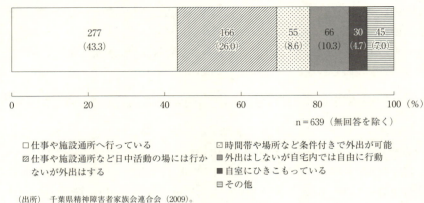

（出所）千葉県精神障害者家族会連合会（2009）。

図10-4　本人の活動範囲

めに必要な「次のステップ」となるサービスが多く望まれていた（5類型計30.3％）。また「ひきこもり」支援で注目される，「生活支援の訪問援助」は67.7％でもっとも多く選択されていた（大島，1998）。

しかしこれらのサービスは実際には現在提供されておらず，無役割群の生活状況はたいへん厳しい。社会的援助に欠ける部分は家族が多くを担い，家族の負担は過重になっていた。

以上のとおり，精神障害のあることが明確ではない「ひきこもり」状態にある人と比較して，病状不安定な比較的病歴の短い人たちの存在が明らかになった。それが家族の負担とリンクしていることが推察される。また社会的役割をもつために「次のステップ」となるサービスを望んでも，それが実現していない現状が示された。

2.4　「ひきこもり」状態にある人たちに対する支援ゴール

以上の「ひきこもり」状態にある人たちに対する理解，彼らの実態とニーズに基づいて支援ゴールを検討する。

(1) 最終的な支援ゴール

「ひきこもり」状態にある人たちは，明らかに社会参加の機会が制限され，十分な社会的役割をもてずにいる。その状態は長期化しており，そのことについて当事者本人も家族も葛藤を抱えており，**改善を望んでいる**。「**ひきこもり」支援の最終ゴール**は，いうまでもなく，本人たちが望む社会参加を実現し，相

応な社会的役割を担うことであろう。

それとともに，「ひきこもり」状態を続けている人は，成人になっても親を中心とした家族から支援を受けて生活している。親家族から自立して，自立・自律的で主体的な生活が営めるよう生活基盤の再構築をすることもいまひとつの重要な，最終的支援ゴールとなるだろう。

（2）「ひきこもり」支援の中間的な支援ゴール

前項の最終ゴールは，とくに「ひきこもり」状態が長期化した人たちが容易に到達できるものではない。「ひきこもり」支援では「社会参加は焦らずに」（斎藤，2002）が鉄則になっている。まずは**ゆるやかな支援目標を設定**し，いまよりは少し自由になることをめざしていく必要がある。そのステップとしては，まずは家族との交流ができること，日常生活の中に小さくても何かの楽しみを見つけること，友人や知人と交流できること，などがめざされる必要がある（竹中，2010）。

斎藤（2002）のいう「ひきこもりシステム」における頑強で膠着した構造から離脱し，社会とのつながりを回復するためには，「ひきこもりシステム」を解きほぐすことが大切である。そのために，まずは家族が社会と接点をつなぐこと，そして本人と家族の接点をつなぐことがめざされる必要がある。それにより少しずつ，本人と社会の接点がつながってくる。これらの到達目標も，支援の中間的ゴールとなるであろう。

なお「ひきこもり」の長期化は，本人・家族のみならず，社会に対しても多大な損失を与えている。その予防や防止も重要な支援目標となる（齊藤ら，2010）。

（3）家族への支援ゴール

前章の家族支援に関わる支援ゴールと共通する。すなわち，「援助者としての家族」の視点からは，「ひきこもり」当事者本人が「ひきこもり」を離脱し，本人が望む社会参加を実現すること，そのために家族が本人に適切に関われるようになること，同時にストレスを受けている家族自身の介護負担の改善も支援ゴールになる。

一方，「生活者としての家族」の視点からは，家族の生活面や心理面の負担や困難，重荷を軽減し，それぞれの家族が設定する目標を実現することにある。

以上は，「ひきこもり」支援の最終ゴールに関わることであり，その達成は必ずしも容易ではない。当事者本人に対する支援と同様に，**家族に対しても**

「ゆるやかな目標」を設定することが必要である。「ひきこもりシステム」を解きほぐすことに，家族自身も参画して，社会との接点をもち，さらには当事者本人とも，よりよい接点をもち，その関係をよりよいものにすることも重要な支援ゴールとなる。

　(4)　重い精神障害のある「ひきこもり」状態にある人たちへの支援ゴール

　統合失調症など重い精神障害のある人たちの中で，「ひきこもり」状態にある人たちは，現在長期入院している人たちとともに精神保健福祉ニーズがとくに大きく，支援の必要性が高い人たちである（大島，1996；大島編，2004）。

　適切な支援が継続的に提供されていなければ，病状の安定を欠き，再発・再入院を繰り返し，回転ドア現象に陥るだけでなく，長期入院に至る危険性を有している。すなわち，地域における生活基盤を失うリスクと背中合わせの人たちなのである。この危険性については，川崎市のニーズ調査において，無役割群の分析結果から「経過が短く病状の不安定な群」があることからも示唆される（大島，1998）。

　以上から明らかなように，**重い精神障害のある「ひきこもり」状態にある人たちへの支援ゴール**は，単に「本人たちが望む社会参加を実現し，十分な社会的役割を担うこと」だけではない。もちろんそれも重要だが，場合によってはそれ以上に，地域における生活基盤の維持・継続が重視されることがある。そこでの支援ゴールは，再発・再入院の防止・回避，地域定着期間（community tenure）の増加・長期化，質の高い地域生活の維持・向上となるであろう。

　川崎市の調査では，無役割群の多くが（61.6％），現状の社会的無役割の状態を改善したいと考えていた（大島，1998）。しかし，その改善に必要な「次のステップ」となるサービスを望んでも，それが実現していない状況が明らかになった。また社会的援助に欠ける部分の多くを家族が担い，家族の負担は過重になっていた。重い精神障害のある「ひきこもり」状態の人たちには，本来であればより優先順位を上げて社会サービスが提供される必要がある。少なくとも，同じ障害のある人たちとの間に，施策の公平性が確保されなければならない。

　重い精神障害のある「ひきこもり」状態にある人たちへの最大の課題は，社会サービスが行き届かないこれらの人たちに対する，効果的プログラムモデルの開発と導入であるということができる。

2.5 「ひきこもり」支援のターゲット集団と優先順位の設定

「ひきこもり」状態にある人たちは，全国で約70万人と推計される（内閣府，2010）。またその中には，社会的支援を必要としていない人，当事者・家族ともそのような「ひきこもり」の生活を受容している人も含まれている。また明確な障害（機能・形態障害）が見えにくい点にも留意が必要である。公的サービスを提供する際には，**ターゲット集団設定のために社会の合意形成を十分に行う必要がある**。

これら幅広い層を対象とした「ひきこもり」支援全般に対する，効果的な支援環境を一定の圏域内（保健福祉圏域など）に整えることが重要であろう。その圏域内における対応窓口を設定するとともに，その後の支援については，ターゲット集団ごとに支援の優先順位を設定することが必要になる。

その際，厚生労働省の「ひきこもりの評価・支援に関するガイドライン」は，「ひきこもり」の3分類と支援のストラテジーを設定する（齊藤ら，2010）。「ひきこもり」の問題・障害の種別ごとの社会的に説得力ある対応については，今後，十分な議論を重ねていくことが必要であろう。

ガイドラインでは，「ひきこもり」を支援対象にする理由に，社会的活動からの回避の長期化と，現時点でもつさまざまな諸困難との関係を指摘している（齊藤ら，2010）。「ひきこもり」の長期化により年齢相応の社会経験を積む機会の喪失を挙げ，若者の社会参加の機会を奪うことに対する社会的損失の意味を挙げている。

以上のとおり，「ひきこもり」の長期化の問題，直面している当事者の年齢の問題など対象集団を明確にして，それぞれに社会的合意のもとで社会的優先順位を設定して取り組むことが望ましい。このガイドラインが，「ひきこもり」の「評価」に焦点を当てた意義を考慮しその視点の発展が今後必要である。

さらに，統合失調症など重い精神障害のある人たちの中では，「ひきこもり」状態にある人たちの問題はとくに重要である。「ひきこもり」状態にある人たちの問題に共通する，より効果的なアプローチの開発と適用を考慮する必要がある。同時に，重い精神障害のある人たちの中でも，「ひきこもり」状態にある人たちの問題に，より優先順位を上げて取り組むことが望まれる。

3 当事者ニーズに対応する支援の現状と課題

3.1 「ひきこもり」支援全般の現状と課題

　厚生労働省は 2009 年度よりひきこもり対策推進事業を創設し，ひきこもり地域支援センターを中心に，「ひきこもり」に特化した第 1 次相談窓口を設置した（厚生労働省，2015）。それにより，「ひきこもり」当事者・家族が，最初にどこに相談したらよいかを明確にして，より支援に結びつきやすくした。また，同センターにはひきこもり支援コーディネータを配置した。さらに，2013 年度よりひきこもりサポーター養成研修，およびサポーター派遣事業を開始した。

（1）　ひきこもり地域支援センター

　ひきこもり地域支援センターは，都道府県と政令指定都市に原則各 2 カ所（児童期と成年期）設置できることになっている。加えて事業に必要な設備を備え，適切な運営が確保できると認められる民間団体等（社会福祉法人，NPO 法人等）には委託できるとした。これにより現在，全国に 61 自治体，65 センターが開設しており，その設置数は増加している（厚生労働省調，2016 年 2 月）。

　事業内容としては，ひきこもり支援コーディネータを配置し，「ひきこもり」の状態にある本人や家族からの電話，来所等による相談に応じて，適切な助言を行うこと，家庭訪問を中心とするアウトリーチ型の支援を行うこと，さらに地域における関係機関とのネットワークの構築や「ひきこもり」対策にとって必要な情報を広く提供する役割をもつことである（厚生労働省，2015）。

　この事業のターゲット集団は，必ずしも明確にされていない。しかし，「ひきこもり」の問題を抱える本人や家族全体と考えられる。センターにおいて「ひきこもり」支援に関わる全般的な相談を受け，アセスメントによりその後の支援へと方向づける機能を果たすことが期待されている。都道府県など広域圏域が対象になるが，家庭訪問を中心とするアウトリーチ型支援を頻繁に行うとニーズに対応できなくなる。あくまでも「ひきこもり」の問題を適切にアセスメントして，関係づくりをした後に，その後の支援に方向づける役割をもつものと考えられる。

（2）　ひきこもり支援コーディネータ

　1 センター当たり，2 名以上のひきこもり支援コーディネータを配置する。

このうち1名以上は，原則として，社会福祉士，精神保健福祉士，保健師等の資格を有する専門職とされている。業務内容は，前述のとおり「ひきこもり」の状態にある本人や家族からの相談（電話，来所等），家庭訪問を中心とするアウトリーチ型の支援，関係機関とのネットワークの構築，「ひきこもり」対策にとって必要な情報提供である。

（3）ひきこもりサポーター養成研修・派遣事業

ひきこもりサポーター養成研修・派遣事業では，ピアサポートを含む「ひきこもりサポーター」（「サポーター」）を養成・派遣する。地域に潜在する「ひきこもり」への対応を可能にし，サポーターによる対象者へのきめ細やかで継続的な相談支援を行うことができるようにするねらいをもつ。

養成研修・派遣事業の対象者は，「ひきこもり」状態にある本人や家族等に対するボランティア支援（「ひきこもり」からの回復者や家族等によるピアサポート活動を含む）に関心のある人たちである。

研修事業では，「ひきこもり」に関する基本的な知識（「ひきこもり」の概要，支援方法，支援上の注意点等）を教授する。研修修了者を対象に，サポーターとして活動することを同意した人を名簿に登録する。同意の確認は書面への署名による。当該名簿は，「ひきこもりサポーター派遣事業」を実施する市町村へ提供し，派遣調整の際に活用する。「ひきこもり」状態にある対象者が支援を希望した場合には，サポーターを選定し，サポーターによる訪問支援，情報の提供等の支援を継続的に実施する。

（4）第1次相談以降の支援モデル

「ひきこもり地域支援センター」はあくまでも第1次相談窓口の機能をもち，「ひきこもり」の問題を適切にアセスメントをして，関係づくりをした後に，その後の支援に方向づける役割がある。対象者の状況に応じて，医療・教育・労働・福祉などの適切な関係機関につなげることが期待されている。しかしその機能と効果モデルの構築は今後の課題である。

まず保健所保健師による受療勧奨の活動も行われているが，保健所の統廃合・感染症対策などが影響して活動の限界がある。また後述するように，「ひきこもり」への支援で重要な，①家族支援，②訪問活動，③フリースペース・デイケア活動などは，民間の活動に依存しているのが現状（民間のモデル的取組み）である。現在精神保健福祉センターも取り組んでいるが，供給量は十分ではない。障害者総合支援法上の「相談支援事業（ケアマネジメント事業）」では，

第10章　「ひきこもり」状態への支援と効果モデル開発　　207

地域によっては訪問支援をしているところもある（とくに，精神障害が疑われる場合）。ただし，自主的な活動の範囲にとどまり予算措置が十分に得られない。

（5）「ひきこもり」に関するガイドライン

前節までに繰り返し取り上げたが，厚生労働省から2つの「ひきこもり」に関するガイドラインが発行されている。「10代・20代を中心とした『ひきこもり』をめぐる地域精神保健活動のガイドライン」「地域保健におけるひきこもりへの対応ガイドライン」（伊藤監修，2004）と，「ひきこもりの評価・支援に関するガイドライン」（齊藤ら，2010）である。2つのガイドラインは，それぞれ独自の視点をもつ優れたガイドラインである。本章では，2つのガイドラインに示された支援の方向性を踏まえながら，厚生労働省のひきこもり対策推進事業を念頭に置いて，「ひきこもり」状態にある人たちの支援に関する効果モデルの構築を模索する。

3.2 「ひきこもり」状態にある人たちへの支援の方法と課題：
ガイドラインに基づく「効果的援助要素」の探索

以下では，上述した2つのガイドラインを主に用いて，「ひきこもり」状態にある人たちに対する支援の効果モデルを構成することが期待される「効果的援助要素」（大島，2015）を検討する。

（1）　支援の理念

①「ひきこもりシステム」を解きほぐす支援

「ひきこもり」の問題が対応困難で，長期化しやすく支援が困難である1つの大きな理由は，「ひきこもり」の状態が当事者・家族ともに，社会から相互に閉ざされた「仮の安定したシステム」を形成してしまうことにある。斎藤（2002）が「ひきこもりシステム」（図10-1）と名づけた，頑強で膠着したシステムから離脱して，社会とのつながりを回復するために，「ひきこもりシステム」を解きほぐす根気強い支援が基本になる。

まず「ひきこもり」支援が，家族ニーズ優位にスタートすることが多いために，何より家族と社会（支援者）の接点をしっかり確保し，それをつなぎ，接点を広げ，強化し，家族とのよりよい関係を形成することが重要である（伊藤監修，2004）。

次に家族とのよりよい関係が形成された段階で，家族と本人の接点をつなぎ，広げ，強化する努力を行う。支援機関や支援チーム，専門職は，家族相談・家

族支援を通じて本人の支援も始める（伊藤監修，2004）。

さらには，本人と社会（支援者）との接点をつなぐ努力をする。家族を通じてねばり強く来所を働きかける。それが難しいときには訪問支援を行う。支援者との接点ができたら，それを社会のほかのネットワークともつなぎ，接点を広げ，強化して少しずつ社会関係の幅を広げる。具体的には，メンタルフレンドなどの訪問，社会参加への中間領域であるフリースペースやデイケアへの誘いと参加，居場所の確保などである。

これらの活動は，まずはゆるやかな支援目標を設定し，少しずつ接点を確保し，つなぎ，広げることを心がけ，いまより少しだけ活動の幅が広がることをめざす（竹中，2010）。

以上の活動は，「ひきこもり」への支援の中心的な支援要素である。

②「ひきこもり」支援の多次元モデル

厚生労働省「ひきこもりの評価・支援に関するガイドライン」は，「ひきこもり」に対する支援の枠組みとして，支援の多次元モデルを提示している（齊藤ら，2010）。(a) 第1の次元：背景にある精神障害に特異的な支援，(b) 第2の次元：家族を含むストレスの強い環境，支援機関の掘り起こしなど環境条件の改善，(c) 第3の次元：思春期の自立過程の挫折に対する支援。

これらの支援を行う際には，当事者と環境の全般的な評価を繰り返し行いながら，支援と評価を同時並行的に進めることを推奨している（齊藤ら，2010）。

それぞれの次元の評価では，疾病や障害の重症度，当事者本人や環境条件のストレングス評価，問題の緊急度のアセスメントが重要である。

「ひきこもり」支援は，多職種連携チームで行うことが想定されている。さまざまな専門性の異なる職種の人たちが，共通のゴールに向かって支援を行うためには，評価の結果を共有することの意義は大きい。

(2) 「ひきこもり」支援の中の家族支援

「ひきこもり」支援は家族ニーズ優位にスタートすることが多い。そのため，「ひきこもり」支援の出発点は，家族相談，家族支援から行われることが一般的である。

①家族と支援者の協働で本人を支える：家族との関係づくり

「ひきこもりシステム」（斎藤，2002）を解きほぐす第一歩は，家族と社会・支援者との接点をしっかり確保し，支援につなげることである。それまで家族自身も「ひきこもって」いることが多く，相談に来たことを十分にねぎらい，

家族の気持ちを支持する（伊藤監修，2004）。家族自身を支援の対象者として位置づけることも明確に伝える。インテーク面接は重要で，家族の問題をしっかり受けとめ，次なる支援へとつなげる。

②家族と協働で支援を行うための家族アセスメント

家族支援の出発点として家族アセスメントを行う。家族と協働で支援を進めるための前提として，家族の状況を適切に把握する。緊急対応の必要性に関するアセスメントも行う。

③家族と本人の関係を調整する支援：家族支援を介して本人支援も開始

しばしば家族と本人の関係は緊張していることが多い（叱咤激励，非難など）。その中で焦りや不安感，孤独感を少しずつ和らげて家族の生活を楽にしていくことを第一歩とする。

④家族の居場所づくり，家族グループ

家族の居場所，緊急避難場所の提供を行う。親の会，お茶飲み会，家族相互の訪問など。

⑤家族心理教育の実施

家族心理教育については，第9章参照。

(3)　家族を介した来所・来談への働きかけ

前項の家族支援を，「ひきこもり」状態にある本人支援へとつなげる。

①来所・来談への働きかけ

まず家族が社会（相談）につながり，家族と本人間のコミュニケーションを回復して，本人が社会につながるための外堀を埋めていく。家族との関係ができ，家族が少し落ち着いたり希望をもって本人に接することができるようになったら本人に受診や来所を勧めてもらう。

②本人との最初の面接

まずは来所できたことをねぎらう。「また来てみよう」と思える雰囲気を作る。最大目標は，本人が相談の場で安心感や安堵感を体験することである。

③本人との継続面接

徐々に会話ができる相手や場所を増やしていく。何人かの援助者との出会いをもつ。メール，電話でのコンタクトも行う。小さい変化を見つけて動機を維持する。

(4)　訪問支援

①訪問の前提

訪問をする際に家族との間で訪問の目的（含・中間的な支援ゴール）などについて共通理解を得ておく。訪問した際に起こるさまざまなことを想定して，約束事を予め設定してから開始する。訪問目的としては，まずは本人と家族との関係が悪くなり，行き詰まっていることの打開である。関係者が家庭に入ってくることで少しでも状況が変化し，状況が見えやすくなること，援助者に来てもらうことで家族が安心し，自分の生活に変化の起こる可能性を本人に感じてもらうことが基本的な目的である。

②本人と最初のコンタクト

家族との楽しそうな会話が本人に伝わること。訪問と並行して，家族との面談は家の外で行う。訪問一本だけで援助活動を組み立てない。

③本人との継続的なコンタクト

④「ひきこもり」経験者，メンタルフレンドなどの訪問

「ひきこもりサポーター」，メンタルフレンド，お茶飲み会（家族会員がひきこもっている本人の家族を訪問）などを活用する。

⑤メールやネットの利用

（5）　居場所の確保・社会参加への中間領域（フリースペース・デイケア）

「10代・20代を中心とした『ひきこもり』をめぐる地域精神保健活動のガイドライン」（伊藤監修，2004）によれば，本人が外の社会に参加しようとしても，対人関係や集団活動への不安，基本的な社会的経験の不足などによりいくつもハードルがあり，こうしたことへのリハビリテーションのために，「デイケア」や「グループ活動」への参加が役立つとしている。

同ガイドラインでは，こうしたグループ活動のリハビリテーションの意義として具体的に以下のように挙げている

①居場所としてのグループ：同じような仲間がいる場所に，安心していられることで，本人の孤立感の低減や自己肯定感を育む。

②対人関係の中で自己を理解する場：家庭や援助者との狭い関係の中で得られる以上の自分への深い理解がもたらされる。

③自己表現の場としてのグループ：グループ活動への参加により自己表現の機会が増え表現を練習していくことにつながる。

④さまざまな経験の学習としてのグループ：不足しがちな集団での経験や多様な社会経験を増やす契機となり，これまでの経験を捉えなおす。

⑤通過点・足がかりとしてのグループ：グループで学習サポート・就労・ボ

第10章　「ひきこもり」状態への支援と効果モデル開発　**211**

ランティアなどの経験をすることで社会参加の契機とする。

⑥希望を抱く：他の人が回復していく過程を見ることで「よくなる可能性」について希望をもつ。

また，「ひきこもりの評価・支援に関するガイドライン」（齊藤ら，2010）では，「ひきこもりデイ・ケアは安全な出会いとコミュニケーションの機会を提供することを通じて，親密な仲間関係の経験と，社会参加の契機を得ることにある」（本文 4-4-d-ⅲデイ・ケアより）としている。

（6）　緊急対応が必要な事態への対応

家族や周囲の人から，緊急事態に対する相談が寄せられることがある。初回相談が緊急対応を求める場合も少なからずある。その場合に答えを早急に出すのではなく，まずは，情報の収集，緊急度と重症度の判定を行う。緊急度や重症度が高くて単独の機関のみでは支援が困難な場合，または緊急度や重症度の判断が困難な場合には，二次的な専門機関を利用する（伊藤監修，2004）。

（7）　地域連携ネットワークによる支援

①地域における連携ネットワークの設置

「ひきこもり」はさまざまな要因によって生み出されるため，地域保健福祉の観点から多面的な関わりが必要となる。また生物・心理・社会的なそれぞれの側面からのアプローチが必要となる。

②当事者ごとの「ミニサポートチーム」の設置

「ミニサポートチーム」は，特定の家族・当事者（本人）に対して，2〜3 人の支援者（含ボランティア）がチームを作って支援に当たる試みである（竹中，2010）。

③個別のケアマネジャーの設置

ネットワークを利用して支援する場合，複数の機関が統一的に支援ゴールを共有して役割分担することが必要となる。その中核となる役割を個別担当のケアマネジャーを設置して担当する。

④ひきこもりサポーター養成研修・派遣事業の実施

前述のとおり，きめ細やかで継続的な相談支援を行う「ひきこもりサポーター」の養成と登録，派遣は重要である。

3.3　重い精神障害のある「ひきこもり」状態にある人たちへの支援の現状と課題

近年，精神科デイケアの機能が見直される中，デイケアとアウトリーチ支援

を組み合わせて，デイケアに通うことに困難を抱える人たちへの積極的な支援を行う医療機関が出てきた。大山ら（2011）の調査では，全国の医療機関のうち精神科デイケアを実施している 1654 機関のうち 1038 機関（回収：62.8%）の回答があり 56.4% の機関でデイケアとアウトリーチ支援を併用して提供していた。このうち，長期入院経験者に両サービスを提供しているのは 63.7%，「ひきこもり」状態にある人への支援は 42.4% であった。大山ら（2011）は，デイケアとアウトリーチ支援を併用して**成果を上げている優良事例**（グッドプラクティス事例：GP 事例）**に対する訪問調査，実践家・当事者参画型のワークショップを行い，効果モデルの構築を行っている**（大山，2013；大山ら，2014）。

　一方障害福祉サービス事業を行う事業所（地域事業所）では，訪問による生活訓練事業が注目されている。先駆的に取り組む千葉県市川市では，2008 年 1 月〜9 月に支援を開始した 33 人の支援記録が分析された。データが入手された 30 人のうち，「外出不可」は 2 人，「条件付きで外出可能」が 13 人と約半数が「ひきこもり」状態にある人たちであった。週当たりのコンタクト数は，1.17 回，1 日当たりの訪問時間数は 84.1 分であった。このような関わりによって，活動性を広げ，社会参加と社会的役割の獲得に結びつくことが期待されている（品川ら編，2012）。

　一方，地域活動支援センターを活用して，「ひきこもり」がちな精神障害のある人たちへの支援を提供する活動がある。神奈川県川崎市では，家族会が主導して 2000 年から「窓の会」というひきこもりがちな人へのボランティアなどの訪問と，参加しやすい活動の場を用意する活動を行ってきた。2009 年より障害者総合支援法の地域活動支援センターに活動を位置づけて「ひきこもりがち」な精神障害のある人たちへの支援を継続している（小松，2003；大山ら，2013）。

4　ゴール達成に有効な支援環境・支援プログラム

　以上見てきたように，「ひきこもり」状態にある人たちに対する支援の効果モデルは十分に確立していない状況にある。しかし前節で示したように厚生労働省の「ひきこもり対策推進事業」が始まり，**2 つの「ひきこもり」支援のガイドラインがまとめられて，効果的な取組みに関する共通認識が得られつつある。**

以下では，①「効果的援助要素」（大島，2015）から考慮する効果モデルの構築，②ひきこもり対策推進事業を活用した効果モデルの構築，③重い精神障害のある「ひきこもり」状態にある人たちへの支援モデルの構築のそれぞれについて提示する。

　これらは，いまだ探索的・試行的な段階のものであり，ターゲット集団の整理も，支援ゴール設定も不十分な状況にある。しかし，深刻な状況に置かれている「ひきこもり」状態にある本人および家族の現状を改善するために有効な効果モデルを開発し構築するために，いま「プログラム開発と評価」の取組みが必要とされている。

4.1　「効果的援助要素」から考える効果モデルの構築

　前節では，2つのガイドラインを中心に，支援の方法と課題を整理した。これは，「ひきこもり」状態にある人たちに対する効果的支援モデルの支援プロセスにおける「効果的援助要素」を整理するものになっている。同時に，前述したプログラム評価における効果モデルの設計図（プログラム理論）のプロセス理論，サービス利用計画の一部をまとめたものでもある（大島，2015）。以下では，その内容を，「ひきこもりの評価・支援に関するガイドライン」の「ひきこもり支援の諸段階」（図10-5）（齊藤ら，2010）に沿って，6点に整理する。

　まず各段階を通底して，①伴走者としてのケアマネジャー（「ひきこもり」状態にある本人および家族を支援）の存在が重要である。これは，ひきこもり地域支援センターでは，ひきこもり支援コーディネータがその役割を担う。またチームアプローチをするときには，「ミニサポートチーム」の中核的人材が担当する。

　そのうえで，②支援の理念として，「ひきこもりシステム」を解きほぐす根気強い支援が基本になる。また，「ひきこもり」支援の多職種による多次元アプローチも重要である。

　次に「ひきこもり支援の諸段階」ごとの「効果的援助要素」を示す。

　まず「出会い・評価段階」においては，「ひきこもりシステム」を解きほぐす際には家族ニーズ優位にスタートすることが多い。家族と社会（支援者）の接点をしっかり確保し，そのうえで接点を広げ強化し，家族とのよい関係を形成することが重要である。

　その最初のステップは，③**家族支援**が一般的である。家族支援では，まず家

214　第Ⅱ部　精神保健福祉における適用例・実践例

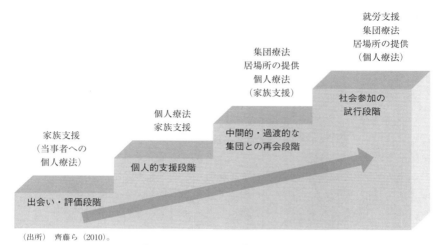

(出所) 齊藤ら（2010）。

図10-5　ひきこもり支援の諸段階

族との関係づくり，家族と協働で支援を行うための家族アセスメント，家族支援を介して本人支援も開始する。家族支援のための家族の居場所づくり，家族グループワーク，そして家族心理教育を行ってもよい。

　以上の経過を経て，「個人的支援段階」においては，④**家族を介した来所・来談への働きかけ**が行われる。まず，家族が少し落ち着いたり希望をもって本人に接することができるようになると，本人への受診・来所を勧められる。その後本人との最初の面接，そして本人との継続面接へと進んでいくことが期待される。

　本人と家族との関係が悪く行き詰まっている場合には，状況に応じて⑤**訪問支援**を行う。本人と最初のコンタクトを経て，粘り強い働きかけのうちに，本人との継続的なコンタクトをもつ。「ひきこもり」経験者，メンタルフレンド，ひきこもりサポーターなどの訪問が有効なこともある。

　続いて，「中間的・過渡的な集団との再会段階」と「社会参加の試行段階」においては，「ひきこもり」状態にある本人との継続的な関係がもてるようになったら，⑥**居場所の確保・社会参加への中間領域**（フリースペース・デイケア）が重要である。行きつ戻りつできる場としてフリースペース・デイケアなど，社会参加への中間領域の場を用意する。同時に，セルフヘルプグループの形成と参加の促し，定時制高校，通信制の高校，サポート校の活用なども考慮する。

第10章　「ひきこもり」状態への支援と効果モデル開発　　215

以上の支援プロセスの「効果的援助要素」と効果モデルのプロセスに関する「支援の諸段階」の設計図（プログラム・プロセス理論）（大島，2015）は，ガイドラインにまとめられている内容であり，関係書籍とも理論的実践的に整合的であろう。

　これをより汎用性の高い「効果モデル」とするためには，実施組織をどのように設定するのか（プロセス理論・組織計画），ターゲット集団をその組織内でどのように位置づけるのか（インパクト理論，プロセス理論・サービス利用計画），組織的な対応として地域連携ネットワークによる支援をどのように位置づけるのか（プロセス理論・組織計画）（大島，2015），を明確にする必要がある。この点は各地の状況に依存する部分が大きく，効果的な取組みの蓄積は十分とはいえない。

　たとえば，ひきこもり地域支援センターで，この支援プロセスを体系的に実施しようとすると，広域圏域での取組みが必要となる。その際に対象数が多くなることが予想されるために，第1次相談以降の支援システム，すなわち医療・教育・労働・福祉などの適切な専門機関につなげ，どのように連携するシステムを構築するかが，問われてくるであろう。

4.2　ひきこもり対策推進事業を活用した効果モデル

　前述のとおり，厚生労働省は2009年度よりひきこもり対策推進事業を創設し，ひきこもり地域支援センターを中心に，「ひきこもり」に特化した第1次相談窓口による支援事業を開始した。

　この取組みは，幅広い層を対象とした「ひきこもり」支援全般に対する，効果的な支援環境を一定の圏域内（保健福祉圏域など）に整えることの意義が大きい。そこで課題になる点は，ひきこもり地域支援センターの第1次相談窓口から，その後の支援へと方向づける機能と組織を，どのように体系的かつ有機的に構築するかが問われる。前項でも指摘した論点である。

　この検討は，恐らく現在，全国の各ひきこもり地域支援センターで進められていると考えられる。その経験をより広く，十分に共有化する必要がある。

　著者も関わる神奈川県川崎市では，「ひきこもり相談」を精神保健福祉審議会の重点課題の1つに位置づけ，6年間以上にわたって議論を積み重ねてきた（ひきこもり地域支援センターに指定される前の「社会的ひきこもり支援」の取組みの段階から）。「ひきこもり相談」に訪れた人たちのニーズの分析と，それを踏ま

えた支援体制の構築を行っている（川崎市精神保健福祉審議会，2014）。

　川崎市では2001年より精神保健福祉センター内にひきこもり相談窓口を開設，2011年度より厚生労働省のひきこもり地域支援センターに位置づけた。現在，社会福祉職・心理職等の専門職員を配置しており，常勤職員2名，非常勤嘱託職員4名の体制を組んでいる。

　川崎市精神保健福祉審議会報告書（2014）および関連資料によると，まず相談に訪れた人たち（2009～2011年度相談者224人）のニーズ分析では，「外出可（条件付き外出を含む）」は約90％を占めている。うち本人支援を行えた46％について，支援後の変化（電話相談のみを除く）があったものが71％を占め，効果が認められた。一方で「外出不可（自宅のみ，自室のみ）」は約10％を占めていた。高校卒業以降，就労せずに早期にひきこもり，長期化している状態が多い。背景には精神疾患，発達障害，知的障害の可能性が疑われる，支援のニーズが高い人たちといえる。

　ニーズ分析を踏まえた，課題となる「支援体制・組織の構築」については，以下のとおりである。

　まず「外出不可（自宅のみ，自室のみ）」など支援ニーズの高い人たちに対しては，第1次相談の後，医療的アセスメントを行い，必要に応じて医療へつなげる。また個別相談を支援センター職員が（支援センター内ではなく）市内7区の保健福祉センターにおいて行うほか，家庭訪問によるアウトリーチ支援を区センターと共同で行う。また各区の子ども支援室の会議に，支援センター職員が委員として参加する。

　次に，本人支援を実施・実現できた人たちに対しては，「中間的・過渡的な集団との再会段階」や「社会参加の試行段階」（図10-5）（齊藤ら，2010）を設定する。地域の地域活動支援センターの居場所機能や，社会参加支援センター，若者サポートステーション，ハローワークなどと連携した取組みを開始する。既存の関係機関・社会資源や教育・労働分野との連携体制を基盤に，民間と行政機関それぞれが担うべき役割を検討して，支援体制を拡大していくことが求められる。

4.3　重い精神障害のある「ひきこもり」状態にある人たちへの支援モデル

　前節の重い精神障害のある「ひきこもり」状態にある人たちへの支援の現状と課題で述べた3つの取組みは，いずれも重い精神障害のある人たちに対する

支援モデルとして，今後の発展が期待される。

(1)　精神科デイケアおよび訪問支援統合化プログラム

大山ら（2011）の調査では，精神科デイケアの 56.4％ で，通院患者のニーズに対応して，アウトリーチ支援と組み合わせた取組みを実施している。今後の発展可能性が示唆される。アウトリーチ支援と組み合わせた取組みは，主に長期入院経験者と「ひきこもり」状態にあった人たちがターゲット集団になる。このうち，「ひきこもり」状態にあった人たちについては，精神科病院より精神科診療所での取組みが多い（大山ら，2013）。

アウトリーチ支援は，「デイケアのスタッフが訪問している」が 25.3％ であり，「病院の訪問看護と連携して訪問」（65.4％），「貴法人内の他機関・他部門（訪問看護ステーション等）が訪問」（35.1％）が多い（重複回答あり）。複数部門が支援ゴールのもとに連携した取組みができるかどうかが効果モデルでは問われてくる（大山ら，2013）。

大山ら（2014；2015）の研究では，「ひきこもり」状態にあった人たちに対する効果モデルの効果的援助要素は，6 領域（A. 理念・支援の方向性〔「効果的援助要素」：3 項目，以下同〕，B サービス提供組織〔5 項目〕，C. 統合サービス導入のための工夫〔6 項目〕，D. 提供されるサービス内容〔6 項目〕，E. 対処空間の拡大に向けた支援〔3 項目〕，F. 家族支援・インフォーマル資源の役割の拡大と強化〔4 項目〕），27 項目の効果的援助要素が抽出されている（大山，2013；大山ら，2014；2015）。

また支援プロセスに関するプロセス理論・サービス利用計画では，導入部分において，多職種による個別の関係づくりと，グループへの導入支援・集団との関係づくり支援が特徴である。また，終了に向けて，ピアサポート支援，コミュニティサークルの利用が重視されている。統合化モデルの実施マニュアルは，大山ら（2014）の研究班から頒布されている。

(2)　「窓の会」プログラム

神奈川県川崎市の家族会活動の中で，「家から出られない」「作業所があっても行けない」「いろいろな社会資源があっても関われない」という問題を抱えている人たちが多いことが認識された。その解決のために家族会として取り組むことができる活動として家族会主導で始まった。「親はなんとか社会参加させようと思って焦るが，葛藤が深刻化するばかりで，たいへん難しい現状があった」と創設者である当時の家族会長は語っている（小松，2003）。

当初は精神障害のある「ひきこもり」がちな人へのアウトリーチから始まっ

た。家族会が，市民や学生などのボランティアを募り，訪問活動を開始した。
続いて，ひきこもりがちな状態を脱出した人の日中活動の場としてのフリース
ペースの提供や軽活動を通した交流などが必要になり，その活動を展開してい
る。フリースペース，仲間とともに公園散策や外出するグループ活動，スポー
ツデイ，音楽教室，パソコン教室，医療・福祉や対人関係のスキル等をわかり
やすく学べる勉強会などである（大山ら，2013）。

　2009年より障害者総合支援法の地域活動支援センターに位置づけられた。
専門職員が配置され，ケアマネジメント的な支援が提供可能となった。

　「窓の会」を導入する支援については，家族会活動を通してひきこもってい
る当事者を支える家族が導入することが原則となる。また医療的なニーズが高
い障害のある人たちには，対応の限界があることも特徴である。全国モデルと
して実施・普及が期待されるが，視察などは多いものの，川崎市以外の実施は
限定的である（東京都杉並区で同様の活動が始まったと聞く）。

　（3）　訪問を伴う生活訓練プログラム

　地域事業所がこの問題に対して積極的に役割を果たす取組みとして注目され
る。障害者総合支援法における生活訓練事業は，主には期限のある通所サービ
スである。その活動と連動して，通所の生活訓練事業に招き入れ，かつ訪問で
日常生活を支援する活動として訪問型支援を位置づける（品川ら，2012）。相談
援助のケアマネジメント的支援が併用される特徴もある。

5　ソーシャルワーカーに求められる支援環境開発アプローチ

　最後に，ひきこもり状態にある人への効果的な支援を提供するために，ソー
シャルワーカーに求められる支援環境開発アプローチとはどのようなものかを
整理する。

5.1　解決を求められる課題・ニーズに応えうる取組みの分析，批判的検討

　この章では，社会参加を進めて社会的役割を獲得するうえでの課題に対して，
現在，「ひきこもり」状態にある人のニーズに注目し，そのニーズ解決に有効
な支援環境開発アプローチを検討した。「ひきこもり」状態にある人のニーズ
については，「ひきこもり」状態にある人一般のそれと，重い精神障害のある

第10章　「ひきこもり」状態への支援と効果モデル開発　219

人のものでは，ニーズも支援ゴールも若干異なっている。本章では，それを包括できる支援モデルと，重い精神障害のある人に特化した支援モデルを構築することをめざした。

現在，「ひきこもり」状態にある人たちに対する支援の効果モデルは，いまだ十分に開発・形成されていない。しかし社会の関心も高まり，厚生労働省から2つの「ひきこもり」支援のガイドラインがまとめられた。また「ひきこもり対策推進事業」が始まった。効果的な取組みに関する共通認識が徐々に得られつつある。このような中，2つの「ガイドライン」を中心に効果モデルの**「効果的援助要素」を抽出し，「ひきこもり対策推進事業」を基盤に効果モデルを構築する素地は整った**といえる。

欧米諸国では，「ひきこもり」状態にある人たちへの社会的支援はあまり体系的には取り組まれていない。海外の効果モデルが限定される中で，国内での実践的取組みを蓄積し，効果モデルを構築する必要がある。一方，海外でも若者に対する就労支援を中心とした取組みは少なからずある。それらからモデル構築に役立てるものが得られる可能性がある。

5.2 問題解決に有効な効果モデル形成への貢献

「ひきこもり」状態にある人たちへの支援は，ようやく効果モデル開発の端緒についた段階である。**まず対象者のニーズを明らかにし，ターゲット集団を絞り，支援ゴールを設定する段階にある**。それとともに，日本全国では一定の社会的関心も高まり，**実践が進められる中，効果的援助要素や効果モデルが想定されるようになった**。

現在，全国61都道府県・政令指定都市に，65カ所のひきこもり地域支援センターが開設して，「ひきこもり」状態への支援を積み重ねている（厚生労働省調，2016年2月）。これらセンターが軸になり，さらには不登校への支援（フリースクールなど）を含めた若者支援を加えて，効果モデルを開発できるようなプログラム開発と評価の基盤を確立する必要がある。

「ひきこもり」状態への支援，若者支援に関わるソーシャルワーカーは，**この領域の支援環境開発，プログラム開発の重要な時期に現在立っていることを理解して，モデル構築にリーダーシップを発揮**することが期待される。

220　　第Ⅱ部　精神保健福祉における適用例・実践例

5. 3 日常実践でできること，すべきこと

　本章でまとめた効果的援助要素リストや効果モデルの構想に対して，それぞれの実践から創意・工夫を追加していく必要がある。また，この領域に関心をもつ関係者が集まり，効果モデルを議論する場を設定することが期待される。

第11章

「働きたい思い」を実現する就労支援モデル
IPS 援助付き雇用の日本への技術移転を中心に

▷ **本章の概要**

1 はじめに

2 当事者ニーズに根ざした課題・支援ゴールの設定
　　——精神障害のある人たちの就労ニーズと雇用の現状

3 当事者ニーズに対応する支援の現状と課題

4 ゴール達成に有効な支援環境・支援プログラム

5 ソーシャルワーカーに求められる支援環境開発アプローチ

▷ **本章（第11章）の「プログラム開発と評価」の課題**

「効果モデル」の 評価課題	「効果モデル」の エビデンスレベル	技術移転の あつらえ	他モデル開 発の必要性
☐ 開発評価	✓ EBP プログラム		
☐ 継続的改善・形成評価	☐ ベストプラクティスプログラム	◎	◎
✓ 実施・普及評価	☐ エキスパートコンセンサス PG		
	☐ 実践の中で有効性の裏付け		

＊プログラムの略称として，PG を使用。　　＊＊本書18頁，表1-3参照。

▷ *Keywords*

プログラム開発と評価：EBP プログラムの技術移転・導入のあつらえ，効果的援助要素，
　フィデリティ尺度

課題，取組み，その他：従来型就労支援プログラム，ステップアップ型段階的就労支援モデル，
　援助付き雇用，就労前訓練アプローチ，就労後訓練アプローチ

本章では，まず精神障害のある人たちの就労ニーズの特徴を整理した
うえで，従来型の就労支援プログラムの課題を明らかにする。一般就労
を希望する精神障害のある人たちの数は多い。しかし，その「働きたい
思い」を実現することは必ずしも容易ではない。

　近年，精神障害のある人たちを対象にする就労支援施策が，少しずつ
積極的に取り組まれるようになった。しかしこれらの施策が導入されて
もなかなか十分な成果がおさめられていない。

　一方，一般就労を明確なゴールに定め，就労が実現した後の継続支援
や就労の場で訓練に力点を置く個別職業紹介とサポートモデルという援
助付き雇用プログラム（以下IPS援助付き雇用）が世界的に注目されている。

　この章では，精神障害のある人たちの就労支援について，障害のある
人たちの一般就労への希望を実現し，効果を上げる就労支援の支援環境
開発に焦点を当てる。一般就労を明確に支援ゴールに定めた就労支援施
策をIPS援助付き雇用を中心に検討し，この効果モデルを日本の精神保
健福祉システムにおいてどのように位置づけ，障害のある人たちの就労
ニーズの実現に寄与できるのか，ソーシャルワークの視点から検討する。

1 はじめに

　一般就労を希望する精神障害のある人たちの数は多い。しかし，その「働き
たい思い」を実現することは必ずしも容易ではない（全家連保健福祉研究所編，
1994a；2000）。近年，精神障害のある人たちを対象にする就労支援施策が，少
しずつではあるが積極的に取り組まれるようになった。法定雇用率の適用，職
場適応援助者（ジョブコーチ）による支援，障害者試行雇用（トライアル雇用）
事業の適用，障害者総合支援法の就労移行支援事業の導入などである。しかし
これらの施策が導入されてもなかなか十分な成果がおさめられていない。ハロ
ーワークへの障害者求職件数は年々増加を続けるが，本人が望む就労，とくに
一般就労が実現しているのかどうかは不確かである。

　これは，精神障害のある人たちの特性やニーズに対応した，適切で有効な援

助方法，援助技術が就労支援の現場でまだ十分に確立していないためと考えられる。同時に，効果的な援助方法や援助技術を取り入れた，精神障害のある人たちにふさわしい就労支援施策の開発と導入が遅れている現状を反映していると考える（大島，2009）。

このような中，個別職業紹介とサポートモデル（Individual Placement and Support（IPS）model）という援助付き雇用プログラム（以下 IPS 援助付き雇用）が世界的に注目されている（Becker ら，2003；Bond ら，2008；大島，2012b）。このプログラムは，一般就労を明確なゴールに定め，就労が実現した後の継続支援や就労の場での訓練（OJT: On the Job Training）に力点を置く。世界各地で多くのランダム化比較試験（RCT）が行われ，高い就労率と長い就労継続日数を実現することが実証されている（Bond ら，2008）。このプログラムは，精神障害のある人たちに適合的な優れた援助方法，援助技術を提供するとともに，優れた支援理念をもち，就労支援施策としても多くの有用なアイデアを提供する優れたアプローチといえる（大島，2009）。

本章では，精神障害のある人たちの就労支援について，障害のある人たちの一般就労への希望を実現し，効果を上げる就労支援の支援環境開発に焦点を当てる。前章で取り上げた社会参加と日中活動の確保の課題から見ると，精神障害のある人たちの最大の関心事は一般就労の実現である。一般就労を明確に支援ゴールに定めた就労支援施策が，日本の精神保健福祉システムでどのように位置づけられ，障害のある人たちの就労ニーズの実現に寄与できるのかを検討する。

以上から本章では，まず精神障害のある人たちの就労ニーズの特徴を整理したうえで，**従来型の就労支援プログラムの課題**を明らかにする。そのうえで，**精神障害の障害特性や就労ニーズに合致した就労支援プログラムとして IPS 援助付き雇用の可能性**に触れ，精神障害のある人本人が望む効果的な就労支援を実現するための方策を検討する。

2 当事者ニーズに根ざした課題・支援ゴールの設定
――精神障害のある人たちの就労ニーズと雇用の現状

2.1 精神障害のある人たちに就労支援が重要な理由，そのニーズ

精神障害のある人たちに就労支援が重要な理由は，何より大部分の精神障害

のある人たちが社会一般の人たちと同様に一般の職場で働きたいと思っているからである。全家連保健福祉研究所が行った全国調査では，デイケアや社会復帰施設に通う人の 60〜70% が一般就労を望んでいた（図 11-1）（全家連保健福祉研究所編，1994a；2000）。この割合はアメリカでも同様という（Bond，2005）。

　精神障害のある人が一般就労の希望をもつのは，多くの社会において働くことが成人の当たり前の役割と考えられているからである。精神障害のある多くの人たちは，自分たちのリカバリー（回復）にとって，仕事が不可欠な要素と報告している（Bond，2005）。

　しかし障害のある人たちのうち自らが望む一般就労を実現している人はごくわずかである。2003 年精神障害者社会復帰サービスニーズ等調査通院患者調査では，「会社」に就労している人は，全精神障害の 20.6%，統合失調症の 12.9% であった（図 11-2）（日本精神科病院協会，2003）。一方，障害のある人たちの雇用労働者（従業員 5 人以上の事業所に勤務）のうち，精神障害のある人たちは 4 万 8000 人であり障害のあるすべての雇用労働者（63.1 万人）の 7.6% にすぎない（厚生労働省職業安定局，2014）。

2.2　一般就労が進まない原因

　精神障害のある人たちが望む一般就労が進まない原因はさまざまである。1 つの重要な要因は，彼らのニーズや特性に配慮した有効で適切な援助方法，援助技術がまだ確立していないためと考えられる。

　全国の小規模作業所に通所する 1994 人を対象にした全国ニーズ調査では，仕事についての自信の程度を尋ねた（図 11-3）（全家連保健福祉研究所編，2000）。その結果，「自信がない」こととして，「1 日 8 時間働く」は 46.8%，「日曜・祭日をのぞき毎日働く」は 31.6%，「他の人と同じペースで働く」は 28.1% が回答していた。一方，仕事が可能となる条件として，「休みや通院時間が自由な制度」が 36.9% で他を圧倒しており（図 11-4），「週 10-20 時間の短時間就労」（13.3%），「週 20-30 時間の短時間就労」（10.1%）と短時間就労が多く選択されていた。また，「スタッフがサポートする制度」も 9.6% あった（全家連保健福祉研究所編，2000）。

　このように精神障害のある人たちが就労するには，短時間就労を含めた時間面の配慮と，対人的なサポートが重要であると示唆される。

第 11 章　「働きたい思い」を実現する就労支援モデル　　**225**

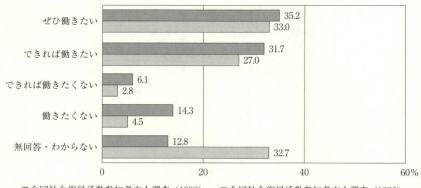

図 11-1　精神障害者の就労の希望

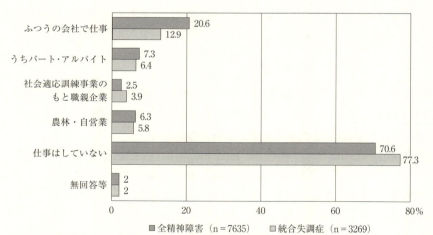

図 11-2　精神障害のある人の現在の仕事

2.3　就労支援プログラムの支援ゴール

　本章でこれまで取り上げてきたのは，一般就労を希望する精神障害ある人たちが，「働きたい思い」を実現するための就労支援についてである。「働きたい思い」の実現には，希望する仕事に就職し，その仕事を可能な限り長く継続す

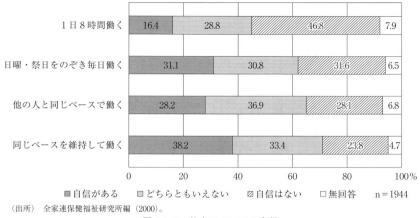

(出所) 全家連保健福祉研究所編 (2000)。

図11-3 仕事についての自信

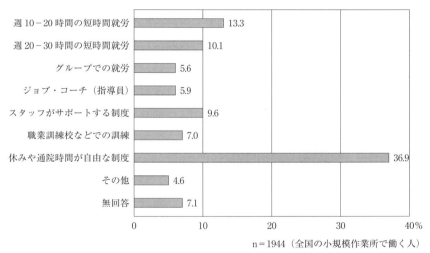

(出所) 全家連保健福祉研究所編 (2000)。

図11-4 仕事が可能な条件

ることが求められる。それによって，本人が望む自己実現とリカバリーを達成し，さらにはその仕事の収入によって，自らの生活の質の向上を図ることがめざされる。

「一般就労」については，先ほど触れたように，成人の当たり前の役割とし

第11章 「働きたい思い」を実現する就労支援モデル 227

て「一般就労」をめざすことが重視される。このため，欧米における「一般就労（competitive employment）」の定義には，最低賃金を上回っていることに加えて，「一般の地域住民に開かれた職場であること」，すなわち障害のない人たちも求職ができ，就職できる職場であることを条件に加えることがある。

一方日本では最低賃金が重視され，「一般住民には開かれていない職場」である特例子会社や重度障害者多数雇用事業所，さらには就労継続支援 A 型事業所は，最低賃金を上回る賃金が支払われていれば「一般就労」になる。また就労時間数については，欧米では，週 5 時間でも「一般就労」と位置づけることがある（Bond, 2005）。日本では「短時間雇用」は週 20 時間以上 30 時間未満であるため，その開きは大きい。

さて本章では，以上のように，一般就労を実現するための就労支援プログラムに，とくに焦点を当てて検討する。

もちろん，障害のある人たちが何らかの仕事に就き，いきいきと自分らしい社会的役割を獲得し，社会参加することはいうまでもなく意義あることである。その中には，「一般住民には開かれていない職場」も含まれるであろうし，最低賃金をクリアしない福祉的就労（就労継続支援 B 型など）も含まれる。これらの就労形態の中では，近年，たとえば「労働包摂型社会的企業」（WISE: Work Integration Social Enterprise）という取組みが注目を集め，研究と実践が進められている。これらの就労支援サービスにおける支援ゴールは，また別途，設定がされることになる（米澤，2011）。なおこれらの取組みは，障害者雇用のあり方を含めめざすべき社会のあり方，社会のゴールなどが支援ゴールの設定に関わってくる（この観点については本書で扱わない）。

本章で追求するものは，あくまでも一般就労を希望する障害のある人たちが「働きたい思い」を実現するための就労支援である。多くの障害のある人たちが望むその取組みは，日本ではこれまであまり本格的な議論が行われてこなかった。このため本章では，以下一般就労の実現に有効な就労支援のあり方に焦点を当てて検討を進める。

2.4 支援の対象となる人たち（ターゲット集団）

繰り返しになるが，あくまでも一般就労を希望する，精神障害のある人すべてが対象になる。障害の重さや最低限の知的機能をもつこと，就労の準備性が整っていることなど，就労の適格性に関する必要条件を設定することはない。

3 当事者ニーズに対応する支援の現状と課題

3.1 従来型就労支援プログラムの特徴

　障害のある人たちに対する就労支援施策には長い歴史があり，多様な制度が積み上げられている。日本の障害者雇用の体系を整理すると，表11-1のとおり，対人サービスを伴う就労支援は，①障害者雇用率制度を除くと，大きな体系としては，②職業指導・職業紹介（Placement）と，③職業訓練・職業能力開発（Train）に分かれる。後ほど取り上げるIPS（Individual Placement and Support）援助付き雇用の，個別職業紹介とサポートの職業紹介（placement）に当たるのが「②職業指導・職業紹介」であり，職業訓練（Train）を含むサポート（Support）に当たるのが「③職業訓練・職業能力開発」である。日本の障害者雇用に関する対人サービスは，主にこの2つの支援体系から成り立っている。

　現在，「職業指導・職業紹介」の中心はハローワーク（公共職業安定所）である。障害者の求職登録を行い，データベースを作って職業紹介をする。また都道府県に置かれている地域障害者職業センターに加えて，民間委託で全国に329カ所（人口30万人当たり1カ所）設置されている障害者就業・生活支援センターがある（厚生労働省調，2015年8月）。

　「職業訓練・職業能力開発」については，働くためのスキルを身につける公的な職業訓練校がある。また，民間が能力開発訓練として，職場の中で訓練を行う制度がある。職場適応援助者（ジョブコーチ）というコーチ役がおり，職場定着時に調整をしたり，その場でのスキルを身につける支援を行う（OJT: On the Job Training）。また，就労のお試し期間中に事業所に補助金が出る障害者試行雇用（トライアル雇用）事業もある。

3.2 従来型就労支援プログラムにおけるニーズ不適合性

　これまで，障害のある人たちに対する日本の就労支援プログラムは，主に身体障害や知的障害のある人たちの特性やニーズに合わせて開発されてきた（表11-2）。また世界的に見ても精神障害のある人たちの特性やニーズを適切に検討し，就労効果や就労実績の上がる支援方法を開発しようとする取組みは近年になってのことである。

第11章　「働きたい思い」を実現する就労支援モデル　　**229**

表 11-1　障害者雇用施策（主なもの：障害者雇用率制度を除く）

職業指導・職業紹介
・公共職業安定所（ハローワーク）：
　障害者の求職登録，職業指導，職業斡旋計画の策定，求人の受理開拓，
　職業紹介，就職後の指導
・障害者職業センター
・障害者就業・生活支援センター

職業訓練・職業能力開発
・国等で行う職業訓練：障害者職業訓練校，職業準備訓練
・民間が行う能力開発訓練
　職場適応訓練等
　職場適応援助者（ジョブコーチ）による支援
　障害者試行雇用（トライアル雇用）事業
・精神保健福祉法の事業：社会適応訓練事業→ 2011 年で国制度は廃止

（出所）　著者作成。

表 11-2　障害のある人のさまざまな就労形態

一般就労 （最低賃金など労働 関連法規の適用）	一般企業 ・法定雇用率制度（民間 2.0%）を適用する場合 　（精神障害者も，2006 年度より適用） ・他の「オープン就労」／より多くの「クローズド就労」 重度障害者多数雇用事業所，特例子会社
福祉的就労	福祉工場⇒就労継続支援 A（最低賃金など労働関連法規の適用） 授産施設⇒就労継続支援 B，就労移行支援など 小規模作業所
在宅就労	自営（農林・商工） 内職

（出所）　著者作成。

従来型の就労支援プログラムの特徴は，次の 3 点に整理できよう（表 11-3）
（Becker ら，2003；大島，2009）。結論を先にいうと，これらの特徴は，残念なが
ら精神障害のある人たちが一般就労をしようとする際には，さまざまなハード
ルになることが多い。

　まず第 1 に，ステップアップ型段階的就労支援モデルを採用していることで
ある。すなわち一般就労前に必要な準備訓練をしたうえで，就労に移行するこ
とをめざしている。準備訓練の前段階では「客観的な」就労前アセスメントが
行われ，アセスメント結果に基づいて職業準備性の訓練や職業訓練が行われる。

230　　第Ⅱ部　精神保健福祉における適用例・実践例

表 11-3　従来の就労支援プログラムの特徴

1. 段階的アプローチ（職業訓練後，就労モデル）
 ・職業訓練期間などの段階で，就労モティベーションの維持が容易ではない。
 ・客観的な就労前アセスメントが重視され希望する仕事への就職が制限される。
2. フルタイム雇用（または週 20-30 時間の短時間就労）が目標
 ・精神障害をもつ人たちは就労時間の配慮が重要。
3. 職業訓練・職業能力と，職業紹介・職場定着と，それ以降の支援が連続的に
 提供されない
 ・精神障害をもつ人たちは，調子に波があり継続的なフォローアップ支援が不
 可欠。

（出所）著者作成。

しかしながら，精神障害のある人たちの場合，訓練期間中の単純作業などを行う中で，就労モティベーションを維持するのが困難となる。多くの場合就労前訓練は，「退屈で挑戦のしがいがなく非現実的」であることが多いと認識される（Becker ら，2003；Bond, 2005）。また客観的なアセスメントが重視されるために，本人が希望した仕事に就職できるわけではない（Becker ら，2003）。

第 2 にフルタイム雇用が目標になっていることである（Becker ら，2003）。前節に示したように，精神障害のある人たちには就労時間への配慮が必要である。しかし，フルタイム雇用の場合，時間の融通性が低くなる。また短時間就労も法制度上は原則的に週 20〜30 時間と設定されているため，たとえばまずは週5 時間程度一般就労をするという選択肢を選びにくい。

第 3 に職業紹介や職場定着の支援と，それ以降の支援が連続的に提供されない（Becker ら，2003）。精神障害のある人たちは，調子に波があることが多く，多かれ少なかれ継続的なフォローアップ支援が不可欠である。また支援者との関係づくりが重要であり，関係づくりのできた支援者による継続的な対人的なサポートが就労支援の成否に大きく関わる。しかし現行の制度では，関係づくりから関わった支援者による継続的な職場定着，継続支援までの一貫した支援は保証されていない。

3.3　新しい制度創設の動き

以上について，最近は障害のある人に対する就労支援の実情に根ざして，より実際的な制度モデルが取り入れられるようになった。

たとえば，表 11-3 の「2. フルタイム雇用」については，「③職業訓練・職

業能力開発」の事業としてではあるが，精神障害者ステップアップ雇用制度が導入された。この制度で，精神障害のある人の障害特性に鑑みて，仕事や職場の適応状況等を見ながら，週の労働時間を 10 時間以上と設定し，12 カ月までの間に徐々に就業時間を伸ばしていき，常用雇用への移行をめざす。また「③職業訓練・職業能力開発」の事業である職場適応援助者（ジョブコーチ）についても，精神障害の場合継続支援に時間を要する場合があり，その適用期限を柔軟に運用できるようになってきた。

また表 11-3 の「3. 支援の連続性」に関しては，障害者就業・生活支援センターや，ハローワークにおける「障害者就労移行支援チーム」の運用，就労移行支援事業所と就業・生活支援センターの連携モデルの構築等，継続的なフォローアップ支援も可能になった。

4　ゴール達成に有効な支援環境・支援プログラム

以下では，一般就労を希望する「働きたい思い」をもつ精神障害のある人たちの一般就労と就労定着を実現し，同時に精神障害のある人たちに適合的な優れた援助方法，援助技術を提供する IPS 援助付き雇用の特徴を明らかにし，日本における発展可能性を検討する。

4. 1　新しい就労支援プログラム IPS 援助付き雇用の定義と特徴

冒頭に述べたように，現在，精神障害のある人たちへの就労支援において新しい就労支援アプローチである IPS 援助付き雇用プログラムが世界的に注目され，実施・普及が広がっている（Becker ら，2003；大島，2012b）。エビデンスに基づく効果的なプログラム・EBP プログラムとして，日本の実践現場でも徐々に取組みが広がりつつある。

IPS 援助付き雇用の定義と概要は次のとおりである（表 11-4）（Becker ら，2003；Swanson ら，2008；大島ら，2005b；大島，2009）。

まず IPS 援助付き雇用とは，就労領域のケアマネジャー的な役割を果たす就労支援スペシャリストを中心とする多職種チームによって提供される個別就労支援アプローチをいう。当事者の好みや選択によって，就労支援を必要とする精神障害のあるすべての人たちに，事前に職業準備訓練を提供することなく，

232　第Ⅱ部　精神保健福祉における適用例・実践例

表 11-4　IPS 援助付き雇用とは

- IPS（Individual Placement and Support）とは，就労支援スペシャリスト（ES）を中心とする多職種チームによって，
  - 就労支援のみならず生活支援・臨床的支援が統合的・継続的に提供される，
  - ケースマネジメント的な個別就労支援アプローチ
- 利用者の好みや選択によって，就労支援が必要なすべての精神障害をもつ人たちに，
  - 事前に職業準備訓練を提供することなく，
  - たとえ短時間や限られた期間の仕事であっても，できるだけ速やかに一般就労の機会を提供する
  - 経験的な方法で標準化されたエビデンスに基づく援助付き雇用モデル

（出所）　著者作成。

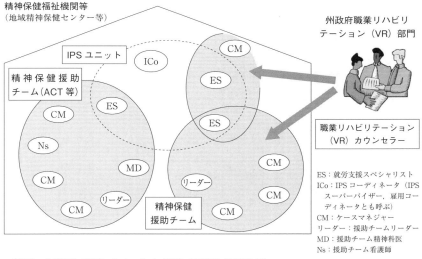

（出所）　大島作成（2004），Becker ら（＝2003）の訳注図（訳書 74 頁）。
図 11-5　精神保健援助チームと IPS ユニット，職業リハビリテーション部門との関係

たとえ短時間や限られた期間の仕事であっても，できるだけ速やかに一般就労の機会を提供する，標準化された就労支援アプローチである。

　援助サービス提供上の特徴は，図 11-5 のように，精神保健福祉の包括的な援助が多職種チームによって提供される中で，就労支援スペシャリストがこれと連携しながらも 2 次的な就労支援チームである IPS ユニットを形成して就労支援を行う。就労支援スペシャリストによる援助内容は，直接援助サービス

第 11 章　「働きたい思い」を実現する就労支援モデル　　233

表11-5 IPS モデルと従来型モデルの目標や視点の違い

	従来型モデル	IPS モデル
依拠するモデル	脆弱性ストレスモデル	リカバリーモデル
援助の目標	精神障害をもつ人たちに状態の安定をもたらす	世の主流である仕事・労働への参加
	保護的な職業プログラム，段階的な就労支援	速やかに統合された地域環境に移行し，市民として成人役割を持つように支援
一般就労への見方	一般就労は過剰な期待を強いるためストレス源となる	一般就労が目標
	一般就労前に段階的な訓練プログラムが必要	たとえ短時間や限られた期間の仕事でも，一般就労に向けて迅速な求職活動を行う
成　果	成果に対する期待は必ずしも高くない	成果に対する楽観主義
対象者の除外規準	物質乱用や暴力的行動がある，最低限の知的機能がない，基本的な生活習慣が身についていない，など	除外規準はない（希望すればすべて対象）
アセスメント	広範な職業前アセスメント	一般就労した後に，随時の継続的職業アセスメント
	一般就労するうえで問題となる点を特定する	利用者本人の働く意思や好み，選択を尊重して評価する
職業訓練	トレイン-プレイス（訓練後に就労）アプローチ	プレイス-トレイン（就労して訓練）アプローチ
	事前の職業前訓練，保護的な環境での職業経験	統合された職場環境での一般就労の実現
個別性	協力事業主などで同種類の仕事を優先して紹介する	利用者の好みや選択に応じて個別化された求職活動を行う，意思決定への利用者参加

（出所）　大島ら（2005b）に加筆。

　を伴うケースマネジメントと類似しており，個別の就労支援が，関係づくりから始まり，アセスメント，職場開拓，職業紹介，ジョブコーチ，職場調整，継続・同行支援（follow-along support）までのすべてについて，1人の担当者によって一貫して継続的に地域で提供される。就労支援スペシャリスト1人に対する利用者数は，25人以下を標準としている。

　次に，IPS モデルの目標や視点は，表11-5に整理したように，従来型のモデルと比較して多くの独自性をもつ（大島ら，2005b）。まず援助の目標としては，障害程度等によってはどのような就労形態であれ（週2〜3時間の短時間就労や単発的な就労など），一般就労を実現するために，迅速な求職活動を行う。

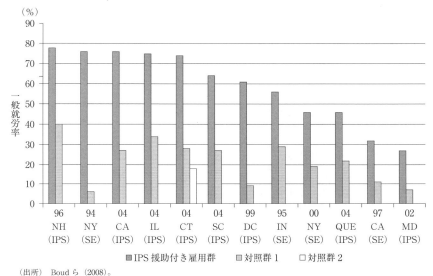

(出所) Boud ら (2008)。
図 11-6　IPS 援助付き雇用のランダム化比較試験研究における一般就労率の比較

当事者がプログラムに参加してから1カ月以内に事業主とのコンタクトを取ることになっているため，アセスメントや職業訓練は，主には，就職した職場において状況に合わせて随時に継続して行うことになる。

また従来は，一般就労を希望する人が，「就労の準備ができていない」とか，「やる気がない」「ストレスに弱く調子が悪い」「薬物やアルコールの依存がある」といった理由で，就労機会を与えられないこともあった。これに対して，IPS モデルでは働くことで自信や就労に必要な生活習慣を身につけることによって，これらの問題を乗り越えていこうとする姿勢をもつ。

なお IPS 援助付き雇用の詳細や実際は，別文献をご参照いただきたい (Becker ら, 2003；Swanson ら, 2008；大島ら, 2005b；伊藤ら監修, 2010：2012)。

4.2　IPS 援助付き雇用の効果

IPS 援助付き雇用は，一般就労率の向上に対して，一貫して良好な結果が導かれている。図 11-6 はランダム化比較試験（RCT）研究で基準を満たした 11 の研究で就労率の違いを比較したものである。IPS 群は対照群に比べて有意に一般就労率を高めること（IPS 群が 61％ に対して対照群は 23％）が実証された

（Bond ら，2008）。また，Cochrane ライブラリーの Systematic Review（SR）（274-275 頁）でも取り上げられ，基準を満たす 14 の RCT 研究では，IPS 群が一般就労率を高めることが結論づけられている（Kinoshita ら，2013）。

日本では，著者らの研究チームが IPS 援助付き雇用の RCT 研究を行い，小規模な取組みだが良好な成績を得た（Oshima ら，2014）。地域活動支援センターに IPS 援助付き雇用を実施する就労支援スペシャリストを雇い入れ，利用希望者は無作為化して（抽選で）毎月 3 名ずつ順に IPS 援助付き雇用を導入した。IPS 導入 6 カ月後の就労率は IPS 群（n＝18）が 44.4％ に対して，対照群（n＝19）は 10.5％ であった。危険率 p＝0.022（Fisher's exact test）で，IPS 群に一般就労率の高いことを明らかにした。

以上のとおり，IPS 援助付き雇用は，精神障害のある人たちの一般就労を実現し，就労継続を実現することが**国際的に認められた代表的な EBP プログラム**の 1 つになっている。

4.3 IPS 援助付き雇用の効果的援助要素と，精神障害のある人のニーズ・特性

IPS 援助付き雇用モデルにおいて，**就労率などの支援成果に結びつくプログラムの要素は，「効果的援助要素（critical components）」**と呼ばれ，その要素はフィデリティ尺度（効果的プログラムモデルへの準拠度）で把握される（Bond ら，2000；大島，2015）。**表 11-6** には，IPS フィデリティ尺度の尺度項目を示した（Becker ら，2003）。各項目は就労率向上に寄与することが実証された援助要素であり，効果的な就労支援プログラムモデルを構成する主要なプログラム要素である（Bond ら，2000；大島，2015）。

IPS 援助付き雇用プログラムの特徴は，15 項目のフィデリティ尺度項目に反映されており，それを次の 6 点に整理する（大島，2009）。すなわち，

①利用資格は当事者の選択に基づく，②援助付き雇用を精神保健臨床サービスと一体的に提供，③短時間であってもあくまでも一般就労が目標，④迅速な求職活動（開始後 1 カ月以内），⑤当事者の希望に基づく個別化された求職活動を行う，⑥継続的なフォローアップを行う，である。

これらは，これまで検討したとおり，精神障害のある人たちのニーズや特性に合致したものになっている。

とくに③④⑤は，準備訓練を前提とした「段階的アプローチ」に対抗するも

表 11-6　IPS フィデリティ尺度項目

A. スタッフ配置
1. ケースロードの大きさ：　1 人担当 25 人まで
2. 職業サービススタッフ：　職業サービスのみ担当
3. 職業ジェネラリスト：　全側面の職業サービス担当

B. 組　織
1. 精神保健援助とリハビリテーションの統合
2. 職業ユニット：　集団スーパービジョンで共有化
3. 除外基準なし：　仕事の準備性や物質乱用等を除外基準としない

C. サービス
1. 進行中の仕事に基づく職業的アセスメント
2. 一般就労のための迅速な求職活動
3. 個別化された求職活動
4. 職場開拓の多様性
5. 開拓された仕事の永続性
6. 職場の変更：　適切な場合は新しい仕事を探すことを支援する
7. 継続・同行支援：　無期限で提供
8. 地域ベースのサービス
9. 積極的な関係づくりとアウトリーチ

（出所）　Becker ら（2003）。

のである。必要な職業訓練は OJT で就職後に提供される。

②⑥は，ケアマネジメント的な継続支援が前提になっている。

何より重要なのは，①③⑤で示されるように，当事者本人の就労意欲や，職業の選択・好みを最重視していることである。そのため，たとえ短時間であっても，当事者本人の望む一般就労がめざされることになる。

また，いくら重い障害があっても，あるいは就労に不適切と見える職業準備性の整っていない状態にあると思われる人たちであっても，「働きたい」という希望，就労意思があれば例外なく支援の対象にする。精神障害のある人たちにとって，就労の動機づけが就労を成功に導く何より重要な要素だからである。

4.4　IPS 援助付き雇用が社会に必要とされた背景

IPS 援助付き雇用が，従来型の就労支援プログラムに対して，世界的に有用性が認識されるようになったのは，その一般就労を実現する効果にだけよるの

ではない。その背景は次の3点に整理できるであろう。

①「訓練」の効率性：将来就く仕事のために必要な，社会生活技能を含む特定の技能は，その仕事が決まってから，実用的に練習するほうが効率的と考えられるようになった（OJTの活用）。

②「訓練」環境の魅力：多くの職業前訓練や職場適応訓練の場は，退屈で挑戦のしがいがなく非現実的であることが多い。これに対して自分が望む職場でのOJTはモチベーションを高める。

③就労後訓練アプローチの効果：IPS援助付き雇用がたいへん優秀な成果をおさめたのに対して，就労前訓練アプローチの成果は明確でない。

4.5 重い精神障害のある人たちに有効な共通の支援理念

またIPS援助付き雇用は，**重い精神障害のある人たちに有効な共通の次の3つの支援理念を有している。**

①リカバリー

②ストレングスモデル

③「思い」や「希望」を重視する「まずは住居を」「まずは退院を」「まずは仕事を」「まずは教育を」アプローチ

IPS援助付き雇用は，従来の他の障害者就労支援プログラムと支援モデルが異なるだけではなく，障害のある人たちに対する支援理念が異なると考えられる。その理念・価値感は，これまで取り上げてきた「まずは住居をプログラム」（第7章）などと共通している。すなわち，これまでの就労支援は，段階的に就労の準備性を高めていくというアプローチであった。しかしIPS援助付き雇用は，まずは本人の希望に基づいて希望する就職を実現し，そのうえで必要な就労後の支援と研修・トレーニングを提供する。就労の準備性を高めるために事前の研修・トレーニングよりも，「働きたいという思い」「希望」を重視し，必要な訓練や支援は就労後に提供しようとする。

これは，住居支援の「まずは住居をプログラム」，退院促進・地域定着支援の「まずは退院を」アプローチなどと同じ支援理念に基づく取組みである。

4.6 どこでIPS援助付き雇用を実施するか

EBPプログラムであるIPS援助付き雇用を，どこで実施すればよいのであろうか。これまで精神障害のある人たちに対する就労支援は，地域では障害者

総合支援法の就労移行支援事業や就労継続支援事業A型・B型において行われている。また医療機関では精神科デイケアなどで行われてきた。さらに労働サイドでは障害者職業センターや就業・生活支援センター，障害のある人たちを受け入れる事業所などにおいて実施されている。

しかしそれぞれの就労支援アプローチは，**4.3**で検討した「効果的援助要素」を取り入れて，「本人が望む一般就労」を実現する目標を必ずしも十分に追求してこなかった。

アメリカにおける経験では，**IPS援助付き雇用を実践現場に導入するには2つのアプローチがあるという。1つは既存の支援サービス（たとえば包括型ケアマネジメントACTや他のケアマネジメント）にIPS援助付き雇用を付加する方策，いま1つは精神科デイケアや通所リハビリテーションサービスなど日中活動支援プログラムをIPS援助付き雇用プログラムに転換する方策**である（Beckerら，2003）。

日本でも，これら2つのアプローチをそれぞれ考慮できるだろう。しかし当面のところ，前者の既存支援サービスにIPS援助付き雇用を付加する方法，具体的には既存サービスにIPS援助付き雇用の「効果的援助要素」を組み入れて，本人が望む就労成果を上げることができるプログラム形態に徐々に移行していく方策が，先行的に取り組まれる必要があると考える。

その際，地域サイドでは，障害者総合支援法の就労移行支援事業，医療では精神科デイケアが有力と考える。

とくに就労移行支援事業は，就労移行の実現により，障害者総合支援法が目標とする「自立した日常生活又は社会生活を営むこと」を支援する事業である。精神障害のある人たちの一般就労を実現する中核的なプログラムに発展させる可能性がある。

著者らの研究グループは，効果的な就労移行支援事業を展開する全国の先進的事業所の事例調査などを踏まえつつ，IPS援助付き雇用の効果的援助要素を取り入れた暫定効果モデル（「効果的障害者就労移行支援プログラム」）を提案している（効果のあがる就労移行支援プログラムのあり方研究会，2009；2015）。そして，そのプログラムモデルを取り入れることにより，期待される成果をおさめられるかどうかを検証するプログラム評価研究を実施している。

このプログラムモデルでは，①就労移行支援事業の施設外支援，職場実習の活用，②職場定着支援，継続支援を行えるプログラム（就業・生活支援センター，

ジョブコーチ，トライアル雇用など）との連携，③医療機関との連携や相談支援事業の活用などを取り入れている。就労支援に関わる諸機関・諸施策の活用と連携が，このモデルを実現する重要な要素と考えている。

5 ソーシャルワーカーに求められる支援環境開発アプローチ

5.1 解決を求められる課題・ニーズに応えうる取組みの分析，批判的検討

この章では，一般就労を希望する精神障害のある人たちに対して，希望する一般就労を実現し，それを継続するのに有効な就労支援プログラムを検討した。日本には障害のある人たちの一般就労を支援する多くの施策がある。しかし，精神障害のある人たちの特性やニーズに合致した就労支援の効果モデルはまだ制度化されていない。これに対して，重い精神障害のある人たちの一般就労と就労継続を実現する確かな成果を世界の各地域で上げている EBP プログラムとして，IPS 援助付き雇用がある。

IPS 援助付き雇用は，精神障害のある人たちの特性やニーズに合致した，適切で有効な援助方法，援助技術の要素が数多く含まれている。またそれら効果的援助要素を，組織として事業体として体系的に実施する明確な支援理念を有している。

世界的に認定された EBP プログラムである IPS 援助付き雇用を，日本全国で実施・普及するには，**まず IPS 援助付き雇用自体を制度化して導入する必要がある**。

他方それ以外にも，**障害者就労移行支援事業など既存の障害者就労支援制度の中に，IPS 援助付き雇用の効果的援助要素と支援理念を導入して取り組むことが可能である**。障害のある人たちの一般就労を支援する多くの施策がある中で，IPS 援助付き雇用の効果的援助要素と支援理念をどの程度，組み入れることが可能か，まだ明らかではない。これらの効果的援助要素と支援理念を，既存の就労支援制度に十分に導入できれば，IPS 援助付き雇用をベースにした，より効果的で，実施・普及が可能な就労支援プログラムを開発・導入できるだろう。今後，科学的なプログラム開発と評価の方法を用いて検討と検証をしていく必要がある。

240　第Ⅱ部　精神保健福祉における適用例・実践例

就労支援の実践に関わるソーシャルワーカーは，以上の位置づけをよく理解のうえ，利用者のニーズとサービスの現状を適切に分析して，可能な範囲で**IPS 援助付き雇用の効果的援助要素と支援理念をそれぞれの職場に導入すること**を考慮する必要がある。

5.2 問題解決に有効な効果モデル形成への貢献

IPS 援助付き雇用は，世界的な EBP プログラムであり，効果モデルはほぼ確立している。また日本での追試研究もよい結果が得られている。

このような中，**IPS 援助付き雇用の日本への技術移転と導入のあつらえは**，就労移行支援事業や精神科デイケアなどを活用し，**日本の制度モデル内での取組みを中心的に行っている**。この導入と技術移転の経験に基づいて，**日本におけるより効果的な IPS 援助付き雇用を制度モデルとして構築**する必要がある。

同時に，EBP プログラムである IPS 援助付き雇用の事業所や地域圏域での体系的な実施・普及が可能になるよう，**実施・普及のシステムを構築**する必要がある。

これらの IPS 援助付き雇用の技術移転と実施・普及においては，ソーシャルワーカーが中核となる役割を果たすことが期待される。

5.3 日常実践でできること，すべきこと

前 2 項でも触れたとおり，IPS 援助付き雇用の効果的援助要素と，支援理念の導入は，就労支援の一般的な実践現場でも少なからず取組みが可能である。それぞれの現場のより効果的な実践をめざして，**取り入れが可能な IPS 援助付き雇用の効果的援助要素と支援理念の導入と実践的検討を進めることが望まれる**。

第 **12** 章

ピアによるサポート活動の効果モデル形成
「新たなベストプラクティス」をより効果的に，より当たり前に

▷**本章の概要**────

1 はじめに

2 当事者ニーズに根ざした課題・支援ゴールの設定

3 当事者ニーズに対応する支援の現状と課題
　　──ピアによるサポート活動の意義と有効性，その活動内容

4 ゴール達成に有効な支援環境・支援プログラム

5 ピアサポート活動の課題，チャレンジ

6 ソーシャルワーカーに求められる支援環境開発アプローチ
　　──ピアによるサポート活動と支援環境開発の進め方

▷**本章（第 12 章）の「プログラム開発と評価」の課題**

「効果モデル」の 評価課題	「効果モデル」の エビデンスレベル	技術移転の あつらえ	他モデル開 発の必要性
☑ 開発評価	☐ EBP プログラム		
☑ 継続的改善・形成評価	☑ ベストプラクティスプログラム	◎	◎
☐ 実施・普及評価	☑ エキスパートコンセンサス PG		
	☐ 実践の中で有効性の裏付け		

＊プログラムの略称として，PG を使用。　　＊＊本書 18 頁，表 1-3 参照。

▷*Keywords*

プログラム開発と評価：効果的な実践を行う優良事例（GP 事例），新たなベストプラクティ
ス（Emerging Best Practices），効果モデルの開発と導入，技術移転・導入のあつらえ

課題，取組みなど：当事者スタッフ，当事者サービス提供者（consumer providers），当事者
運営サービス（COS: Consumer Operated Services），認定ピアスペシャリスト（Certified
Peer Specialist），経験によるエキスパート（experts by experience）

こんにち世界の精神保健福祉領域では，ピアサポート活動，中でも当事者サービス提供者に注目が集まっている。その活動を適切に社会に位置づけ発展させることが当事者のリカバリーやエンパワメントの観点から重要と考えられるようになった。

　本章では，ピアサポート活動に対するニーズを明らかにしたうえで，このようなピアによるサポート活動をめぐる世界的な動向とピアサポート活動の類型を整理し，その意義や有効性を示す。そのうえで，日本において，これから発展が期待されるピアサポート活動，中でも当事者サービス提供者の意義と可能性，課題について検討する。その際，「新たなベストプラクティス」とされるピアサポート活動を，日本においてより効果的に，より当たり前に提供するためにはどうしたらよいのか，ソーシャルワーカーの役割にも注目して考察する。

1　はじめに

　本章で取り上げるピアによるサポート活動（ピアサポート活動）は，精神障害のある人たちがよりよい社会関係を形成し，社会参加を進める1つの形態として重要である。それとともにその活動には，本書でこれまで取り上げてきた精神障害のある人たちのさまざまなニーズに応えながら各自のリカバリーを実現するために有効な支援サービスを提供する可能性がある。さらには次章以降で触れるように，有効な支援環境の整備・開発を社会に対して働きかけ，根づかせていくうえでも重要な位置を占めている。

　このような多様な可能性をもつピアサポート活動の現状を整理して，いくつかの発展可能性のある効果モデルを明らかにするとともに，今後日本でこの取組みを拡大し，実施・普及を進める方策を検討することは重要な課題である。

　さてこんにち，世界的にピアサポート活動，中でも当事者スタッフや当事者サービス提供者（consumer providers）に注目が集まっている。その活動を適切に精神保健福祉や障害福祉の領域のみならず，社会の中にも位置づけ，発展させることが，精神障害をもつ人たちのリカバリーやエンパワメントの観点から

第12章　ピアによるサポート活動の効果モデル形成　**243**

表12-1　ピアサポート，当事者サービス提供者とは

● ピアサポート（活動）とは
・ピア（peer）は仲間という意味で，ピアサポートは当事者相互間の支援（活動）をいう。

● 当事者サービス提供者（consumer providers）とは
・ピアサポート活動の1つ。当事者がサービス提供者になるいくつかの形態の総称。
・プロシューマー（prosumer）*という名称もある。

＊　元来produceとconsumeを組み合わせたトフラーの造語。

（出所）著者作成。

たいへん重要と考えられるようになった（President's New Freedom Commission on Mental Health, 2003；Corriganら，2008）。

ピア（peer）とは「仲間」という意味であるが，アメリカでは，精神障害を含めて社会的に虐げられてきた人たち・当事者（コンシューマー：consumer）と同義で用いられることが多い（表12-1）（Solomon, 2004）。ピアサポート活動は，このような当事者が相互に支援し合う活動一般をいう。

また当事者サービス提供者とは，ピアサポート活動の1つであり，後に詳述するように，当事者がサービス提供者になるいくつかの形態の総称である（Solomon, 2004）。プロシューマー（prosumer）と呼ばれることもある。

ピアサポート活動は，こんにち精神障害をもつ人々が地域で自分らしい生活を営むニーズを満たし，それぞれのリカバリーを実現するために有効な取組みと認識されるようになった。形式ばらない草の根的な活動から発展したピアサポート活動は，その有効性が認識されるにつれて，州政府の認定資格制度である「認定ピアスペシャリスト（Certified Peer Specialist）」や当事者運営サービス（COS: Consumer Operated Services）などと，制度化された活動にも発展した（Solomon, 2011）。

ピアサポート活動は，こんにち，精神障害をもつ人たちへの支援活動にさまざまな形で関わっている。従来の専門職との関係性や，精神保健福祉サービス全体にも大きな影響を与えつつある。アメリカで2003年に発表された精神保健に関する**大統領ニューフリーダム委員会報告では，当事者運営サービス（COS）に焦点を当てて，新たなベストプラクティス（Emerging Best Practices）として重視する姿勢を**明確にした（President's New Freedom Commission on

Mental Health, 2003)。

　本章では，このようなピアによるサポート活動をめぐる世界的な動向とピアサポート活動の類型を整理し，その意義や有効性を示す。そのうえで，日本において，今後，発展が期待されるピアサポート活動，中でも当事者サービス提供者の意義と可能性，課題について検討する。その際，「新たなベストプラクティス」とされるピアサポート活動を，日本においてより効果的に，より当たり前に提供するにはどうしたらよいのか，ソーシャルワーカーの役割にも注目して考察する。

2　当事者ニーズに根ざした課題・支援ゴールの設定

2.1　当事者中心・リカバリー志向のサービス体系転換に向けた当事者のサービス参加の必要性

　1980年代以降，アメリカやイギリスなどでは，ピアサポート活動の推進を政策的・積極的に位置づけてきた。アメリカでは，現在ほとんどの州に精神保健当事者問題に関する部局が設置されている。当事者スタッフを配置して積極的な財政的支援を行っている（Corriganら，2008）。またイギリスでは，前述した精神保健に関する国の政策基準と10年の基本戦略を示した「精神保健に関するナショナルサービスフレームワーク（NSF）」（第9章188頁参照）において，精神保健のケアの計画と提供にユーザーとケア提供者を参加させることを定めた（Department of Health, 1999；平，2013）。また医療・社会ケア法（Health and Social Care Act）（2001）において，国民保健サービス（NHS: National Health Service）という公的な医療サービスに対して，運営に関する決定過程への患者参加を義務づけた（平，2013）。

　さらにアメリカでは，2003年に発表された精神保健に関する大統領ニューフリーダム委員会報告（President's New Freedom Commission on Mental Health, 2003）において，従来の精神保健福祉サービスでは質の高いケアとサービスの改善を図れないとして，新しいサービス体系への転換を提言した。その提言の支援目標には「リカバリー」を設定した。この目標を達成するためには，サービスは当事者本人と家族中心でなければならず，リカバリーを志向したもので

なければならないとした。そして前述したように，当事者運営サービス（COS）に焦点を当て，**新たなベストプラクティスとして重視する姿勢**を示した。

以上のように，**従来の精神保健福祉サービス体系を転換して，サービスの質を向上させ，ニーズのある多くの人たちに享受されるものにするために**，当事者・家族のサービス参加は不可欠であるという方針が出されたのである。その中でもとくにピアサポート活動が重視されている。

2.2 精神障害のある人の社会関係の乏しさとピアサポートの必要性

次に，精神障害のある人たちがピアサポート活動にニーズがあること，その背景に社会関係の乏しさがあることを調査結果から示す。

古い調査結果であるが，全国の小規模作業所，デイケア，社会福祉施設，患者会などに参加している精神障害のある人たち 3769 人を対象とした全国調査の結果（全家連保健福祉研究所編，1994a）では，「あなたには病状を打ち明けられる友人がいるか」との問いに対して，「誰もいない」は 18.0% であった。また友人がいる場合でも，「1〜2 人」が 35.5%，「3〜5 人」が 31.6% で 7 割近くが 5 人以下であった。

また，その友人がどのような関係にある人なのかについて，「患者仲間が多い」という回答が 50.6% と半数を超える。「患者仲間ではない人が多い」という回答は 23.4% であり，残りの 26.0% は「どちらともいえない」であった。

他方，「友達をもっと欲しいか」という問いに対して「もっと友人が欲しい」（57.4%），「特に欲しくない」（28.3%），「わからない」（14.3%）であった。「もっと欲しい」という人に「欲しいと思う友人はどのような友人か」を尋ねると（複数回答），「病気のことを話せる友人」が圧倒的に多く 64.1% を占めていた。他の回答は，「一緒に遊べる人」（47.5%），「同年代の人」（42.0%），「異性の友人」（40.6%）であった。

「あなたにとっての身近な援助者は誰か」という問いへの回答は（複数回答），「親」（52.4%）や「きょうだい」（38.4%）といった家族や「主治医」（59.0%）など医療関係者が上位を占めていた。しかしそれと同程度に「患者仲間」（45.5%）が多い。一方「患者以外の友人」は 20.2% だった。

以上のように，地域で精神保健福祉サービスを受けている人たちの中では，「友人」という社会関係の幅は狭く，しかも「同じ障害のある仲間」という範囲に比較的に限定されている。また拡大したい社会関係・友人も，「同じ障害の

ある仲間」に向けられる。さらに「身近な援助者」という信頼できる関係においても，「患者仲間」が重要な位置にある。

このような現状を踏まえて，ピアサポート活動や当事者サービスが一定の役割と役割期待をもつことが示唆される。社会的スティグマ（stigma：烙印）が伴う精神障害の領域で「ピア」が語られるのは，このような実態的背景と精神障害のある人たちの置かれた現状があるからであろう。

2.3 ピアサポート活動の支援ゴール

ピアサポート活動の支援ゴールは，より直接的には，まず第1に，ピアサポート活動にニーズをもつ精神障害のある人たち本人の社会参加や社会関係の拡大に関するニーズに応えるものである。これがピアサポート活動の根底を支える支援ゴールになる。

その一方で第2に，**アメリカやイギリスなどで進められている，当事者中心・リカバリー志向の精神保健福祉サービス改革では，従来型の精神保健福祉サービスでは解決できなかった，さまざまな生活ニーズ，福祉ニーズに対応す**る支援ゴールも設定される。重い精神障害のある人たちの生活基盤を変更するニーズ，就労のニーズ，社会参加のニーズなどに対応する，多様な支援ゴールが設定される。

ニーズ領域やプログラム種別によっては，その支援ゴールを達成するためにピアサポートに基づくプログラムがより効果的な場合を想定して，ピアサポートを導入することがある（後述するいくつかのプログラム等）。そのような場合には，当該の支援ゴールがより中心的な位置づけをもつことになる。

ピアサポート活動には，第3のゴールも設定できる。それは，ピアサポート活動に「サービス提供者」として参画する精神障害のある人本人の活動ゴールである。ピアサポート活動にサービス提供者として参画する当事者は，ピアサポート活動を利用する人たちに多くのものを提供する。それと同時に，多くのフィードバックを当事者でもあるサービス提供者自身が得ている（ヘルパーセラピー原則参照〔Riessman, 1965〕）。それは，サービス提供者自身のリカバリー，自己実現，エンパワメントなどである。このような互恵関係のもとでピアサポート活動が成り立っていることを改めて確認しておきたい。

なおピアサポート活動のターゲット集団は，上述したように活動にサービス提供者として参画する人をも含めて，ピアサポート活動に関心をもつすべての

第12章　ピアによるサポート活動の効果モデル形成　**247**

精神障害のある人たちと位置づけることができる。関心をもつ者であれば，症状や障害の重症度などが問われることはない。

3 当事者ニーズに対応する支援の現状と課題
—— ピアによるサポート活動の意義と有効性，その活動内容

3.1 ピアサポート活動の定義と類型

前述のとおりピア（peer）とは仲間という意味で，ピアサポートは当事者相互間の支援（活動）をいう（Solomon, 2004）。ピアサポート活動には，「ピア」に関する名称の多様性とともに，多様な活動の形態がある。それらすべてに共通する最小限の特徴は，「その活動が，精神障害をもち精神保健サービスを現在あるいは過去に利用していた個人により提供されること，したがって対象となる人や参加者のピア（仲間）によって提供されること」である。このためピアサポート活動は，共通の体験を共有する個人がよりよい支援とより安全な環境を提供できることが前提になる（Corrigan ら，2008）。その活動や支援は，リカバリー志向となり，自己決定原則のもとエンパワメントを促進するものになることが期待されている。

さてピアサポート活動は，サービス提供のあり方をめぐって大きく2つに分けることができる（表12-2）。
（Ⅰ）相互支援グループ・セルフヘルプグループ（mutual support groups or self-help groups）と，
（Ⅱ）当事者サービス提供者（consumer providers）・ピア提供サービス（peer-provided services）である（Solomon, 2004）。

（Ⅰ）相互支援グループ・セルフヘルプグループは，当事者間の無償の自発的な相互支援が行われることが原則である。このためサービスの提供・被提供という関係が存在しない。

これに対して，（Ⅱ）当事者サービス提供者・ピア提供サービスは，意図された支援サービスが，当事者によって有償・無償の別にかかわらず提供される。

（Ⅱ）当事者サービス提供者・ピア提供サービスは，さらに次の3つに分類される。①当事者運営サービス（COS: Consumer Operated Services），②当事者パートナーシップサービス（Consumer Partnership Services），③ピア従事者

248　第Ⅱ部　精神保健福祉における適用例・実践例

表 12-2　ピアサポート活動の諸類型

（Ⅰ）相互支援グループ・セルフヘルプグループ

　　　（mutual support groups or self-help groups）

　　　相互支援を基盤としており，サービスの提供・被提供という関係が存在しない

（Ⅱ）当事者サービス提供者（consumer providers）・

　　　ピア提供サービス（peer-provided services）

　　　① 当事者運営サービス（COS: Consumer Operated Services）

　　　　　サービスの計画，実施，運営管理，評価のすべてにわたって，当事者が
　　　　　主体になって行うサービス

　　　② 当事者パートナーシップサービス（Consumer Partnerships Services）

　　　　　サービスは主に当事者によって提供される。サービスの運営管理，予算
　　　　　作成・管理は，非当事者と共同で行うサービス

　　　③ ピア従事者・スタッフとしての当事者（Consumers as Employees）

　　　　　サービスを提供する多職種チームの一員として，当事者スタッフが参加
　　　　　する

（出所）　Solomon（2011）に一部加筆。

（Peer Employees），である（Solomon, 2004; 2011）。

　①当事者運営サービス（COS）：サービスの計画，実施，運営管理，評価の
すべてにわたって当事者が主体になって行うサービスである。サービスの運営
権限を当事者がもっている。自立生活運動の拠点である自立生活センターや，
当事者が運営する憩いの場（Drop-in Centers），当事者が運営する ACT チー
ム・ケースマネジメントチームなどが該当する。

　②当事者パートナーシップサービス：直接支援サービスは，主に当事者によ
って提供される。しかし，サービスの運営管理，予算作成・管理は，非当事者
と共同で行う。サービスの運営権限を当事者と非当事者とで共有する。

　代表的なサービスはクラブハウスである。また当事者と専門職が共同で運営
する地域活動支援センター，ドロップインセンター（Drop-in Centers），ピアヘ
ルパー事業所などがある。

　③ピア従事者：サービス事業を運営する主体のいかんにかかわらず，サービ
スを提供する多職種チームの一員として，当事者スタッフが参加する形態のサ
ービスである。代表的なものは，アメリカの州政府が認定するピアスペシャリ
ストがある。このほか，ACT チームやケアマネジメントチームに所属するピ
アスタッフなどがある。

第 12 章　ピアによるサポート活動の効果モデル形成　　**249**

表 12-3　支え手・サポートの機能別分類

a. 日常生活援助（対人ケアサービス）

b. 随時のサポート・相互サポート（ピアサポート，隣人サポート，ほか）

c. 専門的支援（医療的援助，心理援助，相談援助・助言・調整，コンサルテーション，ほか）

d. ケアマネジメント（総合調整）

※当事者サービスは，「随時のサポート・相互サポート」を主に提供する。
　一方で当事者サービス提供者として，日常生活援助，専門的援助，ケアマネジメントも提供する

（出所）　著者作成。

日本では，障害者地域移行・地域定着支援事業（第8章）におけるピアサポーターが全国的・制度的な取組みとして注目されている。このほか，ヘルパー資格を取得してホームヘルプ業務に関わるピアヘルパー，地域活動支援センターなど地域事業所のスタッフにピア従事者が雇用される場合などが含まれる。

3.2　ピアサポート活動における「ケアとサポートの機能」

「ピアサポート活動」には，どのような「サポート」の機能があるのかを整理しておきたい。

本書第2章では，生活の基盤を支える3要素として，①生活の場（「住まい」），②就労・日中の活動の場，③ケアとサポート（支え手）を整理した（29頁）。これらのうち，「ピアサポート活動」は，③ケアとサポート（支え手）のニーズに応えることが期待される機能と考えられる。

③ケアとサポート（支え手）には，さらに次の4つの下位機能があると整理した（表12-3）。

それは，「a. 日常生活援助」，「b. 随時のサポート」，「c. 専門的支援」，「d. ケアマネジメント」である。

これらのうち，「ピアサポート活動」は，まず第一義的には，「b. 随時のサポート・相互サポート（ピアサポート，隣人サポート，ほか）」が本来的な機能として重視される。

しかし「ピアサポート活動の諸類型」（表12-2）のうち，「（Ⅱ）当事者サービス提供者・ピア提供サービス」になると，各活動・サービスごとにそれぞれ独自の支援ゴールが設定され，意図された支援サービスが提供される。たとえ

250　第Ⅱ部　精神保健福祉における適用例・実践例

ば，ACT プログラム，退院促進・地域定着支援プログラム，クラブハウスなどの事業ごとに支援ゴールが設定され，対応する独自の支援サービスが提供される。このため，ピアサポート活動には「b. 随時のサポート・相互サポート」に加えて，その他のサポート機能提供も期待される。

たとえば，当事者の ACT チームスタッフが「ピア従事者」として関与する場合は，ACT 利用者がもつ多様なニーズに対応して，「ピア従事者」はケアマネジャーとして，「a. 日常生活援助」「c. 専門的援助」「d. ケアマネジメント」というあらゆる領域の「ケアとサポートの機能」を提供することが期待される。

3.3 ピアサポート活動の歴史と現状

ここで各国において，ピアサポート活動がどのように発展してきたのか，「（Ⅱ）当事者サービス提供者・ピア提供サービス」（表 12-2）に注目してまとめておきたい（Corrigan ら，2008：大島，2013a）。

まずアメリカでは，精神保健福祉領域におけるピアサポート活動の歴史は古く，1800 年代以前に遡ることができるという。クラブハウスモデルの源流になったニューヨークの WANA（We Are Not Alone）が 1940 年代，アルコホーリクス・アノニマス（AA: Alcoholics Anonymous）の活動が 1930 年代に始まっている。

1970 年代の公民権運動や反精神医学運動の影響を受けて当事者運動が社会的に活性化した。従来の精神保健福祉サービスの代替手段（alternatives）として，ドロップインセンター（Drop-in Centers）や無料宿泊所（crash pads）などを，当事者たちが発展させていった。

先ほど触れたように，1980 年代以降，アメリカ連邦政府，さらには州政府は，ピアサポート活動の推進を政策的に支援してきた。たとえば国立精神保健研究所は，クラブハウスを含む「（Ⅱ）当事者サービス提供者・ピア提供サービス」に財政的なサポートを提供し支援してきた。前述のとおり，こんにちアメリカの大部分の州で精神保健当事者問題に関する部局があり，当事者スタッフが配置されている。

イギリスでも，ピアサポート活動は「（Ⅰ）相互支援グループ・セルフヘルプグループ」（表 12-2）を中心に取り組まれ，精神保健福祉専門職との連携がされていた。また精神保健福祉体制を改良することに力点が置かれ，1980 年

代くらいまでは，従来型サービスの代替的取組みを行うことにはあまり積極的ではなかった（オーヘイガン・メアリー，1999）。しかし，前述のとおり2000年前後には，「精神保健に関するナショナルサービスフレームワーク（NSF）」や医療・社会ケア法において，公的な精神保健福祉サービスの計画や運営などの決定過程への，当事者の参加が義務づけられたのと軌を一にして，2003年に精神保健福祉の新たな職として「サポート・時間・リカバリーワーカー（STR Worker: Support, Time, and Recovery Worker）」というポストが作られ，当事者が有力な候補に位置づけられた（平，2013）。また1996年には，国民保健サービス（NHS）において精神科医療を受けた経験を活かして働けるポストとして，「サービス・ユーザー発展ワーカー（SUD Worker: Service User Development Worker）」が設けられた（平，2013）。

アメリカでは，2002年に連邦政府保健省薬物依存精神保健サービス部（SAMHSA）によって，当事者のために，あるいは当事者により運営されている精神保健福祉のサポートグループ，セルフヘルプグループの全国実態調査が行われた。この調査では，電話インタビューなどを含む厳密な方法で調査が実施された結果，全米で定義に合致した7467団体が確認された（Goldstromら，2006）。これは従来の専門職による精神保健福祉機関数4546団体を凌ぐ数であった。

このうち相互支援グループと認識された団体は3315団体（44.4％），セルフヘルプ団体は3019団体（40.4％），そして当事者運営サービス（COS）は1133団体（15.2％）であった。セルフヘルプ団体は101万人の会員を擁し，当事者運営サービスは前年に53万人に対してサービス提供をしたと報告する（Goldstromら，2006）。

イギリス，カナダ，オーストラリアなどの諸国でも，リカバリー志向のサービス提供の動向と相まって，当事者サービス提供者への関心が高まっている（Corriganら，2008）。このような中，イギリスでは，当事者を「経験によるエキスパート（experts by experience）」と見なし，行政施策，研究に参画させるシステムが整備されている（McLaughlin, 2009；平，2013）。行政圏域ごとに精神保健福祉サービスをモニターする委員会が設置され，その中核メンバーに当事者が位置づけられている。また研究成果を実践に反映させるに当たり，当事者研究チームが組織され，独自の視点で研究をレビューして社会的に発信する。

3. 4　ピアサポート活動の有効性に関する理論的基盤

まず，ピアサポート活動のサービス利用者への有効性について理論的基盤を整理しておきたい（Solomon, 2004）。

もっとも重要なことは，精神疾患や精神保健福祉サービスを利用した経験を共有する当事者は，相互に支援や励まし，希望，助言を提供できる。このため情緒的なサポートに優れ，「当事者にとっての真の価値」を提供することが可能になる。同時にサービス提供者としての利点がある。それは，①同じ経験を共有する人たちの行動やスキルを変化・向上させる手だてとなること，②対人サービスや保健医療システムの多様性に精通すること，③当事者をサービスに組み入れる関係づくりの能力が高いこと，である。サービスを必要としていても，他の方法では関係づくりをしにくい人たちと関係づくりができる利点をもつ。イギリスで強調されるように，「経験によるエキスパート（experts by experience）」としての利点である。

これらの理論的基盤として，①体験的で互恵的な学習プロセス（特別な情報や視点の提供），②有能な役割モデルの提供（社会学習理論），③希望や動機づけ（社会比較理論，上昇的比較），④ヘルパーセラピー原則（helper therapy principle: 他者を援助することが自身を助ける）がある（Solomon, 2004; 2011）。

3. 5　ピアサポート活動の具体例（日本での取組みを中心に）

以下，それぞれの類型のピアサポート活動の具体例を，日本での取組みを中心に取り上げる。

（1）　当事者運営サービス：自立生活センター

自立生活センターは，アメリカで1970年代に始まった身体障害のある人たちの自立生活運動（IL運動）に端を発した代表的な組織である。障害のある人たちが地域の中で自立的な生活を営むための拠点となるセンター機能をもつ。障害のある人たちの権利擁護運動を担うとともに，地域で暮らす障害者を支援するサービス提供組織としての側面をもつ。

提供するサービスは，ピアカウンセリングや自立生活プログラムおよび情報提供といった当事者をエンパワーする支援と，介助サービス等の地域での自立生活を支えるサービスがある（圓山，2003）。

1972年にアメリカ・カリフォルニア州バークレーに，障害のある人たちが

運営し，障害のある人にサービスを提供する「自立生活センター」が設立され，世界の自立生活センター（CIL）のモデルになった。

日本では，1986年に八王子のヒューマンケア協会が設立され，1991年には全国自立生活センター協議会（JIL）が15団体で発足した。2015年10月現在の加盟数は128団体に発展している（ヒューマンケア協会，1996）。

自立生活センターは，障害の種別を問わずに設立される。JIL加盟団体には，精神障害のある人たちを主に支援する組織（精神障害者ピアサポートセンターこらーる・たいとう，自立生活センター立川・パティオ等）も存在する。

自立生活センターは，障害当事者主体の運営を貫徹するために，同協議会の会員資格として，意思決定機関の責任者および実施機関の責任者が障害のある人であること，意思決定機関の構成員の過半数が障害のある人であることを課している（ヒューマンケア協会，1996）。

一方，自立生活センターは，設立当時はともかく，現在は多様な支援ゴールをもつ地域の総合的な生活支援センターとなっている。次節で検討する「ゴール達成に有効な支援環境・支援プログラム」ということでは支援ゴールに対する有効性を実証する取組みがあまりない。この点は次節でも触れる。

（2）　当事者パートナーシップサービス：クラブハウス

クラブハウスは，自立生活センターとは異なり，運営形態としては当事者と支援者がパートナーシップを組んで運営する（Corriganら，2008）。

1943年にニューヨークの州立病院退院者が退院時に直面した困難を相互に話し合った相互支援活動が源流になっている。当初は"We Are Not Alone"と活動を名付けていたことから，WANAと命名した。精神科病院を退院した人たちが始めた活動という面では自立生活センターと共通する。

1948年にはマンハッタンに建物を得て，ファウンテンハウスと名称変更し，クラブハウスと呼ばれるようになる。1955年には，専門職であるソーシャルワーカーのビアードを責任者に迎え，自助組織からスタッフが関わりサービス提供をする相互支援組織に変遷した。これにより，クラブハウスはその後安定的に発展していくことになる。

このプロセスの中で，クラブハウスの管理・運営をはじめとして，すべての場面で当事者とスタッフがパートナーシップを形成し，ともに活動する協働相互関係を構築していった。

この活動に注目したアメリカ連邦政府の国立精神保健研究所が，1977年に

クラブハウスモデルの研修プログラムを実施して，全米，さらには世界に普及する契機になった。1994年には国際クラブハウス開発センター（ICCD）が設立された。国際クラブハウスプログラムの基準を作成して，それに基づいて認証を受けた組織が世界に普及していく。日本には認証されたクラブハウスが5カ所ある。韓国はアジアのクラブハウスの拠点であり十数カ所のクラブハウスが設置されている。

ところで，自立生活センターと同様にクラブハウスも多様な支援ゴールをもつ地域の総合的な生活支援センターになっている。「ゴール達成に有効な支援環境・支援プログラム」ということでは，支援ゴールに対して有効性を実証する取組みは少ない。これに対して，クラブハウスの特徴的なプログラムである過渡的雇用プログラムについては，有効性を検証したランダム化比較試験が行われた。その有効性から，アメリカ連邦政府保健省（SAMHSA）のEBPデータベース（N-REPP）では，EBPプログラムの1つに位置づけられた（第13章，277-278頁）。

(3) ピア従事者：精神障害者ピアヘルパー

日本独自に取り組まれたものとして，精神障害者ピアヘルパーを取り上げる。ピアヘルパーとは，自分と同じ障害や問題をもつ人に対して，ヘルパーの資格を得て，ホームヘルプサービスを提供する従事者である。目に見えにくい障害特性をもつ精神障害のある人にとって，当事者だからこそ期待できる心理面の理解を含めて，安心してその人の支援を受けられる可能性がある。

大阪府では2001年に「精神障害者ピアヘルパー等養成事業」を開始し，注目された。その後全国の市町村に普及した（山口，2006）。大阪府の事業は，支援するボランティアと当事者がペアを組み，サポートし合いながら半年かけて養成研修を修了する。その後，介護事業所や作業所等に60%の修了者が就職を決めている。ボランティアのほか，コーディネータの役割が重要といわれている（栄，2003；殿村ら，2003）。

この取組みは，実践的な発想のもとで発展したユニークな事業であり，さまざまな発展可能性がある。しかし，この事業の支援ゴールは必ずしも明確にされていない。そのゴールに向かってもっとも効果的な方法を追求しようとする側面も少ない点が課題になろう。

（4） セルフヘルプグループ，ピアサポート活動：
WRAP「元気回復行動プラン」

　セルフヘルプグループは，同じ悩みや障害をもつ人たちによって作られた小グループである。自分が抱えている問題を仲間のサポートを受けながら，自分自身で解決あるいは受容していくことを目的とする。専門家がグループ開設・維持に協力することはあるが，基本的に本人たちの自主性・自発性がもっとも重視される（高松，2004）。世界各国に広がるアルコホーリクス・アノニマス（AA: Alcoholics Anonymous）がセルフヘルプグループの原型と考えられている。

　またサポートグループは，同じ悩みや障害をもつ人たちによって運営される小グループだが，参加者が抱えている問題を仲間のサポートだけでなく，専門家の助言を受けながら，解決あるいは受容をめざす点でセルフヘルプグループとは異なる。「発起人が当事者性を持たない」ことが特徴である（高松，2004）。

　これらのグループはそれ独自に活動を行い，貴重な役割を果たしているが，独自のグループ活動とは別に，比較的活動ゴールが明確なプログラム活動を行うことがある。たとえば，ピアカウンセリング，自立生活技能プログラム，家族による家族学習会プログラム（大島，2010e），WRAP プログラム（日本語名「元気回復行動プラン」）（コープランド，2009）などである。これらは，セルフヘルプグループ等の独自のグループ活動とは別に，比較的明確な意図されたプログラムがグループの中で実施される。

　このうち，WRAP（Wellness Recovery Action Plan）プログラムは，近年日本でも注目され，実施・普及が進む。WRAP は，精神障害を自ら経験した人たちによって開発されたリカバリーを目標にしたプログラムである。当事者それぞれの工夫で，困難に対処し，生活を楽しむことができるような 6 種類の行動プランの作成は，ピアカウンセリング（一対一），セルフヘルプグループ（グループワーク）で行う。日本では WRAP 研究会が組織され，「元気回復行動プラン」の名称で，各地で実施グループができて全国的に普及が進められている。各地のセルフヘルプグループの活性化にも結びつく取組みと考えられる。

　リカバリーという支援ゴールに対して，EBP など効果の上がるプログラムとして定式化できる可能性がある。しかし現時点では効果評価の取組みは行われていない。

4 ゴール達成に有効な支援環境・支援プログラム

4.1 ピアサポート活動の有効性に関するエビデンス

　ピアサポート活動の効果は以上のとおり多面的であり，通常の効果指標（アウトカム指標）では，十分に測定できない側面がある。しかし従来の指標（再発率，就労継続率，社会適応度，QOL など）でピアサポート活動を評価した場合でも，すでに述べたように，精神保健に関する大統領ニューフリーダム委員会レポートでは，当事者運営サービスを新たなベストプラクティスと位置づける成果を上げている（President's New Freedom Commission on Mental Health, 2003）。「新たなベストプラクティス」とは，将来有望だが，根拠に基づく実践（EBP）よりも文書化されたエビデンスが少ない援助方法やサービスである。これまでの研究結果は肯定的だが，厳密性と量的評価の結果が限定的で，さらなる説得力のある実証的な科学的根拠（エビデンス）の蓄積が必要なプログラムと考えられている。

　ピアサポート活動のうち，当事者運営サービス（COS）には入院の減少または入院日数の短縮など成果が出ている研究がある（〔Clarke ら，2000；Klein ら，1998〕の準実験研究，Solomon, 2004）。一般的には，非当事者が従来型のサービスを提供するのと同程度には効果的である。

　しかしながら，ランダム化比較試験（RCT）を体系的に用いた厳密な研究はごく限られている。大部分が記述研究であり，ランダム化比較試験研究（RCT）の実施はわずかであった（Solomon, 2004; Corrigan ら，2008）。

　ピアサポート活動は，サービスに関わる当事者のみならずサービス提供者や精神保健福祉システムに対して，さまざまな影響を与える（Solomon, 2004）。まずサービス提供者である当事者には，自己効力感の向上や，個人的な成長を促すだけでなく，再入院を防止する効果や QOL（Quality of Life：生活の質）の向上も明らかにされている。また，精神保健福祉システムに対しては，財政的な効果が指摘されている。さらに，精神障害をもつ人たちに対する専門職の消極的な態度を改め，当事者の可能性を提示できる。サービス提供者は，当事者を新しい役割をもち将来性のある人と見るようになる。サービス利用面では，地域のニーズに合致した敷居の低いサービスの提供が可能になることや，伝統

第 12 章　ピアによるサポート活動の効果モデル形成　**257**

的サービスに悪い経験をもち，サービス利用に拒否感をもつ当事者に選択肢を広げる効果が期待される。

4.2 可能性のある効果的ピアサポート活動

ピアサポート活動は，これまでの検討で明らかなように，必ずしもエビデンスの積み重ねは十分ではないが，新たなベストプラクティスとして世界的に注目されている。まだ「可能性」の段階ではあるが，今後その効果性，有効性をより明確にしていくことが望まれる。

そのためには，まず**前提条件として設定した支援ゴールが明確にされて，あらかじめ示されていることが重要**である。そのうえで，そのゴールの達成にとって有効な取組みになっているかどうかを，関係者が協力して評価・検証して，より効果的なモデルに発展させる必要がある。

以下では，そのような可能性がある取組みをいくつか取り上げて検討する。

（1） 退院促進・地域定着支援等プログラムのピアサポーター

本書第 8 章で提示した退院促進支援プログラムに配置されるピア従事者である。国の補助事業として，2008 年からピア従事者に対する国の支援制度としては恐らく日本では，国の制度としてははじめて公式に位置づけられた。

退院促進支援プログラムでは，長期入院を続け退院への自信と意欲を失い，地域生活への希望を見失っている入院者に対して，自らの経験に基づいて関係づくりを行うピア従事者が重要であることが知られている。また地域移行後の継続支援においても，ピア従事者はインフォーマルな継続支援を含めて提供する存在として，退院促進・地域定着支援等プログラムにはなくてはならない「効果的援助要素」と考えられる。

ACT プログラムのピアサポーターは，ACT のフィデリティ尺度に位置づけられ，効果的援助要素の 1 つになっている。退院促進支援プログラムにおいても，効果的援助要素として有用であることをエビデンスに基づいて明らかにする必要がある。

（2） 家族による家族学習会プログラム

家族会というセルフヘルプグループで行われるゴールの明確な，意図された家族教育プログラムである。アメリカ精神障害者家族会連合会（NAMI）によって開発された，「家族から家族へ」教育プログラム（FFEP: Family to Family Education Program）を参考に日本で開発された（大島，2010e）。

精神障害のある人の家族を「参加者」として迎え，同じ立場の家族が「担当者」としてチームで運営・実施する，小グループで行う体系的な学習プログラムである。家族学習会では定められたテキストを全員で輪読し，体験を語り合う。その中で疾患・治療・回復・対応の仕方などについての正しい情報とともに，家族自身の体験に基づいた知識や知恵を共有し，家族同士の支え合いの場を提供する。プログラムの支援ゴールは，家族相互のエンパワメントとされている。

世界で行われている FFEP は，ランダム化比較試験などで有効性が実証されている効果的なプログラムである。一方家族による家族学習会は，日本の社会・文化に適合的なより効果的で有効なプログラムをめざしている。まだ科学的な効果評価の研究は十分に行われていない（二宮ら，2016）。しかし，今後，有効性を検証し，より効果的なプログラムに発展させていくことが期待される。

（3）　サバイバー主導クライシスサービス

イギリスのリーズで取り組まれている当事者主導のプログラムである。精神科病院入院経験者が，精神科病院入院に伴う不快な体験に基づいて，入院代替サービスを求めて運動した結果，精神保健団や市の理解を得て設立された。23 人の職員の大部分が当事者という組織形態を取っている（平，2013）。

同様の取組みとして，アメリカ・ニューヨーク州でも，パラシュート NYC という，24 時間週 7 日のサポートライン，クライシス・レスパイトセンター，移動クライシスチームの 3 つを柱としたプログラムが当事者を主なスタッフとして実施され成果を挙げている（New York City, 2015）。

これらのサービスは，当事者運営サービス（COS）に基づく取組みである。支援ゴールが精神科病院の入院を回避し，地域生活を継続することと明確であり，効果的な取組みのプログラム要素も共通している。当事者運営サービスの効果モデルとして，今後十分な検証を行い，そのモデルを発展させることが期待される。

（4）　自律的意思決定ケア

当事者リカバリー投資ファンド（CRIF: Consumer Recovery Investment Fund）に基づく自律的意思決定ケア（SDC: Self-Directed Care）は，現在ペンシルベニア南東部メンタルヘルス協会（MHASP）という，当事者中心サービスを主導する団体が実施している，先駆的な実験プロジェクトである（Ludwig, 2011）。

この支援プログラムには，リカバリーコーチという認定ピアスペシャリスト

とWRAPの研修を受けたファシリテーターがケアマネジャーの役割を果たす。プログラムでは，個々人が自分自身のウェルネスゴール（Wellness goal）を設定する支援を，WRAPなどの活用によってリカバリーコーチから受けるとともに，自律的意思決定によるリカバリープランの実施に使用する資金の管理をリカバリーコーチと相談しながら行う。

　財源は，CRIFであり，独立したピアサポート・メディケイド（低所得者用公的医療保険）の認可プログラムになっている。予算は，それぞれの当事者の要求に基づいて行われる。リカバリープランは，州のピアサポート規定の範囲内で決められる。支出額は，SDCとマネジドケア組織により承認される。

　自律的意思決定ケアは，全米でも注目されている取組みであり，いくつかの州で実施され，その効果評価の予備的結果が公表されている。ニューヨーク市でも近々本事業として実施される。

　ペンシルベニア南東部メンタルヘルス協会（MHASP）は，アメリカを代表する当事者運動のリーダーであるジョセフ・ロジャーズ氏が長年会長を務め，当事者中心サービスを主導する活動を積み重ねてきた。

　この事業は，この団体の当事者運営サービス（COS）として行われ，プログラムリーダーも当事者である。支援ゴールも明確であり，リカバリーコーチという認定ピアスペシャリストとWRAPファシリテーターの人材を活用した，ユニークで影響力のあるプログラムになっている。エビデンスに基づく代表的なCOSになる可能性があり，今後の発展が期待される。

5　ピアサポート活動の課題，チャレンジ

　以上見てきたとおり，世界の精神保健福祉サービスにとって，ピアによるサポート活動は，十分な実績と一定の科学的根拠（エビデンス）が形成されつつある有力な支援アプローチであり，新たなチャレンジである。とくに，世界最多の人口対精神科病床数を有し，入院医療中心・医療サービス中心のサービスが行われる日本の精神保健福祉を，当事者主体で地域中心のサービスに変換していくためには，必要・不可欠な取組みといえよう。

　日本の精神保健福祉関係者の間では，ピアサポート活動は，「精神疾患や精神保健福祉サービスを体験した当事者の独自の経験に基づく体験的知識や対処

方法として，精神障害に関わる支援やサービスを改善する重要な資源になる」という認識が十分にはもたれていない。同時に，アメリカ・大統領ニューフリーダム委員会勧告（President's New Freedom Commission on Mental Health, 2003）に明記されるなど，世界の精神保健福祉における今日的支援目標であるリカバリーの理念が，日本には定着していない。このような中，精神障害のある人たちのリカバリーを実現し，そのエンパワメントや自己実現を達成するために有効なアプローチであり，実績と科学的根拠を形成しつつあるピアサポート活動を日本の精神保健福祉システムに位置づける社会的意義は大きい。

ピアによるサポート活動の課題としては，当事者がサービス提供者と被支援者という二重役割に対処しなければならないこと，当事者を専門職の信念や役割に「社会化」することに対する懸念（独自の視点を減退させる恐れ）など検討課題も多い。また専門職の意識・態度変容の必要性，専門職との境界線に関する懸念の解決，「特別な配慮」とは何かの明確化の課題等もある（Solomon, 2011）。さらに当事者サービス提供者を有効に機能させるためには，当事者に対する研修体制や日常的なバックアップ体制などを整備する必要がある。

専門職がピアによるサポート活動にどのように関わり，どのようにパートナーシップを形成したらよいのか，あるいはその活動を精神保健福祉システムにどのように位置づけ連携したらよいのか，日本においてもピアサポート活動を本格的に議論すべき時期に差し掛かっているといえよう。

6 ソーシャルワーカーに求められる支援環境開発アプローチ
──ピアによるサポート活動と支援環境開発の進め方

最後に，「新たなベストプラクティス」として欧米で注目されるピアサポート活動を，日本においてもより効果的に，より当たり前に提供するために，ソーシャルワーカーは何ができるのか，何をすべきなのかを考察する。

6.1 解決を求められる課題・ニーズに応えうる取組みの分析，批判的検討

ピアサポート活動は，精神障害のある人たちが地域で自分らしい生活を営むニーズを満たし，それぞれのリカバリーを実現するために有効な取組みと考えられている。この章では，このようなピアサポート活動をめぐる世界的な動向とピアサポート活動の類型を整理し，その意義や有効性を明らかにした。その

うえで，日本において，これから発展が期待されるピアサポート活動，中でも当事者サービス提供者の意義と可能性，課題について検討した。そのうえで，「新たなベストプラクティス」とされるピアによるサポート活動を，日本においてより効果的に，より当たり前に提供するための方策を考察した。

「新たなベストプラクティス」とされるピアによるサポート活動は，当事者活動の中から生み出され，ピアによる相互の創意・工夫によってより効果的なモデルに発展するものと考えられる。

専門職としてのソーシャルワーカーは，この位置づけをよく理解し，同時に**当事者と十分なパートナーシップを形成して，従来型のアプローチでは解決が難しかった問題解決のためにピアによるサポート活動の適用と開発に協働して取組むことを心がける必要がある。**必要に応じてソーシャルワーカーは**「プログラム開発と評価」の専門家の視点をもって当事者と協働してこのプログラムの開発と発展に関わることが求められる。**

6.2 問題解決に有効な効果モデル形成への貢献

ピアによるサポート活動のプログラムは，いまだ「新たなベストプラクティス」であり，エビデンスの蓄積は十分ではない。今後，世界的レベルの EBP プログラムに発展させることが期待されている。ソーシャルワーカーは，より優れた効果モデルの構築（開発と改善・形成評価）のために，当事者とパートナーシップを組んで取組みを進める必要がある。

6.3 日常実践でできること，すべきこと

当事者とパートナーシップを発展させることが前提になる。それぞれの取組みにおいて，支援ゴールを達成するために創意・工夫を共有化して，効果的援助要素を構築したり，効果モデルの設計図を共に作成することが望まれる。

第III部

マクロ実践SWとエビデンスに基づく支援環境開発アプローチの可能性

第 **13** 章

EBP プログラムと支援環境開発アプローチ
実践家・当事者参画型で進める効果モデル開発と評価の可能性

▷ **本章の概要**━━━━

1 はじめに

2 本書で取り上げた実践プログラム，EBP 等効果モデル

3 EBP プログラムの社会的意義

4 EBP の世界的な発展──社会的な注目，実施・普及への取組み

5 効果モデル形成のための支援環境開発アプローチ
　　──実践家・当事者参画型で進める「プログラム開発と評価」の可能性

6 エビデンスに基づく支援環境開発に果たすソーシャルワーカーの役割

▷ *Keywords*

実践家・当事者参画型の「プログラム開発と評価」，Systematic Review（SR），コクラン共同計画，キャンベル共同計画，治療ガイドライン，エビデンスレベル，EBP 実施・普及研究，EBP 実施・普及ツールキット，対人サービス制度・施策の評価統合とデータベースによる公開

この章では，第Ⅱ部の各論各章（第5〜12章）で検討してきたニーズ志向型支援環境開発アプローチを総括して，エビデンスに基づく支援環境開発アプローチにおいて，まず構築をめざすべき EBP 等効果モデルの類型を明らかにする。同時に，EBP プログラムの社会的な意義と，世界的に取組みが進む EBP 等効果モデルの構築と実施・普及の動向を展望する。

　ニーズ志向型アプローチは，当事者のニーズに根ざして個々のニーズ領域ごとに効果モデルを実践に基づいて形成し，社会に定着させるボトムアップ型アプローチである。本書全体をとおして効果モデル形成のための支援環境開発アプローチとして，実践家・当事者参画型の「プログラム開発と評価」を適用できると考え，これまで検証してきた。本章では，後半において実践家・当事者参画型で進める「プログラム開発と評価」の可能性を検討し，その具体的な方法を提示する。

1 はじめに

　これまで本書第Ⅱ部（第5〜12章）では，日本の精神保健福祉分野において解決が迫られている福祉諸課題を，各ニーズ・課題領域ごとに整理して支援ゴールを設定し，そのゴール達成のために有効な支援環境開発のあり方を検討してきた。これらの取組みを，本書では「ニーズ志向型支援環境開発アプローチ」と名づけている（第2章）。

　これに対して本章と次章（第14章）では，国民や社会に対して，障害のある人たちやその支援環境の課題についての理解を促し，その権利を擁護して，支援環境開発を進める「アドボカシー型の支援環境開発アプローチ」全般に注目する。なおこの「アドボカシー型支援環境開発」は，第2章で触れたとおり，広義の支援環境開発アプローチである。その中にニーズ志向型支援環境開発アプローチが有力なアプローチ法として含まれている。このことは主に次章で述べる。

　本章は，前章までに検討してきたニーズ志向型支援環境開発アプローチの総

266　　第Ⅲ部　マクロ実践 SW とエビデンスに基づく支援環境開発アプローチの可能性

括としての位置づけをもつ。ニーズ志向型アプローチは，当事者のニーズに根ざして個々のニーズ領域ごとに EBP 等効果モデルを形成し，社会に効果モデルを定着させるボトムアップ型アプローチである。他方で，これら各領域の取組みは，EBP 等効果モデルという支援環境を社会の中に位置づけるという「取組みの総体」としての共通する意義と役割をもっている。すなわちニーズ**志向型支援環境開発アプローチは，EBP 等効果モデルというエビデンスに基づく成果を生み出し，その成果に基づいて国民・社会の理解や協力を得て，支援ゴール達成に有効な支援環境を作り出す，という共通の枠組みがある。**

　本章では，まずエビデンスに基づく支援環境開発アプローチにおいて構築をめざす EBP プログラムの社会的な意義をまとめる。そのうえで，各領域で蓄積された「取組みの総体」として重視すべきニーズと実践に根ざしたボトムアップ型の効果モデル形成のための支援環境開発アプローチについて検討する。

　本書では効果モデル形成のための支援環境開発アプローチとして，実践家・当事者参画型の「プログラム開発と評価」を用いる。これは，日本ではまだ十分な社会的な位置づけが得られていない方法である。本章の最後に，日本において，この新しい支援環境開発アプローチを，ソーシャルワーク実践において発展させる可能性についても検討する。

2　本書で取り上げた実践プログラム・EBP 等効果モデル

　第 5 章から 12 章までに検討した支援プログラムを**表 13-1** にまとめた。これらプログラムを，改めて EBP プログラムの観点から整理する。

　そのためにまず，改めて EBP プログラムとは何かを確認しておきたい（大島，2007；2010a）。第 4 章でも整理したとおり，EBP プログラムは，問題解決や支援ゴール達成のために効果のあることが一貫した科学的根拠（エビデンス）から立証された実践プログラムである。

　EBP プログラムを構築する一般的な方法としては，最終的には，科学的なプログラム評価の方法論，中でもランダム化比較試験（RCT）という厳密なアウトカム評価・インパクト評価を用いて，効果性に関する多くのエビデンスを蓄積する。エビデンスに関する国際的な評価を確立した後に，権威ある国際的な学術団体や専門機関などから認証を得て，EBP プログラムと認められる。

第 13 章　EBP プログラムと支援環境開発アプローチ　**267**

表 13-1　本書で取り上げた支援プログラム

脱施設化／ 包括的生活支援	直接対人ケアサービスが伴うケアマネジメント 包括型ケアマネジメント ACT（Assertive Community Treatment） 退院促進・地域定着支援プログラム
住居プログラム／ 家族支援	援助付き住居プログラム（「まずは住居を」プログラム） 家族心理教育プログラム 家族ケアマネジメント
日中活動支援・ 就労支援プログラム	援助付き雇用プログラム IPS（Individual Placement and Support） ひきこもりへの支援プログラム（メンタルフレンド，フリースペース等） クラブハウスプログラム（ICCD Clubhouse Model）
ケアとサポート プログラム，ほか	ピアサポート，当事者サービス提供者，セルフヘルプグループ WRAP プログラム 家族による家族学習会プログラム 自律的意思決定ケア その他

表 13-2　援助プログラムの種類

- **EBP（エビデンス）に基づく実践プログラム**
  十分な科学的根拠がある効果的なプログラム
- **ベストプラクティス（Best Practices）プログラム**
  EBP ほど科学的な根拠はないが，実践的な裏づけがある
- **エキスパートコンセンサス（Expert Consensus）プログラム**
  専門領域のエキスパートの多くが推奨をする
- **根拠が明らかではないプログラム**
  実践の中で有効性の裏づけが徐々に得られつつあるもの
  有効性の裏づけがないもの

　これに対して，**表 13-2** に示すように，効果的な支援プログラム・支援環境には，① EBP プログラムのほかにも，支援プログラムの効果に関するエビデンスが EBP ほど蓄積されていないが，効果的なプログラムとして期待されるプログラムがある（大島，2015；大島ら，2012b）。

　それは，以下のとおりである（第 1 章 17 頁；第 4 章 64-65 頁）。

②ベストプラクティス・プログラム（EBP ほどのエビデンスはないがそれが蓄積され，かつ十分な実践的裏づけがある）

③エキスパートコンセンサス・プログラム（専門領域のエキスパートの多くが推奨）

また，このほかに次のプログラムがある。

④実践の中で有効性の裏づけが徐々に得られているプログラム

⑤エビデンスが明確でないプログラム

2.1 EBP プログラム

本書で取り上げた代表的な実践プログラムは以下の3つである。
・包括型ケアマネジメント ACT（Assertive Community Treatment）（第6章）
・家族心理教育プログラム（Family Psychoeducation）（第9章）
・IPS 援助付き雇用プログラム（IPS Supported Employment）（第11章）

これらのプログラムに，支援環境開発アプローチの観点から取り組む際には，第6，9，11章でも取り上げたように，次の2点が課題になる。それは，
① **EBP の日本社会への技術移転・日本社会にあつらえるという観点から**，日本におけるより有効なプログラムに形成・発展させること（継続的改善・形成評価の課題），
② 日本における実施・普及，定着を進める観点から，**EBP の効果的な実施・普及モデルや，効果的な実施体制を構築**すること（実施・普及評価の課題），である。
上記3プログラムのほかに，次の2プログラムも限定的な EBP プログラムの位置づけをもつ。
・「まずは住居をプログラム」（Pathways' Housing First Program）（第7章）
・クラブハウスプログラム（ICCD Clubhouse Model）（第12章）

この2プログラムは，アメリカ連邦政府保健省薬物依存精神保健サービス部（SAMHSA）の N-REPP という EBP データベースに掲載されている。しかし RCT 研究を中心に蓄積したエビデンスを，体系的にメタ分析で検討するシステマティックレビュー（SR: Systematic Review）に基づいて掲載が決められるデータベースには登録されていない。
この2プログラムについては，もちろん上記①②の取組みが求められる。それと同時に，次項の「ベストプラクティス・プログラム，またはエキスパートコンセンサス・プログラムと同様に，より効果的な取組みに改善・形成するために体系的なプログラム評価をさらに実施し，より多くの確かなエビデンスを蓄積する必要がある（継続的改善・形成評価の課題）。

第13章　EBP プログラムと支援環境開発アプローチ　　269

2.2 ベストプラクティス,またはエキスパートコンセンサス・プログラム

以下のプログラムは,エビデンスが EBP プログラムほど十分に蓄積されていないが,効果的なプログラムと期待されている。
・直接対人ケアサービスが伴うケアマネジメント(第5章)
・当事者サービス提供者プログラム(第12章)
・WRAP プログラム(第12章)
・家族による家族学習会プログラム(第9,12章)

これらについては,各章で触れたとおり,日本での取組みは十分ではない。そのため,
①日本社会への技術移転・日本社会にあつらえるという観点から,日本におけるより有効なプログラムに形成・発展させること(継続的改善・形成評価),
②実践を進める中でエビデンスを蓄積し,EBP プログラムへ発展させること(継続的改善・形成評価)が課題となる。

2.3 実践の中で有効性の裏づけが徐々に得られているプログラム

以下のプログラム,あるいは**日本で制度化・事業化された多くのプログラムは,一部のモデル的な取組みが優れた成果をおさめても,それを社会全体で効果モデルとして共有化するための公的・制度的なメカニズムが現在のところない。**
このため,実践家・当事者参画型で効果モデルを形成する仕組みを整備する必要がある。
効果モデルを開発する取組み(開発評価),あるいは既存制度プログラムを再構成し(開発評価),より効果的なプログラムモデルになるよう継続的改善・形成評価することが課題となる(継続的改善・形成評価)。
・退院促進・地域定着支援プログラム(第8章)
・家族ケアマネジメント(第9章)
・「ひきこもり」への支援プログラム
  (ひきこもり対策推進事業を活用した効果モデル等)(第10章)
・精神科デイケアおよび訪問支援統合化プログラム(第10章)
・「窓の会」プログラム(第10章)

270 第Ⅲ部 マクロ実践 SW とエビデンスに基づく支援環境開発アプローチの可能性

・訪問を伴う生活訓練プログラム（第10章）
・退院促進・地域定着支援等プログラムのピアサポーター（第12章）
・サバイバー主導クライシスサービス（第12章）
・自律的意思決定ケア（第12章）
・家族による家族学習会プログラム（第12章）

　これらの支援プログラムは，上記で検討したように「プログラム開発と評価」において，いくつかの課題を抱えている。各プログラムのそれぞれの課題に対して，実践家・当事者参画型で「プログラム開発と評価」を行い，より効果的でエビデンスレベルの高い効果モデルに発展させるにはどうすればよいのか。ニーズ志向型支援環境開発アプローチとしては重要である。すなわち，

2.3　実践の中で有効性の裏づけが徐々に得られているプログラム，から，

2.2　ベストプラクティス・プログラムへ，さらには，

2.1　EBP プログラムへと，

実践プログラムの効果性レベルを向上させるために実践家・当事者参画型のアプローチを用いる。この点については，第5章から12章の検討結果をも踏まえて，後ほど検討する。

3　EBP プログラムの社会的意義

　ここで改めて，EBP 等効果モデル，中でも EBP プログラムがなぜ世界的に高く評価され，実施・普及されるのか，支援環境開発論の観点から，その社会的背景や意義を明らかにしておきたい。

　以下では，次の2つの視点から検討する。

　1つは効果的な社会プログラム一般に関する意義である。解決すべき支援ゴールに対して効果的であること，それが一貫した成果をおさめうるという観点から検討する。

　いま1つは，EBP プログラムの形態と形成プロセスから見た意義である。EBP プログラムは科学的根拠（エビデンス）となる成果が明確に示されるばかりでなく，その実施方法が実施マニュアルやフィデリティ尺度項目など（第4章）から可視的に示されている。また効果モデルを形成・構築するプロセスま

でもが，すべて公開されている。これまでにない新しい特徴をもつアプローチであり，その意義は大きい。

3.1 効果的な社会プログラム一般の意義

福祉実践プログラムなど社会プログラムは，本来，解決すべき社会問題，社会状況があり，その問題の解決や改善のために，社会的に設計された組織的な取組みが設けられる（Rossi ら，2004）。税金など社会的コストを投入して問題解決を図る。そのため，解決すべき社会問題，社会状況がどの程度解決したり，改善されたのかについて，重大な社会的関心が払われなければならない。

しかし，とくに日本の福祉プログラムでは，このような緊張関係がやや乏しい。すなわち，成果中心のプログラム評価が必ずしも十分に社会的市民権を得ているわけではない。

一方で，近年になって，たとえば障害のある人たちの就労移行支援の取組みや，施設からの地域移行・地域定着，介護予防などについては，社会的にも大きな関心が寄せられ，その成果が社会的にも注目されるようになった。

効果的な社会プログラム一般の社会的意義としては，以下の点が挙げられる（Solomon ら，2009；Solomon，2007）。

・サービスの信頼性が確保される
・保健福祉関係者，サービス利用者，行政関係者の間で，実施について合意形成が容易になる
・財源確保の可能性が高まる
・組織的なサポートが得られる可能性が高まる
・サービスの安定的提供が可能
・保健福祉サービス提供組織の中で，持続可能性が生まれる

福祉実践プログラムが，本来的な支援ゴールに対する成果を実現するとすれば，当然，サービスの信頼性やサービスの質は，第一義的には適切な成果をおさめたことで測られるべきであろう。たとえば，医療では良質の医療サービスは，治療成果で判断される。福祉実践サービスでも，サービスの信頼性，サービスの質は，たとえば一般就労の実現や就労継続の実現や，希望する退院と退院後のよりよい地域生活の実現など，支援ゴールの達成によって判断されるべきだろう。

成果が明らかであれば，利害関係者間で社会プログラムの実施や継続の合意形成が得やすい。したがって財源確保の可能性も高まり，組織的なサポートが得られる可能性が高まる。それによりサービスの安定的提供が可能となり，保健福祉サービス提供組織の中で，持続可能性が強まる。これらは，効果的な支援環境を社会の中に位置づけるうえでは，とても重要な要素である。

　以上に関する大きな前提は，解決すべき社会問題，社会状況の解決や改善を，重大な社会的関心事として明確に位置づける社会の姿勢があるかどうかである。そのような姿勢が，日本社会の中でどのくらい広がっているのか，考慮しなければならない。

3.2　EBP プログラムの形態と継続的改善と形成プロセスから見た意義

　エビデンスに基づく医療（EBM: Evidence Based Medicine），エビデンスに基づく実践（EBP）の特徴は，科学的根拠（エビデンス）を「つくる」「つたえる」「つかう」の各プロセスにおいて，標準化された様式を用いて，その取組みに関わるすべての情報・エビデンスが，すべての利害関係者に対して，同一地平で共有できる点にある（正木ら，2006）。

　EBM は，通常，次の実施プロセスをたどる。①問題の定式化，②科学的エビデンスの収集（SR: Systematic Review を活用），③エビデンスを批判的に吟味して信憑性を確認（SR を活用），④エビデンスの使用可能性を判断して患者へ適用（治療ガイドラインの使用），である（正木ら，2006）。

　その各プロセスにおいて，エビデンス・情報が公開され，関係者間で共有化される。

　これに対して，EBP プログラムのプロセスは，その「工程」がやや複雑である（大島，2007）。①②は EBM と共通するが，③エビデンスを批判的に吟味して信憑性を確認し，個別状況に応じた効果的なプログラムモデルを確認すること，すなわち技術移転の可能性を検証することが必要である。個別状況に応じたプログラムモデル，効果的なプログラム要素の標準化・明示化が求められる。さらに，④ EBP の実施技法，実施体制を整備（支援プログラム実施のシステム化）と，⑤ EBP の使用可能性を判断して当事者に適用する方式（援助システム・普及システムの実施方法を含むガイドライン）が求められる。

　これらのプロセスを通じて，EBP プログラムには，プログラム自体の標準化・共有化（実施マニュアルの整備，効果的援助要素とそれを評価するフィデリティ

尺度の明確化など）が進められる。

　同時に，EBP の開発・形成プロセスの標準化や共有化も求められる（大島，2007）。その手順の共有化によって，効果的なプログラム開発と形成・改善に，福祉実践家や当事者を含む関係者が，積極的に参画することが可能になるのである。関係者が参画・協働することを通して，効果的で優れた福祉実践プログラムを，関係者全体で，開発・形成・構築する可能性が生まれてくる。

4 EBP の世界的な発展——社会的な注目，実施・普及への取組み

　ここで EBP プログラム，およびその基盤となった EBM の世界的発展の歴史を概観する。その中で生み出され発展した科学的根拠（エビデンス）や，優れた技術知見を社会全体で共有するための方法論，EBP 等の開発・形成，実施・普及プロセスの標準化や共有化の方法を整理する（大島，2007；2010a；2014a）。

4.1 EBM の登場とそれを支える情報技術，方法論

　効果性に関するエビデンスを蓄積する取組みは，EBM を萌芽とする。医療領域で 1991 年頃から始まり，短期間に世界中に急速に広がった。その後，医療のみならず幅広く対人サービス全体に浸透し，EBN（看護），EBCP（臨床心理），EBE（教育），EBSW（ソーシャルワーク），EBP（実践）などの用語が作られ，活用され普及する（正木ら，2006；矢野編，1999）。

　EBM は，直感やあやふやな経験に基づく医療ではなく，科学的に明確な根拠に基づいて最適な医療や治療法を選択し，実践するための方法論，あるいは行動指針である（縣編，2000）。

　保健・医療領域では，従前から科学的な根拠（エビデンス）を重視する志向性はあったが，多くの医療技術・知識が医師社会の「徒弟制度」の中で伝達されてきた側面もあった。さらにはエビデンスや技術情報を，医療関係者間で共有する方法も体系的ではなかった。

　これに対して，1991 年にカナダのマクマスター大学 EBM ワーキンググループがはじめてこの用語を用いて以来，EBM は世界的な医療の新パラダイムになった（縣編，2000）。その背景には，臨床試験等でランダム化比較試験

（RCT）が過去 50 年間に 20 万〜30 万件程度行われており，その知見がデータベース化されていたこと，インターネットを使用してそれら知見が多くの医療関係者に使用可能になったこと，人権意識の高まりに伴い患者側から医療情報の開示が求められるようになったことなどがあった。

EBM を支える技術基盤は，①エビデンスを収集・分析・評価する Systematic Review（SR）の方法，②SR の基盤として RCT の重視とそれに依拠したエビデンスレベルの設定，③SR の結果をデータベースに収録して公開する方法論の確立（Cocrane Library 等），④SR の結果を取りまとめ疾患ごと・治療法ごとに分析を行う国際機関（Cocrane Collaboration：コクラン共同計画）等の設立，⑤疾患ごと・治療法ごとにエビデンスの使用可能性を判断して提示する権威ある治療ガイドラインの公開・出版，である（正木ら，2006；矢野編，1999）。

4.2 EBP の特徴，EBP 等効果モデルの発展，対応する方法論

EBP は，EBM が登場した後 1995 年前後からしだいに注目されるようになり，2000 年代には急速に世界中に広まった（大島，2007；2010a）。

EBP は，当事者の援助効果を向上させる一貫したエビデンスのある社会プログラムをいう（Drake ら編，2003；Corrigan ら，2008）。EBM と同様に，EBP プログラムに対しても SR が行われ，有効性に関するエビデンスが蓄積される。また権威ある国際的な治療ガイドラインにも組み入れられ，EBP プログラム実施に関する社会的合意が得られるようになった（Drake ら，2005；Corrigan ら，2008）。

しかしその一方で，**EBP プログラムの優れた成果が社会的に明らかにされてから 20〜30 年が経過しても実施・普及が不十分であり，ニーズのある人たちに EBP が十分に行き渡らない弊害が明らかになった。**このように EBP は EBM に比較して社会システムの中での実施や普及と，限られた社会資源の中での優先的実施という社会的・政治的文脈が常に課題になるのである（大島，2007；2010a）。これらのことから，**EBP にはとくに支援環境開発アプローチの視点が不可欠**なのである。

またプログラム基準を満たさない不適切な実践しか行えない現状もある（Drake ら，2009）。プログラム基準に関しては，プログラムの効果に関わる，①効果的なプログラム要素・プログラム実施方法（効果的援助要素：critical

第 13 章　EBP プログラムと支援環境開発アプローチ　**275**

components）や，②効果的プログラムモデルの設計図であるプログラム理論（program theory）をも検証することが求められる（大島，2015）。これらは，第4章で EBP プログラムの基盤として取り上げた。また，科学的プログラム開発と評価の方法論には不可欠な検討項目である。

さらには，より効果性が高く，実施・普及が可能な実践プログラムモデルを構築するためには，実践家・当事者参画による継続的改善評価，形成評価が必要と考えられるようになった（Chen, 2010）。実践家・当事者参画型の「プログラム開発と評価」のアプローチ法については，次節で取り扱う。

4.3 EBP 実施・普及研究への注目，EBP ツールキットの導入

ここで，**有効性が証明された EBP プログラムが，ニーズをもつ人たちに行き届かない不適切な状態をサービスギャップ**（service gap，あるいは science-to-service gap）**と呼ぶ**（Drake ら，2009；大島，2010a；2010c）。**このギャップを埋めるために，近年，実証的な研究**（サービス普及研究）**が積極的に行われるように**なった（大島，2010c）。

アメリカでは，**表13-3**に示すように 1989 年から始まった脳の 10 年，統合失調症研究国家プランが制定されて，国家戦略として体系的な取組みが進められてきた。その中で，1995 年前後に EBP が治療ガイドラインなどに明記された。またサービスギャップに対する実証的な研究が進められ，改善のための取組みが連邦レベルで模索された（大島，2010a；2010c）。

1999 年には連邦公衆衛生長官レポート，さらに 2003 年には精神保健に関する大統領ニューフリーダム委員会報告が出版され，ニーズをもつすべての国民に EBP を提供できるサービス提供体制を整えるべきことが，連邦政府を挙げて提唱された。

EBP プログラムは，まず実施するうえで普及可能なプログラムモデルを構築して標準化する必要がある。それと同時に，全国各地の実施機関で実施するためのさまざまなツール（用具）を開発する必要性が認識された。それに基づいて EBP ツールキットの開発が進められた。

EBP の実施・普及を技術的に支える主要な方法論が，EBP ツールキットの標準化と考えられている。EBP ツールキットは，2002 年に試行版が作成され，8 州におけるフィールド試行研究を経て，2006 年には最終草稿が完成した（大島，2010b）。なお EBP ツールキットの日本語版は，日本精神障害者リハビリテ

表 13-3　アメリカ連邦政府 EBP プロジェクトの歴史

1989	脳の 10 年（国立精神保健研究所），統合失調症研究国家プラン
1991	国立精神保健研究所・サービス改善のための国家研究計画
1992	統合失調症 PORT（Patient Outcomes Research Team）プロジェクト開始
1995	統合失調症 PORT 報告書 No.1：Evidence-Based Practices（EBP）に関する文献研究のまとめと政策提言
1997	アメリカ精神医学会，統合失調症治療ガイドライン
1998	統合失調症 PORT 報告書 No.2：治療・介入の勧告と勧告実施状況に関する利用者調査（サービスギャップの把握）
1999	精神保健に関する連邦公衆衛生長官レポート 連邦 EBP ツールキット・プロジェクトのスタート
2002	国立精神保健研究所，全州精神保健プログラム責任者全国協会（NASMHPD），専門学会など各種機関／団体が EBP の全国集会，シンポジウムを開催する
2003	精神保健に関する大統領ニューフリーダム委員会報告
2006	EBP ツールキットの最終草稿の完成
2008	EBP ツールキットが連邦政府 SAMHSA より順次出版

（出所）　大島ら（2006；20011）を一部改変。

ーション学会が 2009 年に出版した（アメリカ連邦政府保健省薬物依存精神保健サービス部〔SAMHSA〕編，2009）。

　EBP 等効果モデルの**効果的な実施・普及モデルの形成**と，**効果的な実施体制の構築**は，そのための具体的方法論としての **EBP ツールキットの開発と評価**を含めて，実施・普及評価の大きな課題である。支援環境開発の視点が不可欠な EBP プログラムの特徴的な取組みであり，かつ実践家・当事者参画型で開発と改善・形成評価が求められる領域である。これらについても，次節で取り上げる。

4.4　対人サービス制度・施策の評価統合とデータベースによる公開

　第 4 章（63 頁）でも述べたように，アメリカでは連邦政府各部局には EBP を含む効果的な各種対人サービスプログラムの情報を評価統合して蓄積された情報を関係者に体系的に提供する仕組みを構築している（大島，2012a）。

　アメリカ連邦教育省の WWC（What Works Clearing house）は体系的なデータベースシステムとして知られる。教育省教育研究所が，心理社会的介入プログラムに関する国際機関であるキャンベル共同計画（Campbell Collaboration）（医療におけるコクラン共同計画に相当）と共同で，EBP データベースを構築し，運営を行っている。またアメリカ連邦政府保健省薬物依存精神保健サービス部

第 13 章　EBP プログラムと支援環境開発アプローチ　**277**

（SAMHSA）では，精神保健福祉領域の EBP データベース N-REPP を構築し，情報提供を行うとともに補助金支給の根拠にも活用する（大島，2012a）。

社会的にも実践領域でも，効果的プログラムモデルを開発・構築し，実施・普及することが重要な社会的課題になっている。

5 効果モデル形成のための支援環境開発アプローチ
――実践家・当事者参画型で進める「プログラム開発と評価」の可能性

この節では，EBP 等の開発や改善・形成の手順，さらには実施・普及プロセスの標準化や共有化の方法に焦点を当てる。

その際，本書第Ⅱ部（第5〜12章）で明らかにした日本の精神保健福祉分野で解決が迫られる福祉諸課題に対する有効な支援環境開発，EBP 等効果モデルの開発と評価に関する具体的な知見を参照する。

第Ⅱ部で取り上げた取組みは，本書では「ニーズ志向型支援環境開発アプローチ」と名づけてきた。「実践に基づいた専門職」（IASSW & IFSW, 2014）であるソーシャルワーカーは，福祉ニーズをもつ人たちの問題解決に有効な効果的取組み（EBP 等効果モデル）を，実践に基づいて開発し実践の中でより効果的な取組みへと改善・形成することが期待されている（大島，2015）。EBP 等効果モデルが構築されれば，それを幅広く，ニーズのある人たちに公平に実施・普及するための専門的方法論を身につけることが求められている。そのための実践に根ざした科学的方法論が，実践家・当事者参画型による「プログラム開発と評価」のアプローチである。

前節で述べたように，ソーシャルワーク実践の領域でも EBP 等効果モデルの開発や，改善・形成，実施・普及に実践家であるソーシャルワーカーが参画しながら進めるアプローチは，不可欠と考えられるようになった。しかしながら，その方法論はいまだ確立していない。

以下では，著者らの研究チームが開発を進めている実践家・当事者参画型エンパワメント評価の方法論を基盤に（第4章70-79頁），そのアプローチ法を改めて各論各章（第5〜12章）の具体事例に当てはめて検証し，今後の発展可能性を検討することにしたい（大島，2015；大島ら，2012a；2012b；2014）。

5. 1 効果モデルの開発，改善・形成，実施・普及：プログラムの評価課題

　繰り返し述べるように，福祉実践プログラムを含む社会プログラムは，より効果的なものへと成長・発展する。すなわち，(a) 実践の中で有効性の裏づけが徐々に得られているプログラムから，(b) ベストプラクティス・プログラムあるいはエキスパートコンセンサス・プログラムへ，さらには，(c) EBPプログラムへと，支援プログラムの効果レベルを向上させる。

　支援プログラムが効果レベルを上げるに当たって，「プログラム開発と評価」の方法を活用する。そのために，それぞれの効果レベルにあるプログラムの評価課題を明らかにし，評価目標を設定する必要がある。前述したように（第1章17頁；第4章65-66頁），評価課題と評価目標は3つのレベルに設定できる（大島，2015；大島ら，2012a；2012b）。

Ⅰ．効果モデルの開発評価：新規の効果的プログラムモデルの開発をする。既存プログラムを効果モデルに再構築する。

Ⅱ．効果モデルの継続的改善・形成評価：より効果的なプログラムが構築されるよう，科学的・実践的なアウトカム評価・プロセス評価を用いて，継続的に効果モデルへと改善・形成を試みる。

Ⅲ．効果モデルの実施・普及評価：効果が立証された効果モデル EBP プログラムの実施・普及を進め，ニーズのある多くの人たちに効果モデルを提供する。

　本書第Ⅱ部（第5章〜12章）で検討した福祉実践プログラムの効果レベルと評価課題は，本章第2節（267-271頁）に示したとおりである。

　ここで3つの「プログラム開発と評価」の評価課題ステージから，「めざすべき効果モデル」を整理すると，いずれもその効果モデルは「EBPを中心とした効果モデル」となる。それに加えて，「Ⅲ．効果モデルの実施・普及評価」においては，別途「EBP等効果モデルの効果的な実施・普及モデルと効果的な実施体制」の構築がめざされる。

5. 2 効果モデルの可視化と，形成評価（広義）の方法

　第4章にまとめたように，**実践家や当事者などが参画して，協働で「効果モデル」を開発，改善・形成，実施・普及するためには，まず対象となる「効果モデル」が具体的・明確に記述され，実践現場からも可視的になっていること**

が必要である（第4章69-70頁）。さらに，その「効果モデル」が随時改訂が可能な状態になっていることも求められる。

大島（2015）は，「効果モデル」を操作的に定義するために次の5構成要素を設定した（第4章「**3.4　効果モデルの可視化と形成評価〔広義〕の方法**」）。

①プログラムゴールとインパクト理論　効果モデルのプログラムゴールと，その達成過程を示すプログラム理論のインパクト理論（ゴール設定に関わる設計図；74頁・図4-2）。

②プロセス理論　プログラムゴールを実現するために有効なプログラムの設計図に当たるもの。サービス利用計画（74頁・図4-3）と組織計画（75頁・図4-4）がある（Rossiら，2004）。

③効果的援助要素（critical components）リスト　「支援環境要素」でもある。可能であれば実践現場の創意・工夫を随時追加できる「チェックボックス方式」で「要素」の記述をするのが望ましい（72頁・表4-2）。

④評価ツール　効果的援助要素などのモデル適合度（フィデリティ評価），およびプログラムアウトカムを測定する評価のツール。

⑤実施マニュアル　以上の内容を具体的に記載した効果モデル実施マニュアルと評価マニュアルから構成（72頁・表4-3）。

これらの「効果モデル」の5構成要素を，当事者・家族，実践家，管理者，行政など「効果モデル」に関わる利害関係者がそれぞれ共有することにより，5構成要素の各要素を少しずつでも改善・改良することが可能となる。

さらに実践家・当事者参画型「プログラム開発と評価」では，ソーシャルワーカー等実践家が，それぞれの構成要素の開発，改善・形成に積極的に関与することが期待される。

とくに，③の効果的援助要素リストの開発と改訂や，⑤のプログラム実施マニュアルの開発と改訂において，実践家は，現場の創意と工夫，アイデアを反映して貢献をすることが期待される。

これら「効果モデル」の5構成要素は，日常的に評価・検証され，より効果的なものへと改善・形成できる組織的な仕組みを用意しなければならない。大島ら（2012a）が開発した「プログラム理論・エビデンス・実践間の円環的対話による，効果的福祉実践プログラムモデル形成のための評価アプローチ法（CD-TEP評価アプローチ法：An Evaluation Approach of Circular Dialogue between

Program Theory, Evidence and Practices)」はその目的のために有効と考える（大島，2015；大島ら，2012a）（第4章77頁・図4-5）。

　福祉実践プログラムの場合，より効果的なモデルを形成するためには，ソーシャルワーカー・福祉実践家が積極的に参画・協働して，効果モデルの評価・検証を進めることが強く求められる。CD-TEP評価アプローチ法には，福祉実践家・ソーシャルワーカーが評価活動に実質的に参画・協働する方法が示されている。

5.3　実践家・当事者参画型で進める「開発評価」の可能性

　本書で取り上げたニーズ・課題領域に対応する支援プログラムでは，「ひきこもり」状態への支援（第10章）が，もっとも代表的な開発評価の課題事例である。

　このほか支援ゴールやターゲット集団の設定が複雑であり，ゴール設定が容易ではなかった家族支援プログラム，中でも家族ケアマネジメント（第9章）の「効果モデル」開発もこのステージにある。

　「効果モデルの開発評価」に関連する，「プログラム開発と評価」のキーワードを挙げると，以下のとおりである。すなわち，

- ・ニーズ調査，
- ・ターゲット集団の設定，
- ・ゴール設定，
- ・優良事例調査(GP事例調査〔含・視察〕)，
- ・先行研究による効果モデル（文献調査），

- ・歴史的取組みによる効果モデル（文献調査），
- ・①②プログラム理論（①インパクト理論，②プロセス理論）の作成，
- ・③効果的援助要素リストの作成，

である〔○付き数字は，「効果モデル」5構成要素の番号：以下同〕。

　「ひきこもり」状態への支援を実例に示すと，「ひきこもり」状態にある人のニーズは，「ひきこもり」状態にある人一般と，重い精神障害のある人では若干異なる。支援ゴールも異なる。まずは対象者のニーズを明らかにし，ターゲット集団を絞り込みながら支援ゴールを設定しなければならない。

　一方で，「ひきこもり」状態への支援は，現在全国で社会的関心も高まり，全国各地の実践が進められている中，「効果的援助要素」や「効果モデル」について関係者間でこれらが共有できる情勢にもなってきた。厚生労働省の2つの「ガイドライン」を中心にして，効果モデルの「効果的援助要素」を抽出すること，「ひきこもり対策推進事業」を基盤に，「効果モデル」を構築すること

の素地は整ったといえよう。

「ひきこもり」状態への支援や若者支援に関わるソーシャルワーカーは，現在，この領域における支援環境開発，プログラム開発の重要な時期にいることを十分に理解・認識する必要がある。自身の関わる事業所の取組み事例を基盤にして，成果の上がっている優良事例調査（GP 事例調査），先行研究による効果モデル（文献研究）などに基づいて，まずは身近な取組みから，①②プログラム理論を構築し，③効果的援助要素リストの作成する活動を進めることが望まれる。

関係者と共有可能な一定の「効果モデル」が構築されたら，それに基づき暫定版の⑤実施マニュアルを作成しておくとよい。それをたたき台に次なる「効果モデル」の発展が期待できるからである。

5.4 実践家・当事者参画型で進める「継続的改善・形成評価」の可能性

本書で取り上げたニーズ・課題領域に対応する支援プログラムでは，精神科病院からの退院促進・地域移行を支援ゴールとする「退院促進・地域定着支援プログラム」（第 8 章）が代表的な評価課題の事例である。このほかに，限定的に EBP プログラムに位置づけられているが「まずは住居をプログラム」の日本への技術移転（第 7 章），IPS 援助付き雇用プログラムを日本の障害者福祉事業に当てはめた「効果的障害者就労移行支援プログラム」（第 11 章），訪問を伴う生活訓練プログラム（第 10 章），ピアによるサポート活動（第 12 章）などが該当する。

「効果モデル」の「継続的改善・形成評価」に関連する，「プログラム開発と評価」のキーワードを挙げると，以下のとおりである。すなわち，

- ・ターゲット集団設定，
- ・ゴール設定，
- ・優良事例調査（GP 事例調査），
- ・先行研究による効果モデル（文献調査），
- ・歴史的取組みによる効果モデル（文献調査），
- ・効果モデルの技術移転（国際連携との関連），

- ・①②プログラム理論（①インパクト理論，②プロセス理論）の作成，
- ・③効果的援助要素リストの作成，
- ・④フィデリティ尺度，アウトカムモニタリング尺度の構築，
- ・暫定版の⑤実施マニュアルの作成，
- ・④クラウドシステムを使用したアウトカムモニタリング，
- ・④フィデリティ評価の実施とコン

サルテーション，

などである。

　「退院促進・地域定着支援プログラム」を実例に取り上げると，このプログラムは，厚生労働省の制度モデル（「退院促進・地域定着支援等事業」）を基盤にしている。厚生労働省事業は，脱施設化第1プロセスの「地域移行」の段階において，地域事業所が積極的なアウトリーチを精神科病棟に対して行う点が，これまでにないユニークな取組みだった。

　しかし，試行事業が開始されて10年足らずのうちに制度変更・制度変遷が繰り返された。2012年度に利用者単位の補助金個別給付化がされて以来，急速に取組みが沈滞化した。

　これに対して，全国には明確な使命と支援目標をもち，優れた成果を上げている取組みが複数例，存在している。東京都三鷹市の「巣立ち会モデル」（田尾ら，2007；田尾ら編，2008）を含めて，よい成果を上げている優良事例（GP事例）事業所の取組みがある。これらを基盤にして，継続的改善・形成評価によって構築した「効果のあがる退院促進・地域定着支援プログラム」（中越ら，2015；大島ら，2009）は，現時点で考慮できる最も有用な効果モデルになっていると考える。

　この効果モデルは，①②プログラム理論，③効果的援助要素リスト，④フィデリティ尺度などの評価ツール，⑤実施マニュアルを備えている。これら「効果モデル」5構成要素を用いて，2回にわたる全国試行評価調査（20事業所／13事業所・病院エリアが参加）を行い，効果モデルの改定，改善を実施した（中越ら，2015）。これらの取組みを通して，よりエビデンスレベルの高い効果モデルに改善・形成することが期待される。同時に，評価プロジェクトに参画する事業所・実践家とともに，効果のあがる実践方法について創意・工夫を共有する場をもつことは貴重な機会になった。

5.5　実践家・当事者参画型で進める「実施・普及評価」の可能性

　本書で取り上げた支援プログラムの中では，ACTプログラム（第6章），家族心理教育プログラム（第9章），IPS援助付き雇用プログラム（第11章）が「効果モデルの実施・普及評価」の評価課題の対象事例である。

　このほか，「まずは住居をプログラム」（第7章），クラブハウスプログラム（第12章）も実施・普及評価の対象となる。ただしこの2つのプログラムはエ

ビデンスの蓄積がいまだ十分ではないため，継続的改善・形成評価の課題事例
でもある。

「効果モデルの実施・普及評価」に関連する，「プログラム開発と評価」のキ
ーワードを挙げると，以下のとおりである。すなわち，

- ・先行研究による効果モデル（文献調査），
- ・歴史的取組みによる効果モデル（文献調査），
- ・効果モデルの技術移転（国際連携との関連），
- ・EBP ツールキットの導入，
- ・EBP 技術支援センターの活用，
- ・コンサルテーションの活用，
- ・障壁・困難のアセスメント，
- ・サービスギャップの解消，
- ・効率性評価，
- ・実施・普及モデルの①②プログラム理論（①インパクト理論，②プロセス理論）の作成，
- ・実施・普及モデルの③効果的援助要素リストの作成，
- ・実施・普及モデルの④フィデリティ尺度，
- ・④アウトカムモニタリング尺度の構築，
- ・実施・普及モデルの⑤実施マニュアルの作成，

などである。

前述のとおり「効果モデルの実施・普及評価」には2つの評価課題がある
（本章 269 頁）。すなわち，

(a) EBP の日本社会への技術移転・日本社会へのあつらえ，

(b) EBP の効果的な実施・普及モデルや効果的な実施体制の構築である。

（a）**日本社会への技術移転**のもっとも代表的なものは，既存制度モデルの
枠組みを使用しながら，EBP プログラムを実施するものである。IPS 援助付
き雇用については，障害者就労移行支援事業や精神科デイケアを活用する取組
み，ACT プログラムでは，訪問看護ステーションや往診を活用する取組みで
ある。同時に，国際的基準・標準を満たしながら日本独自の効果的援助要素を
追加する取組みも，ACT プログラム，家族心理教育では行われている。

（b）**効果的な実施・普及モデルの構築**については，EBP ツールキットを作
成することが，実施・普及評価の取組みの近年の一般的動向である。ACT プ
ログラム，IPS 援助付き雇用，家族心理教育では，アメリカ連邦政府保健省薬
物依存精神保健サービス部（SAMHSA）編（2009）の EBP ツールキット日本語
版が翻訳・導入されている。また家族心理教育については，日本独自のツール

キットが開発された（大島ら編，2009；2011）。

EBP ツールキットには，EBP のプログラムモデルをさまざまな角度から記述・紹介するパンフレットや研修テキスト，研修ビデオ，紹介ビデオが含まれている（大島，2010c）。このほか，当事者や家族・他の支援者，プログラムの実践家や指導者，精神保健行政担当者という EBP プログラムに関わる利害関係者（stakeholders）が，それぞれの立場から当該のプログラムに関わり，プログラムを実施していくための工夫や実施ガイドラインが盛り込まれている。さらに，前述したフィデリティ尺度や，アウトカムモニタリングや効果評価に用いる簡便な評価尺度も用意されている。

ツールキット開発者たちは，単に EBP プログラムが普及すればよいという立場を取っていない（Corrigan ら，2008；大島，2010c）。真に効果をもたらすプログラムの援助要素を同定し，それをフィデリティ尺度で測定しながら，プログラムの質を確保し，より効果のあがるプログラムモデルを構築しようとする（Bond ら，2000；Corrigan ら，2008；大島，2010b）。

EBP ツールキットを使用した実施・普及，その他の実施・普及を進めていく際に，EBP プログラム導入を考慮する実践現場をサポートするコンサルテーション組織，技術支援センター（Technical Assistance Centers）の存在が重要である。各プログラムとも類似した技術支援組織を作成して EBP プログラムの実施・普及を進めている（第 4 章 80 頁・図 4-6）（大島，2015）。

5.6 実践家・当事者参画型評価の実施体制

実践家・当事者参画型評価アプローチ法を実効ある形で進めるためには，第 4 章でも触れたとおり，その**評価アプローチ法を活用できる評価者人材（実践家評価担当者，評価ファシリテータなど）を育成する評価リカレント教育法と，実践家評価支援法の開発・定式化が必要**である（大島，2015；大島ら，2015）。

実践家・当事者参画型評価をサポートして，実践現場においてよりよい効果モデルを形成・発展できるように**実践現場を支援する評価支援体制**，中でも**評価ファシリテータの機能と役割を明確**にすることが求められる（大島，2015；大島ら，2014b；2015）。

ここで評価ファシリテータとは，実践現場の評価担当者（実践家評価担当者）やその他のスタッフ（評価担当者等）と共同して評価活動に従事し，実践現場において評価が適切に実施されるよう支援するとともに，評価結果をコンサル

テーションの手段として活用して，関与する実践プログラムがより効果的になるよう，評価担当者等とともにその改善・形成，実施・普及を促進する人材である（大島ら，2015）。

評価ファシリテータが活動する実践評価支援の拠点は，福祉系大学などの専門職養成大学を想定する。実践家が福祉系大学大学院などでプログラム評価教育を受けた後に，大学においてよりよい評価活動が継続できるようにバックアップ体制を構築することを期待したい（大島，2015；大島ら，2015）。

6 エビデンスに基づく支援環境開発に果たす ソーシャルワーカーの役割

ニーズ志向型支援環境開発アプローチは，実践家が積極的に参画・協働して進める「プログラム開発と評価」によって実施する。その際，解決が迫られる福祉ニーズ・諸課題をもつ人たちの問題解決に有効な効果モデルを形成・発展させることが重要である。ここで「実践家・当事者参画型」の中心的アクターは，いうまでもなくソーシャルワーカーである。

繰り返し述べるように，実践に基づく専門職であるソーシャルワーカーは（IASSW & IFSW, 2014），相談援助などミクロレベルで積み上げた実践を，メゾ，マクロの実践，さらには制度・施策，政策へと反映する社会的使命をもっている。その中でソーシャルワーカーは，福祉ニーズをもつ人たちの問題解決に有効な効果的取組み（効果モデル）を，ニーズと実践に基づいて開発し，実践の中でより効果的な取組みへと改善・形成する。EBP 等効果モデルが構築されれば，それを幅広くニーズのある人たちに公平に実施・普及する。そのために制度・施策化を進める（大島，2015）。

ソーシャルワーカーには，そのための専門的方法論・アプローチ法を身につけることが求められている。ニーズ志向型支援環境開発アプローチによって取り組む，効果モデル形成のための実践に根ざした科学的方法論が，「プログラム開発と評価」のアプローチなのである。

ニーズと実践に基づいた支援環境開発，「プログラム開発と評価」のアプローチの出発点はあくまでも日常的な実践活動であり，「プログラム開発と評価」はその延長線上にある。実践上のちょっとした創意・工夫・アイデアを，現場の実践家が皆で共有し，その創意・工夫を基に，よりよい方法を関係する皆と

一緒に考えることが重要である。そのうえで，その実践上の工夫を，チームの中，さらには施設や病院内で共有化することによって，新しい援助技術・援助方法として定式化する可能性が生まれる（大島，2006a）。

多くの力量あるソーシャルワーカーが，ニーズと実践に基づいて効果モデル形成のための，エビデンスに基づく支援環境開発アプローチを推進すること，そのために実践家・当事者参画型「プログラム開発と評価」の方法論を身につけることを期待したい。

第 **14** 章

エビデンスに基づく支援環境開発アプローチの意義と可能性

▷ **本章の概要**────

 1 はじめに

 2 マクロ実践ソーシャルワークから見た，エビデンスに基づく
  支援環境開発アプローチ

 3 エビデンスに基づく支援環境開発アプローチとアドボカシー

 4 アドボカシー型支援環境開発に果たすソーシャルワーカーの役割

 5 可能性と展望

▷ *Keywords*

ニーズ志向型支援環境開発アプローチ，当事者協働型支援環境開発アプローチ，アドボカシー型支援環境開発アプローチ，ソーシャルアクションとの対比，サービスギャップ，有効な「プログラム開発と評価」の実施を支える EBP 技術支援センター

本書のまとめとして，マクロ実践ソーシャルワークから見たエビデンスに基づく支援環境開発の意義と位置づけ，その可能性について改めて整理して提示する。そのうえで，マクロ実践ソーシャルワークにおいては，エビデンスに基づくアプローチと密接に関わる「ニーズ志向型支援環境開発アプローチ」を中軸に据えつつ，「当事者協働型支援環境開発アプローチ」を含めた「アドボカシー型支援環境開発アプローチ」を総合的に取り組む必要があることを示す。

　最後に，このアプローチの方法論的な基盤となる実践家・当事者参画型の「プログラム開発と評価」の方法を，今後，資質の高いソーシャルワーカーは十分，かつ体系的に身につけることが望ましく，その実施を支えるための支援体制構築の必要性について述べる。

1 はじめに

　本書では，マクロ実践ソーシャルワーク（マクロ実践 SW）の新機軸として，エビデンスに基づく支援環境開発アプローチを取り上げてきた。「マクロ実践ソーシャルワークの新パラダイム」とやや大仰なタイトルをつけたが，本書で中核的に取り上げたエビデンスに基づく支援環境開発アプローチが，マクロ実践ソーシャルワーク，さらにはソーシャルワークの方法論の全般に，新しい有効なソーシャルワークの方法論を提起できればと考えている。

　それは，実践に基づく専門職であるソーシャルワーカーが，相談援助などミクロレベルで積み上げた実践を，メゾ・マクロの実践，さらには制度・施策，そして政策へと反映させ，発展することができる有効なアプローチと考えるからである。

　本書のまとめと今後の展望のために，本章ではまず，**マクロ実践 SW から見たエビデンスに基づく支援環境開発の位置づけとその活用可能性**を整理する。そのうえで，改めて**エビデンスに基づく支援環境開発の新機軸**とは何かを明らかにする。

　エビデンスに基づく支援環境開発アプローチをソーシャルワーク総体として

第 14 章　エビデンスに基づく支援環境開発アプローチの意義と可能性　**289**

取り組む場合は，エビデンスに基づくアプローチに密接に関わる「ニーズ志向型支援環境開発アプローチ」を中軸に据えつつ，さらには当事者参画型で進める「当事者協働型支援環境開発アプローチ」，さらにこれら2つを包含する「アドボカシー型支援環境開発アプローチ」が重要な位置づけをもつ。本章では，支援環境開発を体系的に，かつ有効に進めるためには，このアプローチの全体構成として「アドボカシー型支援環境開発アプローチ」に同時に取り組む必要があることを示す。

以上の検討を通じて，本書の最後に，ソーシャルワーカーがエビデンスに基づく支援環境開発アプローチに取り組むことの意義と可能性について触れる。その方法論的な基盤となる，実践家・当事者参画型の科学的「プログラム開発と評価」の方法論を，資質の高いソーシャルワーカーは十分に身につけることが望ましく，その実施を支える体制の必要性についても言及する。

2 マクロ実践ソーシャルワークから見た，エビデンスに基づく支援環境開発アプローチ

これまで述べてきたように，エビデンスに基づく支援環境開発アプローチは，マクロ実践SWの新しい有力な方法論を提起するものになると考える。以下ではまず，従来のマクロ実践SWとの比較からその特徴を明らかにし，そのうえで支援環境開発アプローチによる制度・施策への反映について考慮すべき点を示す。

2.1 エビデンスに基づく支援環境開発アプローチの特徴

(1) 特徴1：問題解決に有効な介入方法・福祉関連サービスとして EBP プログラムを中核に据える

深刻な社会的問題状況にある人たちに対する有効な介入方法・福祉関連サービスとして，世界的に発展し注目されている EBP（Evidence-Based Practices）プログラムを中心とする効果的な支援環境の整備，効果的支援プログラムの開発と形成を中核に据えている。それは，**解決すべき問題の支援ゴール達成を，もっとも効果的に実現する福祉制度・施策（プログラム）でもあるからである**（大島，2012a）。エビデンスに基づく支援環境開発アプローチは，**効果的な福祉制度・施策を，当事者のために開発・導入し，その形成と継続的改善を進めて**

EBP プログラムを構築することをめざす。そのうえで効果的支援プログラムの実施・普及を本格的に推進する取組みをめざしている。

（2）　特徴２：実践家・当事者参画型の科学的「プログラム開発と評価」の方法論を用いる

　上記の EBP プログラムの開発・導入，形成と継続的改善，実施・普及のために，**科学的な「プログラム開発と評価」の方法論を用いる**（Rossi ら，2004）。またその実施に当たり，**実践家の参画，さらには当事者の参画を得て進める**（大島，2015）。

（3）　特徴３：ニーズに根ざした当事者中心アプローチの観点から，効果的プログラムモデル形成を考慮する

　効果的支援プログラムの支援ゴールの設定は，**当事者のニーズに根ざしている**。そのため，**支援ゴールの設定は，当事者の参画を得て行う**。当事者が望む支援ゴールを実現する効果的支援プログラムの構築についても当事者の参画を得て行う。このように当事者中心アプローチを実現する支援環境開発を行いうる特徴をもつ。

（4）　特徴４：対人援助のミクロ実践を，マクロ実践・支援環境開発へとつなげる

　効果的な支援環境，支援プログラムの開発と形成の原点は，個別当事者のニーズに寄り添い支援する相談援助・ミクロ実践を行う実践現場に置く。そのため，**相談援助のミクロ実践の結果をマクロ実践，支援環境開発に結びつけることをめざす**（大島，2015）。

　また構築された支援環境（支援プログラム，制度・施策）は固定されたものではない。**実践現場の創意・工夫とアイディアによって，常に改訂され日常的に業務改善**（CPI: Clinical Practice Improvement）（立川ら編，2005）**が行われる**ことをめざしている（大島，2015）。

（5）　特徴５：問題解決の場をとくに設定せず，個別ニーズへの対応から支援環境の開発を行う

　従来のマクロ実践 SW では，一般的には問題解決の場がコミュニティや，組織，政府，国際というように特定の「マクロ実践の場」に限定・特定化されることがあった（Netting ら，2011；Brueggemann，2006）。

　しかし，エビデンスに基づく支援環境開発アプローチは，ニーズが発生し，問題解決を迫られているそれぞれの場において，必要とされる有効な支援環境

開発を行うといった特徴をもつ。さらに中長期的には，EBPプログラムとして国際機関による認証を得たり，国レベルの制度・施策化を進めるなど，普遍的な支援方法の確立をめざす。

(6) 特徴6：ニーズ志向型支援環境開発アプローチ中心に社会の理解を得て，支援環境開発を進める

一般的に支援環境開発では，国民・社会に働きかけを行うといったソーシャルアクションの側面が重視される。しかし**エビデンスに基づくニーズ志向型支援環境開発アプローチでは，ソーシャルアクションの側面は抑制的**である。あくまでも問題解決に有効なEBP等効果モデルの開発と形成を行い，その導入が社会的に有益であることを，国民や社会に広く周知して理解を得る。また関係者に教育・研修でその有効性・有用性を伝達することを重視する。

エビデンスに基づくアプローチは，国際的には，標準的なサービス提供の方法になっている。そのため，国際的な標準や基準の導入に当たって活用し，国や社会の理解を求めることも有効である。

(7) 特徴7：新しいスタイルのソーシャルアクションを模索する

前項と関連して，マクロ実践SWの主要なアプローチであるソーシャルアクションと連携して国民・社会への働きかけを行うが，**その方法は科学的有効性，国際的標準や基準を重視する姿勢**をもつ。たとえば，支援ゴールの実現を効果的に実施できるEBP等効果モデルを，有効性が明らかでない制度・施策モデルに比較して優先すべきことを関係者に積極的に周知する。国民・社会に対してもそのことを訴え，広報する。ソーシャルアクションとしては，障害者運動との協働，マスコミの活用，議会へのロビー活動，政策意思決定分析などを行うが，その際，科学的な有効性，国際的標準，社会への有益性を軸にした社会運動をめざす。

2.2 エビデンスに基づく支援環境開発アプローチの新機軸

以上のように，エビデンスに基づく支援環境開発アプローチは，従来のマクロ実践SWと比較してユニークな特徴をもつ。またこのアプローチ法の基盤となる理念や哲学について，いくつかの新しい支援指針が含まれている。

以下に挙げる支援の理念や哲学・価値は，第4章で提示したものであるが，エビデンスに基づく支援環境開発アプローチにおける基盤となる新しい理念・価値・哲学を含むと考える。

①もっとも深刻な状況に置かれた人たちに対して，優先的に有効な支援環境の開発を行う

②有効性が確立した支援プログラムを制度・施策化すること：ニーズあるすべての人たちがEBPプログラムを利用できるよう社会に働きかける

③ニーズに根ざした当事者中心アプローチを科学的に，実践家・当事者参画型で追求すること

④相談援助の個別実践，対人援助のミクロ実践を，マクロ実践・支援環境開発へと発展させること

⑤「プログラム開発と評価」の実践はソーシャルワーカーの職業倫理：自らの実践を常に振り返り，より効果的になるよう努力すること

以上の支援指針に加えて，具体的な方法論として以下の特徴は，他のマクロ実践SWに比べて独自の特徴をもつ。

⑥実践家・当事者参画型の科学的な「プログラム開発と評価」という明確で，体系的な方法論を用いること（Rossiら，2004；大島，2015）

⑦相談援助などのミクロ実践を，マクロ実践・支援環境開発に結びつけることが可能な方法論を備えていること

⑧対人サービス領域において，世界の潮流であるEBPプログラムの開発と導入，継続的改善と形成，実施・普及を総合的に進める方法論を活用すること

2.3 支援環境開発アプローチの成果を社会福祉政策・施策に反映

すでに述べたように，エビデンスに基づく支援環境開発アプローチは，ソーシャルアクションの側面から見ると，問題解決に有効なEBP等効果モデルの開発と形成・継続的改善の成果を，国民や社会に広く周知し，関係者等に教育・研修等で伝達することを主軸にする。

そのため，福祉政策・施策への反映については，前章「*3* EBPプログラムの社会的意義」（271-274頁）で述べたように，そのプログラムの科学的な有効性を訴えるとともに，ニーズをもつ人たちが科学的なニーズ調査の結果に基づいて放置できない状態にあることを，事実に基づいて，客観的に訴えることが，このアプローチの特徴となる。

一方で，エビデンスに基づくアプローチとしては，実施・普及評価アプローチに代表されるように，ソーシャルアクションを伴うアドボカシー型アプロー

チにも取り組むことが想定されている（大島，2015）。

これらについて，国際的には，第4章「**3.1　EBPプログラム重視の国際動向**」や前章「**4.4　対人サービス制度・施策の評価統合とデータベースによる公開**」で明らかにしたように，導入した新しい福祉制度・施策（プログラム）が，当初に解決をめざした問題の解決・改善にどのくらい有効であったかに注目して，**その成否によって効果的な取組み（プログラム）をデータベース化し，評価統合する**ことをめざしている（佐々木，2010；田辺，2014；大島，2015）。またエビデンスの蓄積状況により，補助金の重みづけがされるなどの政策誘導が進んでいる（佐々木，2010；田辺，2014）。そのような枠組みが成立すると，エビデンスに基づく支援環境開発アプローチは，政策・施策の選択に直接的に大きく影響することになる。

3　エビデンスに基づく支援環境開発アプローチとアドボカシー

効果的な支援環境開発アプローチを，ソーシャルワーク総体として取り組む場合には，前節で整理したように，ニーズ志向型支援環境開発アプローチだけでは必ずしも十分ではない。第2章で提示した「アドボカシー型支援環境開発アプローチ」を取り入れること，そしてソーシャルワーク実践にとっていまひとつ重要な「当事者協働型支援環境開発アプローチ」を適切に位置づけることをめざす必要がある（図14-1；第2章・図2-1再掲）。

「アドボカシー型支援環境開発アプローチ」は，EBP等効果モデルを社会の中に位置づけ，さらには制度化するために，国民・社会の理解や協力を得るうえで重要な社会的なアプローチとなる。

その内容は，**表14-1**のとおりに整理される。まず基盤となる活動は，日常的にニーズがありながら必要な支援を受けられない人たちの人権が制限され，権利が侵害された状態に対して，個別のケースワークの中で，①日常的に権利擁護（アドボカシー）を行う活動である。

この活動を基盤にして，②ニーズ志向型支援環境開発アプローチを行う。すなわち各ニーズ領域ごとに支援ゴールを設定して，支援ゴールの達成をもっとも効果的に実現する有効な支援環境を開発し，それをさらに効果的なものへと変革・発展させるアプローチである。第Ⅱ部を中心に，これまで本書で中心的

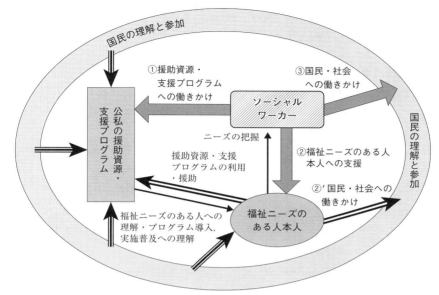

(出所) 中野（2001：18）に基づき著者作成。第2章・図2-1（23頁）を再掲。
図14-1　ソーシャルワークの支援目標・支援機能

表14-1　アドボカシー型支援環境開発アプローチ
（国民・社会の理解や協力を得るアプローチ）の方法

①日常的なケースアドボカシー活動
②ニーズ志向型支援環境開発アプローチ
③障害者運動への支援と連携（当事者協働型支援環境開発アプローチ）
④住民運動への支援と連携
⑤福祉実践の国際的な連携と協働
⑥議会などへのロビー活動
⑦マスメディアなどへの広報活動
⑧その他

に取り上げてきた取組みである。

　ソーシャルワークアドボカシーの方法論としては，①は個別ケースの支援環境開発を権利擁護として行うケースアドボカシー（case advocacy）である。これに対して，②はシステムレベルのアドボカシー，すなわちコーズアドボカシー（cause advocacy）やクラスアドボカシー（class advocacy）の活動（小西，2007；堀ら，2009）と位置づけることができる。すなわち実践現場にまとまって

第14章　エビデンスに基づく支援環境開発アプローチの意義と可能性　　295

存在する共通の解決困難な問題に対して，解決方策を求めるニーズ志向型支援環境アプローチである。これは，システムレベルに対応するアドボカシーである。

　一方で，③障害者運動への支援と連携がある。第2章で整理した「当事者協働型支援環境開発アプローチ」と深く関連する。当事者に寄り添い，その力を引き出して，協働して支援環境を開発する。当事者本人が自身の支援環境を活用して，自分なりによりよい生活を営もうとする意思がなければソーシャルワークの支援は成り立たない。この機能（図14-1の②）によって，当事者はエンパワーされ，意識を高めた当事者本人が，ソーシャルワーカーらと共同して国民・社会に働きかけ，自分たちに相応しい支援環境を作り出す。セルフアドボカシーを支援する活動でもある（Bateman, 1995；堀ら，2009）。

　④住民運動への支援と連携は，しばしば障害者運動への支援と連携に関連して進められる（市民アドボカシー）（Bateman, 1995）。広義の「当事者協働型アプローチ」でもある。

　さらに，⑤福祉実践の国際的な連携と協働がある。これは各国ごとに優れた実践が，国際的に認められた基準や標準になる場合があることを背景にしている。国際的な基準・標準に基づいて，国や社会に働きかけを行い，必要な支援環境を開発し，整備する。

　これらの支援環境開発アプローチの延長線上に，⑥議会などへのロビー活動，⑦マスメディアへの広報活動などのソーシャルアクションが，支援環境開発のアドボカシー活動としても行われる。

　以上のソーシャルワークアドボカシーに関わる取組みのうち，エビデンスに基づく支援環境開発アプローチと関連した3つのアプローチ，すなわち，「ニーズ志向型支援環境開発アプローチ」「当事者協働型支援環境開発アプローチ」「福祉実践の国際的な連携と協働」について，以下では，その取組みの現状と課題を明らかにする。

3.1　ニーズ志向型支援環境開発アプローチ

　ニーズ志向型支援環境開発アプローチは，前章までに明らかにしたように，効果モデル形成のための支援環境開発アプローチでもある。EBP等効果モデルの開発，改善・形成，実施・普及については前章で詳しく検討した。アドボカシー型支援環境開発という観点から，改めて次の3プロセスに沿って整理する。

（1）　当事者のニーズ状況を分析し支援ゴールを設定し，有効な支援プログラム（効果モデル）を開発，形成・改善する

第2章で整理したとおり，こんにち日本において，精神障害のある人たちの主なニーズ・課題を整理すると，以下の4つの課題（〔52-54頁〕，第5章～12章ではさらに分岐して7課題）という比較的限られた課題にまとめることができた。

・課題①：生活基盤を再構成する課題
・課題②：社会的役割獲得の課題
・課題③：よりよい社会参加と自己実現達成の課題
・課題④：包括的なケアシステム形成の課題

　ソーシャルワーカーは，各実践現場において，当面するそれぞれのニーズ状況を適切かつ科学的に分析して明らかにし，それを社会（行政，地域住民，マスメディア，当事者・家族，ほか）に対して問題提起をする。それに基づいて，社会の合意を得られれば，支援ゴール（地域移行・地域定着，就労移行・定着など）を定める。支援ゴールが定まれば，それを解決するために必要な，その時点においてもっとも有効な支援プログラム（効果モデル）を開発，改善・形成，実施・普及する。

（2）　有効性が明らかにされている支援環境・支援プログラム（効果モデル）を，ニーズのある人たちに積極的・優先的に導入，実施・普及する

　ソーシャルワーカーは，利用者となるニーズのある人たちに対して，ニーズを解決し，支援ゴールを達成するために有効な支援環境・支援プログラム（効果モデル）を積極的・優先的に導入することが求められる。

　有効な支援環境・支援プログラムとして，エビデンスの蓄積がなされたEBP等効果モデルがあれば，それを取り入れる。ニーズ状況に応じて効果的なものが直ちに存在しなければ，効果モデルを開発，改善・形成する。

　各地域あるいは各実践現場において，EBP等効果モデルが導入されていれば，当事者のニーズに応じて積極的に活用する。一方，各地域，各実践現場において利用できるものがなければ，その導入，実施・普及を進める。

（3）　ケアマネジメントを支援環境開発アプローチに活用する

　EBP等効果モデルを，ニーズのある個々の人たちのために適用・導入するためには，個々人のレベルで効果モデルの適用・導入を進めるケアマネジメントの活用が有用である。ケアマネジメントは，個々の当事者ごとにニーズのアセスメントを行い，その結果に基づいて，有効な支援環境・支援プログラムが

あれば活用する。利用されていなければ調整・導入を進める。

また当事者に提供されている EBP 等効果モデルは，その成果を評価し必要に応じてより効果的な支援環境・支援プログラムに改善・形成を促すことができる。

以上のように，個別の当事者への EBP 等効果モデルの適用・導入という観点からケアマネジメントは重要な位置にある。同時に，個別ケースの支援環境開発を権利擁護としてケースアドボカシーに発展させることが可能である。

3.2 当事者協働型支援環境開発アプローチ

当事者協働型支援環境開発アプローチは，ソーシャルワーカーが，当事者に寄り添い，その力を引き出して協働して支援環境開発を進めるアプローチである。**当事者としての切実な声を社会に反映させるうえで，当事者本人，そのグループ，さらには，当事者の家族およびそのグループの力はたいへんに大きい。**ソーシャルワーカーは，その力を見据えながら，当事者と協働しながら支援環境開発を行う。

以下では，まず当事者と協働して支援環境開発を行う前提として，当事者協働型支援環境開発アプローチの実績と可能性について整理する。

（1）　当事者と協働して支援環境開発を行う前提

まず，障害のある当事者が，有効な支援環境を活用してよりよい生活を営もうとする意思と意欲がなければ支援は成り立たない。また支援者と当事者の間によい支援関係が形成されていることが重要である。

そのうえで，当事者協働型支援環境開発のためには，当事者に寄り添ったソーシャルワーカーの丁寧な個別支援と，セルフヘルプ支援，当事者運動への支援を重視する関わりが求められる。

また精神障害のある人や，周囲の人たち・周囲の環境のよいところ，長所（ストレングス）に目を向け，そのストレングスを伸ばす援助を行う。そのうえで，精神障害のある人たちの回復を信じ，その人が希望する人生の回復（リカバリー）を実現する支援を行う。その人の生活目標について話し合い，目標達成のための動機形成に関わる支援を行う。

さらには，当事者同士の相互支援機能に注目した援助を行う。その人の力量の回復・形成・増強（エンパワメント）を支援し，社会の改革を個人レベル，地域レベル，社会レベル，政治レベルで実現できるよう支援する。

表 14-2　「小規模作業所づくり運動」の沿革

「小規模障害者施設」の登場

1952 年　全日本精神薄弱児育成会の結成総会資料に「小規模障害者施設」が明
　　　　記される

組織的な運動

1969 年　ゆたか共同作業所（名古屋）

1970 年代　知的障害領域で全国規模の設置運動

1977 年　共同作業所全国連絡会（きょうされん）結成

1980 年代　精神障害者領域で全国規模の設置運動

1980 年代　全国精神障害者家族会連合会（全家連）による全国的な作業所づく
　　　　　り運動

1970〜80 年代　各都道府県で小規模作業所の補助金制度

1987 年　国レベルで小規模作業所に対する補助金

1987 年　精神衛生法を改正し，精神保健法と改称，社会復帰施設設立の基盤と
　　　　なる

　以上は，当事者協働型アプローチ，当事者運動に注目した支援環境開発を行
ううえで基盤となる前提である。

（2）　当事者協働型支援環境開発アプローチの実績と可能性

　当事者協働型支援環境開発アプローチの過去の成果を上げた事例としては，
「小規模作業所づくり運動」「日本の自立生活（IL）運動」「全日本手をつなぐ
育成会の運動」「全国精神障害者家族会連合会（全家連）の運動」などを取り上
げる。当事者家族の運動も含まれるが，いずれも障害者福祉領域の支援環境開
発に関するソーシャルアクションとして，大きな成果を上げてきた。

　①小規模作業所づくり運動（表 14-2）

　小規模作業所は，地域福祉制度が未整備だった 1970 年代から 90 年代にかけ
て，重い知的障害や精神障害などのある人たちで，一般就労や福祉制度上の通
所施設が該当しなかった人たちが日中通う場や仕事の場を確保するために設立
された。家族や地域支援に関わる関係者等が運動して「手弁当」で創設した地
域ケアの拠点であった（きょうされん編，2012；上掛，1986）。

　知的障害領域では，1962 年に最初の小規模作業所といわれる「ゆたか共同
作業所」が愛知県に設立された。これを契機に，1970 年代を中心に全国規模
の設置推進運動が，保護者・親の会である「育成会」を中心に展開された。ま
た精神障害領域では，それより約 10 年遅れて 1980 年代を中心にして，精神障

第 14 章　エビデンスに基づく支援環境開発アプローチの意義と可能性　　299

表 14-3 「日本の自立生活（IL）運動」

1957 年発足「青い芝の会」の運動（とくに 1960-70 年代の運動）
1986 年，日本初の自立生活センター「ヒューマンケア協会」の設立
1991 年，全国自立生活センター協議会（JIL）
　・自立生活センターの連絡，協議団体。自立生活センターの支援を行う
　・自立生活プログラム，ピアカウンセリングの普及
関連団体：全国障害者介護保障協議会／障害者自立生活・介護制度相談センター
　・24 時間介護保障への情報提供，要求運動
　・「全身性障害者介護人派遣事業」

害のある人を身近にもつ家族の切実な思いを背景に家族会運動の中から，全国的な作業所設立運動が起こった。

このような「支援環境開発」のための家族を中心とした社会運動を受けて，全国の都道府県・市町村では，1970 年代から 80 年代にかけて小規模作業所の補助金制度が創設された。また精神障害領域では，1987 年の精神保健法に基づく社会復帰施設は，小規模作業所発展の受け皿になった。

これらの運動は，そこに伴走するソーシャルワーカー等の専門職の関与が大きな力になったことが知られている。とくに精神障害に関しては，1980 年代から 90 年代に作業所づくり運動を家族会と共同して行った多くのソーシャルワーカーが，後に地域精神保健福祉のモデル的拠点を全国各地に形成した。

小規模作業所の設立は，その後の地域型福祉施設の基盤となり，地域精神保健福祉の発展に重要な意味をもつことになった。

②日本の自立生活（IL）運動（表 14-3）

アメリカで 1970 年代に始まった身体障害のある人たちの自立生活運動（IL 運動）の影響を受け，1986 年に日本初の自立生活センター「ヒューマンケア協会」が設立された。その後，日本でも各地に自立生活センターが設立され，1991 年には全国自立生活センター協議会（JIL）が 15 団体で発足した（2015 年 10 月現在，128 団体）。自立生活センターの連絡，協議団体であり，自立生活センターの支援を行う（ヒューマンケア協会，1996）。

事業的には，自立生活プログラム，ピアカウンセリングの普及が行われている。関連した団体として，全国障害者介護保障協議会／障害者自立生活・介護制度相談センターがある。24 時間介護保障への情報提供，要求運動をサポートする活動を行っている。「全身性障害者介護人派遣事業」の制度を維持，発

展させるうえで大きな役割を果たしてきた。

身体障害を中心に，障害のある人たちの権利擁護と地域生活支援のモデルを開拓してきた運動である。自立生活運動の理念のみならず，24 時間介護保障など，当事者視点に立った取組みが際立っている。

③全日本手をつなぐ育成会（育成会）の運動

1952 年に知的障害児をもつ親が中心になって設立された全国組織による運動である。全日本精神薄弱児育成会として設立されたが，1995 年に改称した。

「福祉法」の成立をめざして運動したが，1960 年に精神薄弱者福祉法（現知的障害者福祉法）が制定された。その後，1970 年代から 80 年代に小規模作業所づくり運動が全国で展開された。またそれに続いて，親亡き後のために，あるいは親あるうちに家族から自立することをめざしてグループホーム設立運動が，1980 年代から 90 年代に活発に行われた。

また「精神薄弱」の呼称を「知的障害」に変えるうえで，育成会は国などへ要望書を提出して実現に貢献した。その後 2000 年代以降，本人活動の支援，支援者（ファシリテータ）を養成するピープルファースト運動などに力を入れてきた。

④全国精神障害者家族会連合会（全家連）の運動

精神障害をもつ人を家族内に抱え，家族としての悩みを共有する人たちが集まり，全国組織として 1965 年に設立された（全家連 30 年史編集委員会，1997）。1980 年代から 90 年代に小規模作業所づくり運動が全国で展開された。同時期に，福祉法の成立をめざして，精神保健福祉手帳の制定促進運動など，福祉制度・施策提案運動が活発に行われ，1995 年には精神保健福祉法が改正・成立した。また 1999 年には精神保健福祉法改正でホームヘルプサービスの導入がされた。2002 年には「精神分裂病」から「統合失調症」への呼称変更に貢献した。しかし，2007 年 4 月には自己破産を申請し解散した。

3.3 福祉実践の国際的な連携と協働（表 14-4）

社会福祉制度・施策は主には国家ごとに定められる。そのため，各国における優れた実践は，国レベルの制度・政策の優良事例（GP 事例）として国際的に共有されることが望まれる。とくに社会福祉に関する取組み，社会的正義や人権に関わる取組みでは，国際的な基準・標準を設定して，それを各国が共有することが重要な意味をもつ。

第 14 章　エビデンスに基づく支援環境開発アプローチの意義と可能性　　301

表 14-4　精神保健福祉領域の国際的な連携と協働

・クラーク報告（WHO 報告，1968）→地域精神保健福祉への提言
・「障害者の権利宣言」（1975）
・国際障害者年（1981）運動，国連・障害者の十年（1983-1992）運動
・国際障害者年日本推進協議会（現日本障害者協議会〔JD: Japan Council on Disability〕）を発足
・宇都宮病院事件に対する国際調査団（国際法律家協会 ICJ など）
・「精神疾患を有する者の保護及びメンタルヘルスケアの改善のための諸原則」（国連原則，1991）
・世界精神保健連盟（WFMH）日本大会（1993）
・2002-2011 年，EBP 実施・普及に関してソロモン教授，ハドレイ教授，ボンド教授，ソーニクロフト教授，ミューザー教授，ラップ教授の日本訪問
・日本精神障害者リハビリテーション学会「アメリカ連邦政府 EBP ツールキット翻訳プロジェクト」

　以下では，精神保健福祉領域における国際的な基準・標準や，国際的連携による国内への影響を中心に，歴史的経緯を辿る。

　まず 1968 年に WHO（世界保健機関）コンサルタントとして来日したクラークによる報告書（WHO 報告書）は，イギリスの進んだ地域精神保健福祉システムを踏まえた報告書であり，今日でも有益な示唆を含んでいるといわれている（川上ら，1973）。

　障害福祉の領域では，「障害者の権利宣言」が 1975 年にまとめられ，1981年の国際障害者年の運動に反映した。さらに 1983〜1992 年には国連・障害者の十年運動，さらにアジア太平洋障害者の 10 年（1〜3 次）と受け継がれている。この中で，障害構造論が世界的な共通認識となり，精神障害が障害と同じ体系で対応されることにつながった。

　あらゆる障害（身体障害，知的障害，精神障害ほか）のある人たちの尊厳と権利を保障する人権条約である国連・障害者権利条約は，2006 年に国連総会で採択された。しかし日本国政府の署名は 2007 年 9 月となった。2013 年 12 月の国会において，障害者基本法や障害者差別解消法の成立に伴い，国内の法律が条約の求める水準に達したとして条約の批准が承認された。

　一方，精神科病院の一大スキャンダルである宇都宮病院事件に対して，国際法律家協会 ICJ などの国際訪問団が日本を訪問して，厳しい勧告を行った（大熊，1988；古屋，2015a）。また，精神保健福祉領域での支援のあり方について，

302　　第Ⅲ部　マクロ実践 SW とエビデンスに基づく支援環境開発アプローチの可能性

国連原則がまとめられた（「精神疾患を有する者の保護及びメンタルヘルスケアの改善のための諸原則」（国連原則，1991）。1993年，日本で行われた世界精神保健連盟（WFMH）日本大会は，関係者に国際基準・標準で考えるための貴重な機会を提供した。

エビデンスに基づく実践（EBP）については，2002年から2011年にかけて，世界のEBP実施・普及に関する専門家が相次いで日本に招聘された。この期間のうちに，ACT，IPS援助付き雇用，家族心理教育などのEBPプログラムが日本の精神保健福祉界に広まり，一定の市民権を得ることになった。アメリカ連邦政府EBPツールキットは，日本精神障害者リハビリテーション学会によって翻訳出版された（アメリカ連邦政府保健省薬物依存精神保健サービス部〔SAMHSA〕編，2009）。

これらの動きから，「世界標準」から見た日本の現状に対する問題提起，提言が，日本の障害者福祉，精神保健福祉を大きく動かしてきたことが明確にわかる。

4 アドボカシー型支援環境開発に果たすソーシャルワーカーの役割

繰り返し述べてきたように，実践に基づく専門職であるソーシャルワーカーは，相談援助などミクロレベルで積み上げた実践を，メゾ・マクロの実践，さらには制度・施策，政策へと反映する社会的使命をもつ。

支援環境開発アプローチは，相談援助などミクロレベルで積み上げた実践と当事者のニーズに基づいて，組織や地域，社会に対するメゾ・マクロの実践を行う。制度・施策，政策，地域環境，社会システムなどにおける変革を促し，福祉ニーズをもつ人たちの社会正義と人権を擁護しようとするものであり，**支援環境開発アプローチは，全体としてソーシャルワークアドボカシーの活動と位置づけることができる。**

アドボカシーの一環として進められる支援環境開発アプローチには，本章で取り上げた多様な活動が重層的に取り組まれる。これらは相互に関連しながら，福祉ニーズをもつ人たちの社会正義と人権を擁護し，ウェルビーングを向上させるための，総合的な支援環境開発アプローチとなる。

本書で，新しいマクロ実践ソーシャルワークとして取り上げた，エビデンス

に基づく支援環境開発アプローチは，「ニーズ志向型支援環境開発アプローチ」を中軸にする。他方で，すでに述べたとおりエビデンスに基づくアプローチとして，実施・普及評価アプローチに代表されるように，社会アクションを伴うアドボカシー型アプローチにも取り組むことも想定される（大島，2015）。

前章の「**3　EBP プログラムの社会的意義**」で明らかにしたように，エビデンスに基づく支援環境開発アプローチは，それ単独でも，国や社会，地域，組織に対して，福祉サービスの公平で有効な提供について，科学的根拠（エビデンス）に基づいて，「人々の理性に訴える」形態で，支援環境開発を進めることができる。

その一方で，EBP プログラムの有効性が社会的に認められても 20 年，30 年経ってもニーズのある人たちに EBP 等効果モデルが行き渡らない不適切な状態，すなわち，サービスギャップが生じている現実は繰り返し述べたとおりである（Drake ら，2009；大島，2010a；2010b）。このような事態に対して，**エビデンスに基づく取組みとして実施・普及評価のアプローチ（大島，2015）が模索されている**。その一方で，**戦略的なアドボカシー型の支援環境開発にもより積極的に取り組む必要があるだろう**。

その際，EBP 等効果モデルを享受する，福祉ニーズをもった当事者の人たちと協働して，より良い効果的な支援環境を開発する「当事者協働型アプローチ」は重要である。当事者のニーズは，**当事者の語りから社会や行政に伝えられる豊かなメッセージがある**。また効果モデルの有用性についての語りには説得力がある。国民・社会に対して「情緒・感性に訴える」ことも重要である。

他方で，**福祉実践の国際的な連携と協働も重視する必要がある**。とくに EBP プログラムは，国際的な標準・基準になっている。**国際的な権利擁護，アドボカシーの観点からも，日本社会に強く訴えることが可能である**。国際的な EBP プログラムの推進者，国際的サービス利用者からのメッセージは，とくに社会的なインパクトが大きいことが経験されている。

同時に，エビデンスに基づく支援環境開発アプローチにおいても，他のアプローチである④住民運動への支援と連携，⑥議会などへのロビー活動，⑦マスメディアなどへの広報活動とも連携して，総合的・包括的な支援環境開発アプローチに取り組む必要がある（丸付き数字は 295 頁・表 14-1）。

5 可能性と展望

　当然のことながら，ソーシャルワークにとって重要な「社会正義，人権，集団的責任，および多様性尊重」という価値（IASSW & IFSW, 2014）を実現するには，相談援助を中心とするミクロ実践SWだけでは十分な問題解決ができない。マクロ実践SWの方法論を発展させることが日本のみならず，世界的にも求められている。

　そのような中で，**エビデンスに基づく支援環境開発アプローチは，マクロ実践SWの1つの新しい有効で有力な支援方法論を提起することになる**であろう。

　類似のアプローチとしては，開発援助の領域からその方法論を活用した開発的ソーシャルワーク（development social work）がある（Midgleyら編, 2010）。また，コミュニティオーガニゼーション（CO）は伝統あるソーシャルワークの方法論であり，地道な発展が図られている（室田, 2013）。またソーシャルワークアドボカシー（social work advocacy）や，ソーシャルアクション（social action）は古典的なマクロ実践SWの方法論として歴史的な蓄積が多い。これらの方法は，方法論として十分に定式化・操作化され，多くの関係者間で共有可能な具体的で効果的な方法論，アプローチ法を構築することが課題になっている。

　一方で，エビデンスに基づく支援環境開発アプローチは，当事者中心・ニーズ志向型のアプローチであり，実践家・当事者参画型の科学的「プログラム開発と評価」の方法論を活用することをめざした実践に根ざした新しい取組みである。プログラム評価という科学的で，体系的な方法論を用い（Rossiら, 2004），ニーズ志向型支援環境開発アプローチに対して明確な視点と方法論を提供する。本書でこれまで述べてきたように，今後のソーシャルワーク実践に欠くことのできない，ミクロ実践SWと，メゾ・マクロ実践SW，制度・政策を架橋する新機軸・新パラダイムとなることが期待される。今後，ソーシャルワーク関係者のより十分な理解を得て，発展することを期待したい。

　深刻な状況に置かれ，厳しい福祉ニーズをもつ人たちに対して，問題解決に有効な効果モデルを実践に根ざして構築することは，ソーシャルワーカーの重要な責務である。そのために，ソーシャルワーカーは，「プログラム開発と評価」の方法論を十分に身につけ，エビデンスに基づく有効な支援環境開発を進

第14章　エビデンスに基づく支援環境開発アプローチの意義と可能性　　305

めることが望まれる（大島, 2015）。

　しかし残念ながら現在，ソーシャルワーカーが日常的な業務として「プログラム開発と評価」に取り組もうとしても，誰もが容易に実施できる状況にはない（大島, 2015）。**実践家・当事者参画型で進める評価アプローチ法のさらなる有効な方法論の構築を進め，ソーシャルワーク教育に体系的に取り入れていく必要がある。**韓国がそうであるように，「**プログラム開発と評価」をソーシャルワーク資格の国家試験科目に位置づける**とともに，具体的な実施の方法論習得は福祉系大学大学院で学習する主要なカリキュラムに位置づけることが望まれる。さらには，前章で述べたようにソーシャルワーカーが実践現場の中で日常的に評価活動に取り組み，**有効な「プログラム開発と評価」の実施をバックアップする体制を，福祉系大学等を中心に構築することが求められる**（第4章・図4-6）（大島, 2015；大島ら, 2012b；Salyers ら, 2007）。

　最終的には，福祉実践現場に「プログラム開発と評価」の方法論を幅広く根づかせ，**実践家・当事者参画型で効果モデルを構築する文化的土壌（含・評価文化）を醸成**することを，将来のソーシャルワーク実践と教育・研究の姿として強く期待したい。それにより，ソーシャルワーカーは有効な支援環境開発に主体的に参画するとともに，**所属する福祉実践現場が日常的に創意・工夫を交換する「学習する組織」**（Senge, 2006）**へと変容することが可能になるであろう**（大島, 2015）。

参 考 文 献

ACT 全国ネットワーク監修（2014）．ACT ガイド 2——包括型地域生活支援プログラム．
　NPO 法人地域精神保健福祉機構・コンボ：千葉．
縣俊彦編（2000）．EBM——医学研究・診療の方法論．中外医学社：東京．
Allness DJ, Knoedler WH（1998）．*The PACT model of community-based treatment for
　persons with severe and persistent mental illnesses : A manual for PACT Start-Up*.
　NAMI: Arlington.（亀島信也，神澤創監訳（2001）．PACT モデル——精神保健コミュニテ
　ィケアプログラム．メディカ出版：大阪）
アメリカ連邦政府保健省薬物依存精神保健サービス部（SAMHSA）編（2009）．日本精神障害
　者リハビリテーション学会監訳：アメリカ連邦政府 EBP 実施・普及ツールキットシリーズ．
　日本精神障害者リハビリテーション学会：東京．
安斎三郎，安斎道枝，阿部真也（1984）．精神疾患における疾病と障害——精神科リハビリテ
　ーションの理解のために．神奈川県精神医学会誌（34）：89-96.
Austin MJ, Coombs M, Barr B（2005）．Community-centered clinical practice : Is the
　integration of micro and macro social work practice bossible? *Journal of Community
　Practice* 13（4）: 9-30.
Bachrach LL（1986）．Deinstitutionalization : What do the numbers mean? *Hospital and
　Community Psychiatry* 37（2）2: 118-119.
Bachrach LL（1996）．Deinstitutionalization : Promises, problems, and prospects. in Knudsen
　HC, Thornicroft G（eds.）．*Mental health service evaluation*. Cambridge University
　Press: Cambridge.
Barton R（1959）．*Institutional neurosis*. John Wright & Sons: Bristol.（正田亘監訳（1985）．
　施設神経症——病院が精神病をつくる．晃洋書房：京都）（翻訳は第 3 版，1976）．
Bateman N（1995）．*Advocay skills : A handbook for human service professionals*. Ashgate
　Publishing: Vermont.（西村祐吾監訳（1998）．アドボカシーの理論と実際——社会福祉に
　おける代弁と擁護．八千代出版：東京）
Becker DR, Drake RE（2003）．*A working life for people with severe mental illness*. Oxford
　University Press: New York.（大島巖，松為信雄，伊藤順一郎監訳（2004）．精神障害をも
　つ人たちのワーキングライフ——IPS：チームアプローチに基づく援助付き雇用ガイド．金
　剛出版：東京）
Bond GR（2005）．Incorporating supported employment into ACT teams. Paper presented at
　the Kohnodai Clinical and Research Team: Tokyo, 2005. 1. 8.
Bond GR, Evans L, Salyers M, et al.（2000）．Measurement of fidelity in psychiatric
　rehabilitation research. *Mental Health Services Research* 2（2）: 75-87.
Bond GR, Drake RE, Becker DR（2008）．An update on randomized controlled trials of
　Evidence-Based Supported Employment. *Psychiatric Rehabilitation Journal* 31（4）: 280-
　290.
Brueggemann WG（2006）．*The practice of macro social work*（3rd edition）．
　Thomson: Belmont.
Caplan G（1971）．*An approach to community mental health*. Tavistock Publications: London.
　（近藤喬一，増野肇，宮田洋三訳（1979）．地域ぐるみの精神衛生．星和書店：東京）
Carling PJ（1990）．Major mental illness, housing, and supports: The promise of community
　integration. *American Psychologist* 45（8）: 969-975.
Chen HT（2010）．The bottom-up approach to integrative validity: A new perspective for
　program evaluation. *Evaluation and Program Planning* 30（3）: 205-214.

千葉県精神障害者家族会連合会（2009）．千葉県における在宅精神障害者・家族の生活と福祉ニーズ2008——ひきこもる当事者への支援を中心として．NPO法人千葉県精神障害者家族会連合会：千葉

Clarke G, Herinckx H, Kinney R, et al. (2000). Psychiatric hospitalizations, arrests, emergency room visits, and homelessness of clients with serious and persistent mental illness: Findings from a randomized trial of two ACT programs vs. usual care. *Mental Health Services Research* 2 (3): 155-164.

Cornell Office for Research on Evaluation (CORE) (2009). *The evaluation facilitator's guide to systems evaluation protocol*. Cornell Digital Print Services: New York.

Corrigan PW, Mueser KT, Bond GR, et al. (2008). *Principles and practice of psychiatric rehabilitation: An empirical Approach*. Guilford Press: New York.

Department of Health (UK) (1999). National service framework for mental health.

Department of Health (UK) (2004). The national service framework for mental health: Five years on. （日本精神障害者リハビリテーション学会監修, 政策部・渉外部編集（2004）. 英国保健省 精神保健に関するナショナル・サービス・フレームワーク——5年の経過, 日本精神障害者リハビリテーション学会：東京. http://www.japr.jp/pdf/nsf200412.pdf, http://goo.gl/mgP95z (2015. 5. 3取得)

Dixon L, McFarlane W, Lefley H, et al. (2001). Evidence-based practices for services to families of people with psychiatric disabilities. *Psychiatry Services* 52 (7) : 903-910.

Drake RE, Goldman HH (eds.) (2003). *Evidence-based practices in mental health care*. American Psychiatric Press: Washington DC.

Drake RE, Merrens MR, Lynde DW (2005). *Evidence-based mental health practice: A text book*. WW Norton & Company: New York.

Drake RE, Essock SM (2009). The science-to-service gap in real-world schizophrenia treatment: The 95% problem. *Schizophrenia Bulletin* 35 (4): 677-678.

道明章乃, 贄川信幸, 大島巌（2011a）．精神障害者退院促進・地域定着支援プログラム効果モデルの構築とその評価．平成19-22年度文部科学省・科学研究費補助金基盤研究（A）「プログラム評価理論・方法論を用いた効果的な福祉実践モデル構築へのアプローチ法開発」（主任研究者：大島巌）グループ分担研究報告書,「精神障害者退院促進・地域定着支援プログラムを効果的プログラムモデルに再構築し発展させるための方策」（分担研究責任者：古屋龍太）, pp19-33.

道明章乃, 大島巌（2011b）．精神障害者退院促進支援プログラムの効果モデル形成に向けた「効果的援助要素」の検討——全国18事業所における1年間の試行的介入評価研究の結果から．社会福祉学52 (2)：107-120.

Falloon IR, Boyd JL, McGill CW, et al. (1982). Family management in the prevention of exacerbations of schizophrenia: A controlled study. *New England Journal of Medicine* 306 (24): 1437-1440.

Franklin JL, Solovitz B, Mason M, et al. (1987). An evaluation of case management. *American Journal of Public Health* 77 (6): 674-678.

福井里江, 贄川信幸, 香月富士日, 大島巌, ほか（2007）．統合失調症を持つ人たちを対象にした科学的根拠に基づく心理社会的介入プログラム普及促進のためのツールキット開発とその有効性の評価（その3）——スタッフ調査のための尺度開発と1年後アウトカム．平成18年度厚生労働省精神・神経疾患研究委託費総括報告書「精神政策医療ネットワークによる統合失調症の治療及び社会復帰支援に関する研究」（主任研究者：塚田和美）, pp189-202.

古屋龍太（2010）．退院・地域移行支援の現在・過去・未来——長期入院患者の地域移行は, いかにして可能か．精神医療 (57)：8-22.

古屋龍太（2015a）．精神科病院脱施設化論——長期在院患者の歴史と現況, 地域移行支援の理念と課題．批評社：東京.

古屋龍太（2015b）．精神障害者の地域移行支援——退院環境調整ガイドラインと病院・地域

統合型包括的連携クリニカルパス．中央法規出版：東京．

Gartner A, Riessman F（1984）. *The self-help revolution*. Human Sciences Press: New York.（久保紘章訳（1985）．セルフ・ヘルプ・グループの理論と実際——人間としての自立と連帯へのアプローチ．川島書店：東京）

Gates HM, Nagy MP（1990）. Foundations Inc.: A case study of an agency in Western Massachusetts providing supported housing services to individuals with serious mental illness. *Adult Residential Care Journal* 4（3）: 183-187.

Goldman HH（1998）. Deinstitutionalization and community care: Social welfare policy as mental health policy. *Harvard Review of Psychiatry* 6（4）: 219-222.

Goldstein MJ, Rodnrich EH, Evans JR, et al.（1978）. Drug and family therapy in the aftercare of acute schizophrenics. *Archives of General Psychiatry* 35（10）: 1169-1177.

Goldstrom ID, Campbell J, Rogers JA, et al.（2006）. National estimates for mental health mutual support groups, self-help organizations, and consumer-operated services. *Administration and Policy in Mental Health and Mental Health Service Research* 33（1）: 92-103.

Grinnell Jr. RM, Unrau YA（2011）. *Social work research and evaluation: Foundations of Evidence-Based Practice*. Oxford University Press: New York.

蜂矢英彦（1989）．精神障害における障害概念の検討．蜂矢英彦，村田信夫編．精神障害者の地域リハビリテーション．医学書院：東京，pp19-34.

Hadley TR, Turk R, Vasko S, et al.（1997）. Community treatment teams: An alternative to state hospital. *Psychiatric Quarterly* 68（1）: 77-90.

平野隆之（2008）．地域福祉推進の理論と方法．有斐閣：東京．

昼田源四郎（2007）．統合失調症患者の行動特性——その支援とICF．金剛出版：東京．

Hogarty GE, Anderson CM, Reiss DJ, et al.（1986）. Family psychoeducation, social skills training and maintenance chemotherapy in the aftercare treatment of schizophrenia. *Archives of General Psychiatry* 43（7）: 633-642.

堀正嗣，栄留里美（2009）．子どもソーシャルワークとアドボカシー実践．明石書店：東京．

ヒューマンケア協会（1996）．自立生活センターの誕生——ヒューマンケアの10年と八王子の当事者運動．ヒューマンケア協会：東京．

IASSW & IFSW（2014）. Global definition of social work.（approved by the IASSW general assembly and the IFSW general meeting in July 2014）.

Intagliata J（1982）. Improving the quality of community care for the chronically mentally disabled: The role of case management. *Schizophrenia Bulletin* 8（4）: 655-672.

石原邦雄（1988）．精神障害者と家族の問題．岡上和雄，大島巌，荒井元傳編．日本の精神障害者．ミネルヴァ書房：京都．

伊藤順一郎，吉田光爾，小林清香，ほか（2003）．「社会的ひきこもり」に関する相談・援助状況実態調査報告．厚生労働科学研究費補助金こころの健康科学研究事業「地域精神保健活動における介入のあり方に関する研究」報告書，pp45-69.

伊藤順一郎監修，ひきこもりに対する地域精神保健活動研究会編集（2004）．地域保健におけるひきこもりへの対応ガイドライン．じほう：東京．

伊藤順一郎，香田真希子監修（2010）．IPSブックレット1 リカバリーを応援する個別就労支援プログラム——IPS入門．NPO法人地域精神保健福祉機構・コンボ：千葉．

Ito J, Oshima I, Nishio M, et al.（2011）. The effect of assertive community treatment in Japan. *Acta Psychiatrica Scandinavica* 123（5）: 398-401.

伊藤順一郎，香田真希子監修（2012）．IPSブックレット2 就労支援マニュアル——実践ツール集．NPO法人地域精神保健福祉機構・コンボ：千葉．

伊藤順一郎，久永文恵監修（2013）．ACTのい・ろ・は——多職種アウトリーチチームの支援入門編．ACTブックレット1．NPO法人地域精神保健福祉機構・コンボ：千葉．

伊藤順一郎，久永文恵監修（2014）．ACTの立ち上げと成長．ACTブックレット2．NPO法

人地域精神保健福祉機構・コンボ：千葉.

岩田正美（1991）．ニードと資源．大山博・武川正吾編．社会政策と社会行政——新たな福祉の理論の展開をめざして．法律文化社：京都，pp43-67.

上掛利博（1986）．障害者共同作業所づくり運動と福祉政策．立命館経済学 35（4）：694-719.

勝部麗子（2016）．ひとりぼっちをつくらない——コミュニティソーシャルワーカーの仕事．全国社会福祉協議会：東京

川上憲人，大野裕，竹島正，ほか（2007）．こころの健康についての疫学調査に関する研究．平成 16-18 年度厚生労働科学研究費補助金こころの健康科学研究事業「こころの健康についての疫学調査に関する研究」報告書（主任研究者：川上憲人）．

川上武，岡上和雄（1973）．福祉の医学．一粒社：東京.

川崎市精神保健福祉審議会（2014）．川崎市精神保健福祉審議会報告書（平成 23-25 年度期）.

Kettner PM, Moroney RM, Martin LL（2008）．*Designing and managing programs: An effectiveness-based approach*. SAGE: Los Angeles.

Kinoshita Y, Furukawa TA, Kinoshita K, et al.（2013）．Supported employment for adults with severe mental illness. The Cochrane Database Systematic Reviews: CD008297.

Klein A, Cnaan R, Whitecraft J（1998）．Significance of peer social support for dually diagnosed clients. *Research on Social Work Practice* 8（5）：529-551.

小林司（1972）．精神医療と現代．日本放送協会：東京.

国際障害者年日本推進協議会編（1982）．完全参加と平等をめざして——国際障害者年のあゆみ．日本障害者リハビリテーション協会：東京.

小松正泰（2003）．座談会 元気の出る精神科リハビリテーション．週刊医学会新聞 2561 号.

近藤直司，清田吉和，北端裕司，ほか（2010）．思春期ひきこもりをもたらす精神科疾患の実態把握と精神医学的治療・援助システムの構築に関する研究．厚生労働科学研究費補助金こころの健康科学研究事業「思春期のひきこもりをもたらす精神科疾患の実態把握と精神医学的治療・援助システムの構築に関する研究」報告書（研究代表者：齊藤万比古），pp67-102.

小西加保留（2007）．ソーシャルワークにおけるアドボカシー——HIV/AIDS 患者支援と環境アセスメントの視点から．ミネルヴァ書房：京都.

コープランド，メアリー・エレン（久野恵理訳）（2009）．元気回復行動プラン WRAP．オフィス道具箱：愛知.

厚生労働省（2003）．10 代・20 代を中心とした「ひきこもり」をめぐる地域精神保健活動のガイドライン.

厚生労働省（2013）．精神保健福祉資料——平成 25 年度 6 月 30 日調査.

厚生労働省（2015）．ひきこもり対策推進事業．http://www.mhlw.go.jp/stf/seisakunitsuite/bunya/hukushi_kaigo/seikatsuhogo/hikikomori/（2015. 5. 4 取得）

厚生労働省精神保健福祉課（2003）．精神障害者退院促進支援事業実施要綱．精神科看護 30（8）：40-43.

厚生労働省精神保健福祉対策本部（2004）．精神保健医療福祉の改革ビジョン．厚生労働省報告書．http://www.mhlw.go.jp/topics/2004/09/dl/tp0902-1a.pdf（2015. 5. 2 取得）

厚生労働省職業安定局（2014）．平成 25 年度障害者雇用実態調査.

効果のあがる就労移行支援プログラムのあり方研究会（2009）．効果のあがる障害者就労移行支援プログラムのあり方に関する研究報告書——プログラム評価の方法論を用いた実施マニュアル作り．平成 21 年度日本社会事業大学学内共同研究報告書（主任研究者：佐藤久夫）.

効果のあがる就労移行支援プログラムのあり方研究会（2015）．実践家評価担当者・評価ファシリテータマニュアル（第 2 版）．文部科学省科学研究費補助金基盤研究（A）実践家参画型効果的プログラムモデル形成評価研究班．（研究代表者：大島巌）

Kreyenbuhl J, Buchanan RW, Dickerson FB, et al.（2010）．The schizophrenia patient outcomes research team（PORT）：Updated treatment recommendations 2009. *Schizophrenia Bulletin* 36（1）：94-103.

久野恵理，大島巌（2003）．精神障害者のための住居施策．リハビリテーション研究（117）：

9-16.

京都府保健福祉部（1997）．京都府精神保健福祉に関する調査報告書．

きょうされん編（2012）．共同作業所のむこうに――障害のある人の仕事とくらし．きょうされん．

Lamb HR, Weinberger LE (eds.) (2001). Deinstitutionalization: Promise and problems. *New Directions for Mental Health Services* No. 90. Jossey-Bass: San Fransisco.

Leff J, Kuipers L, Berkowitz R, et al. (1982). A controlled trial of social intervention in the families of schizophrenic patients. *British Journal of Psychiatry* 141 (2): 121-134.

Leff J, Vaughn C (1985). *Expressed emotion in families: It's significance for mental illness.* Guilford Press: New York. （三野善央，牛島定信訳（1991）．分裂病と家族の感情表出．金剛出版：東京）

Lehman AF, Steinwachs DM (1998). Patterns of usual care for schizophrenia: Initial results from the Schizophrenia patient outcomes research team (PORT) client survey. *Schizophrenia Bulletin* 24 (1): 11-20; discussion 20-32.

Lehman AF, Kreyenbuhl J, Buchanan RW, et al. (2004). The schizophrenia patient outcomes research team (PORT): Updated treatment recommendations. *Schizophrenia Bulletin 2004*; 30 (2): 193-217.

Ludwig E (2011). Self-directed care pilot puts consumers in the driver's seat. *People First* 19 (2): 7-9. http://goo.gl/mVQIKb (2015. 5. 5取得)

前田正治（1997）．なぜ精神分裂病患者に対して心理教育を行う必要があるのか？ 臨床精神医学 26 (4)：433-440.

Mari JJ, Streiner DL (1994). An overview of family interventions and relapse on schizophrenia: Meta-analysis of research findings. *Psychological Medicine* 24 (3): 567-578.

Marshall M, Lockwood A (2004). Assertive community treatment for people with severe mental disorders. The Cochrane Database Systematic Reviews: CD001089.

圓山里子（2003）．自立生活センター．秋元美世，大島巌，芝野松次郎，ほか編．現代社会福祉辞典．有斐閣：東京．

正木朋也，津谷喜一郎（2006）．エビデンスに基づく医療（EBM）の系譜と方向性――保健医療評価に果たすコクラン共同計画の役割と未来．日本評価研究 6 (1)：3-20.

Maslow AH (1970). *Motivation and personality* (2nd edition). Harper & Row: New York. （小口忠彦訳（1987）．人間性の心理学――モチベーションとパーソナリティ改訂新版．産業能率大学出版部：東京）

McGrew JH, Bond GR, Dietzen L, et al. (1994). Measuring the fidelity of implementation of a mental health program model. *Journal of Consulting and Clinical Psychology* 62 (4): 670-678.

McGrew JH, Wright ER, Pescosolido BA (1999). Closing of a state hospital: An overview and framework for a case study. *Journal of Behavioral Health Services & Research* 26 (3): 236-245.

McLaughlin H (2009). What's in a name: 'Client', 'Patient', 'Customer', 'Consumer', 'Expert by Experience', 'Service User'-What's next? *British Journal of Social Work* 39 (6): 1101-1117.

McNutt JG (2010). Social work practice: History and evolution. *Encyclopedia of social work* 20th edition. Oxford Univ Press.

Midgley J, Conley A (eds.) (2010). *Social work and social development: Theories and skills for developmental social work.* Oxford University Press: New York.

源由理子，大山早紀子，高橋浩介，ほか（2013）．効果的福祉実践プログラムの形成過程におけるプログラム理論構築の方法――実践家参画型ワークショップの活用．日本評価学会春季 10 回大会，東京，2013. 5.

三浦文夫（1985）．社会福祉政策研究――社会福祉経営論ノート．全国社会福祉協議会：東京．

Mueser KT, Bond GR, Drake RE, et al. (1998). Models of community care for severe mental illness: A review of research on case management. *Schizophrenia Bulletin* 24 (1): 37-74.

室田信一 (2013). アメリカの社会福祉教育とマクロ実践のコンピテンシー. 人文学報 (469): 309-339.

内閣府 (2010). 若者の意識に関する調査 (ひきこもりに関する実態調査) 報告書. http://www8.cao.go.jp/youth/kenkyu/hikikomori/pdf_index.html (2015. 5. 4 取得)

内藤清, 大江基, 大島巌, ほか (1995). 大都市部社会復帰施設周辺に生活する単身精神障害者への居住サービスのあり方 (1) ――単身生活の実態と衛星住居方式による支援体制の限界. 病院地域精神医学 36 (2): 253-262.

中越章乃, 大島巌, 古屋龍太, ほか (2015). 実践現場との協働により形成評価をおこなうプログラム――精神障害者退院促進・地域定着支援プログラム. ソーシャルワーク研究 40 (4): 17-22.

中野敏子 (2001). 現代社会と障害のある人の生活. 大島巌, 奥野瑛子, 中野敏子編. 障害者福祉とソーシャルワーク. 有斐閣：東京, pp1-24.

National Association of Social Workers (NASW) (2008). Code of ethics of the National Association of Social Workers. NASW: Washington DC.

National Association of Social Workers (NASW) (2010). Comparative Effectiveness Research (CER) and social work: Strengthening the connection. NASW: Washington DC.

National Federation of Housing Associations (ed.) (1989). *Housing: The foundation of community care*. National Federation of Housing Association. 2nd edition. MIND Publications: London.

Netting FE (2008). Macro social work practice. *Encyclopedia of social work* (20th edition). NASW Press: Washington DC.

Netting FE, Kettner PM, McMurtry SL, et al. (2012). *Social work macro practice* (5th edition). Pearson Education: New York.

New York City, Department of Health & Mental Hygiene (2015). Parachute NYC. http://www.nyc.gov/html/doh/html/mental/parachute.shtml (2015. 5. 5 取得)

贄川信幸, 大島巌, 園環樹, ほか (2011). 包括型地域生活支援プログラム (ACT) のプログラム要素に対する利用者認知尺度の信頼性と妥当性の検討. 精神医学 53 (6): 523-533.

日本精神科病院協会 (2003). 精神障害者社会復帰サービスニーズ等調査事業報告書. 日本精神科病院協会：東京.

二宮史織, 中村由嘉子, 藤山正子, ほか (2016). 精神障害者の家族ピア教育プログラム (家族による家族学習会) が家族のエンパワメントに与える効果――プログラム実施者と受講者の効果の比較. 精神医学 58 (3): 199-207.

西尾雅明 (2004). ACT 入門――精神障害者のための包括型地域生活支援プログラム. 金剛出版：東京

丹羽真一, 伊藤光宏, 竹内賢, ほか (1994). 生理学的指標からみた「精神の障害」. 精神科診断学 5 (2): 203-220

オーヘイガン・メアリー (中田智恵海, 長野英子訳) (1999). 精神医療ユーザーのめざすもの――欧米のセルフヘルプ活動. 解放出版：大阪.

岡上和雄, 大島巌, 荒井元傳編 (1988). 日本の精神障害者――その生活と家族. ミネルヴァ書房：京都.

大熊一夫 (1988). 新ルポ・精神病棟. 朝日文庫, 朝日新聞社：東京.

大島巌 (1987). 精神障害者をかかえる家族の協力態勢の実態と家族支援のあり方に関する研究. 精神神経学雑誌 89 (3): 204-241.

大島巌 (1989). 精神障害者の家族. 滝沢武久, 村田信男編. 精神保健実践講座 6 精神保健と家族問題. 中央法規出版：東京, pp163-188.

大島巌 (1994). 家族が医療に期待すること――全国家族ニーズ調査から. 全家連情報ファイル Review 7: 20-21.

大島巌 (1996). 福祉の立場から見た精神医療とその問題点. 最新精神医学 1 (1): 35-42.

大島巌（1998）．社会的「ひきこもり」の現状と必要な援助サービス──川崎市精神障害者社会復帰ニード調査による分析．季刊地域精神保健福祉情報 Review 22：14-17.

大島巌（2000a）．精神障害者の実態とニーズ．蜂矢英彦，岡上和雄監修．精神障害者リハビリテーション学．金剛出版：東京，pp121-140.

大島巌（2000b）．精神保健福祉法の意義と内容．岡上和雄，京極高宣，ほか編．精神保健福祉士の基礎知識．中央法規出版：東京，pp38-41.

大島巌（2001）．障害概念と障害構造論．大島巌，奥野英子，中野敏子編．障害者福祉とソーシャルワーク．有斐閣：東京，pp48-52.

大島巌（2004a）．コミュニティにおける家族支援──「アウトリーチ家族支援」のニーズと援助方法をめぐって．家族療法研究 21（3）：210-212.

大島巌（2004b）．家族心理教育プログラムおよび家族会．月刊精神科 5（3）：196-202.

大島巌（2005）．統合失調症をもつ人たちに対する ACT（包括型地域生活支援プログラム）．月刊精神科 6（1）：1-6.

大島巌（2006a）．根拠のあるプログラムモデルをどのように作り上げるか．精神科臨床サービス 6（2）：129-132.

大島巌（2006b）．精神保健・精神障害者福祉．柳川洋，山田知子，若林チヒロ，ほか編．社会福祉マニュアル．南山堂：東京，pp91-106.

大島巌（2007）．保健福祉評価──分野別評価の現状と課題．三好皓一編．評価学を学ぶ人のために．世界思想社：京都，pp208-223.

大島巌（2009）．本人が望む就労を実現するには何が必要か．精神科臨床サービス 9（2）：186-190.

大島巌（2010a）．精神保健福祉領域における科学的根拠にもとづく実践（EBP）の発展からみたプログラム評価方法論への貢献──プログラムモデル構築とフィデリティ評価を中心に．日本評価研究 10（1）：31-41.

大島巌（2010b）．精神障害者の置かれている状況と課題．小澤温，大島巌編．障害者に対する支援と障害者自立支援制度．ミネルヴァ書房：京都，pp12-16.

大島巌（2010c）．心理教育の実施普及に向けて──EBP ツールキットとサービス普及研究の可能性．臨床精神医学 39（6）：743-750.

大島巌（2010d）．なぜ家族支援か──「援助者としての家族」支援から，「生活者としての家族」支援，そして家族のリカバリー支援へ．精神科臨床サービス 10（3）：278-283.

大島巌（2010e）．家族による家族教育プログラムの可能性．最新精神医学 15（3）：277-283.

大島巌（2011）．プログラム評価のアプローチをサービスの質向上に生かす．精神科臨床サービス 11（4）：444-448.

大島巌（2012a）．制度・施策評価（プログラム評価）の課題と展望．社会福祉学 53（3）：92-95.

大島巌（2012b）．IPS 援助付き雇用を精神障害をもつ方々の標準的な就労支援プログラムにするために必要なこと．職業リハビリテーション 26（1）：48-51.

大島巌（2013a）．「ピアサポート」というチャレンジ──その有効性と課題．精神科臨床サービス 13（1）：6-10.

大島巌（2013b）．精神障害者の置かれている状況と課題．小澤温，大島巌編．障害者に対する支援と障害者自立支援制度（第 2 版）．ミネルヴァ書房：京都，pp15-19.

大島巌（2014a）．科学的根拠に基づく実践とその形成アプローチが日本社会に定着しない現状と要因──改善への示唆．日本評価研究 14（2）：17-28.

大島巌（2014b）．プログラム評価研究法の発展──到達点と課題．日本社会福祉学会編．社会福祉学事典．丸善出版：東京．

大島巌（2015）．ソーシャルワークにおける「プログラム開発と評価」の意義・可能性，その方法──科学的根拠に基づく支援環境開発と実践現場変革のためのマクロ実践ソーシャルワーク．ソーシャルワーク研究 40（4）：5-15.

大島巌編（2004）．ACT・ケアマネジメント・ホームヘルプサービス──精神障害者地域生活

支援の新デザイン．精神看護出版：東京．

大島巌，猪俣好正，樋田精一，ほか（1991）．長期入院精神障害者の退院可能性と，退院に必要な社会資源およびその数の推計——全国の精神科医療施設4万床を対象とした調査から．精神神経学雑誌93（7）：582-602．

大島巌，岡上和雄（1992）．家族の社会・心理的条件が精神障害者の長期入院に及ぼす影響とその社会的機序——全国家族福祉ニーズ調査のデータによる多変量解析的アプローチ．精神医学33（5）：479-488．

大島巌，松永宏子，勝野弥生編（1992）．海外の精神障害者家族会の動向と相互支援の取り組み．全家連保健福祉研究所モノグラフ No.1．全国精神障害者家族連合会：東京．

大島巌，三野善央（1993）．EE 研究の起源と今日的課題．精神科診断学4（3）：265-282．

大島巌，伊藤順一郎，柳橋雅彦，ほか（1994）．精神分裂病者を支える家族の生活機能と EE（Expressed Emotion）の関連．精神神経学雑誌96（7）：493-512．

大島巌，伊藤順一郎（1995）．再発予防と Expressed Emotion（EE）．精神医学37（11）：53-58．

大島巌，吉住昭，稲沢公一，ほか（1996）．精神分裂病長期入院者の退院に対する意識とその形成要因——自記式全国調査に基づく分析．精神医学38（12）：1248-1256．

大島巌，伊藤順一郎（1998a）．精神分裂病の家族支援プログラムにおける問題点と留意点．八木剛平編．精神科治療の副作用・問題点・注意点．診療新社：大阪，pp389-401．

大島巌，瀬口康昌，豊田純三，ほか（1998b）．EE（Expressed Emotion）の臨床的適用に関する研究（1）——EE 簡便法開発研究に関する3ヶ年のまとめ．精神分裂病の病態，治療・リハビリテーションに関する研究．精神神経研究委託費総合研究報告書（班長：内村英幸），pp53-57．

大島巌，内藤清，徳永純三郎（1998c）．神奈川県川崎市における単身分裂病者の生活実態と福祉ニーズ——市内全精神科医療機関受療者を対象とした調査から．病院・地域精神医学41（1）：50-56．

大島巌，長直子，安西信雄，ほか（2000a）．精神障害者ケアガイドライン検討委員会版ケアアセスメント票の開発と評価——ケア必要度と社会的不利尺度の信頼性と妥当性．精神医学42（8）：809-818．

大島巌，伊藤順一郎（2000b）．家族と家庭のケア力を強める．こころの科学（90）：83-88．

大島巌，安西信雄（2001）．ニーズ評価の理論とニーズに基づくケア計画作成の方法——ニーズ論・障害構造論に基づく精神障害者の理解と援助．高橋清久，大島巌編．ケアガイドラインに基づく精神障害者ケアマネジメントの進め方（改訂新版）．精神障害者社会復帰促進センター：東京，pp43-58．

大島巌，奥野英子，中野敏子編（2001）．障害者福祉とソーシャルワーク．有斐閣，東京．

大島巌，伊藤順一郎，中村由嘉子，ほか（2002）．精神障害者ケアマネジメントの実施体制・実施方法の問題点の把握と問題解決のあり方に関する研究．厚生科学研究分担研究「障害者ケアマネジメントの総合的推進に関する研究」報告書（主任研究者：白澤政和）．

大島巌，伊藤順一郎（2003）．米国における脱施設化と集中型・包括型ケースマネジメント——その経験から学ぶこと．病院・地域精神医学45（4）：388-395．

Oshima I, Mino Y, Inomata Y (2003). Institutionalisation and schizophrenia in Japan: Social environments and negative symptoms: Nationwide survey of in-patients. *British Journal of Psychiatry* 183 (1): 50-56.

大島巌，伊藤順一郎，園環樹，ほか（2005a）．包括型地域生活支援プログラムの機能評価に関する研究．プロセス評価・フィデリティ評価研究——援助介入サービスコードの指標化と時系列変化．平成14-16年度厚生労働科学研究補助金こころの健康科学研究事業「重症精神障害者に対する新たな訪問型の包括的地域生活支援サービス・システムの開発に関する研究」総合研究報告書（主任研究者：塚田和美），pp79-94．

大島巌，香田真希子（2005b）．IPS モデルを用いた個別就労支援——ACT-J プロジェクトの取り組みから．精神認知と OT 2（4）：289-293．

大島巌，伊藤順一郎（2006）．心理教育の普及に向けたツールキットプロジェクト．最新精神医学 11：515-520.

Oshima I, Mino Y, Nakamura Y, et al.（2007）. Implementation and dissemination of family psychoeducation in Japan: Nationwide surveys on psychiatric hospitals in 1995 and 2001. *Journal of Social Policy & Social Work* 11: 5-16.

大島巌，道明章乃，贄川信幸，ほか（2009）．効果のあがる精神障害者退院促進支援プログラム実施のあり方に関する研究報告書――プログラム評価の方法論を用いた実施マニュアル作り．平成 21 年度日本社会事業大学学内共同研究報告書（主任研究者：大島巌）．

大島巌，福井里江編（伊藤順一郎監修）（2009）．心理社会的介入プログラム実施・普及ガイドラインに基づく心理教育の立ち上げ方・進め方ツールキット II（研修テキスト編）．地域精神保健福祉機構・コンボ：千葉.

大島巌，小佐々典靖，贄川信幸，ほか（2010）．科学的な実践家参画型プログラム評価の必要性と実践的評価者・評価研究者育成の課題．リハビリテーション研究（145）：32-37.

大島巌，福井里江編（2011）．心理社会的介入プログラム実施・普及ガイドラインに基づく心理教育の立ち上げ方・進め方ツールキット I（本編）．地域精神保健福祉機構・コンボ：千葉.

大島巌，ほか（2012a）．CD-TEP 円環的対話型評価アプローチ法実施ガイド．平成 22 年度文部科学省・科学研究費補助金基盤研究（A）「プログラム評価理論・方法論を用いた効果的な福祉実践モデル構築へのアプローチ法開発」報告書（主任研究者：大島巌）．http://cd-tep.com/（2015.5.30 取得）

大島巌，Chung MS, Gao X，ほか（2012b）．福祉系大学におけるプログラム評価教育ガイドライン．文部科学省組織的な大学院教育改革推進プログラム（2009-2011 年度）福祉サービスのプログラム評価研究者育成報告書，日本社会事業大学：東京.

大島巌，贄川信幸，中越章乃，ほか（2013）．効果的プログラムモデル形成のための実践家参画型評価アプローチ法の開発――その方法と現状の到達点，課題．日本評価学会春季第 10 回大会集録，pp143-150.

大島巌，古屋龍太，贄川信幸，ほか（2014a）．これでいいの？ 地域移行！効果をあげる地域移行・地域定着支援プログラム――実践現場から築きあげる効果モデル形成実施マニュアル：スタートアップガイド．http://ppcfe.com/wp-content/uploads/2015/03/150310.pdf（2015.5.3 取得）

大島巌，新藤健太，贄川信幸，ほか（2014b）．効果的プログラムモデル形成のための実践家参画型評価アプローチ法の開発――評価人材育成方法，支援アプローチ法に注目して．日本社会福祉学会第 62 回秋季大会，東京，2014.11.

Oshima I, Sono T, Bond G, et al.（2014）. A randomized controlled trial of individual placement and support in Japan. *Psychiatric Rehabilitation Journal* 37（2）: 137-143.

大島巌，ほか（2015）．実践家参画型福祉プログラム評価の方法論および評価教育法の開発とその有効性の検証．文部科学省・科学研究費補助金基盤研究（A）研究成果報告書（主任研究者：大島巌，課題番号 23243068）．

大山早紀子（2013）．重い精神障害のある人が孤立せず主体的な地域生活を継続するための精神科デイケアとアウトリーチ支援を統合した効果的プログラムモデルの開発――実践家参画型によるプログラム開発・形成評価の取り組みから．日本社会事業大学博士論文.

大山早紀子，大島巌，添田雅宏，ほか（2011）．重度の精神障害をもつ人たちを対象にした，精神科デイケアを基盤とした訪問支援の現状と今後の支援体制構築のあり方に関する研究（分担研究者：大島巌）．平成 22 年度厚生労働科学研究費補助金「精神障害者の退院促進と地域生活のための多職種によるサービス提供のあり方とその効果に関する研究」報告書（主任研究者：伊藤順一郎），pp77-101.

大山早紀子，大島巌（2013）．家族会による精神障害のあるひきこもりがちな人への支援活動（「窓の会」活動」）の成果と課題――A 政令市家族会全数調査に基づく活動へのニーズ調査の分析から．病院・地域精神医学 55（3）：292-302.

大山早紀子，大島巌，木村尚美，ほか（2014）．精神科デイケアおよび訪問支援統合化プログラム実施マニュアル（暫定版）．文部科学省・科学研究費補助金基盤研究（A）報告書「実践家参画型福祉プログラム評価の方法論および評価教育法の開発とその有効性の検証（主任研究者：大島巌，課題番号 23243068）．

大山早紀子，大島巌（2015）．精神障害のある人が孤立することなく地域での生活を継続するための精神科デイケアと訪問支援を統合した地域ケアモデルの開発の可能性．ソーシャルワーク学会誌（30）：13-26.

Phillips SD, Burns BJ, Edgar ER, et al. (2001). Moving assertive community treatment into standard practice. *Psychiatric Services* 52 (6): 771-779.

Poertner J, Rapp CA (2007). *Textbook of social administration: The consumer-centered approach.* Haworth Press: New York.

President's New Freedom Commission on Mental Health (2003). *Achieving the promise: Transforming mental health care in America, executive summary.* SAMHSA: Maryland.

Project Management Institute (2008). *A guide to the project management body of knowledge: PMBOK guide.* Project Management Institute: Pennsylvania.

Rapp CA, Poertner J (1992). *Social administration: A clients-centered approach.* Longman: New York.

Raviv A, Raviv A, Vago-Gefen I, et al. (2009). The personal service gap: Factors affecting adolescents' willingness to seek help. *Journal of Adolescence.* 32 (3): 483-499.

Riessman F (1965). The "helper" therapy principle. *Social Work* 10 (2): 27-32.

Rossi PH, Lipsey MW, Freeman HE (2004). *Evaluation: A systematic approach* (7th edition). Sage: Los Angeles.（大島巌，平岡公一，森俊夫ほか監訳（2005）．プログラム評価の理論と方法——システマティックな対人サービス・政策評価の実践ガイド．日本評論社：東京）

Rothbard AB, Richman E, Hadley TR (1997). "Unbundling" of state hospital services in the community: The Philadelphia State hospital story. *Administration and Policy in Mental Health* 24 (5): 391-398.

齊藤万比古，中島豊爾，伊藤順一郎，ほか（2010）．ひきこもりの評価・支援に関するガイドライン．厚生労働科学研究費補助金こころの健康科学研究事業「思春期のひきこもりをもたらす精神科疾患の実態把握と精神医学的治療・援助システムの構築に関する研究」報告書．

斎藤環（2002）．「ひきこもり」救出マニュアル．PHP 研究所：東京．

栄セツコ（2003）．社会復帰施設職員のための実践講座その3 精神障害者に対するホームヘルプサービス——大阪府精神障害者ピア・ヘルパー等養成事業の試み．ファシリティーズネット 6 (3)：38-42.

Salyers MP, Makasson M, Bond GR, et al. (2007). The role of technical assistance centers in implementing EBPs. *American Journal of Psychiatr Rehabilitation* 10 (2): 85-101.

佐々木亮（2010）．アメリカの政策評価におけるメタ評価の現状．日本評価学会第11回全国大会集録，pp93-100.

佐藤久夫（1998）．動向 WHO 国際障害分類の改正動向と 1998 年東京会議．障害者問題研究 26 (1)：67-76.

Schmidt L, Monaghan J (2012). Intensive Family Support Services: A consultative Model of Education and Support. *American Journal of Psychiatric Rehabilitation* 15 (1): 26-43.

Scriven M (1991). *Evaluation thesaurus.* (4th edition). Sage: California.

精神障害者ケアガイドライン検討委員会（1998）．精神障害者ケアガイドライン．平成9年度厚生科学研究報告書．

世界の医療団（2011）．世界は，ここから——障がい者の「ホームレス」状態回復プログラム（東京プロジェクト）実践報告集．平成 22 年度独立行政法人福祉医療機構社会福祉振興助成事業：東京．

Senge PM (2006). *The fifth discipline: The art & practice of the learning organization.*

Doubleday: New York.

品川眞佐子，吉田光爾，武田牧子編（2012）．訪問による生活訓練事業の進め方──暮らしの中に届ける福祉．地域精神保健福祉機構・コンボ：千葉．

Solomon P（2004）. Peer support/peer-provided services: Underlying process, benefits, and critical ingredients. *Psychiatric Rehabilitation Journal* 27（4）: 392-401.

Solomon P（2007）. Research agenda for consumer operated services to achieve evidence based practice status. Presentation at Japan College of Social Work, 2007. 8. 1.

Solomon P（2011）. Challenges and benefits of consumers/peers as service providers: Recovery & partnerships with professionals. Presentation at the University of Tokyo, 2011. 12. 26.

Solomon P, Cavanaugh MM, Draine J（2009）. *Randomized controlled trials: Design and implementation for community-based psychosocial interventions*. Oxford University Press: New York.

園環樹，大島巌，伊藤順一郎（2007）．精神障害をもつ人たちの家族から見た包括型地域生活支援プログラム（ACT）の必要性とその意識の構造．日本社会精神医学会雑誌16（1）: 29-37.

園田眞理子（1993）．世界の高齢者住宅──日本・アメリカ・ヨーロッパ．日本建築センター：東京．

Stein LI, Test MA（1980）. Alternative to mental hospital treatment. I: Conceptual model, treatment program, and clinical evaluation. *Archives of General Psychiatry* 37（4）: 392-397.

Stein LI, Santos AB（1998）. *Assertive community treatment of persons with severe mental illness*. Norton: New York.

Swanson SJ, Becker DR（2008）. *Supported employment: Applying the individual placement and support（IPS）model to help clients compete in the workforce*. Updated and expanded. Hazelden: Dartmouth Psychiatric Research Center: New Hampshire.

立川幸治，阿部敏子編（2005）．クリニカルパスがかなえる医療の標準化・質の向上．医学書院：東京．

平直子（2013）．イギリスの精神保健福祉サービスにおけるピアサポート──リーズ・ブラッドフォード市での実践．精神科臨床サービス13（1）: 130-135.

高橋清久，大島巌編（2001）．ケアガイドラインに基づく精神障害者ケアマネジメントの進め方（改訂新版）．精神障害者社会復帰促進センター：東京．

高松里（2004）．セルフヘルプ・グループとサポート・グループ実施ガイド──始め方・続け方・終わり方．金剛出版：東京．

高野悟史（2015）．精神科病院と地域事業所の実践を統合した精神障害者地域移行・地域定着支援プログラムの効果モデル再構築──グッドプラクティス事例調査に基づく実践家参画型のプログラム改訂から．日本社会事業大学修士論文集．

竹中哲夫（2010）．ひきこもり支援論──人とつながり，社会につなぐ道筋をつくる．明石書店：東京．

田辺智子（2014）．業績測定を補完するプログラム評価の役割──米国のGPRAMAの事例をもとに．日本評価学研究14（2）: 1-16.

田尾有樹子（2007）．精神障害者の地域移行．全国福祉事務所長会議 退院促進支援の実践．http://goo.gl/emI4Cg（2015. 5. 3取得）

田尾有樹子（2013）．退院促進・地域移行支援を20年以上続けてきた経験から．精神保健福祉44（2）: 101-103.

田尾有樹子，富田美穂，西谷麻矢ほか（2007）．退院促進支援における事例報告書──住宅支援を中心とした退院促進支援．平成18年度精神障害者退院促進並びに地域生活移行推進モデル事業報告書．社会福祉法人巣立ち会：東京．http://sudachikai.eco.to/katudou/PDF/H18chiiki-ikou-jirei.pdf（2015. 5. 3取得）

田尾有樹子，清重知子，赤沼麻矢編（2008）．やればできる退院支援——巣立ち会地域移行支援マニュアル．平成19年度厚生労働省障害者保健福祉推進事業障害者自立支援調査研究プロジェクト．精神障害者地域移行に関するモデル事業報告書．社会福祉法人巣立ち会：東京．http://sudachikai.eco.to/katudou/PDF/2007chiiki-ikou-manual_revised.pdf（2015.5.3取得）

Tarrier N, Barrowclowgh C, Vaughn C, et al.（1988）. The community management of schizophrenia: A controlled trial of a behavioral intervention with families to reduce relapes. *British Journal of Psychiatry* 153（4）: 532-542.

Teague GB, Drake RE, Ackerson TH（1995）. Evaluating use of continuous treatment teams for persons with mental illness and substance abuse. *Psychiatric Services* 46（7）: 689-695.

東京都退院促進コーディネート事業担当者（2011）．東京都退院促進支援事業のまとめ——この国に生まれたることの不幸を繰り返さないために．厚生労働省総合福祉部会第14回資料（伊澤委員提出資料）．http://www.mhlw.go.jp/bunya/shougaihoken/sougoufukusi/2011/05/dl/0531-1a11_01.pdf（2015.5.3取得）

殿村寿敏，行實志都子，野田哲朗（2003）．精神障害者ピア・ヘルパー等養成事業における現状と課題．精神障害とリハビリテーション 7（1）：76-80.

Tsemberis S（2010）. *Housing first: The pathways model to end homelessness for people with mental illness and addiction.* Hazelden: Dartmouth Psychiatric Research Center: New Hampshire.

Tsemberis S, Gulcur L, Nakae M（2004）. Housing First, consumer choice, and harm reduction for homeless individuals with a dual diagnosis. *American Journal of Public Health,* 94（4）: 651-656.

Tsemberis S, Walker J, Stefancic J（2007）. SAMHSA's national registry of evidence-based programs and practices. https://pathwaystohousing.org/research/pathways-housing-first-evidence-based-practice

Turner FJ（ed.）（2011）. *Social work treatment: Interlocking theoretical approaches*（5th edition）. Oxford University Press: New York.

宇田川健（2007）．精神障害者としてリカバリーについてなにが言えるか．こころの元気＋1（1）：24-27.

上田敏（1983）．リハビリテーションを考える——障害者の全人間的復権．青木書店：東京．

上田敏（1996）．障害の概念と構造——身体障害者のリハビリテーションの経験から．第3回精神障害者リハビリテーション研究会報告書．

浦田重治郎，池淵恵美，大島巖，ほか（2004）．心理教育を中心とした心理社会的援助プログラムガイドライン（暫定版）．平成15年度厚生労働省精神・神経疾患研究委託費報告書「統合失調症の治療およびリハビリテーションのガイドライン作成とその実証的研究」（主任研究者：浦田重治郎）．

Vaughn CE, Leff JP（1976）. The influence of family and social factors on the course of psychiatric illness comparison of schizophrenic. *British Journal of Psychiatry* 129（2）: 125-137.

Vaughan K, Doyle M, McConaghy N, et al.（1992）. The Sydney intervention trial: A controlled trial of relatives' counselling to reduce schizophrenic relapse. *Social Psychiatry and Psychiatric Epidemiology* 27（1）: 16-21.

WHO（2001）. *International Classification of Functioning, disability and health（ICF）.* World Health Organization: Geneva.（障害者福祉研究会編（2002）．ICF国際生活機能分類——国際障害分類改定版．中央法規出版：東京）

Wing JK, Brown GW（1970）*Institutionalism and schizophrenia: A comparative study of three mental hospital.* Cambridge University Press: Cambridge.

Wing JK, Morris B（1981）*Handbook of psychiatric rehabilitation practice.* Oxford University Press: Oxford.（高木隆郎訳（1989）．精神科リハビリテーション——イギリスの経験．岩崎学術出版社：東京）

Wing JK, Brewin CR, Thornicroft G（1992）. Defining mental health needs. In Thornicroft G ed. *Measuring mental health needs* 2nd edition. Gaskell: London.

山口弘幸（2006）．精神障害者ピアヘルパーの就労移行促進に向けた一考察──講座修了後のフォローアップのあり方を中心に．長崎ウエスレヤン大学地域総合研究所研究紀要 4（1）：63-69.

矢野栄二編（1999）．医療と保健における評価．南江堂：東京.

米田正代（2002）．大阪府における社会的入院解消研究事業 2 年間の成果と今後の展望．病院・地域精神医学 45（4）：423-428.

米澤旦（2011）．労働統合型社会的企業の可能性──障害者就労における社会的包摂へのアプローチ．ミネルヴァ書房：京都.

全家連保健福祉研究所編（1993）．精神障害者・家族の生活と福祉ニーズ '93（Ⅰ）全国家族調査編．ぜんかれん保健福祉研究所モノグラフ No.5．全国精神障害者家族会連合会.

全家連保健福祉研究所編（1994a）．精神障害者・家族の生活と福祉ニーズ '93（Ⅱ）全国地域生活本人調査編．ぜんかれん保健福祉研究所モノグラフ No.6．全国精神障害者家族会連合会.

全家連保健福祉研究所編（1994b）．精神障害者・家族の生活と福祉ニーズ '93（Ⅲ）全国入院・入所者本人調査編．ぜんかれん保健福祉研究所モノグラフ No.7．全国精神障害者家族会連合会.

全家連保健福祉研究所編（1998）．長期入院患者の施設ケアのあり方に関する調査研究──全国精神病院の実情把握と「施設ケアサービス指標」の試み．ぜんかれん保健福祉研究所モノグラフ No.15．全国精神障害者家族会連合会.

全家連保健福祉研究所編（2000）．地域生活本人の社会参加等に対する意識と実態──第 3 回地域生活本人調査．ぜんかれん保健福祉研究所モノグラフ No.27．全国精神障害者家族会連合会.

全家連 30 年史編集委員会（1997）．みんなで歩けば道になる──全家連 30 年のあゆみ．全国精神障害者家族会連合会：東京.

■初出一覧

＊以下の文献に大幅に加筆して本書を執筆した。

■第1章

大島巌（2015）．ソーシャルワークにおける「プログラム開発と評価」の意義・可能性，その方法──科学的根拠に基づく支援環境開発と実践現場変革のためのマクロ実践ソーシャルワーク．ソーシャルワーク研究 40（4）：5-15．

■第3章

大島巌（2001）．障害概念と障害構造論．大島巌，奥野英子，中野敏子編．障害者福祉とソーシャルワーク．有斐閣：東京，pp48-52．

大島巌，安西信雄（2001）．ニーズ評価の理論とニーズに基づくケア計画作成の方法．高橋清久，大島巌編．ケアガイドラインに基づく精神障害者ケアマネジメントの進め方（改訂新版）．精神障害者社会復帰促進センター：東京，pp43-58．

大島巌編（2004）．ACT・ケアマネジメント・ホームヘルプサービス──精神障害者地域生活支援の新デザイン．精神看護出版：東京．

■第4章

大島巌（2011）．プログラム評価のアプローチをサービスの質向上に生かす．精神科臨床サービス 11（4）：444-448．

大島巌（2015）．ソーシャルワークにおける「プログラム開発と評価」の意義・可能性，その方法──科学的根拠に基づく支援環境開発と実践現場変革のためのマクロ実践ソーシャルワーク．ソーシャルワーク研究 40（4）：5-15．

■第5章

大島巌，伊藤順一郎（2003）．米国における脱施設化と集中型・包括型ケースマネジメント──その経験から学ぶこと．病院・地域精神医学 45（4）：388-395．

■第6章

大島巌編（2004）．ACT・ケアマネジメント・ホームヘルプサービス──精神障害者地域生活支援の新デザイン．精神看護出版：東京．

大島巌（2005）．統合失調症をもつ人たちに対する ACT（包括型地域生活支援プログラム）．月刊精神科 6（1）：1-6．

■第9章

大島巌（2004）．コミュニティにおける家族支援──「アウトリーチ家族支援」のニーズと援助方法をめぐって．家族療法研究 21（3）：210-212．

大島巌（2004）．家族心理教育プログラムおよび家族会．月刊精神科 5（3）：196-202．

大島巌（2010）．なぜ家族支援か──「援助者としての家族」支援から，「生活者としての

家族」支援，そして家族のリカバリー支援へ．精神科臨床サービス 10（3）：278-283.

大島巌（2010）．心理教育の実施普及に向けて——EBP ツールキットとサービス普及研究
の可能性．臨床精神医学 39（6）：743-750.

■第 11 章

大島巌（2009）．本人が望む就労を実現するには何が必要か．精神科臨床サービス 9
（2）：186-190.

■第 12 章

大島巌（2013）．「ピアサポート」というチャレンジ——その有効性と課題．精神科臨床サ
ービス 13（1）：6-10.

■第 13 章

大島巌（2006）．根拠のあるプログラムモデルをどのように作り上げるか．精神科臨床サ
ービス 6（2）：129-132.

大島巌（2007）．保健福祉評価——分野別評価の現状と課題．三好皓一編．評価論を学ぶ
人のために．世界思想社：京都，pp208-223.

大島巌（2010）．精神保健福祉領域における科学的根拠にもとづく実践（EBP）の発展か
らみたプログラム評価方法論への貢献——プログラムモデル構築とフィディリティ評価
を中心に．日本評価研究 10（1）：31-41.

大島巌（2010）．心理教育の実施普及に向けて——EBP ツールキットとサービス普及研究
の可能性．臨床精神医学 39（6）：743-750.

大島巌（2015）．ソーシャルワークにおける「プログラム開発と評価」の意義・可能性，
その方法——科学的根拠に基づく支援環境開発と実践現場変革のためのマクロ実践ソー
シャルワーク．ソーシャルワーク研究 40（4）：5-15.

■第 14 章

大島巌（2015）．ソーシャルワークにおける「プログラム開発と評価」の意義・可能性，
その方法——科学的根拠に基づく支援環境開発と実践現場変革のためのマクロ実践ソー
シャルワーク．ソーシャルワーク研究 40（4）：5-15.

■索　引■

――――― 事項索引 ―――――

■ アルファベット項目

ACI-IPS センター　121

ACT　98-100, 104, 107, 108, 110, 121, 137, 155, 157, 169, 179, 183, 303

ACT-J 試行プロジェクト　112, 114, 117, 121

ACT 立ち上げ支援マニュアル　124

ACT チーム　249, 251

ACT ネットワーク　123

ACT プログラム　59, 132, 168, 251, 258, 283, 284

CD-TEP 評価アプローチ法　77, 78, 280, 281

CPA　188

CRIF　→当事者リカバリー投資ファンド

CSS プロジェクト　→国立精神保健研究所

CTT　100

EBCP(臨床心理)　274

EBE(教育)　274

EBM　→エビデンスに基づく医療

EBN(看護)　274

EBP　→エビデンスに基づく実践

EBP 家族心理教育プログラム　165

EBP 技術支援センター　284

EBP 国家プロジェクト　99

EBP 実施・普及研究　59

EBP 実施・普及ツールキット　58, 63

EBP ツールキット(日本語版)　276, 284

EBP データベース(N-REPP)　63, 136, 138, 255, 269, 278

EBP 等効果モデル　→効果的な福祉プログラムモデル

EBP プログラム(エビデンスに基づく効果的なプログラム)　13, 26, 32, 34, 35, 57-59, 61, 64, 65, 92, 187, 232, 236, 241, 262, 266-271, 273-276, 279, 285, 290, 292, 293, 303, 304

　　――の技術移転・導入のあつらえ　123

　　――の実施・普及の課題　187

EBP プログラムデータベース　135

EBP モデル　66

EBSW(ソーシャルワーク)　→エビデンスに基づくソーシャルワーク

GP 事例(グッドプラクティス事例，優良事例)　87, 151, 158, 213, 283, 301

GP 事例調査(優良事例調査)　281, 282

ICF　→国際生活機能分類

ICM　→集中型ケアマネジメント

IPS　233

IPS 援助付き雇用　13, 57, 61, 121, 137, 223, 224, 229, 232, 235, 236, 238-241, 269, 282-284, 303

IPS モデル　234

IPS ユニット　233

NAMI　→アメリカ精神障害者家族会連合会

NPO 地域精神保健福祉機構 ACT-IPS センター　123

N-REPP　→ EBP データベース

NSF　→ 精神保健に関するナショナルサービスフレームワーク

OJT　237

PMBOK　78

QOL　99

RCT ランダム化比較試験　138, 275

SR(Systematic Review)　→システマティックレビュー

SW のグローバル定義　→ソーシャルワークのグローバル定義

WANA　251, 254

WHO 国際障害分類(ICIDH)　38

WRAP　260

WRAP 研究会　256

WRAP ファシリテーター　260

WRAPプログラム（元気回復行動プラン）
　256, 270
WWC　63, 277

■ あ　行
アウトカム評価　　65, 67-69, 267, 279
アウトカム評価ツール　　76
アウトカムモニタリング　　73, 282, 285
アウトカムモニタリング尺度　　282, 284
アウトリーチ　　108, 135, 146, 147, 152-154,
　161, 206, 207, 218, 283
アウトリーチ支援　　143, 145, 212, 217, 218
アウトリーチ推進事業　　122
青い芝の会　　300
アジア太平洋障害者の 10 年　　302
アセスメント　　14, 154, 206
新しいマクロ実践ソーシャルワーク　　303
アドボカシー　　24
アドボカシー型支援環境開発アプローチ　　12,
　13, 21, 22, 24-26, 34, 266, 289, 290, 294-296,
　303, 304
アドボカシーとは実践方法論　　10
アメリカ家族会連合会（NAMI）の普及活動
　99
アメリカ・コーネル大学 CORE　　64
アメリカ精神障害者家族会連合会（NAMI）
　119, 258
アメリカ連邦政府 EBP ツールキット　　303
アメリカ連邦政府国立精神保健研究所　　254
アメリカ連邦保健社会福祉省 SAMHSA
　277
新たなベストプラクティス　　244, 245, 257,
　258, 261, 262
アルコホーリクス・アノニマス（AA）　　251,
　256
憩いの場　　249
委託下宿　　133
一般就労　　59, 223-226, 228, 230, 232-234, 236,
　240
一般就労率　　235, 236
居場所　　215
医療金融公庫の融資導入　　88
医療・社会ケア法（イギリス）　　245, 252

医療法特例　　88
インテーク面接　　154, 210
インパクト評価　　69, 267
インパクト理論　　48, 60, 67, 69, 73, 76, 79, 158,
　216, 280-282, 284
ウェルビーイング　　23
宇都宮病院事件　　89, 91, 302
エキスパートコンセンサス・プログラム　　64,
　65, 268, 269, 279
エキスパートコンセンサス・モデル　　66
エビデンスに基づく医療（EBM）　　12, 273-
　275
エビデンスに基づく効果的なプログラム
　　　　→ EBP プログラム
エビデンスに基づく支援環境開発アプローチ
　4, 5, 11, 35, 56, 60, 289-291, 303-305
エビデンスに基づく実践（EBP）　　5, 11, 56,
　108, 273-275
エビデンスに基づくソーシャルワーク（EBSW）
　5, 274
エビデンスレベル　　17, 64-66, 271, 275
遠位アウトカム　　79
援助資源　　9, 15, 24, 32, 49
「援助者としての家族」　　167, 169-172, 176-
　178, 180, 181, 183, 184, 188, 189, 203
援助付き雇用プログラム　　224
援助付き住居　　132, 137, 142, 169, 183
援助付き住居プログラム　　93, 132, 179
援助付き住居モデル　　139, 140
援助の緊急性　　47
援助の経済効率性　　47
援助の公平性　　47
援助の社会的責任性　　47
援助の有効性　　47
援助必要性判断　　45, 47
エンパワメント　　23, 44, 59, 107, 128, 145, 181,
　243, 247, 248, 259, 298
大阪府社会的入院解消研究事業　　144, 147
お茶飲み会　　211

■ か　行
介護者法（イギリス）　　183, 188, 191
介護保険　　121

介護予防　272
回転ドア現象　52, 96, 97, 107, 108, 121, 144, 172, 178, 204
開発的ソーシャルワーク　305
開発評価　33, 66, 281
開放病棟　50
科学的根拠（エビデンス）　12, 58, 59, 271
学習する組織　13, 306
家族アセスメント　166, 176, 182, 189, 191, 210, 215
家族エンパワメント　173, 175
家族会　178, 179, 182, 186, 213, 218, 258
「家族から家族へ」教育プログラム（FFEP）　186, 258
家族危機介入　182
家族教育プログラム　180, 258
家族ケア　50, 93, 165-168, 170, 172-177, 182, 185, 187
　——の自己効力感尺度　177
家族ケアマネジメント　167, 179, 181-184, 188-190, 270, 281
家族ケア力の弱体化　88
家族コンサルテーション　182
家族サポートグループ　189
家族支援　28, 29, 122, 166, 168, 170, 172, 175, 189, 209, 210, 214
　——のアセスメント　175
　——の準備性尺度　177
家族支援計画　188
家族支援専門家　189
家族支援プラン　182
家族支援プログラム　178, 180, 181, 188, 190
家族心理教育　13, 32, 57, 165, 170, 171, 173, 176, 178-180, 182, 184-187, 189, 190, 210, 215, 284, 303
家族心理教育プログラム　166, 176, 177, 184, 187, 190, 269, 283
家族ストレングス　180
家族生活困難度　177
家族ニーズ　188
家族による家族学習会　186
家族による家族学習会プログラム　256, 270
家族による家族教育プログラム　179

家族の Expressed Emotion（EE）　170, 172, 173, 177, 178, 185
家族の感情表出（EE）　166
家族の協力度　177
家族のソーシャルサポート尺度　177
家族のニーズ　181
家族のリカバリー　54, 173, 175
家族療法　181
課題プロセス　78
価値基準　47
活　動　38, 43
　——の制限　42, 43, 46, 51
家庭訪問　206, 207, 217
過渡的雇用プログラム　255
加入基準　109
技術移転・導入のあつらえ　106, 123, 140, 191, 241
技術支援センター（TAC）　80, 119, 121, 123, 285
機能障害　38
気分障害　185, 197
希　望　59
キャンベル共同計画　277
居住型ケアプログラム　132
居住型リハビリテーションプログラム　130
居宅介護（ホームヘルプ）事業　94
近位アウトカム　79
グッドプラクティス事例　→GP 事例
クラスアドボカシー　295
クラスター・フラット　133
クラブハウス　249, 251, 254, 255
クラブハウスプログラム　269, 283
クラブハウスモデル　251
グループホーム　94, 130, 132-134
グローバル定義　8
ケアコーディネーション　109
ケアマネジメント　28, 29, 52, 86, 90, 98, 108, 109, 121, 142, 153, 179, 180, 219, 237, 239, 250, 297, 298
ケアマネジャー　212, 214
経験によるエキスパート　252, 253
形成的評価　68
継続支援　232

継続的改善・形成評価　33, 66, 77, 269, 270, 282-284

継続・同行支援　234

ケースアドボカシー　295, 298

ケースロード　109

欠乏状態　46

ゲートキーピング機能　101, 109

圏　域　149

権利擁護（アドボカシー）　23, 25, 189, 294, 298, 301

コア＆クラスターモデル　133, 134

効果的援助要素（支援環境要素）　30, 70-73, 76, 78, 111, 114, 119, 140, 158, 185, 236, 239, 273, 275, 280, 284

効果的援助要素リスト　69, 281-284

効果的支援プログラムの支援ゴール　291

効果的実践プログラム　57

効果的障害者就労移行支援プログラム　239, 282

効果的な実施・普及モデルの構築　284

効果的な福祉プログラムモデル（EBP 等効果モデル／効果モデル）　11, 56

効果的なプログラム要素　275

効果的福祉プログラム　10

効果的プログラムモデル　30, 31, 142

効果のあがる退院促進・地域定着支援プログラム　152, 162, 283

効果評価　285

効果モデル　30, 56, 64, 157, 190, 216, 270, 271, 279-284, 286, 297, 305

　　——追求の不問と制度的な混迷　151, 161

　　——の開発評価　14, 65, 69, 77, 279, 281

　　——の技術移転　282, 284

　　——の継続的改善・形成評価　14, 65, 69, 279

　　——の実施・普及評価　14, 66, 69, 279, 283

　　——の発展フェーズ　64

効果モデル検証と改善のための全国試行評価プロジェクト　162

効果モデル構築に関する合意形成アプローチ　78

効果モデル実施マニュアル　76

公的住宅開発施策（HUD）　137

行動療法的なアプローチ　185

広汎性発達障害　197

公民権運動　251

効率性評価　67-69

国際クラブハウス開発センター（ICCD）　255

国際障害者年　302

国際生活機能分類（ICF）　37, 38, 43

国府台モデル（家族心理教育）　185, 187, 191

国民保健サービス（NHS）　245, 252

コクラン共同計画　275

国立精神保健研究所（NIMH）（CSS プロジェクト）　98, 99

国連・障害者権利条約　302

国連・障害者の十年　302

コーズアドボカシー　295

コーディネータ　255

個別援助付き住居　126, 127

個別家族コンサルテーション　189

個別対人ケアサービス　90

コミュニティオーガニゼーション　305

コミュニティサークル　218

ゴール志向アプローチ　13, 59

ゴール設定　281, 282

コンサルテーション　56, 284, 285

困難状態　45, 47

■さ　行

最低賃金　228, 230

サバイバー主導クライシスサービス　259, 271

サービスギャップ　32, 34, 58, 184, 276, 284, 304

サービス実施・普及研究　58, 63

サービス付き高齢者向け住宅　134

サービス・ユーザー発展ワーカー（SUD）　252

サービス利用計画　280

サポーター派遣事業　206

サポートグループ　256

サポート・時間・リカバリーワーカー　252

参　加　38, 43

　　——の制約　39, 42, 46, 49, 51-53, 58

シェルター　135

索　引　325

支援環境　8, 291, 294
支援環境開発　9, 277
支援環境開発アプローチ　9, 10, 13-15, 32, 35,
　57, 275, 287, 303
　アドボカシー型──　12, 13, 21, 22, 24-26,
　34, 266, 289, 290, 294-296, 303, 304
　当事者協働型──　12, 21, 22, 24-26, 34,
　290, 294, 296, 298-301
　ニーズ志向型──　11, 15, 21, 24, 26, 32, 34,
　56, 81, 266, 267, 271, 278, 286, 289, 292, 294,
　296-298, 303-305
支援環境の改善アプローチ　33
支援環境の調整・導入アプローチ　32
支援環境要素　29, 73, 93
　──のパッケージ構築　29
支援ゴール　25, 59, 60, 62, 78, 87, 138, 145,
　162, 294, 297
　──の達成　272
支援ゴール設定　46
支援サービスへのニーズ　45
支援プログラム　9, 15, 24, 32, 48, 49, 60, 297
自己決定　248
自己実現　297
自己責任性　47
システマティックレビュー（SR）　269, 275
施設症　91
実施とコンサルテーション　282
実施・普及ツールキット　59, 187
実施・普及評価　32, 66, 77, 269
　──のアプローチ　304
実施マニュアル　70, 78, 271, 273, 280, 282,
　283
　──の作成　284
実践家・当事者参画型エンパワメント評価の方
　法論　278
実践家・当事者参画型のワークショップ
　213
実践家・当事者参画型「プログラム開発と評
　価」　13, 152, 267, 276, 278, 280
実践家評価支援法　285
質の高い地域生活　144, 145, 147
社会参加　28, 193, 196, 198, 201, 203, 212, 213,
　215, 219, 228, 247, 297

社会参加支援センター　217
社会資源　47, 48
社会正義　58
社会的介入プログラム（社会プログラム）　66
社会的合意に基づく支援ゴール設定　48
社会的スティグマ　247
社会的入院　144, 169
社会的排除　52
社会的ひきこもり　91
社会的不利　27, 38, 39, 58
社会的不利尺度（参加の制約尺度）　39
社会的役割　193, 202, 203, 213, 219, 228, 297
社会福祉士　207
社会福祉士及び介護福祉士法　10
社会福祉制度・施策　26, 301
社会復帰施設　300
社会プログラム　67, 68, 162, 279
社会変革と社会開発　6, 10
就業・生活支援センター　232, 239
住居施策と福祉的ケア施策の統合　134, 135
10代・20代を中心とした「ひきこもり」をめ
　ぐる地域精神保健活動のガイドライン
　208, 211
集中型家族支援サービス（IFSS）（アメリカ）
　189
集中型ケアマネジメント（ICM）　98, 109, 111,
　132, 137
集中型・包括型ケアマネジメント　99, 101,
　103, 104, 122, 137
集中型・包括型ケアマネジメントシステム
　101
集中型・包括型モデル　98
重度障害者多数雇用事業所　228, 230
住民運動　296
就労移行支援　230, 239, 241
就労移行支援事業所　232
就労移行支援プログラム　66
就労継続支援A型事業所　228, 230, 239
就労継続支援B型（事業所）　86, 228, 230,
　239
就労後訓練アプローチ　238
就労支援スペシャリスト　232, 233, 236
就労支援プログラム　228

就労前訓練アプローチ　230, 231
就労率の向上　173
主観レベルのゴール設定　44
授産施設　89, 230
準ひきこもり　196
障害構造論　38, 302
障害者運動　292, 296
障害者基本法　302
障害者ケアマネジメント　103
障害者雇用　228, 229
障害者差別解消法　302
障害者試行雇用（トライアル雇用）　223, 229
障害者就業・生活支援センター　229, 230,
　232
障害者就労移行支援事業　240, 284
障害者就労移行支援チーム　232
障害者職業センター　230, 239
障害者自立支援法（現障害者総合支援法）　30,
　145, 149
障害者自立支援法個別給付化　151
障害者自立生活・介護制度相談センター
　300
障害者総合支援法　134, 143, 207, 213, 219,
　238
　──の就労移行支援事業　223, 239
障害者総合支援法地域事業所　186
障害者地域移行支援事業　143
障害者の権利宣言　302
障害者プラン　90, 95, 121, 143, 150
小規模作業所　225, 230, 299
　──の補助金制度　300
小規模作業所づくり運動　89, 299, 301
消費者満足度チーム（CST）　101
障壁・困難のアセスメント　284
職業倫理（ソーシャルワーカーの）　61, 62, 66
職場適応援助者（ジョブコーチ）　223, 229,
　232
ショートステイサービス　90, 94, 183
ジョブコーチ　230, 234, 240
自立支援員　149
自立支援計画　147, 148
自立生活運動（IL 運動）　249, 253, 300, 301
自立生活技能プログラム　256

自立生活センター（CIL）　249, 254
自立生活センター立川・パティオ　254
自立生活センター「ヒューマンケア協会」
　300
自立生活プログラム　253, 300
自立促進支援協議会　144, 147, 148
自律的意思決定ケア（SDC）　259, 260, 271
シルバーハウジング　134
人　権　58
心身機能・構造　38, 43
　──の障害　42, 43, 46, 51
身体表現性障害　197
心理教育　180, 181, 184
心理教育実施・普及ツールキット　191
診療報酬　122
巣立ち会　151, 152, 154, 155
巣立ち会モデル　33, 151-153, 155, 157, 158,
　162, 163, 283
ステップアップ型段階的居住型サービスモデル
　136, 137
ステップアップ型段階的就労支援モデル
　230
ストレングス　23, 44, 298
ストレングスモデル　117, 238
スーパーゴール　79
スーパーバイザー　110
スーパービジョン　56, 110
住まい　27, 29, 30, 93, 104, 126, 128-130, 250
生活基盤　92
　──を再構築する課題　27
生活訓練事業　86, 213, 219
生活訓練施設　89
生活困難度　175
「生活者としての家族」　167, 172, 174-177,
　179-181, 184, 185, 188, 189, 203
生活ニーズ　26
生活の質　50
生活保護　50, 128, 201
脆弱性ストレスモデル　234
生殖家族　173
精神衛生センター　88
精神衛生法改正　88
精神科診療所　218

索　引　327

精神科デイケア　86, 212, 218, 239, 241, 284

精神科デイケアおよび訪問支援統合化プログラ
ム　270

精神科病院　43, 49, 88, 149

──への長期入院　27, 33, 93, 166, 169

精神科病院病床数　179

精神疾患　217

──を有する者の保護及びメンタルヘルスケ
アの改善のための諸原則　303

精神障害　9, 37, 42, 48, 130, 161, 194, 197, 201,
204, 209, 219, 225, 238, 240

精神障害者家族会　89

精神障害者社会復帰施設　89

精神障害者ステップアップ雇用制度　232

精神障害者生活訓練施設(援護寮)　130

精神障害者退院促進支援事業　33, 143-145,
147

精神障害者地域移行・地域定着支援事業
250

精神障害者地域移行・地域定着特別対策事業
145

精神障害者地域移行特別対策事業　145, 149

精神障害者地域生活支援センター　147

精神障害者ピアサポートセンターこらーる・た
いとう　254

精神障害者ピアヘルパー　255

精神障害者ピアヘルパー等養成事業　255

精神障害のある人たちの「活動の制限」と「参
加の制約」　42

精神障害のある人たちの「心身機能・構造の障
害」(「機能障害」)　42

精神薄弱者福祉法(現知的障害者福祉法)
301

精神病院整備費国庫補助　88

精神保健医療福祉の改革ビジョン (改革ビジョ
ン)　90, 121

精神保健及び精神障害者福祉に関する法律(略
称：精神保健福祉法)　90

精神保健に関する大統領ニューフリーダム委員
会報告　244, 245, 276

精神保健に関するナショナルサービスフレーム
ワーク(NSF)　188, 245, 252

精神保健福祉　23, 27, 38, 86, 166, 233

精神保健福祉士　102, 207

精神保健福祉システム　142, 257

精神保健福祉士法　10

精神保健福祉審議会　216

精神保健福祉センター　207, 217

精神保健福祉手帳の制定促進運動　301

精神保健福祉ニーズ　204

精神保健福祉法　171, 301

精神保健法(精神衛生法改正法)　89, 300

政府業績結果法(アメリカ)　62

政府業績結果法近代化法(アメリカ)　62

摂食障害　185

セルフアドボカシー　25, 296

セルフヘルプグループ　181, 185, 215, 248,
251, 256, 258

セルフヘルプ団体　252

全国障害者介護保障協議会　300

全国自立生活センター協議会(JIL)　254, 300

全国精神障害者家族会連合会(全家連)　299,
301

全身性障害者介護人派遣事業　300

全日本手をつなぐ育成会(育成会)　299, 301

双極性障害　185

相互支援グループ　248, 251, 252

相談援助　23

相談支援事業(ケアマネジメント事業)　207

相談支援事業(障害者ケアマネジメント)　94

組織計画　280

ソーシャルアクション　292, 293, 296, 299,
305

ソーシャルワーカー　34, 61, 278, 286, 289,
300, 305

ソーシャルワーク　294, 296

──の価値・理念　138

──のグローバル定義(SWのグローバル定
義)　6, 10, 58

ソーシャルワークアドボカシー　296, 303,
305

ソーシャルワーク教育　306

■た 行

第1層のニーズ　46, 48, 49

退院訓練　147, 148

退院促進　145
退院促進コーディネート　152
退院促進支援事業　152
退院促進支援事業要綱　155
退院促進支援プログラム　79, 258
退院促進・地域移行　123, 282
退院促進・地域定着支援（活動）　153, 238
退院促進・地域定着支援等事業　96, 142, 146,
　147, 149, 151, 158, 161, 283
退院促進・地域定着支援プログラム　66, 71,
　103, 139, 143, 251, 270, 282
　──のピアサポーター　271
体験としての障害　37, 43, 44, 46, 48, 59
大統領ニューフリーダム委員会勧告　261
第2層のニーズ　46-48
ターゲット集団　37, 49, 52, 127, 138, 144, 146,
　281, 282
多職種チームアプローチ　108-110
脱施設化　23, 52, 57, 59, 86, 87-92, 95, 96,
　100-102, 106, 121, 123, 144, 146, 178, 179,
　283
　──の失敗　96
　──の第1プロセス　96, 97, 103
　──の第2プロセス　96, 97, 103
　──の第3プロセス　96, 97, 103
　──の3つのプロセス　96, 103
段階的アプローチ　236
段階的居住型サービス　130
段階的居住型サービスモデル　135, 139
短時間雇用　228
短時間就労　231
地域移行　23, 30, 33, 59, 96, 107, 114, 121,
　144-146, 151, 152, 161, 258, 272
地域移行支援　149
地域移行支援事業　146, 149
地域移行推進員　145, 149
地域移行・地域定着　51, 52, 57, 86, 92
地域活動支援センター　86, 213, 219, 236, 249,
　250
　──の居場所機能　217
地域ケア　98, 121, 122, 165, 178, 181, 187, 299
地域事業所　145-147, 149, 151, 160-162, 180,
　213, 219, 250

──の自立支援員　148
地域障害者職業センター　229
地域生活移行・定着　102
地域生活支援システム　87
地域生活への移行　148
地域精神保健福祉　88, 89, 122, 187, 300
地域精神保健福祉機構・コンボ　121
地域精神保健福祉施策　91
地域精神保健福祉システム（イギリス）　87,
　166
地域体制整備コーディネータ　145, 149
地域定着　23, 59, 144, 146, 149, 178
地域定着期間　127, 145, 204
地域定着支援事業　143, 146, 149
地域福祉サービス　86
地域保健福祉　212
地域連携ネットワーク　216
地域を基盤とした実践家参画型協働型研究
　（CBPR）　63
知的障害　197, 217
知的障害者通勤寮　130
チームアプローチ　109, 110, 157
チームミーティング　110
チームリーダー　110
中位アウトカム　79
仲介型ケアマネジメント　122
仲介モデル　109
中途障害　173
長期入院　57, 87, 258
直接実践ソーシャルワーク　35
直接対人ケアサービスを伴うケアマネジメント
　91-96, 99, 100, 103, 106, 270
直接対人ケアサービスを伴う効果的マネジメン
　ト　87
治療ガイドライン　273, 275, 276
通所リハビリテーションサービス　239
定位家族　173
デイケア　209, 211, 212, 215
統合失調症　32, 170, 173, 178, 185, 186, 193,
　195-197, 201, 204, 205, 225, 301
統合失調症研究国家プラン　276
当事者（コンシューマー）　244
　──の希望　47

索　引　329

当事者運営サービス（COS）　244, 246, 248, 249, 252, 253, 257, 259, 260
当事者運動　251
当事者協働型アプローチ　304
当時者協働型支援環境開発アプローチ　12, 21, 22, 24-26, 34, 290, 294, 296, 298-301
当事者サービス　247
当事者サービス提供者　243, 244, 248, 250-252, 261, 262, 270
当事者主体のサービス　15, 107, 114
当事者スタッフ　243, 245, 249, 251
当事者中心アプローチ　11, 35, 59, 291, 293
当事者パートナーシップ　248, 249, 254
当事者リカバリー投資ファンド（CRIF）　259, 260
特例子会社　228, 230
トライアル雇用　230, 240
ドロップインセンター　249, 251

■な　行
24 時間介護保障　300, 301
ニーズ　45
　——に応じた支援環境開発　29
　——のアセスメント　109
ニーズ志向型支援環境開発アプローチ　11, 15, 21, 24, 26, 32, 34, 56, 81, 266, 267, 271, 278, 286, 289, 292, 294, 296-298, 303-305
ニーズ調査　281
ニーズ把握・アセスメント　48
ニーズ評価　67-69
日常生活援助（対人ケアサービス）　250
日中活動支援プログラム　239
日本社会への技術移転　284
日本心理教育・家族教室ネットワーク　190
日本精神障害者リハビリテーション学会　276, 303
日本の自立生活（IL）運動　299
日本版心理教育普及ツールキット　187
認定ピアスペシャリスト　259, 260
脳の 10 年　276
能力障害　38
ノーマライゼーション　132

■は　行
パス図　79
パーソナリティ障害　197
発達障害　197, 217
ハーフウェイハウス（中間住居）　30, 130, 132, 135
ハームリダクション（実害軽減措置）　136
パラシュート NYC　259
バリアフリー　129
ハローワーク（公共職業安定所）　217, 223, 229, 230, 232
反精神医学運動　251
ピ　ア　244, 247, 248
ピアカウンセリング　253, 256, 300
ピアサポーター　149, 153, 155, 157, 250, 258
ピアサポーター活用事業　149
ピアサポート　28, 29, 152, 154, 207, 250
ピアサポート活動　243-248, 250, 251, 253, 257, 260, 261
ピアサポート支援　181, 218
ピアサポート体制　155
ピアサポート・メディケイド（低所得者用公的医療保険）　260
ピア従事者　248, 251, 258
ピアスタッフ　249
ピアスペシャリスト　244, 249
ピア提供サービス　248, 250, 251
ピアヘルパー　250, 255
ピアヘルパー事業所　249
比較による有効性研究（CER）　63
ひきこもり　27, 28, 49, 50, 59, 108, 124, 140, 193-201, 203-208, 219, 281
　——の長期化　197, 205
　——の評価・支援に関するガイドライン　194, 205, 208, 209, 212, 214
　——への支援プログラム　270
ひきこもりサポーター　207, 211, 212, 215
ひきこもりサポーター派遣事業　207, 212
ひきこもりサポーター養成研修　206, 207, 212
「ひきこもり」支援　202, 203
ひきこもり支援コーディネータ　206, 214
「ひきこもり」支援の多次元モデル　209

ひきこもりシステム　197, 198, 203, 204, 208, 209, 214

ひきこもり相談　216

ひきこもり対策推進事業　206, 208, 213, 216, 220, 270, 281

ひきこもり地域支援センター　206, 207, 214, 216, 217, 220

　　──の第1次相談窓口　216

「ひきこもりに関する実態調査」　196

ピープルファースト運動　301

ヒューマンケア協会　254

評価ツール　76, 280

評価統合　63, 277

評価ファシリテータ　285, 286

評価マニュアル　280

評価リカレント教育法　285

標準モデル　109

標的ケアマネジメント（TCM）　101

ファウンテンハウス　254

ファシリテータ　301

不安障害　197

フィデリティ尺度　70, 73, 111, 123, 185, 236, 258, 282-285

　　──の明確化　273

フィデリティ尺度項目　236, 271

フィデリティ評価　70, 120, 280, 282

福祉工場　230

福祉実践の国際的な連携と協働　296

福祉的就労　228, 230

福祉に欠ける状態　51

福祉ニーズ　26, 37, 45-47

　　──の把握・アセスメント　45

福祉ホーム　89, 134

フリースクール　220

フリースペース　209, 211, 215, 219

フルタイム雇用　231

プログラムアウトカム　70, 280

プログラム開発と評価　5, 12, 21, 26, 56, 65-67, 71, 214, 279, 281, 282, 284, 286, 291, 293, 305, 306

プログラム基準　275

プログラムゴール　66, 69, 73, 78, 280

　　──のアウトカム指標　78

プログラム実施方法　275

プログラム実施マニュアル　71, 73

プログラム単位　67, 68

プログラム評価　62-64, 67, 68, 98, 150, 267, 305

　　──の形成的評価　67

　　──の総括的評価　67

プログラム評価学　30

プログラム評価教育　286

プログラム評価研究　239

プログラム評価論　157

プログラムプロセス　62, 71

プログラムモデル　69

プログラムモニタリング　73

プログラム理論　30, 69, 71, 76, 77, 163, 214, 216, 276, 281-284

プログラム理論評価　67-69

プロシューマー　244

プロセス評価　65, 67-69, 279

プロセス評価ツール　76

プロセスモニタリング　73

プロセス理論　62, 69, 73, 76, 158, 214, 216, 218, 280-282, 284

閉鎖病棟　50

ベストプラクティス　13

ベストプラクティス・プログラム　64, 65, 268, 269, 271, 279

ベストプラクティス・モデル　66

ベッド・シッター　133

ヘルパーセラピー原則　253

ペンシルベニア南東部メンタルヘルス協会（MHASP）　259, 260

包括型ケアマネジメント ACT　13, 57, 92, 97, 106, 108, 142, 269

包括型地域生活支援プログラム ACT　239

包括的なサービス計画の作成　109

法定雇用率（制度）　223, 230

訪問型生活訓練　213, 219

訪問看護　94

訪問看護ステーション　104, 284

訪問支援　209, 210, 215

訪問指導　94

訪問を伴う生活訓練プログラム　271, 282

索　引　　331

保健師　207
保健所　88, 94, 207
保健福祉圏域　205, 216
保護義務　171
保護的住居　133
保証人問題　129
ボトムアップ型評価アプローチ　66, 76
ホームヘルプサービス　41, 90, 301
ホームレス　97, 108, 127, 128, 132, 135, 138,
　　140
ボランティア　255

■ま　行
マクロ実践ソーシャルワーク　6, 7, 10, 35,
　　289, 305
「まずは教育を」アプローチ　238
「まずは仕事を」アプローチ　238
「まずは住居を」アプローチ　238
「まずは住居をプログラム」　126, 127, 132,
　　135, 137-139, 155, 238, 269, 282, 283
「まずは退院を」アプローチ　238
「まずは退院をプログラム」　139, 140, 157
窓の会　213, 218, 270
ミクロ実践ソーシャルワーク　6, 7, 35
身近な個別対人ケアサービス　27, 29, 30, 41,
　　93, 94, 104, 127, 129, 130
ミニサポートチーム　212, 214
無作為化比較試験(RCT)　108
無料宿泊所　251
メンタルフレンド　209, 211, 215
妄想体験　43
モニタリング　109, 189
モニタリング機能　101
問題解決アプローチ　13, 59
問題解決技法　185
問題の特異性　47

■や　行

薬物療法　187
有効性研究(CER)　157
優良事例(グッドプラクティス事例)　→ GP 事
　　例
優良事例事業所　162
優良事例調査　→ GP 事例調査
優良事例プログラム　135
ゆたか共同作業所　299

■ら　行
ランダム化比較試験(RCT)　12, 32, 99, 111,
　　114, 121, 150, 157, 178, 224, 255, 257, 259,
　　267, 274
ランダム化比較試験(RCT)研究　235
リカバリー　23, 44, 59, 107, 128, 145, 158, 172,
　　225, 227, 238, 243-245, 247, 248, 256, 261,
　　298
リカバリーコーチ　259, 260
リカバリー志向　252
リカバリーモデル　234
利用者単位の個別給付　146, 149, 158, 161,
　　283
リンケージ　109
臨床型モデル　109
隣人サポート　29, 250
歴史的・国際的・理論的な先行的 GP 事例
　　87, 95
レスパイトケア　183, 189
連邦公衆衛生長官レポート　276
連邦政府保健教育福祉省(SITO プロジェクト)
　　98
労働包摂型社会的企業(WISE)　228

■わ　行
若者サポートステーション　217
若者支援　220
ワークショップ　48, 79

人名索引

■アルファベット
Barton R　92
Brueggemann WG　6
Mari JJ　178
Mueser KT　111
Netting FE　6
Oshima I　→大島巌
Pathways to Housing Inc.　136
Tsemberis S　136
Vaughn CE　178
Wing JK　92

■あ　行
上田敏　38, 43, 44
大島巌　69, 77, 92, 152, 158, 280
大山早紀子　213

■か　行
カプラン（Caplan G）　168
川上憲人　196
クラーク博士（Clarke G）　302
近藤直司　194, 197

■さ　行

斎藤環　203, 208
ジョセフ・ロジャーズ（Rogers J）　260
ソーニクロフト（Thornicroft G）　302
ソロモン（Solomn P）　302

■た　行
トフラー（Toffler A）　244

■は　行
ハドレイ（Hadley TR）　302
ビアード（Beers CW）　254
昼田源四郎　42
古屋龍太　158
ボンド（Bond GR）　302

■ま　行
マズロー（Maslow AH）　45, 46
三浦文夫　45
ミューザー（Mueser KT）　302
室田信一　6

■ら　行
ラップ（Rapp CA）　302

索　引　333

マクロ実践ソーシャルワークの新パラダイム
エビデンスに基づく支援環境開発アプローチ:
精神保健福祉への適用例から
New Paradigm for Macro Practice Social Work:
Prospect for the Approach of Evidence-Based
Supportive Environment Development

2016年9月30日　初版第1刷発行

著　者	大　島　　　巌
発行者	江　草　貞　治
発行所	株式会社　有　斐　閣

郵便番号 101-0051
東京都千代田区神田神保町 2-17
電話 (03) 3264-1315 〔編集〕
　　 (03) 3265-6811 〔営業〕
http://www.yuhikaku.co.jp/

印刷・大日本法令印刷株式会社／製本・大口製本印刷株式会社
© 2016, OSHIMA Iwao. Printed in Japan
落丁・乱丁本はお取替えいたします。
★定価はカバーに表示してあります。
ISBN 978-4-641-17415-3

|JCOPY| 本書の無断複写(コピー)は，著作権法上での例外を除き，禁じられています。複写される場合は，そのつど事前に，(社)出版者著作権管理機構(電話03-3513-6969, FAX03-3513-6979, e-mail:info@jcopy.or.jp) の許諾を得てください。